국제촉진전략론

정 대 영 저

청목출판사

머리말

최근 세계시장의 단일화작업이 빠르게 진행되어 국경 없는 무한경쟁시대가 됨에 따라 국제마케팅활동의 일환인 국제촉진활동의 중요성이 그 어느 때보다도 강조되고 있다.

오늘날의 국제마케팅활동은 목표시장에 있는 소비자들의 욕구에 맞는 제품을 개발하여 적절한 가격을 책정해서 유통시키는 활동뿐만 아니라 기업이나 제품에 관련된 정보를 해외시장의 소비자들에게 전달하는 국제촉진활동까지 수반되어야만 한다. 특히 오늘날과 같이 세계시장에서 치열한 경쟁을 하고 있는 시대에 경쟁기업에 효과적으로 대처하고 기업의 매출액을 증대시키기 위해서는 효과적인 국제촉진전략을 전개하지 않으면 안된다.

이와 같은 관점에서 본서는 국제촉진전략의 주요 수단인 국제광고, 국제판매촉진, 국제인적판매, 국제홍보 등에 대한 전반적인 이해와 이론적인 기초지식을 습득하게 하는데 그 목표를 두었다.

본서는 다음과 같이 전체 8장으로 구성되었다.

제1장은 기업이 국제촉진활동을 효과적으로 수행하기 위해서 필요한 국제시장세분화와 국제표적시장의 선정, 그리고 제품포지셔닝전략에 관한 내용을 살펴보았다.

제2장은 국제마케팅믹스를 구성하고 있는 4가지 요소에 관해서 개괄적으로 정리하였다.

제3장은 국제촉진수단 가운데 가장 큰 비중을 차지하고 있는 국제광고에 대한 전반적인 이해를 돕기 위한 기초적인 내용을 기술하였다.

제4장은 기업의 국제광고활동에 영향을 미치는 경제적 환경, 문화적 환경, 정치·법률적 환경에 관한 내용에 대하여 설명하였다.

제5장은 국제광고예산결정과 국제광고대행사의 선정 등에 관한 내용을 살펴보았다.

제6장은 국제광고메시지 선정시 고려해야 할 여러 가지 요인과 국제광고메시지전략의 유형에 관한 내용을 살펴보았다.

제7장은 국제광고매체계획의 수립과정과 국제광고매체의 종류에 관한 내용을 기술하였다.

제8장은 국제촉진전략의 주요 수단인 국제판매촉진과 국제인적판매, 그리고 국제홍보 등에 관한 내용을 살펴보았다.

또한 각 장의 말미에는 [주요용어]와 [연습문제]를 통하여 각 장에서 공부한 내용을 스스로 정리토록 도움을 주었다.

이처럼 본서는 국제촉진전략을 공부하려는 학생들과 기업실무자들에게 도움을 줄 수 있는 실용적인 책이 될 수 있도록 노력하여 집필하였다. 그러나 본인의 역부족으로 본서의 내용에 다소 미흡한 점과 오류가 있을 것으로 생각되며, 그러한 부분은 독자제현의 지도편달로 앞으로 계속하여 수정·보완해 나가고자 한다.

본서가 출간되기까지 관심과 도움을 주신 여러분들께 지면을 빌어 마음으로부터의 뜨거운 감사를 드리며, 특히 여러 가지 어려운 여건에도 불구하고 이 책의 출판을 흔쾌히 허락하여 주신 청목출판사 유성렬 사장님과 끝까지 편집을 위해 수고해 주신 편집진 여러분들께도 깊은 감사를 드린다.

끝으로 이 책의 집필에 따른 저자의 바쁜 생활을 잘 이해하여 주었던 나의 가족 현수, 현중, 선이에게도 고마운 뜻을 표하고자 한다.

2010년 8월

광복 65주년을 기념하면서

저자 씀

차 례

제 1 장

국제시장세분화와 표적시장의 선정

제 1 절 국제시장세분화

1. 시장세분화의 개념과 이점

일반적으로 시장(market)은 다양한 욕구를 가진 개별소비자들로 구성된다. 기업은 마케팅개념(marketing concept)을 실현하기 위해서 이러한 개별소비자의 욕구를 파악하여 이를 충족시키는 것이 바람직하겠지만, 비용경제성의 측면에서 현실적으로 불가능한 경우가 많다. 이와 반대로 다양한 소비자욕구를 무시하고 하나의 제품을 가지고 전체시장을 공략하는 전략은 규모의 경제를 실현할 수는 있지만 충족되지 않은 욕구를 가진 많은 고객들을 발생시키게 된다(안광호・이유재・유창조, 2010, p. 89).

이와 같이 어떤 기업이든지간에 해외시장을 대상으로 국제마케팅활동을 전개할 경우, 해당 시장에서의 모든 소비자들을 대상으로 활동하기에는 현실적으로 상당히 어려운 일이다. 그렇기 때문에 기업들은 해외시장을 공략할 때 전체시장을 대상으로 경쟁하기보다는 그 기업의 제품을 효율적으로 제공할 수 있는 가장 유망한 시장을 파악하여 공략하게 되는 것이다.

그러나 어느 한 기업이 특정시장에서 독점적인 위치를 차지한다는 것은 쉬운 일이 아니다. 그래서 기업들은 시장을 쪼개서 보고, 쪼개진 부분들 중에서 그 기업이 가장 잘할 수 있는 시장에 진입하여 독점력을 갖고자 노력하게 되는 것이다. 따라서 기업은 전체시장을 세분화하고, 소비자의 욕구가 무엇인지를 정확하게 파악하여 소비자가 원하는 방향으로 제품을 개발하고 그에 따른 마케팅전략을 수립하게 된다.

이와 같이 시장세분화(market segmentation)는 특정의 소비자집단을 그들의 필요와 욕구에 따라 구분하는 것에서부터 출발하게 된다. 한마디로 시장세분화란 여러 측면에서 파악된 소비자 개개인을 유사한 성향을 보이고 있는 특정집단으로 묶어 분류하는 것을 말한다.

즉 일정기간에 걸쳐 특정제품의 마케팅활동에 대한 소비자들의 반응이 유사할 것으로 예상되는 고객들을 집단화하는 것을 의미한다. 그리고 이렇게 해서 시장세분화한 결과 나누어진 소비자집단을 세분시장(market segment)이라고 한다.

이러한 시장세분화는 제품(product), 가격(price), 유통경로(place), 촉진(promotion) 등 4P와 더불어 마케팅전략의 핵심적인 분야 중의 하나이지만, 아직까지 그 개념에 대한 정의가 체계적으로 통일되어 있지 않다.

그런데 이러한 국제시장의 세분화는 일반적으로 다음과 같은 세 가지의 가정에 입각하여 이루어지게 된다.

첫째, 모든 소비자들은 서로 차이가 있다는 가정이다. 즉 모든 소비자들은 나이, 소득, 개성, 취미, 욕구 등이 서로 다르다는 것이다.

둘째, 모든 소비자들은 서로 차이가 있기 때문에 그들의 구매형태도 각각 상이하다는 가정이다. 즉 소비자들의 특성이 다르면 그 결과 구매행위에도 차이가 생기게 된다는 것이다.

셋째, 서로 다른 소비자들은 유사한 특질을 가지고 있는 소비자들을 기준으로 집단화할 수 있다는 가정이다.

한편, 이와 같은 가정에 입각한 시장세분화는 기업에게 다음과 같은 여러 가지 이점을 주게 된다.

첫째, 마케팅기회를 효과적으로 포착할 수 있다. 기업은 시장세분화를 통해 경쟁기업들의 마케팅전략에 대한 세분시장의 만족도와 욕구를 파악할 수 있다. 기존제품에 대해 만족을 느끼지 않는 세분시장은 기업에게는 새로운 마케팅대상이 된다. 결국 시장세분화는 기업이 새로운 시장진입을 위한 계획을 수립하는 데 상당한 도움을 준다.

둘째, 자원의 효율적 배분을 꾀할 수 있다. 국제기업이 한정된 자원을 가지고 모든 시장을 대상으로 마케팅활동을 전개하는 것은 무리이며 자원의 낭비라고 할 수 있다. 그러므로 국제기업은 마케팅노력에 대해 세분시장이 보이는 반응의 차이에 따라 예산이나 인적자원을 합리적으로 배분할 수 있다.

셋째, 국제마케팅전략을 조정할 수 있다. 상이한 욕구를 지닌 구매자들에 대해 동일한 마케팅전략을 수행하는 것은 위험하다. 시장세분화가 이루어지면 욕구가 다른 세분시장에 맞는 마케팅전략을 수립하여 실행할 수 있게 된다.

넷째, 기업은 세분화를 통해 목표시장을 확실하게 설정할 수 있게 된다. 즉 국제마케팅관리자는 기업의 경쟁적 강점과 약점을 평가하여 유리한 세분시장을 선택할 수 있게 된다(이장로, 2003, p. 182).

2. 시장세분화의 기준

시장은 일반적으로 소비자시장과 산업시장으로 구분할 수 있다. 이들 두 시장은 최종사용자가 구매하느냐, 산업사용자가 구매하느냐에 따라 구분된다. 따라서 구매목적이 서로 다르고 이에 따라 각각의 시장에 적용될 제품정책, 가격정책, 경로정책, 촉진정책이 서로 다르게 나타나므로, 이 두 시장은 시장세분화를 위한 기준도 매우 상이할 것으로 판단된다(고창룡 외 7인, 2005, p. 126). 따라서 여기에서는 시장세분화의 기준을 소비재시장의 세분화기준과 산업재시장의 세분화기준으로 나누어 살펴보기로 한다.

1) 소비재시장의 세분화기준

일반적으로 시장을 세분화하는 기준은 소비자의 욕구, 성격, 개성, 나이 등과 같이 기업이 제공하는 제품과는 무관하게 소비자 특성을 시장수요와 연결시켜 구분하는 경우와 기업활동에 대한 소비자의 반응을 중심으로 구분하는 경우로 크게 나누어 볼 수 있다([그림 1-1]과 〈표 1-1〉 참조).

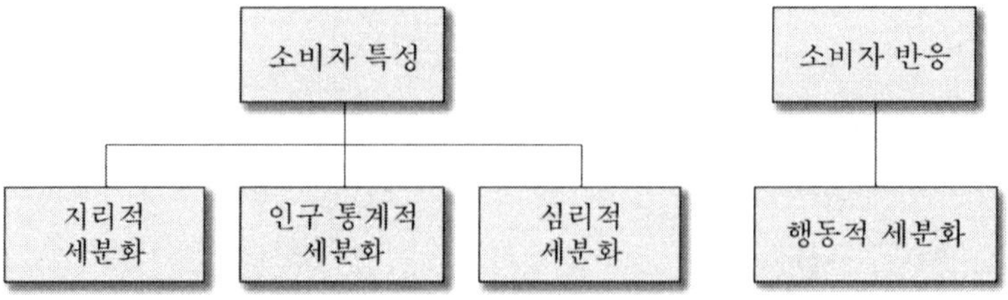

자료원 : P. Kotler, *Marketing Management, Analysis, Planning, Implementation and Control*, 6th ed., Englewood Cliffs. N. J., : Prentice-Hall Inc., 1988, p. 286.

[그림 1-1] 시장세분화의 기준

(1) 지리적 세분화(geographic segmentation)

지리적 세분화란 전체시장을 지리적 위치에 따라 세분화하는 것을 말한다. 즉 소비자들의 욕구와 반응은 지역적으로 차이가 있기 때문에 전체시장을 국가나 주, 지역, 군, 도시, 인구밀도, 기후 등과 같은 서로 다른 지리적 단위로 구분하는 것을 말한다.

이러한 지리적 변수에 의한 세분화는 각 지역특성에 따라 제품에 대한 요구수준의 차이가 있다는 것에 바탕을 두고 있다. 이와 같이 해외시장을 지리적 기준에 따라 세분화하는 주된 이유는 아마도 지리적 인접성을 바탕으로 하는 교통 및 커뮤니케이션의 용이성과 이에 따른 관리의 효율성, 또한 세분화 작업이 비교적 용이하고, 적은 비용으로 목표시장에 접근할 수 있다는 이점이 있기 때문일 것이다.

지리적 세분화의 대표적인 예는 다국적기업이 여러 국가를 대상으로 동일한 제품을 판매하는 경우 그 제품의 판매를 촉진시키기 위한 광고를 실시하는데 있어서 그 나라의 사회문화적인 관습, 전통 등을 고려하여 서로 다른 광고문안이나 광고매체를 사용하는 경우를 들 수 있다.

(2) 인구통계적 세분화(demographic segmentation)

인구통계적 세분화란 전체시장을 연령, 성별, 가족수, 소득, 교육수준, 종교 등과 같은 인구통계적 변수들을 기초로 하여 소비자들을 세분화하는 것을 말한다. 이러한 인구통계적 변수에 의한 세분화는 소비자의 욕구 및 구매행동과 밀접한 관련이 있기 때문에 시장세분화 변수로서 가장 널리 사용되고 있다.

그러면 구체적으로 인구통계적 변수가 시장세분화의 기준으로서 가장 많이 사용되는 이유에 대해서 살펴보면 다음과 같다.

첫째는 인구동태적 변수는 소비자 욕구, 선호 및 사용빈도 등과 밀접한 관련이 있기 때문이다.

둘째는 변수측정이 다른 변수에 비해 용이하고 객관적인 측정이 가능하기 때문이다.

셋째는 다른 변수로 세분화한 경우에도 목표시장의 규모를 알고 이에 효과적으로 대처하려면 다시 인구통계적 요인과 관련지어야 하기 때문이다.

인구통계적 세분화의 주요 예는 소비자들을 나이, 성에 따라 나누는 것인데, 음료시장의 경우 남성을 타깃으로 하는 게토레이와 여성을 타깃으로 하는 2% 부족할 때가 대표적인 예라 할 수 있다. 화장품 시장의 경우에도 우선적으로 소비자를 남성과 여성으로 구분하여 남성용 화장품과 여성용 화장품으로 시장을 세분화하고 있다. 우리나라의 경우에도 최근에 와서 남성의 자기관리욕구의 증대로 남성용 화장품수요가 급증해 기존의 여성용 화장품만 제조하던 기업들이 남성용 화장품 판매에 참여하고 있는 추세를 보이고 있다. 또한 여성용 화장품시장의 경우에도 그 나이에 따라 성인여성용과 소녀용으로 구분하여 각 고객특성에 맞는 화장품의 제조와 판매가 이루어지고 있는 것이 대표적인 예라고 할 수 있다.

〈사례〉 중국 화장품시장 '세분화' 가속

중국의 화장품시장이 세분화되고 있는 것으로 나타났다.

코트라 측의 최근 자료에 의하면 중국 화장품 시장은 여성용 화장품의 증가는 물론 소비자의 관심 증대로 약국 화장품과 남성용 화장품시장 역시 큰 폭으로 성장하고 있다고 전했다. 또한 어린이용, 노인용 화장품 등 연령별로도 세분화되고 있다고 분석했다.

우선 약국 화장품은 매장이 크게 늘고 있는 것으로 나타났다. 주로 대형 상점 내의 전문 매장에서 판매되고 있는 약국 화장품은 최근에는 높은 이윤 때문에 약국에서 판매하고 추세가 늘고 있다. 아예 약국 화장품 체인점으로 경영방식을 바꾸려는 움직임도 있다는 게 코트라 측의 분석이다.

브랜드별로는 외국브랜드인 비쉬, 아벤느, 유리아쥬, 라로슈포제 등이 높은 인기를 차지하고 있으며 가격이 비싼 편임에도 불구하고 시장에서 큰 인기를 구가하고 있는 것으로 나타났다.

이어 남성용 화장품은 전체 시장규모는 비미하지만 최근 급성장중인 것으로 알려졌다.

남성용 화장품은 여성용 화장품에 비해 아직인 낮은 시장규모이지만 다양화되고 또 세분화되고 있으며 세안제, 에센스, 애프터 쉐이브 제품들도 선보이며 큰 반향을 일으키고 있다. 특히 수요가 늘어남에 따라 주름 개선, 보습 효과, 자외선 차단 등의 기능성 제품도 잇달아 출시되고 있다.

남성용 화장품은 월 소득이 많을수록 또 학력이 높을수록, 연령이 낮을수록 화장품 구매의 핵심 소비군인 것으로 나타났다.

유아용 화장품은 2006년 0~14세 어린이 수가 2억명이 넘는 넓은 시장성을 감안해 크게 늘고 있는 추세다. 특히 존슨 앤드 존슨 등의 브랜드가 어린이 화장품 시장의 27% 이상을 차지하고 있는 것으로 알려졌으며 최근에는 미라오슈, 스뉘비 등이 진출해 존슨 앤드 존슨을 위협하고 있다.

특히 최근에는 어린이용 색조화장품 소비가 점점 늘어 날 것으로 예상되고 있으며 민감한 어린이 피부에 맞는 저자극, 천연재료를 이용한 제품 생산이 크게 늘 것으로 전망됐다.

한편 노인용 화장품은 소비 능력의 향상으로 젊은 층뿐만 아니라 노인층 역시 건강에 큰 관심을 가지며 나이에 맞는 화장품의 구매가 크게 증가하고 있는 추세다. 하지만 아직까지 노인 전용 화장품은 거의 없는 실정이어서 대부분이 순하고 저자극성인 유아용 화장품을 사용하고 있는 상황이다.

코트라 측의 한 관계자는 "아직까지 중국에서는 국내 화장품의 인지도가 해외 브랜드보다 낮은 게 사실"이라며 "노인용 화장품이나 어린이 천연화장품 등 특화 제품을 앞세워 중국 시장을 공략한다면 좋은 결과가 있을 것으로 전망된다"고 밝혔다

자료원 : 데일리코스메틱, 2008. 2. 12.

(3) 심리적 세분화(psychographic segmentation)

동일한 인구통계적 집단에 속하는 사람들도 서로 다른 심리적 특성을 가지고 있기 때문에 심리적 세분화가 필요하다. 심리적 세분화란 소비자들을 사회계층이라든지, 라이프스타일, 개성 등에 따라 서로 다른 몇 개의 집단으로 세분화하는 것을 말한다.

이러한 소비자들의 심리적 변수는 인구통계적 변수의 약점을 보완하고 소비자에 대한 보다 구체적인 정보를 얻기 위해 사용되고 있다. 즉 인구통계적 변수는 기초적인 정보를 수집할 때 주로 쓰이지만, 심리적 변수는 구매자의 태도나 생활스타일을 반영하기 때문에 개성을 중요시하는 소비자들을 분석할 때 매우 의미가 있는 변수라 할 수 있다.

① 사회계층

사회계층은 직업, 소득, 교육수준, 재산 등에 의해 나타나는 사회적 지위를 말하며, 일반적으로 상류층, 중류층, 하류층으로 나누어진다. 동일한 사회계층에 속한 소비자들은 흔히 서로 유사한 구매행동을 보이거나 자신과 같은 사회계층에 속한 다른 소비자들의 구매행동에 의해 영향을 받으므로 가시성이 높은 제품의 경우 사회계층은 유용한 시장세분화 변수가 될 수 있다. 가령, 조르지오 아르마니 같은 고급디자이너 의류나 BMW같은 최고급 승용차는 상류층을 타깃시장으로 삼는데, 이는 그러한 제품이나 브랜드의 소유가 그 사람의 사회적 지위를 상징하기 때문이다(안광호 · 이유재 · 유창조, 2010, pp. 93-94).

② 라이프스타일

라이프스타일이란 사람들이 살아가는 방식을 말하며, 주로 사람들의 활동(actiivities), 관심(interests) 및 의견(opinion)과 관련된 문항을 사용하여 측정된다. 소비자들이 구매·소비하는 많은 제품들이 그들의 라이프스타일을 반영하고 있다. 이에 따라 소비자들의 라이프스타일을 이용하여 제품시장을 세분화하는 기업들의 수가 갈수록 늘어가고 있다. 여성의류 제조업체는 여성의류시장을 평범함을 추구하는 보수적 소비자집단(plain woman), 패션지향적 소비자집단(fashionable waman), 남성적이고 활동지향적 소비자집단(manly woman)으로 나눈 다음, 각 소비자 집단의 라이프스타일에 맞는 의류를 출시할 수 있을 것이다.

〈사례〉 Missy 지고 HERA 뜬다 ·· '헤라마케팅'

35~42세 아줌마 '헤라'를 잡아라!"

여성 소비자의 라이프스타일을 분석하는 것은 모든 마케팅전략의 출발점이다.

그래서 맘(Mom)마케팅이니 감성마케팅이니 하는 용어들이 잇달아 나왔다. 드디어 '헤라'라는 신조어까지 등장했다. 도대체 '헤라'가 뭔가.

프로 마케터인 황인선 KT&G 브랜드국 부장은 신간 '헤라 마케팅'(은행나무)에서 헤라를 이렇게 정의한다. '헤라(HERA)'란 주부이면서(Housewives) 고등교육을 받고(Educated) 인생 2막을 새롭게 재설정하는(Reengaging) 진취적인(Active) 여성의 약자. 연령으로 치면 35세에서 42세까지의 '진짜 아줌마'다.

'미시'에서 한 단계 업그레이드한 대안적 개념.

그가 35~42 주부를 주목하는 이유는 시장을 좌우하는 이들의 막강한 권력 때문이다.

이들은 가족 구성원의 현재뿐만 아니라 미래 소비까지 영향을 미치는 '가정의 소비권'과 2세에 대한 절대적인 교육권을 갖고 있다.

이들은 또 위아래 세대와 구분되는 세 가지 특징도 지녔다.

자녀들이 유아기를 벗어나 시간적 여유가 생겼고 인생의 변화를 비로소 꿈꿀 수 있는 시기라는 것. 남편은 바깥일로 바쁘고 아이들도 다 자랐으므로 이제는 자기 경영이 필요한 때이기도 하다.

무엇보다 큰 특징은 소비활동이 가장 왕성하다는 것이다.

살림도 고급 첨단제품으로 대폭 물갈이하고 교육·건강·주거 관련 지출도 막대하다.

다른 세대보다 소비 마인드가 그만큼 다르다.

소비 분야도 가전·통신·보험·건강·패션·웰빙·문화상품·환경식품·노(老)테크 등 전방위적이다.

저자는 주부이자 아내, 엄마로서의 인생을 살고 '독립적 개인으로 거듭나는' 헤라들의 생활 패턴과 사고방식에 주목하면서 이들이 마케팅을 알아야 하는 이유, 이로 인해 생기는 변화, 이들에게 필요한 마케팅 지식을 체계적으로 알려준다. 이를 뒤집어보면 기업의 마케팅 전략도 바로 보인다.

그는 또 헤라들이 주인의식을 갖고 마케팅 마인드를 지닐 때 부부관계와 자녀교육, 사회 전체를 변화시킬 경쟁력을 발휘하게 된다고 주장한다.

실제 'BCG 브랜드매트릭스'로 남편의 성공 유형을 분석하고 '3C(소비자:Customer, 경쟁사:Competitor, 우리 회사:Corporate)'와 '4P(제품 : Product, 가격:Price, 유통:Place, 프로모션:Promotion) 믹스'를 이용해 남편의 욕구를 파악하며 '시장세분화와 틈새시장'을 통해 자녀의 진로를 결정하는 것, '욕구 분석'과 '커뮤니케이션'을 통해 가족의 불만과 문제를 풀어 나가는 전략까지 알려준다.

자료원 : 한국경제, 2007. 3. 31.

③ 개성

개성은 자신을 둘러싼 주변환경에 대하이 비교적 일관성 있고 지속적인 반응을 보이도록 하는 개인의 독특한 심리적 특성을 말한다. 기업들은 흔히 개성변수를 사용하여 시장을 세분화하고, 타깃시장으로 선정된 소비자들의 개성에 부합되는 브랜드이미지를 개발하려는 노력을 한다. 이는 소비자들이 자신의 개성과 부합되는 브랜드이미지를 가진 제품을 보다 선호하는 경향이 있기 때문이다.

예를 들어 에반스(F. B. Evans)라는 사람은 소비자들의 개성에 따라 자동차 브랜드인 포드(Ford)와 시보레(Chevrolet)의 선택상황을 실증적으로 조사하였는데 그 결과, 포드를 선택하는 소비자들은 비교적 남성적이고, 독립적, 충동적이며 변화에 민감한 성격을 가지고 있는 것으로 나타났다. 이와 반면에 시보레를 선택하는 소비자들은 보수적이며, 검소하고, 극단적인 것을 피하고, 체면을 중요시하는 경향이 있다는 것을 밝혀냈다.

(4) 행동적 세분화(behavioral segmentation)

행동적 세분화는 제품관련 세분화라고도 하는데 제품이나 제품속성에 대해 소비자가 가지고 있는 지식이나 태도, 용도, 반응에 따라 서로 다른 집단으로 세분화하는 것을 말한다.

일반적으로 행동적 세분화는 기업이 판매하는 제품과 직접적인 관련이 있고, 기업이 실행하는 전략에 대한 소비자들의 반응과 관련이 있기 때문에 어떻게 보면 가장 효율적인 세분화변수라고 할 수 있다.

그런데 이러한 행동적 세분화를 하는데 고려하는 변수로서는 여러 가지를 들 수 있는데, 이 중에서 대표적인 변수 몇 가지를 살펴보면 다음과 같다.

① 구매상황

먼저 대표적인 행동적 세분화변수로서 소비자들의 구매상황을 들 수 있다. 소비자들의 구매상황에 의해 시장을 세분화함으로써 기업들은 제품의 사용을 조장할 수가 있다. 예를 들어 소비자가 제품을 구매할 때, 본인이 직접 사용하기 위해서 구매하는 것이냐, 그렇지 않으면 다른 사람에게 선물을 하기 위해 선물용으로 구매하는 것이냐에 따라 제품의 평가기준이 달라질 수 있다. 따라서 일반적으로 이러한 포장용 선물세트는 구매상황에 따른 세분화라고 할 수 있다.

② 혜익추구

혜익추구는 제품이 주는 혜택이나 소비자들이 제품으로부터 추구하려는 다양한 이점에 따라 시장을 세분화하는 것을 말한다. 행동적 세분화에 가장 널리 아용되는 변수가 바로 이 혜익추구라고 할 수 있다. 대표적인 예로서 치약시장을 들 수 있다. 일반적으로 기업들은 치약이 충치예방의 혜익이냐, 그렇지 않으면 구취제거용 혜익이냐, 또는 치약의 맛과 향기에 의한 혜익이냐에 따라 시장을 세분화하고 있다. 할리(R. J. Haley)와 같은 사람도 치약시장을 치약이 주는 혜익에 따라 ㉮ 소비자가 맛과 향기를 중요시하는 감각적 시장, ㉯ 치아가 희게 빛나는 것을 중요시 여기는 사교적 시장, ㉰ 충치예방을 주된 치약의 효용으로 생각하는 시상, ㉱ 치약의 가격을 중요시하는 시장으로 구분하였다.

③ 태도

이것은 어떤 시장 안에 있는 소비자들이 특정제품에 대해 열광적이고 긍정적인 태도를 보이고 있느냐, 그렇지 않으면 무관심하고, 부정적이며 적대적인 태도를 보이고 있느냐에 따라 시장을 세분화하는 경우를 말한다. 예를 들어 청바지 제품의 경우, 이 제품에 대한 소비자들의 태도가 다르게 나타난다. 즉 찢어지고, 빛이 바랜 청바지가 젊은 청소년들에게 열광적이고 긍정적인 선호제품이라면, 이와 반면에 나이가 많은 노인들에게는 그러한 청바지는 아마도 부정적이고, 적대적인 제품이 될는지 모른다.

따라서 이와 같은 마케팅상황에서 소비자들의 태도는 기업이 시장을 세분화하는데 있어서 아주 효과적인 변수가 될 수 있을 것이다.

〈표 1-1〉 전형적인 시장세분화 변수

변 수	분류방법
1. 지리적 세분화	
지 역	태평양 연안지역, 산악지역, 서북중부지역, 남서중부지역, 동북중부지역, 동남중부지역, 남대서양연안지역, 중대서양연안지역, 뉴잉글랜드지역
도시근교 규모	A, B, C, D
도시규모	5,000명 이하, 20,000명 이하, 50,000명 이하, 100,000명 이하, 250,000명 이하, 500,000명 이하, 1,000,000명 이하, 4,000,000명
인구밀도	도시, 교외, 농촌
기후	북부, 남부
2. 인구통계적 세분화	
연 령	6세 미만, 6~11세, 12~19세, 20~34세, 35~49세, 50~64세, 65세 이상
성 별	남성, 여성
가족구성원수	1~2명, 3~4명, 5명 이상
가족생활주기	청년 미혼, 청년부부 무자녀, 청년부부 막내자녀 6세미만, 청년 부부 막내자녀 6세 이상, 노년부부 자녀동거, 노년부부 18세 이하 자녀 없음, 노년독신, 기타
소 득	10,000달러 미만, 10,000~15,000달러 미만, 15,000~20,000달러 미만, 20,000~30,000달러 미만, 30,000~50,000달러 미만, 50,000 달러 이상
직 업	전문직 및 기술직, 경영자, 공무원, 자영업자, 사무직 및 판매원, 기능공 및 감독, 농민, 퇴직자, 학생, 실업자
학 력	대학원졸, 대학졸, 대학중퇴, 고졸, 고중퇴, 중졸, 초졸
종 교	천주교, 기독교, 유태교, 기타

인 종	백인, 흑인, 동양인
국 적	미국, 영국, 프랑스, 독일, 스칸디나비아, 이탈리아, 라틴아메리카, 중동, 일본
3. 심리적 세분화	
사회적 계층	하~하, 하~상, 중~하, 중~상, 상~하, 상~상
생활 양식	활동가, 명예·지위추구자, 평범형
성 격	강제적, 사교적, 권위주의적, 야심적
4. 행동적 세분화	
사 용 경 우	규칙적, 특수적
추구하는 편익	품질, 서비스, 경제성
사 용 여 부	비사용자, 전사용자, 잠재적 사용자, 최초사용자, 규칙적 사용자
사 용 률	소량사용자, 보통사용자, 다량사용자
충성도(애호도)	전무, 보통, 강함, 절대적
구매준비태세의 단계	비인지, 인지, 정보 가짐, 관심 있음, 구매의욕 있음
제품에 대한 태도	열정적, 긍정적, 무관심, 부정적, 적대적

자료원 : P. Kotler & G. Amstrong, *Principles of Marketing*, Prentice-Hall Inc., 6th ed., 1994, p. 242.

2) 산업재시장의 세분화기준

산업재시장의 세분화기준 역시 소비재시장의 세분화기준과 마찬가지로 동일한 변수를 기준으로 시장을 세분화할 수 있다. 즉 지리적 위치라든가 추구하는 편익, 사용량, 상표충성도, 구매준비단계, 상표에 대한 태도 등의 변수를 사용하여 산업재시장을 세분화할 수 있다. 그러나 산업재의 특성상 몇 가지 새로운 변수 즉 기업의 규모, 업종, 재무능력, 경영활동상의 특성, 경영자의 신용도, 구매접근방법, 제품용도, 조직구조 등 새로운 변수를 추가하여 세분화할 수 있다.

이와 같은 변수들을 고려하여 산업재시장을 세분화하는 데는 크게 두 가지 방법이 있다. 거시적 세분화와 미시적 세분화가 그 것이다.

(1) 거시적 세분화

거시적 세분화는 기업의 외형적 특징(기업규모, 표준산업분류상의 기업구분, 입지 등)이나 제품사용상의 특징(제품사용량, 제품사용용도, 최종고객 등)을 기초로 하여 시장을 세분화하는 방법이다. 이 방법은 이미 발간되어 있는 2차자료를 이용하여 쉽게 세분화할 수 있다는 장점이 있다.

(2) 미시적 세분화

미시적 세분화는 기업내부에서 구매와 관련하여 발생하는 부서간 협의사항이나 구매평가과정 등을 기준으로 시장을 세분화하는 방법이다.

산업재시장을 세분화하기 위해서는 사실 미시적 세분화보다는 거시적 세분화를 많이 활용하고 있으며, 이때 하나의 변수에만 의존하는 것이 아니라 여러 변수를 다각적으로 고려하는 것이 좋다(고창룡 외 7인, 2005, pp. 130-131).

3. 국제시장세분화의 개념과 요건

1) 국제시장세분화의 개념

앞에서 살펴본 바와 같이 한 국가에서 마케팅활동을 전개할 경우에도 보다 뚜렷한 목표시장을 설정하여 마케팅노력을 집중하기 위해서 시장을 세분화하게 된다. 그런데 국제마케팅활동을 수행하는 국제기업에 있어서는 이러한 시장세분화가 더욱 중요한 의미를 갖게 된다. 국제마케팅관리자는 전 세계의 모든 시장에서 마케팅활동을 수행하리라고 생각하지는 않을 것이고, 현실적으로 그러한 것들이 실현되는 것은 불가능에 가깝기 때문이다.

일반적으로 초기에는 하나 또는 소수의 국가에 진출을 하게 되고, 그 이후 점차적으로 진출범위를 확대해 나가게 되는데, 세계의 여러 국가시장들 중에서 목표시장을 분명하게 선택하여야 한다. 국가들 간에는 정치·경제·문화적으로 이질성이 매우 크게 나타나고 있고, 각 국가내 소비자들조차 동일한 특성을 보이는 것이 아니라 서로 다른 소비자 특성을 보이고 있다. 또한 교통과 통신의 발달로 세계시장의 동질화 현상이 분명 나타나고 있지만 아직까지 이질적인 특성이 여전히 남아 있기도 하며 사회·문화적 특성이 다각화되고 복잡해짐에 따라 이질적인 요소가 더욱 심화되기도 한다. 따라서 일정한 기준을 마련하여 국제시장을 세분화하고 기업의 제품과 서비스가 가장 성공할 수 있는 국가를 선택하는 문제가 중요하다.

이와 같이 국제시장세분화는 상이한 국가들을 비교적 동질적 집단으로 분류하는 기법이라고 정의할 수 있으며, 따라서 국제시장세분화는 기업의 마케팅전략에 대하여 유사한 반응을 보일 것으로 예측되는 국가군을 의미한다. 그리고 국제시장을 세분화하는 것은 기업이 일정한 정책수단으로 세계의 모든 시장을 커버할 수 없기 때문이다.

그런데 국제시장세분화와 목표시장의 결정은 별개의 문제라고 할 수 있다. 국제시장세분화는 세계의 각각의 이질적인 시장을 동질적인 요소로 구분하는 과정이며, 목표시장의 결정은 국제시장세분화를 통하여 나뉘어진 각 세분시장 중에서 어느 세분시장을 대상으로 국제마케팅활동을 수행할 것인가를 결정하는 것이기 때문이다. 세계의 시장은 동일한 매력도를 보이는 것은 아니며 기업도 자원이 제한되어 있기 때문에 세분시장의 선호도, 경쟁패턴, 기업의 강점 등의 관점에서 가장 성공가능성이 높은 세분시장을 가려낸 후, 그러한 목표시장에 대하여 가장 효과적으로 작용할 수 있는 국제마케팅전략을 구성할 수 있을 것이다(김철 · 박주욱, 1998, pp. 272- 273).

2) 국제시장 세분화의 요건

시장세분화가 마케팅활동에 적용될 수 있고, 그 효율성을 증대시키기 위해서는 다음과 같은 몇 가지 요건을 충족시켜야 한다(Joshi, 2006, pp. 228-229 ; Omar, 2009, pp. 213-214 ; Kotler, 1991, p. 286).

첫째, 세분시장의 크기나 세분시장에 속한 소비자들의 구매력과 같은 세분시장들의 특성들을 측정할 수 있어야 한다. 국제마케팅관리자는 각 세분시장내의 고객의 인구통계적 특성이나 라이프스타일 등을 명확히 파악할 수 있어야 적절한 표적시장을 결정할 수 있다. 세분시장내의 고객이 어떤 특성을 갖고 있는지를 모른다면 고객의 욕구에 맞는 제품개발이나 판촉전략을 세우는 것이 불가능하며, 제품이 개발되더라도 소비자에게 효과적으로 접근할 수가 없게 된다.

둘째, 각 세분시장이 충분한 매출과 이익을 실현할 수 있는 규모가 되어야 한다. 만약 국제마케팅관리자가 세분시장의 다양한 욕구를 반영할 목적으로 과도한 시장세분화를 한다면 각 세분시장의 규모가 작아져 투입된 마케팅비용으로부터 충분한 수익을 기대하기 어려울 것이다.

셋째, 각 세분시장에 효과적으로 도달할 수 있는 국제마케팅프로그램이 적용될 수 있도록 세분화가 이루어져야 한다. 세분화된 시장에서 국제마케팅활동을 수행할 수 없으면 세분화하는 것 자체가 효용이 없어진다. 즉 세분화된 시장이 경쟁기업들에 의하여 독점되고 있거나 광고를 할 수 없는 경우 시장세분화 작업은 의미가 없어진다. 따라서 국제시장세분화를 하기 위해서는 시장자체가 마케팅활동을 적용할 수 있어야 한다.

넷째, 각 세분시장에 속한 고객들 간에는 가능한 한 최대한의 이질성이 존재해야 한다. 세분시장은 개념적으로 구분하는 것이며 상이한 마케팅믹스와 프로그램으로 다른 결과를 가져올 수 있다. 기업의 입장에서 국제시장을 세분화하고 각 세분시장에 대한 제품개발, 광고활동, 유통망 개척 등을 수행하는 데 있어 많은 투자를 필요로 한다. 따라서 각 세분시장에 속한 소비자들의 욕구가 다른 세분시장과 별다른 차이가 없다면 시장을 세분화하는 의미가 없게 된다. 그러므로 특정 세분시장내의 소비자의 욕구가 다른 세분시장을 겨냥한 제품으로 충족될 수 없을 정도로 상이한 경우에만 세분시장으로서 의미를 갖게 된다.

마지막으로, 세분시장으로 소비자들을 끌어들여서 효과적인 마케팅프로그램을 수행할 수 있어야 한다. 즉 세분시장이 존재하더라도 전체적인 시장자체의 규모가 작다면 세분시장 하나하나도 규모가 매우 작기 때문에 기업이 국제마케팅전략이나 계획을 추진하여 이익을 얻기 곤란할 뿐만 아니라 소비자들 역시 세분화된 행동을 명확하게 보일 확률이 낮다고 할 수 있다.

어쨌든 시장세분화는 기업의 경영활동을 보다 용이하게 도와줄 수 있을 때보다 효율적인 작업이 된다. 실제에 있어 세분화된 시장분류에 따라서 시장의 성격이 더욱 자세히 파악되고 매출액의 예측과 평가, 생산비율, 마케팅비용 및 수익의 예측도 가능해진다. 또한 이러한 여러 가지 상황들이 다시 재파악되어 기업은 세분화된 시장에 대한 마케팅활동수준을 결정할 수 있고 차별화된 마케팅활동을 할 것인가, 무차별화된 마케팅활동을 할 것인가를 결정하게 되는 것이다(김희철, 2007, p. 170).

4. 국제시장세분화의 과정

Jain은 국제시장을 세분화하기 위한 기준으로서 다음의 5가지 단계가 사용되어야 한다고 주장하고 있다(Jain, 1990, pp. 356-357).

- 세계시장을 분류하기 위한 시장분류 시스템의 개발
- 모든 국가들을 시장분류 시스템의 차원에 따라 공통적인 특성을 가지고 있는 동질적 그룹으로 세분화

- 각 그룹을 담당하는 가장 효율적인 방법의 결정
- 국제마케팅관리자의 관점(제품이나 서비스, 제 강점)에 가장 일치하는 시장 그룹의 선택
- 이러한 이상적인 분류와 실제 세계시장에서의 여러 제약(법적 · 정치적 제한 등)과의 조정 등이라고 할 수 있다.

그런데 세계시장기회의 극대화를 꾀하는 시장세분화는 〈표 1-2〉에서 보듯이 크게 2단계 과정을 거치게 된다. 첫째 단계는 세계시장의 세분화이고, 둘째 단계는 국별시장의 세분화이다. 요컨대 세계시장을 공통된 특성(소득, 문화 등)에 기준하여 그룹화시켜야 하고, 나아가서 각 목표시장을 일정 기준에 의거하여 세분화시켜야 한다.

〈표 1-2〉 국제시장세분화

	시장특유 지표	제품특유 지표
세계시장 세분화	지역(북미, 유럽, 아시아 등) 소득(선진국, 후진국) 정치 · 경제(자유주의, 중앙계획) 문화적 가치(동양, 서양) 종교(기독교, 불교, 이슬람교 등)	경제적 · 법적 제한(수입장벽 등) 시장조건(제품수명주기 등)
국별시장 세분화	나이 · 성별 · 지역 · 소득 · 교육 · 직업 등	소비패턴 구매태도 구매동기 구매경험

자료원 : G. Albaum, et al., *International Marketing and Export Management*, Reading, Mass. : Addison - Wesley Publishing Company, 1990, p. 93.

1) 세계시장의 세분화

세계시장 그룹화의 궁극적 목적은 그룹화된 국가별로 공통의 마케팅프로그램을 적용시키고자 하는데 있다. 즉 제품, 가격, 유통, 촉진에 있어 표준화된 전략을 개발, 실행하는 것이다. 세계시장의 그룹화는 [그림 1-2]에 나타난 바와 같이 먼저 광범위하게 1차적 그룹화(primary groups)를 시행하고, 나아가서 1차적 그룹에 소속된 국가들을 대상으로 삼아 2차적 그룹화(secondary groups)의 과정을 거친다.

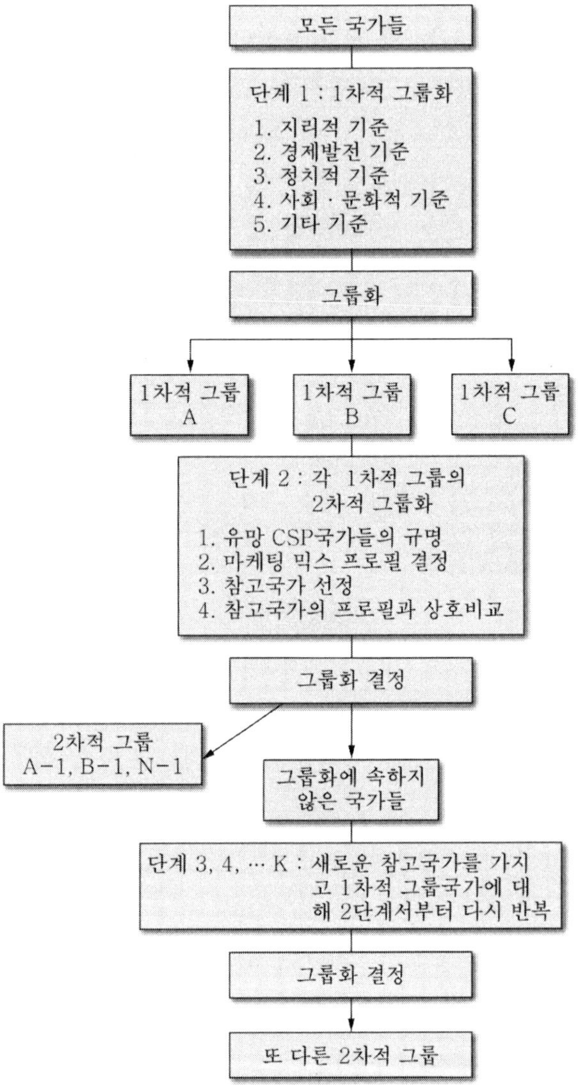

자료원 : F. R. Root, *Enery Strategies for International Markets*, MA : Lexington Books, 1993, p. 225.

[그림 1-2] 세계시장 그룹화 모델

국가들을 지역별(유럽지역, 북미지역 등)로 그룹화하는 것이 일반적이지만, 사실 동일한 지역 내에 속한 국가들이라 해서 표준화된 마케팅프로그램에 대해 동일한 반응을 나타낸다고 확신할 수는 없다. 반면에 다른 지역에 속한 국가들이라 해서 표준화된 마케팅프로그램에 대해 상이한 반응을 나타낸다고 볼 수도 없다.

따라서 국제마케팅관리자는 관리적인 측면에서 편리하기 때문에 지역별로 국가들을 그룹화하는 것을 지양해야 한다. 한편, 특정의 경제블럭(EU, NAFTA, ASEAN 등)에 소속된 국가들을 마케팅관점에서 동일그룹내의 국가들로 분류할 수 있는데, 이는 지리적인 근접성보다는 역내 국가들 간 자유무역정책의 채택, 자유로운 자원이전, 비슷한 수준의 경제발전단계 등의 요인 때문이다.

모든 국가들을 대상으로 하여 1차적 그룹화를 시도하는데 있어 여러 종류의 지표들, 즉 지리적 특성, 경제발전수준, 정치적 특성, 사회 및 문화적 특성 등이 사용될 수 있다. 예를 들어 정치적 시스템에 의한 그룹화는 자유시장 경제국들과 중앙계획 경제국들로 대별된다. 경제발전수준은 한 국가의 시장특성에 매우 중요한 영향을 미치므로, 소득수준 등의 경제발전척도에 근거하여 국가들을 그룹화(예를 들어 선진국, 개발도상국, 후진국)시킬 수 있다. 또 시장특성에 주요한 영향을 미치는 사회·문화적 요인들, 즉 언어, 종교, 교육 등의 지표에 근거하여 국가들을 그룹화시킬 수도 있다. 그러나 어느 한 지표에 의거하여 국가들을 그룹화시키는 것보다는 2개 이상의 복수 지표들에 의거하여 그룹화하는 것이 정확성면에서 더 유리하다.

세계시장 그룹화의 두 번째 단계는 각각의 1차적 그룹 내에 속한 국가들을 대상으로 2차적 그룹화를 시도하는 것이다. 2차적 그룹화의 기준으로는 해외진출기회에서 분석된 기업판매잠재력(company sales potentials: CSP)을 들 수 있다. 2차적 그룹화를 시도하는 과정에 있어서 국제마케팅관리자는 우선적으로 각각의 1차적 그룹에 속한 국가들 중에서 가장 높은 기업판매잠재력을 지니고 있으며, 표준화된 마케팅프로그램을 적용시키는데 가장 적합하다고 판단되는 한 국가를 참고국가(reference country)로 선정해야 한다. 대체적으로 이러한 참고국가는 이미 수출하고 있거나 또는 가장 높은 기업판매잠재력을 지닌 국가가 될 것이다. 일단 각 1차적 그룹별로 참고국가가 선정되어지면, 다음에는 참고국가의 마케팅프로필을 기준으로 삼아 각 1차적 그룹에 속해 있는 국가들의 마케팅프로필과 비교해야 한다. 이러한 상호비교의 결과를 토대로 해서 1차적 그룹내의 국가들 중에서 참고국가와 유사한 마케팅프로필을 보이는 국가들만을 2차적 그룹으로 압축시킨다.

계속해서 2차적 그룹에 속하지 않은 국가들만을 대상으로 하여 다시 참고국가를 선정하고, 마케팅 프로필의 상호비교를 통하여 새로운 2차적 그룹을 만들 수 있다. 2차적 그룹화의 최종 완료를 위해 이러한 절차가 몇 번 반복되어져야만 하는가는 관련 비교대상국들의 마케팅프로필의 다양성에 좌우된다. 극단적으로 각 2차적 그룹 내에는 오직 한 국가만이 포함될 수도 있다. 반면에 진출시킬 제품이 모든 현지국들의 시장조건에 적합하다고 판단되면 모든 국가들을 하나의 2차적 그룹 내에 포함시킬 수도 있는 것이다. 대부분의 제품들은 이러한 양극단 사이의 상황 하에 놓이게 되는데, 보통 2차적 그룹화의 수가 1차적 그룹화의 수보다는 많게 된다. [그림 1-2]의 모델 이외에도 요인분석(factor analysis), 판별분석(discriminant analysis), 다차원척도법(multidimensional scaling) 등을 통해 세계시장의 그룹화를 도출해 낼 수 있다. 그러나 어떠한 복잡한 기법을 사용하든지간에 그룹화에 영향을 미치는 요인들 모두를 분석할 수는 없는 것이다. 따라서 국제마케팅관리자는 제약된 시간과 정보 하에서 자신들의 경험을 바탕으로 중요하다고 여겨지는 요인들을 지표로 삼아 그룹화를 시도해야 한다. 한편 차후에 최종적으로 그룹화된 국가들에 대해 공통된 마케팅프로그램의 실행에 있어 문제가 있다고 판단되면, 즉시 그룹화나 마케팅프로그램의 재수정을 꾀하여야만 한다.

2) 국별시장의 세분화

국별시장의 세분화는 현지소비자들이 각기 상이한 욕구와 기호를 가지고 있으며, 따라서 특정제품에 대한 이들의 수요특성도 상이할 것이라는 가정에 기초한다. 즉 진출시킬 제품에 대한 현지소비자들의 욕구와 기호가 상당한 이질성을 보이고 있을 때에는 시장세분화를 통해 마케팅프로그램을 입안함으로써 판매잠재력의 극대화를 꾀할 수 있다.

국별시장의 세분화를 위해서는 우선 소비자들을 동질적 집단으로 분류하여야 한다. 따라서 이들 분류된 집단들은 특정의 제품과 마케팅정책에 대해 각기 상이한 반응을 나타내어야만 한다. 시장세분화에 있어서 고려해야 할 또 한 가지 중요한 사실은 세분화된 표적시장은 적어도 투입된 마케팅비용을 합당화시킬 수 있을 정도의 판매잠재력을 지니고 있어야만 한다는 점이다. 특정시장의 세분화에 있어 다음과 같은 몇 가지 질문이 제기될 수 있다. 첫째, 제품의 진출기회를 제공하는 확실시되는 소비자 또는 사용자 그룹이 존재하는가? 만일 이 질문에 대한 응답이 긍정적으로 나타날 경우, 특히 세분화된 표적시장이 경쟁업체들에 의해 도외시되고 있거나 소홀히 다루어지고 있는 경우, 틈새시장으로 개발이 가능하게 된다. 시장세분화기회를 규명한 후에는 마케팅담당자들은 세분된 표적시장에 대한 가장 비용효과적인 국제마케팅믹스정책은 무엇인가?의 두 번째 질문에 접근해야 한다. 이 질문에 대한 분석을 통해 세분시장전략이 전체시장전략보다 더 비용효과적인가?의 세 번째 질문으로 나아가게 된다. 일반적으로, 소규모의 현지국시장보다는 대규모의 현지국시장에서, 저소득시장보다는 고소득시장에서, 그리고 기술적으로 단순한 시장보다는 기술적으로 복잡한 시장에서 시장세분화의 기회가 더 높게 나타난다. 또한 표준화된 제품보다는 고도로 차별화된 제품에서 시장세분화의 기회가 더 높게 나타난다(권영철, 2002, pp. 150-151).

제2절 국제표적시장의 선정

1. 국제표적시장선정의 기준

해외시장을 적절하게 세분화한 다음에는 어떠한 세분시장에, 그리고 얼마나 많은 세분시장에 진출할 것인가를 결정해야 한다. 이 문제가 바로 표적시장의 선택이다. 표적시장(target market)이란 특정기업이 진입을 결정한 하나 또는 그 이상의 세분시장을 말한다. 즉 표적시장은 전체시장 모두가 될 수도 있고, 두 세 개의 세분시장이 될 수도 있으며, 때로는 전체시장 중 단 하나의 세분시장만이 될 수도 있다. 만약 지나치게 적은 세분시장을 표적시장으로 선정하게 되면, 시장기회를 상실하게 되고, 매출과 수익이 감소하게 될 것이며, 지나치게 많은 세분시장을 표적시장으로 선정하게 되면, 마케팅활동이 분산되어 매출과 수익이 증가하기보다는 더 많은 추가적 비용이 발생할 가능성이 높아진다.

그런데 기업이 세분시장을 평가하여 표적시장을 선정하는 데 고려해야 하는 기준은 다음과 같이 크게 세 가지로 나누어진다.

1) 세분시장의 규모와 성장률

기업은 제일 먼저 세분시장들에 대한 현재의 판매량, 예상 성장률, 그리고 예상 수익률에 대한 자료를 수집하고 분석해야 한다. 즉 기업이 선택할 수 있는 세분시장은 충분한 규모와 높은 성장률을 보이는 시장이어야 한다. 일반적으로 기업들은 시장규모가 큰 시장에 진입하기를 원한다. 아무리 세분시장이 매력적이라

하더라도 그 규모가 매우 작거나, 혹은 앞으로 시장규모가 커질 가능성이 없다면 굳이 그러한 세분시장에 진입할 필요가 없다. 이런 의미에서 세분시장의 규모와 성장률을 파악하는 것은 기업이 진입할 세분시장의 경제성을 평가하는 것이다. 그러나 어느 기업에게나 규모가 크거나, 높은 성장률을 보이는 세분시장이 매력적인 것만은 아니다. 소규모의 기업은 규모가 큰 세분시장을 감당하기에는 기술이나 자원이 부족하며, 또한 규모가 큰 세분시장은 기업간 경쟁이 치열하기 때문에 소규모의 기업이 성공할 가능성이 낮을 수 있다. 따라서 이러한 기업들은 잠재적으로 높은 수익률을 얻을 수 있는 보다 작고, 덜 빠르게 성장하는 시장을 선택하기도 한다.

2) 세분시장의 구조적 매력도

적절한 규모와 성장가능성이 높은 세분시장 중 수익성의 관점에서 구조적 매력도가 있는 것이 기업의 목표시장으로서 적합하다. 아무리 세분시장의 규모가 크고, 높은 성장률을 가지고 있다 하더라도 수익성 측면에서 매력적이지 못한 시장일 수도 있기 때문에 장기적인 수익성에 영향을 주는 구조적 요인들을 고려해 보아야 한다. 일반적으로 그러한 구조적 요인 중에서 가장 큰 영향을 미치는 요인은 세분시장에 있어서의 경쟁상황이다. 따라서 기업은 현재 및 잠재적인 경쟁자들에 대한 분석을 실시해야 하며, 그 결과 해당시장에 강력한 경쟁자들이 많다고 판단되면 그 세분시장은 그다지 매력적이지 못하다고 판단하게 된다.

국제마케팅 관리자들은 또한 대체상품의 위협을 고려해야 한다. 실질적인 대체상품이 있거나 잠재적 대체상품이 있다면 그 세분시장은 매력성이 매우 떨어지게 된다. 대체상품들은 세분시장에서 얻을 수 있는 수익과 기업이 소비자들에게 제시할 수 있는 가격에 제한을 가하게 된다.

구매자의 힘 또한 세분시장의 매력도에 영향을 미친다. 만약 세분시장에서의 구매자들이 판매자에 비하여 높은 구매자 교섭력을 가진다면, 가격할인에 대한 압력을 줄 수도 있고, 기업에 대하여 보다 좋은 제품의 질이나 서비스 제시를 요구할 수도 있다.

끝으로 세분시장의 매력도는 공급자(supplier)의 상대적인 힘에 의해 좌우된다. 세분시장에서 원료, 자재, 노동력, 그리고 서비스 등에 대해 공급자가 마음대로 가격을 올리거나, 제품의 질 또는 수량을 낮출 수 있는 정도로 큰 공급자 교섭력을 가지고 있다면 그 세분시장은 매력도가 떨어진다. 공급자들은 그 규모가 매우 크고 독점적일 때, 대체상품이 거의 없을 때, 또는 공급하고 있는 제품이 매우 중요한 원료일 때에는 강력한 힘을 가지게 된다.

3) 기업의 목표와 자원

비록 세분시장의 규모가 적절하고, 성장가능성이 높으며, 구조적인 매력도가 있다고 하더라도 세분시장과 관련된 기업의 목표와 자원을 고려하여 시장의 매력도를 평가해야 한다. 세분시장이 그자체로서 매력적이더라도 기업의 주요 목표와 부합되지 않는 세분시장이라면 기업은 그 시장을 선택할 수 없을 수도 있으며, 경우에 따라서는 환경적 · 정치적 · 사회적 책임이라는 시각에서 볼 때 세분시장이 그다지 바람직하지 못하다면 기업은 그 세분시장으로의 진입을 포기할 수도 있다. 예를 들어 현대와 삼성과 같은 대기업들은 중소기업에서 운영하기에 적절하다고 생각되는 사업에 이익을 낼 수 있다고 판단되어도 진입을 자제하는 경우도 있다. 그것은 법적인 규제 이외에도 그 시장에 진입했을 때 여론의 비난을 받아 기업의 이미지를 해치는 것을 두려워하기 때문이다.

일단 세분시장이 기업의 목표와 부합된다면 그 기업은 세분시장에서 성공할 수 있는 기술과 자원이 있는지를 평가해 보아야 한다. 만약 기업이 세분시장에서 성공적으로 경쟁할 수 없다고 판단된다면 그 시장으로 진입하지 말아야 한다. 기업이 세분시장에서 요구하는 만큼의 자원을 가지고 있다 하더라도 세분시장에서 경쟁적 우위를 누릴 수 있을 만큼 경쟁자들보다 기술이나 자원이 풍부하지 않은 경우에도 기업은 그 세분시장으로의 진입을 신중히 고려해야 한다. 따라서 기업은 그 세분시장에서 경쟁자들보다 우위를 얻을 수 있고, 시장에 진입했을 때 잃는 것보다 얻는 것이 더 많다고 판단될 경우에 그 세분시장에 진입하여야 성공할 수 있다.

2. 세분화전략의 유형

표적시장이 선정되고 나면 이러한 표적시장을 대상으로 여러 가지 전략을 구사할 수 있는데, 일반적으로 많이 다루어지는 시장세분화에 따른 전략에는 다음과 같은 세 가지를 들 수 있다([그림 1-3] 참조).

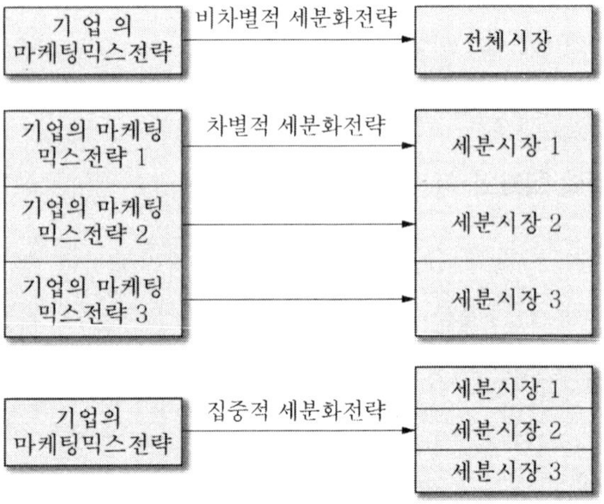

[그림 1-3] 세분화전략의 유형

1) 비차별적 세분화전략

이 비차별적 세분화전략은 엄밀한 의미에서 시장세분화의 의미를 살리지 못한 전략이라 할 수 있다. 이 전략은 소비자들의 특성이나 욕구가 모두 비슷하다고 가정하고 전체 소비자를 대상으로 하나의 전략을 구사하는 것을 말한다. 예를 들어 코카콜라의 경우 모든 소비자들에게 동일한 효익을 주는 단일의 제품이라 할 수 있는데 이는 소비자들의 욕구나 특성이 유사하다고 보기 때문이다. 즉 소비자들을 특정의 세분화기준에 의거해 세분화하는 것보다도 단일의 표준품을 생산·판매하는 것이 규모의 경제와 같은 이점을 누릴 수 있기 때문에 더 유리하다고 보는 전략이다.

이 비차별적 세분화전략은 시장 내에 존재하는 소비자들의 다양한 욕구를 무시하고 시장자체를 동질적인 것으로 보고 하나의 전략을 구사하는 것을 말한다.

2) 차별적 세분화전략

차별적 세분화전략은 복수목표시장 추구전략이라고도 하는데, 이 전략은 세분화된 시장별로 소비자 특성에 맞는 전략을 구사하는 것을 말한다.

오늘날 대부분의 기업들은 소비자의 욕구나 특성이 다양해짐에 따라 소비자를 특정의 세분화기준에 따라 세분화하고, 세분된 시장에 적합한 제품을 생산·판매하고 있다. 대표적인 예로서 우리나라의 맥주시장의 경우에도 소비자들을 대상으로 이러한 차별화 세분화전략을 구사하고 있다. 즉 맥주시장을 그 맛과 제품형태에 따라 병맥주라든지 생맥주, 드라이 맥주, 라이트 맥주, 흑맥주 시장으로 구분하여 각각의 세분시장에 맞는 제품을 판매하고 있다. 또한 알코올의 소비를 금지하고 있는 중동지역 수출의 경우에는 맥주에서 알코올 성분을 제거한 형태로 판매하여 지리적 세분화도 활용하고 있다.

〈사례 1〉 휴대폰 업체들 "생활용품 마케팅 배우자"

삼성전자와 LG전자 등 국내 휴대폰 업체들은 존슨앤존스, 로레알 등 생활용품 업체들의 마케팅 담당자를 영입해 마케팅전략 변화를 꾀하고 있다. LG전자는 지난 2005년 존슨앤존스 출신의 마창민 상무를 글로벌마케팅 책임자로 내세워 초콜릿폰, 샤인폰, 프라다폰 등을 잇달아 성공시킨 데 이어 최근 삼성전자도 화장품 전문업체 로레알에서 이영희 상무를 영입해 글로벌마케팅 강화에 나서고 있다. 이는 휴대폰이 연간 휴대폰 판매 대수가 11억대에 달할 정도로 완전한 생활 소비용품으로 자리잡았기 때문이다.

화장품이나 로션 등 생활용품은 시장이 대단히 세분화되어 있는 것이 특징이다. 화장품의 경우 지성, 건성 등 사용자들의 피부는 물론 사용연령, 가격대에 따라 독립적인 시장이 형성되어 있다. 게다가 제품의 사용주기가 짧고 유행에 민감하며 한 번 브랜드를 정하면 다른 것으로 쉽게 바꾸지 않는다. 하지만 유행에서 뒤쳐질 경우에는 냉정하게 돌아서는 것이 소비용품 시장이다.

휴대폰 역시 제품 주기가 2년 정도로 비교적 짧은 편이며 소비자층도 사용연령과 지역에 따라 선호하는 제품이 매우 다르다.

노키아가 전 세계적으로 맹위를 떨친 데에도 세계적으로 무려 100종에 달하는 제품을 선보일 수 있는 다양성을 확보했기 때문이다. 노키아의 프리미엄 제품군만 보더라도 여성 소비자를 대상으로 하는 '아무르 콜렉션', 멀티미디어 특화폰인 'N시리즈', 초고가 시장을 겨냥한 '시로코 에디션' 등으로 세분화돼 있다.

삼성전자와 LG전자도 프리미엄 제품과 중저가 제품을 병행하는 큰 마케팅전략 하에서 시장세분화를 통해 경쟁력 극대화에 나서고 있다. 삼성전자의 프리미엄 제품인 울트라에디션 시리즈의 경우 상대적으로 중저가 제품인 바(Bar)형과 중고가 시장을 노린 폴더, 고가 시장을 공략하기 위한 슬라이드로 세분화되어 있다. LG전자도 세계 시장에서 샤인폰을 주력제품으로 내세우면서도 초고가 시장 공략을 위한 프라다폰을 내놓기도 했다. 국내에서도 중장년층을 공략하기 위한 와인폰을 선보였으며 최근에는 한 휴대폰의 색상을 14가지의 색상으로 분화시킨 컬러홀릭폰을 출시했다.

휴대폰 업계 관계자는 "휴대폰 시장은 점점 패션제품이나 소비용품 시장을 닮아가는 모습을 보이고 있다"면서 "세계 소비자들의 다양한 성향을 미리 읽고 이에 맞춘 모델을 적기에 출시할 수 있는 능력이 더욱 중요해지고 있다"고 말했다.

자료원 : 서울경제, 2007. 8. 9.

〈사례 2〉 삼성전자의 시장차별적 마케팅전략

삼성전자가 연초부터 글로벌마케팅 전략을 대대적으로 변경해 눈길을 끌고 있다. 지금까지는 모든 소비자를 타깃으로 한 '매스마케팅'에 중점을 둬 왔으나 올들어 소비자들의 다양한 취향에 맞춘 '타깃마케팅'으로 방향을 바꾼 것. 휴대폰시장이 선진국 중심의 고가시장과 개발도상국 중심의 중·저가 시장으로 확연히 구분되는 데다 불황기엔 전체 소비자를 타깃으로 한 '매스마케팅'은 효율이 뚝 떨어진다는 판단에서다.

23일 삼성전자 무선사업부 마케팅 담당 이영희 상무는 "올해부터는 삼성이란 브랜드와 제품을 알리는 매스마케팅중심에서 탈피해 개별 소비자와의 경험과 체험을 강조하는 타깃마케팅으로 전반적인 마케팅전략을 수정하고 있다"며 "올해는 매장 체험 행사, 블로그 마케팅, 온라인 광고 등의 세분화된 시장공략을 본격 전개할 것"이라고 밝혔다.

이영희 상무는 화장품 회사 로레알코리아 출신의 마케팅 전문가로, 삼성이 타깃마케팅을 위해 스카우트한 것으로 알려졌다. 로레알 근무 당시 이영희 상무는 화장품을 일반 매장이 아닌 약국에서 판매하는 혁신적인 마케팅을 구사해 히트한 바 있으며 로레알 본사가 이 기법을 글로벌시장으로 확산시키기 위해 이영희 상무를 본사로 영입하기도 했다.

삼성전자의 이 같은 마케팅전략 수정은 지난 16일부터 19일까지 스페인 바르셀로나에서 개최됐던 '모바일 월드 콩그레스(MWC) 2009'에서 확연히 드러났다. LG전자가 MWC 2009의 플래티넘 스폰서를 맡아 전시장 전면과 공식 유인물 등에 광고를 게재하는 매스마케팅전략을 구사한데 비해 삼성전자는 매스마케팅을 최소화하는 한편 전시장 부스에서 '친환경' '터치' '스마트폰' 등 제품별로 소비자들에게 직접 제품을 사용하면서 체험할 수 있는 공간을 강조해 대조를 보였다.

또 삼성전자는 본사에서 글로벌마케팅을 모두 관여하지 않고 현지 채용인력이나 마케팅 전문회사를 통해 지역별, 소비자별로 세분화해 공략하는 전략을 채택하고 있다. 지난해 삼성전자는 휴대폰 시장을 6개로 세분화해 시범적으로 타깃마케팅을 전개한 결과 '터치' 분야에서 세계 시장 1위를 거둔 것으로 자체 분석했다.

이와 관련, 삼성전자 무선사업부장인 신종균 부사장은 "옥외광고는 의도적으로 줄였으며 올해부터는 과거처럼 무차별적인 마케팅이 아니라 가격별, 지역별로 시장을 세분화해 소비자가 직접 느낄 수 있는 체험마케팅을 강조할 것"이라고 말했다.

자료원 : 파이낸셜뉴스, 2009. 2. 24.

3) 집중적 세분화전략

집중적 세분화전략은 달리 단일목표시장 추구전략이라고 하는데, 이 전략은 전체시장의 한 부분인 단일 세분시장에 초점을 맞추거나 집중하는 전략을 의미한다. 앞에서 기술한 차별적 세분화전략과 이 집중적 세분화전략이 특히 시장세분화의 의미를 잘 살린 전략이라고 할 수 있다. 집중적 세분화전략은 흔히 기업의 자원과 능력이 모든 세분시장에 대응하기에는 미약한 경우, 그리고 자기 기업의 경쟁적 우위가 실현될 수 있는 특정 세분시장에서만 활동하고자 할 경우에 많이 이용되는 전략이라고 할 수 있다. 예를 들어 스포츠용품 시장의 경우 모든 스포츠용품을 제조·판매하는 종합 스포츠용 기업도 있지만, 많은 스포츠용품 중에서 이를테면 골프용품만 전문적으로 생산·판매하는 전문적인 기업도 존재하게 되는데 후자가 바로 집중적 세분화전략을 택하는 대표적인 예라고 할 수 있다(조동성·이광현, 1994, pp. 384-386).

지금까지 세 가지의 세분화전략을 살펴보았는데, 이 중에서 기업에 가장 적합한 전략을 선택하기 위해서는 다음과 같은 사항들을 고려해야 한다.

첫째, 기업의 자원이 한정되어 있을 경우에는 집중적 세분화전략을 선택하는 것이 바람직하다.

둘째, 제품수명주기에서 자사제품이 해외시장에서 어떠한 위치에 있는가에 따라 거기에 적합한 서로 다른 전략을 구사하는 것이 바람직하다. 예를 들어 자사제품이 해외시장에서 도입기 단계에 있을 경우에는 일차적 수요를 흡수하기 위해 비차별적 세분화전략을 수행하는 것이 바람직하다. 그러나 자사제품이 해외시장에서 성장기, 성숙기, 쇠퇴기 단계에 있을 경우에는 차별적 세분화전략을 수행하는 것이 효과적이라고 할 수 있다.

셋째, 소비자들의 욕구라든지 구매관습 등이 유사할 경우에는 비차별적 세분화전략을 구사하는 것이 바람직하지만, 이와 반면에 이질적인 경우라면 집중적 또는 차별적 세분화전략을 구사하는 것이 보다 유리하다.

제 3 절 제품포지셔닝전략

1. 제품포지셔닝의 개념 및 중요성

표적시장을 선택하게 되면, 그 다음 과제는 원하는 표적고객들에게 상품을 어떻게 알리느냐 하는 것을 결정해야 한다. 즉 자사제품이 경쟁사의 제품과는 다른 고유한 특성을 가지고 있다는 점을 소비자들의 마음속에 심어주어야 하는데, 이것을 제품포지셔닝(product positioning)이라고 한다. 다시 말하면 제품포지셔닝이란 제품의 중요한 속성이나 혜익 특성이 소비자의 마음속에 정의되어지고, 경쟁자의 그것과는 구별되고 더 낫다는 것을 심어주는 것을 말한다.

포지셔닝이라는 용어는 1972년 미국의 알 리스(Al Rises)와 잭 트라우트(Jack Trout)가 마케팅과 광고에 관련된 저서라든지 잡지에 처음 소개한 이후 치열한 경쟁을 하고 있는 소위 무한경쟁시대에 처해 있는 요즈음에 그 중요성이 점차적으로 높아지고 있다. 최근 해외시장에서 우리나라 기업의 제품포지셔닝을 보더라도 가격에 비해 고품질이라는 평가를 받고 있고, 많은 기업들이 글로벌 시장환경에서 경쟁적 이미지구축을 위해 포지셔닝의 전략적 중요성을 인식하기 시작했다.

일반적으로 제품특성에 대한 소비자인식은 국가마다 다르기 때문에 진출할 해외시장에 대한 자사제품의 올바른 위치와 작업을 위해 국제마케팅 관리자는 새로운 제품포지셔닝전략을 개발해야 한다. 예를 들어 스웨덴의 볼보 자동차회사의 경우, 미국시장에서는 자동차의 경제성, 내구성 및 안전성을, 프랑스에서는 품위와 여유를, 독일에서는 자동차의 성능을, 그리고 스위스에서는 안정성을 강조하는 등 나라마다 각각 다른 제품포지셔닝전략을 구사하였다. 또한 문화권에 따라 소비자의 기호가 차이가 있고, 동일한 제품조차도 그 용도가 달라질 수 있다. 예를 들어 유럽의 경우 치즈를 사용하는 방법도 나라에 따라 상이하게 나타난다. 즉 이탈리아에서는 피자나 스파게티 등과 같이 더운 음식을 요리하는데 사용하지만, 독일의 경우 빵 위에 얹어서 같이 먹는 등 치즈의 사용이 상이하다. 자전거의 경우 일부 국가에서는 레크리에이션의 용도로서 인식되어지나 중국, 베트남 등의 국가에서는 기본적인 교통수단으로서 인식된다.

2. 제품포지셔닝의 절차

제품포지셔닝의 절차는 기업이 처한 상황과 여건에 따라 각기 상이하지만, 일반적인 절차는 [그림 1-4]와 같이 5가지 단계를 거치게 되는데 이를 구체적으로 살펴보면 다음과 같다.

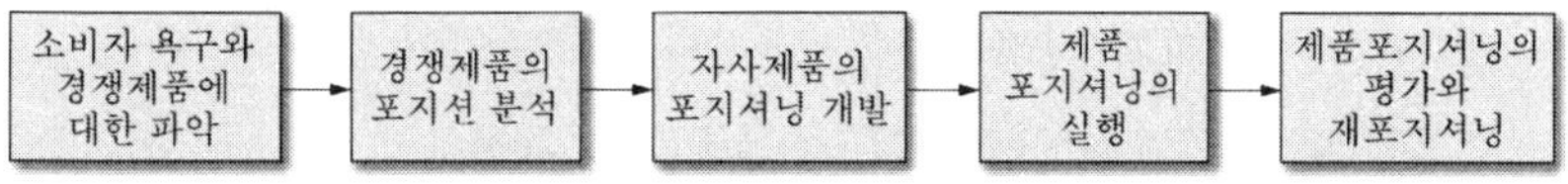

[그림 1-4] 제품포지셔닝의 절차

1) 소비자 욕구와 경쟁제품에 대한 파악

제품포지셔닝의 첫 번째 단계는 표적시장의 소비자 욕구를 정확히 파악하는 것이다. 자사제품이 경쟁제품에 비해 비교우위를 갖는 차별적 요인을 파악하여 소비자에게 정확하게 전달하여도 그 요인이 표적시장의 소비자에게 중요하지 않은 것이라면 기업의 마케팅노력은 허사가 된다. 예를 들어 싱가포르의 한 호텔은 아시아에서 가장 높은 호텔임을 강조하였지만 이는 호텔을 이용하는 고객입장에서는 큰 의미를 갖지 못하여 실패한 포지셔닝전략이 되고 말았다. 따라서 체계적인 포지셔닝전략의 수립을 위해서는 무엇보다 표적시장내의 많은 소비자들이 중요하게 생각하면서 현재 충족되지 않은 욕구(편익)를 찾아내야 한다.

이러한 소비자 욕구의 파악과 함께 경쟁제품에 대한 파악도 이루어져야 한다. 이를 위해 기업은 먼저 누구를 경쟁자로 볼 것인가를 규명해야 한다. 즉 어떤 제품들이 현재 우리와 동일한 세분시장을 표적으로 하고 있으며, 향후 추가 진입이 예상되는 경쟁자들은 누구인지에 대한 정보가 수집되어야 한다(권익현·임병훈·안광호, 2001, p. 205).

2) 경쟁제품의 포지션분석

구체적인 경쟁제품에 대한 파악이 이루어지면 이러한 경쟁제품들이 소비자들에게 어떻게 포지션되어 있는지, 그리고 전반적인 이미지는 어떠한지를 파악하여야 한다. 이 때 요인분석이나 다차원척도법 등의 통계적 분석방법을 활용하여 포지셔닝 맵(positioning map)을 작성하면 경쟁제품에 대한 소비자들의 인식도를 파악할 수 있다. 만약 소비자들이 중시하는 특정한 속성에서 현재 적절하게 포지션된 제품이 없다든지 호의적인 이미지를 구축한 제품이 없다면 이것은 바로 그 시장에 진입할 수 있는 좋은 기회가 된다는 것을 의미한다.

3) 자사제품의 포지셔닝 개발

경쟁제품의 포지션을 정확히 분석한 후 자사제품의 포지셔닝을 개발해야 하는데, 이를 결정하기 위해서는 두 가지의 선택방안이 있을 수 있다. 그 한 가지는 경쟁제품의 포지션에 근접하여 경쟁제품이 차지하고 있는 소비자들을 흡수하려고 하는 것이다. 이러한 전략이 성공하려면 다음과 같은 몇 가지의 전제조건이 충족되어야 한다.

① 경쟁자에 비해 기술적으로 보다 우수한 제품을 생산할 수 있어야 하고, ② 경쟁자와 경쟁하더라도 수익을 창출할 수 있을 정도로 소비자집단의 규모가 커야 하며, ③ 경쟁자에 비해 생산에 필요한 자원이 충분해야 하고, ④ 그러한 위치를 차지함으로써 기업의 능력이나 평가가 유지될 수 있어야 하는 것이다.

또 하나의 방안은 경쟁기업들이 아직 진입하지 않은 시장에 자리를 잡는 것이다. 이와 같이 한 기업이 표적시장에서 경쟁자에 비해 유리한 포지션을 차지하기 위해서 국제마케팅 관리자는 자사제품에 대해 소비자들이 어떤 지각 또는 연상을 갖도록 할 것인가를 결정해야 한다. 이러한 포지셔닝의 개발은 소비자분석과 경쟁제품 포지션분석에 의한 정보를 토대로 하여 경쟁자에 비해 소비자의 욕구를 더 적절하게 충족시킴으로써 자사제품이 경쟁적 우위를 차지할 수 있도록 자사제품의 포지션을 결정하는 과정이다.

이러한 과정을 통해 자사제품의 적절한 포지션이 결정되면 목표포지션에 도달하기 위한 구체적인 접근방법이 필요하다. 이러한 목표포지션에 효율적으로 접근하는 방법으로는 앞에서 기술한 바와 같이 제품의 속성, 주요 사용자, 이미지, 사용상황, 경쟁제품에 의한 포지셔닝 방법 등이 있다.

4) 제품포지셔닝의 실행

앞에서 설정한 포지셔닝에 따라 제품을 개발하고, 제품믹스를 결정한다. 자사제품이 경쟁제품에 비하여 비교우위의 차별적 특성을 가지고 있다 하더라도 소비자들이 이를 받아 들여야 한다. 따라서 기업은 광고 등과 같은 촉진활동 및 커뮤니케이션 노력에 의해 소비자들의 마음속에 자사제품을 정확히 포지션해야 한다.

기업들이 일단 하나의 포지션을 개발한 후에는 표적소비자들을 대상으로 적절하게 의사소통을 하며, 또 그 내용을 적절히 전달해 줄 수 있는 강력한 조치를 취하여야 한다. 또한 기업들의 모든 마케팅믹스 수단들은 이러한 포지셔닝전략을 지원하는데 집중하여야 한다. 기업이 포지셔닝전략을 수행하려면 보다 구체적인 행동이 필요하다. 예컨대 만약 어느 기업이 보다 나은 서비스를 제공함으로써 하나의 위치를 구축하는데 목적을 두고 있다면, 보다 질이 높은 서비스를 제공할 수 있는 종업원들을 채용하고, 이들을 훈련시키며, 서비스분야에 대해 명성이 높은 소매상들을 찾아내어야 할 것이다. 또한 보다 나은 서비스를 전달할 수 있는 판매수단을 개발하고, 광고메시지들을 개발하는 일들이 필요할 것이다.

5) 제품포지셔닝의 평가와 재포지셔닝

국제마케팅관리자는 자사제품이 목표한 위치에 포지셔닝이 되었는지를 조사하고 그렇지 못한 경우에는 이를 시정하도록 해야 한다. 뿐만 아니라 소비자 욕구와 경쟁을 포함한 여러 가지 환경요인들이 시간이 경과함에 따라 끊임없이 변화하기 때문에 계속적인 조사를 통해 자사제품이 적절하게 포지셔닝이 되었는지를 확인해야 하고, 필요한 경우 적절히 수정해 나가야 한다. 이처럼 자사제품의 포지셔닝이 소비자 욕구와 경쟁제품에 비추어 적절하지 않은 포지션으로 변화하는 경우 포지션전략의 반복적인 수행을 통해 자사제품의 목표포지션을 다시 설정하고, 적절한 포지션으로 이동시키는 재포지셔닝(위상재정립 : repositioning)이 필요하다.

국제마케팅관리자는 효과적인 포지셔닝의 평가와 재포지셔닝을 위해서는 정기적으로 포지셔닝 맵을 작성하여 자사제품과 경쟁제품들의 변화추세를 분석하는 동태적 포지셔닝 분석이 필요하다(김희철, 2007, p. 186).

3. 제품포지셔닝전략의 종류

기업이 자사제품을 해외시장에 있는 소비자들에게 포지션하는데 이용할 수 있는 제품포지셔닝전략에는 여러 가지가 있는데, 일반적으로 자주 사용되는 포지셔닝전략들은 다음과 같다.

1) 제품속성에 의한 포지셔닝전략

이 방법은 가장 많이 사용되는 포지셔닝전략으로 표적시장의 소비자들이 중요하게 생각하는 제품속성면에서 자사제품이 경쟁제품에 비해 차별적 우위에 있음을 강조하는 전략이다. 예를 들어 볼보(Volvo)자동차는 광고에서 충돌시험 장면을 보여줌으로써 안정성이 높은 자동차로 포지셔닝하였으며, 이와 반면에 아우디(Audi)는 다이내믹한 시승감의 자동차로, 그리고 크라이슬러(Chrysler)의 Jeep는 고성능 오프로드 자동차로 포지셔닝하였다(안광호 · 김동훈 · 유창조, 2008, p. 76). 또한 치약시장에서도 죽염치약은 잇몸질환예방에 탁월한 효과가 있음을 강조하였으며, 페리오치약은 치석제거, 화이트키스치약은 미백효과, 브렌닥스치약은 충치예방을 하는 치약으로 포지셔닝하였다.

2) 사용상황에 의한 포지셔닝전략

이 방법은 제품이 사용될 수 있는 적절한 상황과 용도를 자사제품과 연계시키는 전략이다. 예를 들어 게토레이나 파워에이드가 운동 후 갈증을 해소하기 위한 스포츠음료로 포지셔닝하거나, 컨디션은 접대가 많은 비즈니스맨들이 숙취해소를 위해 마시는 음료로 포지셔닝하여 성공한 경우가 그 예라고 할 수 있다.

3) 제품사용자에 의한 포지셔닝전략

이 방법은 표적시장의 소비자들에게 자사제품이 그들에게 가장 적절한 제품이라고 포지셔닝하는 전략이다. 예를 들어 Johnson & Johnson사의 baby샴푸는 유아용 샴푸로 포지셔닝하였으나 부드러운 샴푸를 원하는 어른들도 사용할 수 있는 것으로 재포지셔닝하여 시장점유율이 크게 신장하는 성공을 거두었다. 유사한 예로, Miller High Life맥주는 상류층이나 여성들이 마시는 맥주로 포지션하였으나 1970년대 초반 Philip Morris사가 Miller맥주를 인수하면서 다량음주자인 노동자 계층이 마시는 맥주로 재포지셔닝함으로써 시장점유율 2위의 맥주회사로 부상했다. 화장품, 스포츠용품, 그리고 패션의류 등은 유명인과 연계시켜 제품포지셔닝을 구축하는 경우가 많다. 광고모델로 등장하는 유명인의 이미지가 제품특성과 잘 부합될 경우 이들을 이용한 제품포지셔닝전략은 매우 효과적이다. 골프용품시장에 후발 브랜드로 진출한 나이키는 불세출의 프로골프선수인 타이거우즈를 후원자로 이용함으로써 세계최고의 프로골프선수라는 이미지를 자사제품과 연계시키는 포지셔닝전략을 통해 짧은 시간 내에 시장선도 골프용품 브랜드의 하나로 부상될 수 있었다. 그러나 특정제품 사용자와 강하게 연계되어 포지셔닝이 구축된 브랜드는 다른 세분시장이나 제품시장으로 계속 확장하는 데에는 한계가 있을 수 있다. 그리고 유명인을 후원자로 이용한 제품포지셔닝전략은 유명인의 스캔들로 인한 이미지 추락으로 인해 마케팅성과에 부정적 영향을 미칠 수 있다. 예를 들어 2009년말 타이거우즈의 섹스 스캔들이 발생되었을 때, 게토레이 등 광고주들은 브랜드이미지에 미칠 부정적 영향을 우려해 그가 출연한 광고를 중단시킨 바 있다.

4) 경쟁제품에 의한 포지셔닝전략

이 방법은 자사제품을 소비자들의 마음속에 강하게 자리잡고 있는 경쟁제품과 비교하여 자사제품의 차별성이나 우수성을 강조하는 전략이다. 이러한 전략으로 성공을 거둔 대표적인 예가 Avis사의 "우리는 2위 기업입니다. 그래서 더욱 노력합니다"라는 광고캠페인이다. 렌트카 회사인 Avis사는 시장선도브랜드인 Hertz사보다 시장점유율에서 열세임을 인정하고 Hertz사보다 더 열심히 노력하겠다는 메시지를 전달함으로써 경쟁사인 Hertz사와 관련시키는 포지셔닝전략을 수립하였으며 이를 통해 큰 성공을 거두었다.

2009년 현대자동차의 제네시스의 경우 미국 자동차시장에서 벤츠, BMW와 같은 유럽의 고급승용차를 구매하는 소비자를 겨냥해 성능은 이들과 별 차이가 없으면서 가격은 훨씬 저렴한 것으로 포지셔닝하였다(안광호 · 이유재 · 유창조, 2010, p. 112).

〈사례 1〉 한국기업의 해외시장진출 성공사례(락앤락)

32년의 업력을 자랑하며 글로벌 주방문화의 표준을 선도하는 국가대표 기업 락앤락이 국내는 물론 2013년 세계 밀폐용기 분야 No.1 브랜드로 도약하기 위해 무한질주하고 있다.

락앤락은 지난 1978년 국진화공이라는 무역회사로 설립된 이후 신개념 4면 결착 밀폐용기 '락앤락' 및 혁신적인 기능을 갖춘 주방생활용품을 통해 해외 106개국에 진출해 해외영업법인 13곳과 해외생산법인 4곳, 90여개 해외 직영점을 설립해 운영하는 등 글로벌기업으로 성장해 왔다.

특히 락앤락(김준일 회장, 사진)은 진출해 있는 국가를 현재의 106개국에서 130여 개국으로 확대해 오는 2013년까지 세계 밀폐용기 분야 1위, 초일류 기능성

밀폐용기 전문 브랜드로서의 입지를 확실히 다지고자 하고 있다.

락앤락은 플라스틱 소재 제품 외에 도자기나 유리, 스테인리스 등 보다 다양한 소재의 제품을 출시해 나가고 있으며, 밀폐용기 전문 브랜드에서 토털 주방 생활용품 브랜드로 영역을 확장해 나가고 있다. 소비자 욕구에 발맞춰 매출의 상당 부분을 R&D에 투자해 연간 500여 가지 이상의 신제품을 생산하고 있다.

□탄탄한 국내 실적=락앤락은 국내 밀폐용기 부분 1위라는 명성답게 내수 부문에서도 탄탄한 실적을 자랑하고 있다. 락앤락은 지난 1분기에 전년대비 46.9% 증가한 426억원의 매출액을 기록했으며 매출 구성은 국내 부문 249억원, 해외수출 177억원이다.

락앤락은 최근 내수 시장에서의 성장성 둔화에 대한 우려 섞인 관측이 나오고 있으나, 내수 부문의 프로덕트 믹스 개선에 집중하는 등 내수 부분의 성장 전략 강화를 통해 이를 타개할 전망이다.

전문가들은 락앤락의 해외사업의 성장이 국내사업의 쇠퇴를 의미하지는 않을 것으로 관측하고 있다. 국내사업은 2009년 턴어라운드를 기록했는데 이는 플라스틱 제품에 대한 소비자의 우려가 완화됐으며 락앤락이 유리 및 도자기 용기 등 빠르게 성장하는 고부가 제품으로 제품군을 다변화했기 때문이다.

전문가들은 향후에도 국내사업이 락앤락 전체 매출에 상당부분 기여(2010년 기준 각각 28.5%)할 뿐만 아니라 제품개발과 유통채널 관련 혁신을 도모하는 싱크탱크(think tank)로서의 중요한 역할을 수행할 것으로 전망하고 있다.

또한 외주 생산 확대에 따른 영업마진 압박 우려가 제기되고 있으나 규모의 경제효과가 마진 하락위험을 상쇄할 것으로 내다봤다.

□중국시장 토대 해외시장 공략 강화=국내에서의 명성을 중국시장으로까지 이어가고 있는 락앤락은 중국에서의 고성장을 바탕으로 베트남과 태국, 인도를 비롯한 이머징 마켓에 진출하는 등 2013년 글로벌 넘버원이라는 목표 달성을 위해 공격적인 마케팅을 펼치고 있다.

락앤락은 13억 인구의 세계 최대시장인 중국시장 공략을 위해 2004년 상해 법인을 설립한 후 북경법인, 심천법인과 14개 도시에 분공사를 설립했으며, 중국시장에서 5년 동안 연평균 156.8% 성장률(2004~2009년)을 보였다.

현재 중국에는 영업법인 3개(북경, 상해, 심천)와 생산법인 3개(위해, 만산, 소주), 직영점 51개(47개 직영매장, 4개 쿡플러스 직영매장), 백화점 97개점(중국 주요 97개 백화점 입점-동방상사, 팔백반 등), 할인점 1,567개점(529개 슈퍼마켓, 1,038개 할인점), 특판 300개사(300개 이상 기업과의 네트워크 구축-중국은행, 암웨이, 삼성전자 등), 대리상 234개(북경 126개, 상해 45개, 심천 63개), 전문점 35개(35개 가맹전문매장 운영), TV홈쇼핑 15개사(전국 15개 채널 방송-동방CJ,

GS홈쇼핑 등), 인터넷몰 17개사(직접 운영 2개-락앤락, 데꼬레·제휴 쇼핑몰 15개사)에 진출해 있다.

락앤락은 이런 유통채널 확보와 함께 다양한 마케팅전략을 실천해 2006년 8월에는 중국 시장 진출 2년 만에 '제4회 중국시장 소비자 만족 브랜드 조사' 가정용품-식품 신선도 유지 제품 부문에서 락앤락이 해외 유명 기업들을 제치고 1위를 차지했고, 2006~2008년 3년 연속 나이키, 필립스와 같은 세계적인 브랜드들과 함께 '상해 인기브랜드'로 선정되는 영예를 얻은 바 있다.

또한 2007년 5월에는 중국 체육총국 공식후원업체로 선정돼 락앤락의 밀폐용기가 세계 유수 브랜드와 함께 중국 국가대표선수촌의 전용 제품으로 지정되기도 했다.

베트남에서도 하이엔드 마켓 포지셔닝 전략으로 활발하게 진출중인 락앤락은 하노이시, 호치민 시 등 4대 소매도시를 중심으로 집중적인 마케팅활동을 추진중에 있으며, 현재 하노이시와 호치민시에 영업법인이 활동 중이다. 2009년 4월 베트남 호치민시 인근에 7만m^2에 이르는 생산공장도 건립했다.

□성공적인 경영전략에 호실적은 덤=락앤락의 중국을 비롯한 글로벌 경영전략이 세계시장에 제대로 먹혀들면서 양호한 실적을 기록하고 있다.

락앤락은 지난 2009년 연결기준 매출액은 전년대비 36.9% 증가한 2,798억원이며, 영업이익은 68.9% 성장한 648원, 당기순이익은 85.8% 성장한 477원으로, 이는 해외법인 중 중국법인에서 전년대비 88.9% 성장한 경영성과에 따른 결과이다.

여기서 중국시장 경우 지난 2004년 상해 법인을 설립한 이후 연평균 156.8%(2004~2009년, 위안화 기준)의 성장을 보였고, 2009년 연결기준 매출액은 약 1,170원으로 전년대비 88.9% 성장세를 보였다.

이는 락앤락 전체 매출액 중 차지하는 비율이 43%에 이르는 수치로 중국 내 높은 프리미엄 브랜드인지도와 중국 전역을 아우르는 유통망에서 나오는 것이다.

락앤락은 지난 5월 10일 공시를 통해 연결기준으로 올해 1분기 매출액이 전년동기대비 39.9% 증가한 796억 원을 기록했고, 영업이익과 당기순이익은 163억 원, 130억 원으로 각각 82.1%, 58.5%가 늘었다고 발표했다.

락앤락 경우 개별기준보다는 연결재무제표 기준으로 보는 것이 유용한데 그 이유로는 해외매출 비중이 전체 매출의 약 70% 이상을 차지하고 있기 때문이다.

또한 이번 연결기준 매출액인 796억원은 올해 1분기 목표로 정한 693억 원에서 15% 초과 달성한 수치이며, 이는 인도와 인도네시아, 태국, 베트남, 캄보디아의 영업 법인에서 공격적인 영업을 한 결과 지난해까지 연결 매출에 비중이 적었던 베트남 생산법인이 2009년 전체 매출보다 2010년 1분기 매출이 약 4배 성장세를 보이는 등 안정화 단계에 진입한 결과이다.

IR총괄임원인 경영지원본부 김성태 상무는 "락앤락이 올해 중국 2~3선 도시에 공격적으로 진출하고 있어 중국에서의 실적도 작년과 비교해 크게 성장할 것이라 기대된다"고 말했다. 김 상무는 "지난 1분기 경영실적 결과는 회사가 추구하는 글로벌 지향에 맞게 해외에서의 활발한 경영활동의 결과"라면서 "올해 남은 기간 중국과 더불어 동남아시아를 비롯해 중남미, 유럽지역에서의 공격적인 영업활동으로 연결기준 매출목표 또한 전년대비 28.7% 증가한 3,600억원의 매출목표를 달성할 수 있으리라 전망한다"고 밝혔다.

자료원 : 이투데이, 2010. 6. 28.

〈사례 2〉 한국기업의 해외시장진출 성공사례(홍진HJC)

경기도 용인의 오토바이 헬멧 제조업체 ㈜홍진HJC는 40년 가까이 소비재를 만들며 탄탄하게 기업을 키워온 덕분에 중소기업이지만 꽤 알려져 있다.

'신화창조의 비밀' 등 유망 기업을 소개하는 TV 프로그램에 출연했고, 1996년 노사 화합을 다룬 공익광고에도 등장했다. '노사가 하나 되면 경쟁력은 열이 됩니다'라는 광고였다. 모범적인 중소기업으로 꼽힌 덕분에 2004년 김대중 전 대통령이 용인 공장을 직접 방문한 적도 있다.

◆키코 위기를 넘다=기업이 늘 잘나갈 수는 없다. 이 회사도 최근 1~2년 새 언론을 거의 타지 않고 '숨어 있는' 기업이 됐다. 환헤지상품인 키코(KIKO)에 덜미가 잡힌 것이다. 2008년 923억 원의 매출에 67억 원의 영업이익을 올렸음에도 불구하고 1,323억 원 적자를 낸 것도 키코 탓이었다.

'비 올 때 우산을 빼앗는다'는 은행이 다행히 HJC는 적극 지원했다. 주거래은행이 적극 나서 키코 판매 은행과 조율했다. 결국 지난해 9월 은행이 받아야 할 돈 1,200억원 대신 주식을 받는 출자전환에 합의했다. 수출을 잘하고 현금 흐름이 좋은 회사였기 때문에 가능한 일이었다. 출자전환으로 은행이 보유하게 된 지분은 23%. 과거엔 일부 우리사주를 제외하곤 대주주가 거의 모든 지분을 갖고 있었다. 자금 사정이 좋았기 때문에 굳이 지분을 넘겨 돈을 끌어들일 필요도 없었다. 하지만 은행이 2대 주주로 참여하게 된 만큼 향후 주식공개(IPO)가 추진될 가능성이 있다. 홍 명예회장은 "(은행들이 미래에 주식을 팔아야 하니까) 언젠가는 주식을 상장해야 할 것"이라고 말했다.

◆큰 시장 찾아 해외로=홍 명예회장이 창업한 것은 1971년. 당시 회사 이름은 홍진기업이었다. 처음엔 헬멧 내피를 만들다 74년 헬멧 제조를 시작했다. "방적이나 인쇄업종은 기계만 사면 뛰어들 수 있지만 헬멧은 기계화하는 데 한계가 있다고 생각했다. 선택과 집중에 신경썼다. 국내 시장에서 1위를 차지하기 위해 전력투구했다."

78년 국내 시장 1위에 올랐다. 하지만 한국은 너무 비좁았다. 레저용 오토바이가 많은 외국과 달리, 한국 시장은 배달업과 같은 '생계형 오토바이' 이용자가 많았다. 오토바이가 자동차 전용도로를 달릴 수 없는 것도 문제였다. 고심 끝에 해외 수출로 방향을 틀었다. 개발 과정이 쉽지는 않았다. 한국인용 헬멧은 앞뒤가 길쭉한 미국인 머리 모양과 맞지 않았다. 헬멧 내부를 수출용에 맞게 고치기 위해 시행착오를 거듭했다. 미국에서 판매하기 위해선 안전규격부터 통과해야 했다. 미국 연방교통성 규격(DOT)을 가까스로 통과했고 84년 미국에 첫 수출을 시작했다. 87년엔 헬멧 안전도에서 최고 권위를 자랑하는 미국의 스넬(Snell) 규격도 통과했다. 까다로운 안전규격에 합격한 덕분에 미국시장에 안착할 수 있었다.

◆'고객의 고객'을 섬겨라=중소기업이었지만 해외진출 초기에 주문자상표부착생산(OEM) 방식 대신 자기 브랜드를 고집했다. 미국 최대의 헬멧 판매사가 자사 상표를 쓰는 조건으로 100만 달러나 되는 큰 물량을 주문했지만 응하지 않았다. 남의 이름으로 쉽게 장사하기보다는 고유 브랜드를 지키기로 한 것이다. HJC가 직접 거래하는 고객(바이어)은 '디스트리뷰터'로 불리는 일종의 도매상이다. HJC는 미국 판매망을 구축하기 위해 굳이 가장 큰 바이어를 선택하지 않았다. 그 대신 소비자를 상대하는 소매상인 딜러 매장에 직접 나가 바이어의 평판을 조사했다. 자사 바이어와 거래하는 '고객의 고객'인 딜러의 의견에 귀를 기울였다.

가장 큰 바이어에게 독점판매권을 주는 대신 지역을 쪼개 바이어를 선정했고, 이런 과정을 거쳐 선정한 바이어는 20여년간 한 번도 바꾸지 않았다. 덕분에 제조회사와 유통망이 긴밀한 유대로 연결될 수 있었다.

◆글로벌 중소기업으로=이 회사, 매출액 대비 수출 비중이 97%에 달한다. 북미시장 점유율 35%, 세계시장 점유율은 18% 수준이다. 그러나 고가 제품이 많이 팔리는 유럽 시장에서는 유럽·일본 기업에 밀린다. 고가 시장에 본격적으로 진입하기 위해 새로운 모델을 속속 내놓고 있다. 대표적인 게 '변신 헬멧'이다. 헬멧 시장은 머리를 앞으로 숙여 고속으로 주행할 때 착용하는 스포츠(스피드)형, 허리를 세우고 주행하는 크루저형, 익스트림 스포츠에 사용되는 오프로드형 등으로 나뉜다. 변신 헬멧은 이런 다양한 수요를 모두 감안해 간단한 조작으로 헬멧 모양을 바꿀 수 있게 한 제품이다. 에어백이 달린 헬멧도 양산을 앞두고 있다.

미국과 유럽에 판매법인을, 중국·베트남·개성공단엔 공장을 뒀다. 한때 무노조·무분규 기업으로 소개된 적도 있지만 2007년 노조가 생겼고 이듬해인 2008년 파업으로 몸살을 앓았다. 시장에서 가격경쟁이 치열해지면서 저가제품 생산은 주로 해외로 넘겼다. 대신 국내엔 고가품 생산과 연구개발(R&D) 등 본사 기능을 남겼다. 홍 명예회장은 "고가제품에서 저가제품까지 모두 생산할 수 있는 라인업을 갖춘 곳은 우리밖에 없다"며 "남미에도 공장 설립을 추진 중"이라고 말했다.

자료원 : 중앙일보, 2010. 7. 5.

〈사례 3〉 한국기업의 해외시장진출 성공사례(DSR제강)

"세계시장에서 1등이 돼야만 회사 규모를 키울 수 있다고 판단했습니다."

세계 챔피언이 된다는 것, DSR제강 홍하종(48) 대표에겐 무리한 욕심이 아니었다. 회사를 키우기 위해 세워둔 '합리적'인 목표다.

와이어로프를 생산하는 이 회사의 수출국은 100여곳, 매출액에서 수출이 차지하는 비중이 60~70%에 이른다. 미국의 비중이 35%, 유럽이 20% 정도다. 국내 2위 업체지만 북미 시장에서는 1위다. 미국에는 매달 1,500~2,000t(250만 달러)의 제품을 수출한다. 수출비중이 큰 데다 시장을 다변화한 덕에 세계 금융위기 속에도 안정적으로 수익을 낼 수 있었다.

환율효과도 봤다. 지난해가 그랬다. 생산능력 대비 60%만 가동해 매출은 줄었지만 오히려 이익이 났다.

와이어로프는 조선이나 어업, 유전개발, 부두 크레인 등에 사용되는 산업자재다. '밀고 당기고 지지해 주는' 작업이라면 어디에서나 사용한다. 항구에 정박한 배를 묶어 놓을 때나 컨테이너 터미널에 설치된 대형 크레인에도 쓰인다. 섬유로프와 STS 로프를 생산하는 자회사 DSR은 합성로프 부문의 세계 1위다.

지금은 와이어로프 생산에서 한국의 비중이 가장 크지만 DSR제강이 이 업종에 뛰어든 1971년(당시는 천기제강)에는 유럽과 미국이 주요 생산국이었다. 이후 일본과 한국으로 생산기지가 이동하며 80년대 들어서 세계시장에 발을 디딜 수 있었다.

당시에는 저가제품 위주로 물량 공세에 치중했다. 갈수록 경쟁은 치열해졌다. 레드오션에선 희망이 보이지 않았다. 홍 대표는 "기존 시장에 머물러서는 성장이 한계에 직면하겠다는 생각이 들었다"고 했다. 2000년대 이후 와이어쇼 등 해외전시회에 참가하며 이름을 알리기 시작했다.

와이어로프와 섬유로프는 '보수적'인 상품이다. 가격이 조금 싸다고 납품 업체를 쉽게 바꾸진 않는다. 안전이 가장 중요하기 때문이다. 무거운 물체의 이동이나 지지 등에 사용되는 제품에서 비롯한 특성이다.

이를 위해 중요한 것은 역시 기술력이다. DSR제강은 차근차근 기술력을 쌓아갔다. 97년에는 국내 최초로 로프 길이를 측정하는 장치(마크 로프)를 개발해 특허를 따냈다. 98년에는 기술연구소를 세웠다. 세계 각국의 선급협회 공장 승인도 확보했다. 선급협회는 선박검사와 선박 관련 제품 품질인증 등을 담당하는 단체다. 나라마다 요구 사항이 조금씩 달라 이를 충족시키는 데도 상당한 기술력이 필요하다.

자회사인 DSR은 2000년 초강력 특수섬유로 제작한 특수 섬유 로프인 수퍼맥스의 국산화에 성공했다. 수퍼 섬유를 생산하는 네덜란드 DSM사의 아시아 독점 공급권을 확보하면서다. 수퍼맥스는 똑같은 굵기의 와이어로프와 강도는 동일하지만 무게는 10분의 1 수준에 불과하다. 무게가 가벼워 다루기 쉬운 까닭에 운반하거나 설치할 때 산업재해를 줄일 수도 있다.

문제는 역시 보수성이었다. 잘 만들었다고 잘 팔리는 제품이 아니었다. 국산화에 성공한 뒤 미국과 유럽 제품을 주로 사용하던 국내 조선소와 해운사를 찾아가 설명도 하고, 갖가지 시연도 해 봤다. 하지만 제품 알리기도 만만치 않았다. 고가의 기존 시장을 뚫기는 쉽지 않았다.

하지만 기회는 바람을 타고 왔다. 2003년 태풍 '매미'가 거제도 조선소를 강타했을 때였다. 대우조선해양에서 액화천연가스(LNG)선 1척이 좌초하고 3척이 표류하는 사태가 발생했다. 한반도 기상 관측 이래 가장 강력한 태풍으로 기록된 '매미'가 남해안을 뒤흔들었지만 몇 척의 배는 안전했다. 기존의 와이어로프 대신 DSR의 수퍼맥스로 묶어둔 배였다.

최민환 재무이사는 "다른 와이어로프로 묶어둔 배들은 떨어져 나갔지만, 수퍼맥스로 정박시킨 배는 거의 피해를 보지 않았다"며 "제품에 대한 신뢰를 확보한 결정적 계기가 됐다"고 말했다.

DSR제강은 타워크레인 로프 분야에서 확실한 브랜드이미지를 갖추고 있다. 파나마 운하 터미널이 2005년 납품 등록업체를 대상으로 실시한 평가에서 1위를 차지했다. 와이어로프 내구성 테스트에서 6개 회사 중 마지막까지 남은 2개에 포함된 것이다. 중국의 주요 컨테이너 터미널도 품질을 인정했다. 중국 터미널의 인증을 받은 업체는 전 세계 5개에 불과하다. 홍 대표는 "상하이와 선전·칭다오 등 주요 항구에서 주로 우리 제품을 쓰고 있다"며 "터미널 협회의 평가에서 2003년과 2004년 1위를 차지했다"고 밝혔다.

기술력 못지않게 중요한 것이 '다품종 생산력'이다. 같은 로프라도 조선이나 운송, 원유개발 등 용처가 다양해 고객의 요구도 제각각이기 때문이다. 이런 점에서 와이어로프를 생산하는 DSR제강과 섬유로프 및 STS 로프를 생산하는 DSR은 시너지 효과를 발휘하고 있다.

가격대별로 다양한 제품군을 갖추는 전략도 진행 중이다. 2006년 설립한 중국 칭다오 공장은 저가상품 생산기지로 활용하고 있다.

국내의 순천·광양 공장에서는 타워크레인용 와이어로프와 수퍼맥스 등 특수 고가제품을 생산한다. 홍 대표는 "한국에서 저가제품까지 생산할 때는 원가를 맞추느라 허덕였지만 중국·한국으로 생산을 이원화하면서 수익구조가 나아졌다"고 말했다.

이원화 전략은 세계 시장 공략을 위한 것이다. 홍 대표는 저가시장과 고가시장을 모두 선점해 규모와 경쟁력이라는 두 마리 토끼를 잡겠다는 생각이다.

"일본의 유명한 로프 제조업체가 저가제품을 기피해 규모를 줄이며 고가제품에 주력한 적이 있습니다. 하지만 전체적으로 회사규모가 줄면서 사세도 약해지더군요. 기존에 우위를 점했던 저가시장을 지키면서 고가 제품시장을 치고 들어

가는 전략으로 합성로프 외에 다른 분야에서도 세계 1위가 되는 게 목표입니다."

세계 1위, 말처럼 쉽지는 않다. 가장 중요한 건 조직원들 사이의 공감대 형성이라고 그는 강조했다. "직원 한두 명의 수준만 높아져서는 발전이 없고 혼자 해봐야 무너진다"고 했다. 비전을 공유하고 전략을 투명하게 공개해 전체적인 수준을 높여야 한다고 덧붙였다. 매달 초 월례조회에서 회사 전략 등을 설명하고 알리는 것도 그런 이유에서다.

자료원 : 중앙일보, 2010. 5. 31.

주요용어

1. 시장세분화(market segmentation)
2. 세분시장(market segment)
3. 4P
4. 지리적 세분화(geographic segmentation)
5. 인구통계적 세분화(demographic segmentation)
6. 심리적 세분화(psychographic segmentation)
7. 사회계층(socialclass)
8. 라이프스타일(lifestyle)
9. 개성(personality)
10. 행동적 세분화(behavioral segmentation)
11. 거시적 세분화(macro segmentation)
12. 미시적 세분화(micro segmentation)
13. 국제시장세분화(international market segmentation)
14. 표적시장(target market)
15. 제품포지셔닝(product positioning)
16. 재포지셔닝(repositioning)

연 습 문 제

1. 시장세분화의 개념 및 이점에 대하여 설명하시오.
2. 소비재시장의 세분화기준에 대하여 사례를 들어 논하시오.
3. 산업재시장의 세분화기준에 대하여 설명하시오.
4. 국제시장세분화의 개념과 요건에 대하여 설명하시오.
5. 국제시장세분화의 과정에 대하여 설명하시오.
6. 행동적 세분화의 대표적인 변수에 대하여 설명하시오.
7. 심리적 세분화의 대표적인 변수에 대하여 설명하시오.
8. 세분화전략의 유형에 대하여 논하시오.
9. 제품포지셔닝의 개념 및 중요성에 대하여 설명하시오.
10. 제품포지셔닝의 절차에 대하여 설명하시오.
11. 제품포지셔닝전략의 종류에 대하여 설명하시오.
12. 국제표적시장의 선정기준에 대하여 설명하시오.

참고문헌

1. 김철 · 박주욱, 『국제마케팅론』, 신영사, 1998.
2. 김희철, 『글로벌시대의 국제마케팅』, 두남, 2007.
3. 고창룡 외 7인, 『신마케팅론』, 두남, 2005.
4. 권영철, 『글로벌 수출마케팅』, 무역경영사, 2002.
5. 권익현 · 임병훈 · 안광호, 『마케팅』, 경문사, 2001.
6. 안광호 · 김동훈 · 유창조, 『촉진관리』, 학현사, 2008.
7. 안광호 · 이유재 · 유창조, 『광고관리』, 학현사, 2010.
8. 이장로, 『국제마케팅』, 무역경영사, 2003.
9. 조동성 · 이광현, 『경쟁에서 이기는 길』, 교보문고, 1994.
10. 하대용, 『마케팅』, 무역경영사, 2004.
11. Albaum, G. et al., *International Marketing and Export Management*, Reading, Mass. : Addison - Wesley Publishing Company, 1990.
12. Bennett, R., *International Marketing : Strategy, Planning, Market Entry and Implementation*, Kogan Page, 1999.
13. Evans, F. B., "Psychological and Objective Factors in the Prediction of Brand Choice : Ford versus Chevrolet," *Journal of Business*, October 1959.
14. Haley, R. I., "Benefit Segmentation : A Decision Oriented Research Tool," *Journal of Marketing*, July 1968.
15. Jain, S. C., *International Marketing Management*, 3rd ed., Boston : PWS - KENT Publishing Company, 1990.
16. Joshi, R. M., *International Marketing*, Oxford University Press, 2006.
17. Keegan, W. J. and Green, M. C., *Global Marketing*, 5th ed., Pearson Prentice Hall, 2008.
18. Kotabe, M. and Helsen, K., *Global Marketing Management*, John Wiley and Sons, Inc., 1998.
19. Kotler, P. and Armstrong, G., *Principles of Marketing*, 6th ed., Englewood Cliffs, N. J. : Prentice-Hall Inc., 1994.
20. Kotler, P., *Marketing Management, Analysis, Planning, Implementation and Control*, 6th ed., Englewood Cliffs, N. J. : Prentice-Hall Inc., 1988.
21. Omar, O., *International Marketing*, Palgrave Macmillan, 2009.
22. Root, F. R., *Foreign Market Entry Strategies for International Markets*, MA : Lexington Books, 1993.

제 2 장

국제마케팅믹스

제 1 절 국제마케팅믹스의 의의

1. 마케팅믹스의 개념

1) 마케팅믹스와 마케팅환경

국제시장의 세분화로 표적시장을 결정하고 목표고객에게 자사의 제품을 인식시키기 위한 제품포지셔닝이 끝나게 되면 마케팅믹스전략을 수립해야 한다. 마케팅믹스는 제품(promotion), 가격(price), 유통(place), 촉진(promotion)의 4P라고 부르는 요소로 구성되는데 각각의 구성요소는 독립적인 변수가 아닌 상호보완적인 변수이므로 이것들을 잘 조합하여 마케팅목적을 달성할 수 있도록 일관된 마케팅전략을 세워야 한다. 한마디로 마케팅믹스(marketing mix)란 기업이 목표시장에서 마케팅목적을 달성하기 위하여 통제가능한 마케팅요소들을 유기적으로 조정·통합하는 마케팅활동을 말한다.

기업의 입장에서 본다면 마케팅믹스는 통제와 선택이 가능한 관리변수이며 마케팅목표를 달성하기 위한 구체적인 정책수단이 된다. 제품의 기능이나 디자인, 포장 등에 대한 결정, 가격결정, 촉진활동의 내용과 방법에 대한 결정, 유통경로의 결정 등은 기업이 나름대로의 판단에 따라 통제할 수 있는 결정사항인 것이다. 이와 반면에 외부여건, 혹은 마케팅환경은 기업의 마케팅성과에 영향을 미치되 기업이 통제할 수 없는 요소들이다. 이런 점에서 볼 때 마케팅관리자의 과업은 마케팅목표를 효과적으로 달성하기 위해 여러 가지 기업외부의 통제불능한 환경요소들을 충분히 참작하고, 기업내부의 통제가능한 마케팅요소들인 4P를 적절히 믹스한 마케팅전략을 실행하는 것이라고 할 수 있다.

2) 마케팅믹스의 구성요소

마케팅믹스는 기업의 구체적인 마케팅전략의 도구가 되는 것으로서 크게 제품관련변수, 가격관련변수, 촉진관련변수, 그리고 유통관련변수 등 4가지로 구성되어 있다. 이들에 대해 간략히 설명하면 다음과 같다(김주헌, 2009, pp. 317-318).

(1) 제품관련변수

마케팅믹스로서의 제품(product)은 단지 유형의 형태를 갖춘 제품 자체만을 의미하는 것이 아니라 제품의 구매 및 사용과 관련된 각종 서비스나 무형의 이미지 등을 모두 포함한다. 제품관련변수들을 구체적으로 열거해 보면 품질, 특징, 디자인, 기능, 포장, 용량, 상표, 보증, 반품, 서비스, 제품구색 등 기업이 제품과 관련하여 내려야 할 다양한 결정변수 들을 포함하고 있다.

(2) 가격관련변수

가격(price)관련 결정은 크게 가격수준의 결정과 가격의 조절, 가격의 변경 등으로 나뉘어진다. 가격의 결정이란 기업의 마케팅목표, 원가, 수요상태, 경쟁기업의 가격전략 등을 고려하여 해당제품이나 서비스의 가격수준을 정하는 것이며, 가격의 조절과 변경이란 결정된 기본가격을 상황의 변화나 소비자들의 특성에 맞추어 변화시키는 것을 말한다. 가격조절은 할인, 공제, 세분시장별 차별가격, 촉진을 위한 단기적 가격조정 등으로 이루어진다. 한편 가격의 변경이란 전반적인 가격수준의 인상이나 인하를 말하는 것으로서 원가나 수요의 변화, 가격경쟁 등이 주원인이 된다.

(3) 촉진관련변수

촉진(promotion)이란 기업이나 제품·서비스에 대해 호의적 반응을 갖게 하거나 제품·서비스를 구매하도록 표적시장을 대상으로 행해지는 커뮤니케이션활동을 말한다. 일반적으로 광고, 인적판매, 판매촉진, 홍보 등 크게 4가지의 촉진수단으로 구분되며, 광고의 경우 광고매체, 메시지주제 및 구체적 표현양식, 광고대행사, 메시지 전달자 등이 구체적으로 결정해야 할 사항들이다.

(4) 유통관련변수

유통(place)이란 제품이나 서비스를 생산자로부터 최종 소비자에게 이동시키는 과정과 그 과정에서 일어나는 기업활동을 말하며, 유통경로란 그러한 과정의 경로, 혹은 그 과정에 참여하는 기업 및 개인의 집합이라 정의할 수 있다. 생산자 입장에서 유통과 관련하여 내려야 할 주요 결정사항으로는 유통경로의 길이(혹은 유통단계의 수), 유통범위, 수직적 통합여부 및 정도, 유통업자의 선택과 관리 문제, 물적유통(운송, 보관) 문제 등이다.

2. 국제마케팅믹스의 개념과 의의

국제마케팅활동에 있어서의 마케팅믹스, 즉 국제마케팅믹스(international marketing mix)도 그 본질적 개념은 국내상황에서의 마케팅믹스와 동일하다. 다시 말해 국제시장에서 마케팅목표를 달성하기 위해 기업이 선택하는 마케팅 정책수단이 국제마케팅믹스인 것이다. 다만 국내시장과 상이할 뿐만 아니라 국내에 비해 훨씬 복잡하다고 할 수 있는 국제마케팅환경에 구체적으로 대응해야 한다는 점에서 선택의 폭이 달라질 수 있으며 사전준비와 검토노력이 더 많이 요구되기도 한다.

국제마케팅믹스를 구성하는 구체적 변수 역시 마케팅믹스를 구성하고 있는 요소와 다를 바 없다. 그러나 해외의 현지시장에 전적으로 개입하여 마케팅활동을 전개하지 않는 한 그 변수들이 모두 관리가능한 통제변수가 되는 것은 아니다. OEM(Original Equipment Manufacturer)방식에 의한 수출의 경우 수출업자가 통제할 수 있는 마케팅믹스 변수는 수출가격협상에 대한 참여 외에 사실상 전무할 수도 있다. 마케팅믹스 변수에 대한 실질적 결정권, 혹은 통제범위는 기업의 해외시장 개입도에 따라 달라지는 것이다.

국제마케팅믹스를 구성하는 4가지 부류의 변수들 중 중요하지 않은 것은 하나도 없다. 그러나 이들 중 하나가 전제되지 않으면 다른 마케팅믹스는 사실상 논할 필요조차 없다는 점에서 중요성이 부각되는 것이 있는데 그것은 바로 상표(brand)다. 여기서 말하는 상표의 문제는 구체적인 상표명(brand name)의 결정에 관한 것이 아니라 고유상표를 가지고 있느냐 아니면 주문자의 상표를 부착하는 OEM 방식에 의하느냐 하는 기본적인 문제다. 고유상표를 전제로 하지 않을 경우 수출인도가격 이외의 다른 마케팅믹스 결정은 할 수 없을 뿐만 아니라 할 필요도 없다.

고유브랜드를 전제로 하더라도 마케팅믹스 결정권한의 범위가 현지시장에 대한 개입도에 따라 달라진다는 점은 앞에서 언급한 바와 같다.

〈사례 1〉 삼성전자 중국법인 혁신의 현장

지난해 12월 28일 찾은 중국 베이징(北京)의 가전제품 대량판매점 '궈메이(國美)전기' 매장은 오렌지색 유니폼을 입은 삼성전자 판촉사원들의 목소리로 생기가 돌았다.

중국은 신년 초에 본격적인 쇼핑 시즌으로 들어서 가전업체 대부분이 연말부터 판촉행사를 시작하지만, 삼성전자는 훨씬 이른 12월 14일부터 판촉에 들어갔다. 상당수 중국 소비자들이 정초 2, 3주 전 매장에 들러 '윈도쇼핑'을 하면서 살 물건을 '점찍어' 둔다는 사실을 알아챘기 때문이다.

'세계의 소비시장'으로 급부상한 중국이 글로벌 제조업체들을 중국으로 빨아들이고 있다. 삼성전자도 예전에는 중국에서 제품을 만들어 대부분 해외로 수출했지만 지금은 중국에서 더 많이 팔고 있다. 삼성전자의 중국매출은 미국매출을 이미 넘어섰다.

○ 세분화된 소비시장, 격화된 경쟁

계층별 소득격차가 심한 중국시장은 선진국시장과는 달리 소비층도 지극히 다양하다. 고급 제품을 잘 파는 회사도 보급형 제품에선 죽을 쑤는 사례가 적지 않다. 삼성전자는 휴대전화, 양문형 냉장고 등에서 중국 시장 1위를 차지하고 있지만 발목이 잡힌 분야도 있다. TV 시장이 그랬다.

세계적으로 삼성전자 TV는 일본 소니를 제치고 TV 시장 1위를 차지했다. 하지만 중국에서는 아니었다. 중국 현지기업들이 삼성전자 제품 가격의 60% 정도에 TV를 만들어 시장을 휩쓴 탓이다. 지난해 10월말 기준 삼성전자 TV의 중국 점유율은 대형 제품인 46인치 이상 제품에선 1위였지만, 42인치 이하 중소형 제품 시장에선 하이센스, 스카이워스 등 중국 현지 업체들에 밀렸다.

시장진입 시점에는 적게 팔아도 많이 남기는 '프리미엄 마케팅'으로도 브랜드 가치를 높이고 존재를 알리는 데 충분했다. 하지만 삼성전자가 중국 전자제품 시장 1위를 노리면서 이걸로는 부족해졌다. 시장점유율을 높여 더 많은 제품을 만들고 이를 바탕으로 원가를 낮춰 더 좋은 품질의 제품을 싸게 만드는 선순환 구조가 절실했다.

삼성전자는 전략을 바꿨다. 프리미엄은 프리미엄인데 같은 가격대의 경쟁제품보다 '약간 고급'인 이른바 '확장된 프리미엄' 제품을 만들겠다는 것이다. 다양한 중국 소비자를 아우르기 위해서다. 삼성전자 중국법인 진연탁 가전사업부장은 "값싼 보급형 제품도 만들어 팔긴 하는데, 다른 값싼 보급형 제품보다는 조금 더 고급으로 만들겠다는 뜻"이라고 설명했다.

○ 중국 유통망을 공략하다

시장점유율을 늘리기 위해 필요한 네 가지 요소는 제품 품질과 가격, 판촉과 유통망이다. 삼성전자는 세계 시장에서 검증받은 좋은 품질의 제품과 프리미엄 브랜드를 갖고 있다. 중요한 것은 유통망과 가격이었다. 이를 위해 삼성전자는 궈메이 전기와 같은 가전 양판점을 공략했다.

우선 비슷한 구조의 양판점에서 위치 선정부터 차별화했다. 삼성전자는 양판점의 입구에 휴대전화 매장만 2, 3개씩 설치했다. 중국 소비자들은 양판점을 찾으면 휴대전화부터 먼저 보는 사례가 많기 때문이다. 또 경쟁사 제품들을 한곳에 전시하지 않는 중국 유통업체의 특성을 감안해 한곳에 TV와 백색가전 등의 제품을 몰아 전시했다.

중국 가전 양판점은 2005년부터 생겨나 최근 중국 가전제품 매출의 70% 이상을 차지할 정도로 성장했다. 삼성전자는 양판점 영업이 승부처라고 생각해 이곳에 정성을 기울였다. 이처럼 유통업체의 특성을 제대로 파악했지만 정작 유통업체가 요구하는 가격 할인행사에는 참여하지 않았다. 가격을 지켜야 프리미엄 브랜드도 지킬 수 있다는 판단 때문이었다.

유통업체들도 이런 삼성전자를 반겼다. 양판점들은 타사 제품을 할인 판매해 매출 목표를 채우고, 그 뒤 삼성전자 제품을 제값에 팔아 이윤도 챙길 수 있었다. 삼성전자는 미국시장에서 베스트바이 등 전국 단위 가전제품 유통매장을 상대하면서 이런 판매 전략을 만들었다고 설명했다.

○ 생산혁신으로 경쟁력 확보

제품·판촉·유통망에서 성과가 나타났지만 문제는 가격이었다. 경쟁력 있는 생산시스템이 있어야 가격을 낮출 수 있었다. 지난해 12월 29일 방문한 톈진(天津)의 삼성전자 발광다이오드(LED) TV 공장이 그런 시스템을 만드는 곳이었다. 이날 생산라인에서 TV를 조립하던 한 중국인 근로자가 갑자기 분주하게 손을 놀렸다. TV 조립대 위에 놓인 현황안내 모니터의 숫자가 '80'을 넘어서면서 빨갛게 변했기 때문이다. '81, 82, 83….' 빨간 숫자가 계속 등장했다. 결국 숫자가 89에 이르러서야 작업이 끝나 완성된 TV를 포장 라인으로 보낼 수 있었다.

'80'은 TV 한 대를 조립하는 데 걸리는 '목표 시간' 80초다. 목표 시간에 맞춰 제품을 만들어야 그날 생산 목표를 채울 수 있다. 근로자를 옥죄는 비인간적 시스템처럼 보였지만 삼성전자 톈진 공장 직원들의 평균 근속연수는 5년이 넘는다.

1993년 공장이 문을 연 이후 16년째 근무하고 있는 '원년 멤버'도 수십 명이다. 근무만족도가 높다는 뜻이다. 라인을 좀더 자세히 살펴보니 이유를 알 수 있었다.

이곳 근로자 1명은 각자 자신의 위치에서 TV 1대를 모두 조립했다. 한 줄로 늘어선 '컨베이어' 대신 작업 공간 단위의 '셀'에서 제품을 만드는 방식이었다. 삼성전자는 공장에 라인을 하나 늘리면 우선 단순한 컨베이어벨트부터 만든다. 새로 채용한 직원들은 이곳에서 단순 조립을 시작해 교육과 토론을 거치며 컨베이어를 스스로 셀 생산라인으로 바꾼다. 톈진공장을 총괄하는 김성식 중국삼성 화북지역 법인장은 "2008년 톈진 공장의 직원 1인당 TV 평균 생산대수는 1분당 3대였는데 2009년 1분당 5대로 늘었다"고 말했다.

이외에도 삼성전자는 통합생산관리시스템을 통해 삼성전자의 생산량과 판매예측량을 실시간으로 협력업체들에 알려준다. 협력업체들이 부품 공급량을 조절하게 한 것이다. 이 덕분에 톈진 공장은 재고량을 사흘치 이내로 줄일 수 있었다. 또 삼성전자는 유통업체가 특정 제품을 요구하면 48시간 내에 매장까지 제품을 배달한다. 2008년에는 72시간이 걸렸다.

중국삼성의 고양진 전무는 "지난해 금융위기 이후 중국은 얼어붙은 선진국 소비의 대부분을 흡수하기 시작했다"며 "중국은 과거 미국이 그랬던 것처럼 치열하게 싸워 이겨야만 살아남을 수 있는 글로벌 소비시장으로 부쩍 커버렸다"고 말했다.

자료원 : 동아경제, 2010. 1. 4.

〈사례 2〉 (주)진로, 서민 시름 달래준 86년…국민 소주 '두꺼비' 세계 名酒로 점프

'진로(眞露).' 두 글자에는 한국 서민들의 지친 맘을 다독이며 함께 울고 웃었던 지난 86년의 역사가 켜켜이 배어있다. 세월이 흘러 입맛이 변하고 세대별로 선호하는 브랜드도 달라졌지만, 소주업계 일등기업은 언제나 (주)진로였다. 외환위기 때도 '우리 기업을 살리자'며 애주가들을 뭉치게 한 국민기업, (주)진로의 어제와 오늘을 조명한다.

'술 하면 소주, 소주 하면 진로'

술에 관해 대다수 한국인들의 갖고 있는 공통적 기억이다. 마치 유전자에 각인돼 대물림된 것 마냥 기쁠 때나 슬플 때나 우리는 (주)진로 소주와 함께 했다. 그래서일까.

'眞露', '眞露 골드', '참眞이슬露', '참이슬 후레쉬', '진로제이' 등으로 브랜드와 도수를 달리하며 다양한 소주가 출시됐지만, (주)진로는 1970년부터 현재까지 국내 소주 시장 부동의 1위로 견고한 아성을 구축하고 있다. 올 1분기에도 국내 업계 점유율 50.1%를 차지하며 소주 시장 최강자로서의 면모를 지켰다. 장수기업이면서 이처럼 사랑받는 기업은 국내에서 찾기 힘들 정도.

이 회사는 1924년 평남 용강군에 설립된 진천양조상회가 모태다. '진로'라는 이름은 생산지와 제조공정에서 기인한다. 생산지인 진지(眞池)면의 '진(眞)'자에 순곡으로 소주를 증류할 때 술 방울이 이슬처럼 맺힌다고 해 '로(露)'자를 붙였다. 창업기에 진로의 상징은 두꺼비가 아닌 원숭이였다. 서북지방에서는 원숭이가 복을 상징하는 영특한 동물로 여겨졌기 때문이다.

한국전쟁을 거쳐 살아남은 이 회사는 1954년 서울 영등포구 신길동에 새 둥지를 틀면서 전국구 기업으로 두 번째 창업을 했다. 이때 생산하기 시작한 것이 오늘날까지 소주의 대명사로 회자되는 두꺼비 상표의 '眞露'다.

우수한 품질과 판매 전략, 그리고 광고판촉 활동이 시너지효과를 발휘하면서 두꺼비 진로는 나날이 폭발적 판매량을 기록했다. 특히 국내 최초로 CM송을 삽입한 선진적 광고는 국내 광고업계에 영향을 미치며 전 국민적인 붐을 일으켰다. '야야야 야야야 차차차~'로 시작되는 '진로 파라다이스' 노래는 당시 일반 체육대회의 응원가로 불릴 만큼 공전의 히트를 기록했다.

초당 45병 팔린 '참이슬' 파워

1998년 선보인 '참眞이슬露'는 국내 소주 시장에 알코올 저도화(低度化) 경쟁을 유발한 원조 제품이다. 당시 23도로 출시돼 '소주는 25도'라는 고정관념을 깼고, 독한 술의 이미지를 부드럽고 깨끗하게 바꾸는 데 일조했다.

대나무 숯의 효능을 소주 제조과정에 접목시켜 잡미와 불순물을 제거하면서 맛이 깨끗하고 숙취가 없다는 강점으로 인기를 끌었다. '죽탄과 죽탄수를 이용한 주류의 제조방법'으로 기술특허를 취득해 독창성도 인정받았다.

'참眞이슬露'는 리뉴얼 과정을 거치면서 2006년 20.1도로 도수가 낮아졌고, 같은 해 8월 출시된 '참이슬 후레쉬'는 19.5도의 알코올도수로 20도 마지노선마저 깨면서 화제를 낳았다.

참이슬의 인기는 기대 이상이었다. 출시 2년 만에 단일 브랜드로 전국 시장의 절반을 점유했다. 1998년 10월부터 2009년 6월까지의 판매량은 총 150억 병. 초당 45병이 팔려나간 기록적인 수치다.

(주)진로는 지난해 참이슬의 주질을 개선한 리뉴얼 제품을 다시금 출시했다. 기존의 대나무 숯 정제공법보다 효과가 훨씬 뛰어난 대나무 활성숯 정제공정을 도입해 맛이 더욱 깨끗하고 목 넘김이 부드러운 것이 특징이다. 상표디자인에도 친근하고 소탈한 느낌의 12가지 카툰과 삼행시 형태의 카피를 넣어 재미와 친근감을 더했다.

참이슬의 대를 잇는 3세대 브랜드 '진로제이'는 지난 2008년 9월 첫선을 보였다. 18.5도의 알코올도수로 기존 브랜드와 차별화시켰고, 동해 해저 1,032m의 해양심층수를 함유해 눈길을 끌고 있다.

진로 소주의 맛이 이처럼 변신에 변신을 거듭하는 이유가 뭘까? 윤종웅 (주)진로 대표는 "소비자의 입맛이 많이 달라졌습니다. 예전과 달리 여성 음용계층이 많이 늘어나면서 부드러운 소주를 찾는 소비자가 많아졌고, 더불어 소주의 깔끔한 맛을 효과적으로 살리는 알코올 정제기술이 발달한 것도 변화를 주도한 원인입니다. 삶이 풍요로워진 세상에서도 함께 할 수 있는 소주를 만드는 것이 바로 대한민국을 대표하는 소주 1등 기업의 책임감"이라고 강조한다.

세계인 입맛 홀린 일등 증류주

(주)진로는 해외에서도 이름값을 톡톡히 하며 명성을 얻고 있다. '진로'와 '참이슬' 브랜드로 세계 50여 곳에 제품을 수출한다. 지난해 진로의 해외 수출액은 5,100만 달러에 이르며, 총 389만 상자의 소주를 수출했다.

2001년부터는 위스키, 보드카, 럼, 진 등을 제치고 세계 증류주 판매량 1위에 올라 아직까지 선두를 지키고 있다. 특히 2005년 국내 최고 주류업체인 하이트맥주와 한솥밥을 먹으면서 글로벌 주류 전문기업으로 비상 중이다.

일본 주류 시장에서의 활약은 그야말로 눈이 부시다. 1977년 현지에 진출한 진로는 일본인의 입맛과 디자인 감각에 맞춘 전략으로 매년 꾸준한 매출 증가를 일궜다. 90년대 중반부터 판매량 100만 상자를 넘긴 'JINRO'는 1998년 일본에서 단일 품목 시장점유율 1위를 차지한 첫 한국 상품이 됐다.

2003년에는 신감각 소주 'Chamisul'을 일본 전역에 동시 발매해 시장 정착에 성공했다. 담백하고 깔끔한 맛을 선호하는 일본의 식음주 문화를 고려한 주질, 그리고 고급스런 패키지가 주효했다는 게 회사측 설명이다.

진로의 일본 진출 성공은 품질, 유통, 마케팅 측면에서 철저히 현지화전략을 썼기에 가능했다. 윤 대표는 "일본은 술을 다른 음료수와 섞어먹는 음주 문화가 발달했는데, 진로는 베이스로 삼기에 적절한 주종으로 현지인들의 입맛을 사로잡고 있다"고 설명했다.

도소매상이 많은 일본 특유의 유통구조를 뚫고 탄탄한 유통경로를 확보한 점도 성공 요인으로 작용했다. 제조업체가 직접 판촉에 나서는 한국식 영업방식을 채택해 도매상과 신뢰관계를 구축한 것.

2000년부터는 외자계 동양기업 진로재팬을 발매원으로 직접 제품을 유통시키는 직판체제를 실시해 유통망을 더욱 강화시켜 나가고 있다.

이 밖에 고가의 마케팅전략도 브랜드이미지를 높이는 데 든든한 역할을 했다. 처음부터 '최고 품질에 최고 가격'으로 승부수를 낸 것이 주효했다는 분석이다.

웬만한 술집에서 팔리는 700ml 진로 한 병은 우리 돈으로 3만 원 안팎. 때문에 현지에서는 먹다 남은 진로소주에 이름표를 붙여 보관하는 진풍경도 종종 연출되고 있다.

올 3월부터 본격적으로 일본 수출을 시작한 '진로 막걸리'도 재고가 쌓일 틈 없이 반응이 뜨겁다. 지난 30여 년간 일본 내에서 쌓아올린 진로의 브랜드력이 얼마나 굳건한지를 실감케 한다.

일본에 이은 제2의 해외 시장 거점은 중국이다. 1994년 선양(瀋陽)지역을 시작으로 중국 시장 개척에 나선 이 회사는 국내 판매제품과 동일한 '참眞이슬露'와 '참이슬 후레쉬'로 현지 시장을 정면에서 공략하고 있다.

동시에 '매화수'와 700ml 대용량 소주 제품으로 고급화전략도 추진 중이다. 독한 백주에 길들여진 중국 소비자들은 초저도 술에 해당하는 진로 소주를 새로운 매력으로 받아들이고 있다는 분석이다.

지난해 11월에는 브랜드 글로벌화의 일환으로 보다 적극적인 대응에 나섰다. 현지 시장조사에서 제품생산까지 총 2년 6개월의 준비기간을 거쳐 개발한 야심작 '진로주(眞露酒)'를 수출하기 시작한 것.

이 제품은 순쌀 증류원액과 정성스럽게 우려낸 국화주로 빚은 술을 천연 대나무 숯 정제 기술로 완성한 알코올도수 20도의 고품격 소주다. 기존 중국의 맵고 독한 백주와 달리 순쌀의 부드러운 맛과 국화의 은은한 향이 우러나와 목 넘김이 좋고 깔끔한 맛이 특징이다.

(주)진로는 이 제품의 출시를 계기로 베이징을 비즈니스 거점도시로 삼아 브랜드의 대중성 확보와 시장 확산에 주력하고 있다.

(주)진로는 앞으로 중화권 시장과 북미권 시장을 적극적으로 개척해 브랜드를 세계적으로 알리는 데 매진할 계획이다. 한정된 국내 시장에서의 점유율 싸움은 더 이상 의미가 없다는 판단에서다.

윤 대표는 "외국을 돌아다니다 보면 주류업계에 종사하지 않는 사람이더라도 그 나라의 대표 술은 마셔보게 마련"이라며 "소주도 외국인에게 그런 존재가 돼야 하며 이를 위해 해외사업본부 활동의 역량을 키워 수출확대에 집중할 방침"이라고 각오를 밝혔다.

자료원 : 한국경제매거진, 2010. 7. 12.

제 2 절 국제제품전략

국제기업의 제품전략은 세계 각 시장의 이질적인 환경과 특성으로 인해 국내 마케팅에 비해 더욱 더 복잡한 양상을 띠게 된다. 국제기업의 제품전략은 표준화와 적응화전략, 신제품개발전략, 브랜드전략, PLC 전략 등으로 대별할 수 있는데 이에 대해 구체적으로 살펴보면 다음과 같다.

1. 국제제품의 표준화와 적응화전략

1) 중요성

국제제품전략을 수립하는데 있어서 가장 중요한 문제 중의 하나는 이미 있는 제품에 아무런 변경을 하지 않고 그대로 해외시장에 판매하는 제품전략을 택할 것인가, 그렇지 않으면 각국의 상이한 제품의 사용조건이라든지 고객의 욕구에 따라 제품을 변경시켜서 해외시장에 판매하는 제품전략을 택할 것인가를 결정하는 것이다. 전자를 국제제품의 표준화전략이라고 하고, 후자를 적응화전략이라고 한다.

즉 국제제품의 표준화전략이란 국내시장에 판매하고 있는 제품을 아무런 변경을 하지 않고 그대로 해외시장에 판매시키고자 하는 제품전략이라고 할 수 있으며, 이와 반면에 적응화전략이란 각국의 이질적인 해외시장의 욕구에 맞추어 거기에 알맞은 제품으로 변경하여 해외시장에 판매시키고자 하는 전략을 말한다.

그런데 학자들은 이러한 표준화전략과 적응화전략에 대해서 상반된 견해를 보이고 있다.

표준화전략을 지지하는 학자들은 통신수단의 급속한 발달로 인해서 예술, 문학, 기호, 문화, 언어, 생활수준 등이 동질화되어 간다는 가정하에 제품도 표준화하는 것이 바람직하다고 주장한다. 즉 이러한 견해는 각국 소비자들의 특성이 서로 상이하다고 하더라도 그들의 근본적인 욕구는 동일하다는 가정에 근거를 두고 있는 사고이다.

이와 반면에 적응화전략을 지지하는 학자들은 표준화 지지론자들과는 달리 인간의 기본적인 욕구와 동기는 전세계적으로 차이가 있기 때문에 각국의 상황이나 소비자들의 특성에 따라 제품도 적응화시키는 것이 바람직하다는 견해를 표명하고 있다. 다시 말하면 적응화 옹호론자들은 각국간에 문화, 경제발전의 정도, 정치 및 법률제도, 그리고 소비자들의 가치관과 생활양식 등이 큰 차이가 있기 때문에 현지시장에 알맞은 적응화된 제품전략이 필요하다는 점을 강조하고 있다.

결국 국제제품의 표준화와 적응화 문제는 국제기업의 제품관리상 가장 중요한 의사결정상의 문제가 될 수밖에 없다. 왜냐하면 이들 양자의 제품전략 간에는 제각기의 장단점이 있기 때문이다. 비근한 예로 제품표준화는 규모의 경제(economies of scale)적인 이점이 크게 부각되며, 무엇보다도 생산설비의 유효적절한 활용에서 경제효율이 보다 커질 수도 있을 것이다.

제품표준화의 이점으로 이외에도 광고와 제품디자인의 효율성도 높아질 수 있다. 세계적으로 동일한 광고에 의한 표준화제품은 동시에 전 세계의 소비자로 하여금 코스모폴리탄(cosmopolitan)적인 경향을 지니게 하며, 그 제품의 이미지 업(image up)이 전세계적으로 확립되기도 한다는 것이다. 사실 실제에 있어서도 표준화제품전략을 앞세움으로써 성공하게 된 다국적기업의 예는 수두룩하다는 것이다.

그러나 이와 반면에 제품적응화에도 그 나름대로의 이점이 있다. 무엇보다도 이질적인 국제시장에서는 제각기 이질적인 소비자욕구에 적응되는 제품만이 수용될 것이기 때문이다(한희영, 1985, p. 338).

〈사례〉 한식, 현지화 – 표준화로 세계입맛 잡기

"매운 것을 먹지 않으면 사나이가 아니다." 중국의 유명 배우 쩡즈웨이(曾志偉)는 한국의 매운 라면을 먹어야 한다고 강요 아닌 강요를 한다. 중국에서 방영되고 있는 농심 '신라면'의 TV 광고 내용이다. '장성에 오르지 않으면 대장부가 아니다'라는 마오쩌둥(毛澤東)의 말을 패러디했다. 농심 관계자는 "신라면은 표준화된 맛으로 세계시장을 공략하기 때문에 세계 어디서나 같은 맛이다. 하지만 마케팅은 철저히 현지화를 추구한다"고 설명했다. 한국인처럼 입안이 얼얼하게 매운 맛을 즐기지 않는 중국인들을 '한국의 매운 맛'에 빠져들도록 하려고 중국인의 특성에 맞게 광고한다는 전략이다.

이처럼 표준화와 현지화를 통해 우리 입맛을 세계에 전파하려는 식품업계의 움직임이 최근 두드러지고 있다. 본격 가동되고 있는 정부의 한식 세계화 프로젝트와 발을 맞추고 있는 것이다.

중국의 유명 배우 펑즈웨이를 출연시킨 '신라면' 중국판 광고, 사진 제공 농심

풀무원이 미국 현지인의 취향에 맞게 개발한 두부, 사진 제공 풀무원

빈티지와 테루아 개념을 처음 도입한 배상면주가의 '내고향 막걸리', 사진 제공 배상면주가

CJ제일제당이 단맛을 추가해 만든 고추장. 사진 제공 CJ제일제당

○ 세계 식품 규격에 눈높이 맞춘 막걸리

전통주 제조업체인 배상면주가는 최근 미국과 유럽 등에 막걸리를 수출하고자 새로운 도전을 감행했다. 이달부터 선보인 '내고향 막걸리'에 '2009 강원도산' 등으로 빈티지(원료를 수확하고 술을 만든 해)와 테루아(토양과 기후 등의 환경)를 표기했다. 와인과 위스키, 사케(일본식 청주) 등의 고급화 비결이었던 빈티지와 테루아 개념을 막걸리에 도입한 첫 시도다.

신유호 배상면주가 마케팅 본부장은 "도 단위로 행정지역을 구분해 지난해 팔도에서 수확한 쌀별로 막걸리를 빚어 맛을 비교해 봤다"며 "앞으로 토양이나 벼 품종 연구도 진행해 산도와 쓴맛, 단맛 등을 세밀화해 표기할 것"이라고 설명했다. 막걸리도 각기 다른 토양과 해마다 다른 기후 및 제조법으로 인한 맛의 차이를 느낄 수 있도록 해 소비자에게 묘미를 준다는 전략이다.

CJ제일제당과 대상㈜ 청정원은 외국인들이 고추장에 쉽게 접근할 수 있도록 수출용 제품에 매운맛과 색도를 등급화해 표기하기로 했다. 매운맛을 내는 성분인 캡사이신 함량에 따라 순한 맛(mild)부터 약간 매운맛(slightly hot), 보통 매운맛(moderate), 매운맛(very hot), 매우 매운맛(extremely very hot)까지 5단계로 구분한다.

○ 현지 입맛에 맞춘 제품 개발

우리 식재료를 현지 입맛에 맞게 가공하기도 한다. CJ제일제당은 지난해 12월부터 미국에서 달콤한 고추장 소스를 팔고 있다. 뉴욕과 샌프란시스코, 보스턴 등지에서 현지 소비자를 대상으로 한 그룹 인터뷰를 통해 고추장에 대한 인지도는 낮지만 매운 맛에 대한 수용성은 높다는 결과를 얻어 자신감을 갖고 현지 맞춤형 고추장 소스를 개발했다. 국제 식품 규격으로 채택된 고추장의 로마자 표기인 'GOCHUJANG'을 제품명으로, 달콤한 맛을 가미해 건강 발효식품으로 홍보전을 벌이고 있다.

풀무원 역시 미국 법인인 풀무원USA를 통해 현지인의 입맛과 취향을 고려한 두부를 개발했다. 국내 두부보다 3배 정도 단단하고 단백질 함량도 1.8배 높은 치즈 느낌의 두부와 각종 향신료와 허브 등을 섞어 쫀득쫀득하게 훈연한 두부 등을 샐러드나 고기 대용으로 판매하고 있다. 또 일본인이 좋아하는 김을 일본인의 기호에 맞게 기름과 소금을 기존 제품의 70% 수준으로 낮추고 식감을 부드럽게 한 제품도 수출하고 있다.

자료원 : donga.com, 2010. 1. 29.

2) 촉진요인

국제제품의 표준화전략과 적응화전략을 촉진하는 요인들을 구체적으로 살펴보면 다음과 같다(〈표 2-1〉 참조).

〈표 2-1〉 국제제품의 표준화와 적응화전략의 촉진요인

표준화 촉진요인	적응화 촉진요인
1. 생산시 규모의 경제성 2. 제품연구개발의 경제성 3. 마케팅활동의 경제성 4. 소비자들의 이동성 5. 생산국 및 기업체의 이미지 6. 기술의 영향 7. 수출만을 통한 해외시장판매	1. 제품사용조건상의 차이 2. 시장여건의 차이 3. 정부의 영향 4. 기업의 역사와 국제경영경험

(1) 제품표준화전략의 촉진요인

① 생산시 규모의 경제성

특정제품의 생산입지가 한 곳에 위치하고 있을 경우에는 장기간에 걸친 대량생산의 경제성을 활용하기 위해 제품을 표준화시키는 것이 유리하다. 물론 이는

세계수요를 충족시키기 위해 총생산량을 증대시키는데 있어서 총체적인 생산비는 증가하더라도 단위당 생산원가는 감소한다는 전제하에서만 성립된다.

② 제품연구개발의 경제성

만일 기업이 동일제품을 전세계시장에 제공하게 되면, 제품의 단위당 연구개발비용을 줄일 수 있는 이점 때문에 연구개발자금과 노력을 좀 더 효과적으로 활용할 수 있게 된다. 제품표준화를 유지하면 시장별로 다양한 수요에 맞추어 제품을 변경할 필요가 없기 때문에 기업은 그만큼 신제품개발에 더 주력할 수 있게 된다.

③ 마케팅활동의 경제성

제품표준화는 마케팅활동 측면에서도 규모의 경제효과를 가져온다. 예를 들어, 비록 사용언어가 각국마다 다를지라도 판매책자, 판매원훈련, 광고, 판매촉진 등은 제품을 현지시장에 적응시킬 경우에 비해 훨씬 표준화된 양상을 띠게 되므로 보다 경제적으로 현지 마케팅활동을 수행할 수 있다.

④ 소비자들의 이동성

오늘날 소비자들의 국제간의 이동이 자유롭게 이루어짐에 따라 범세계적으로 표준화된 제품을 도입하게 되면 특정제품의 상표명성도 또는 상표충성도(brand loyalty), 즉 상표에 대한 선호도가 높아지게 된다. 이는 세계 어디를 가더라도 동일한 제품과 서비스를 접하므로 그 상표제품에 대한 신뢰성이 높아지기 때문이다. 그러므로 만일 소비자가 해외여행 중에 흔히 구입하는 제품이라면 상표충성도의 유지를 위해 제품을 표준화해야 할 필요가 있다.

⑤ 생산국 및 기업체의 이미지

미국의 첨단기술제품, 일본의 가전제품, 프랑스의 향수 등은 생산국 내지 기업체가 갖고 있는 좋은 이미지 때문에 해외시장에서 많은 혜택을 보고 있다. 이와 반면에 제품자체의 품질은 보통이거나 좋지만 그 생산국의 이미지가 나쁘거나 별로 좋지 않아서, 해외시장에서 잘 안 팔리거나 팔리더라도 싼값에 팔리는 경우도 있다.

따라서 특정 기업체가 생산국의 좋은 이미지를 활용할 수 있는 위치에 있다면, 포장이나 상표명을 포함한 제품의 여러 속성들과 제품 자체를 표준화하는 것이 바람직하다.

⑥ 기술의 영향

기업은 기술적 규격(technical specification)이 상당히 중요한 소비재와 산업재일수록 제품을 가급적 표준화하는 것이 좋다. 글로벌마케팅환경의 차이는 주로 인간이 중심이 되는 문화적 차이에서 기인하기 때문에 물리적 및 화학적 처리과정은 국경을 넘더라도 크게 변화하지 않는 것이 보통이기 때문이다. 대형여객기, 핵발전소, 전략무기 등이 그 예이다.

그러므로 기업들은 기타 조건이 같을 때에 비내구성 소비재보다는 내구성 소비재를 가급적 표준화하고, 소비재보다는 산업재를 더욱 표준화하는 것이 바람직하다.

⑦ 수출만을 통한 해외시장판매

만일 특정기업체가 수출을 통해 해외시장에 진출할 경우, 당해 기업체는 표준화제품을 세계시장에 내놓게 될 가능성이 높다. 왜냐하면 이러한 기업체는 비록 해외시장의 특성에 대해 잘 알고 있다 하더라도 해외시장에 제품을 공급하기 위해 필요한 제품적응비용이나 노력의 부담을 꺼리게 되기 때문이다.

(2) 제품적응화전략의 촉진요인

① 제품사용조건상의 차이

특정제품이 여러 나라에서 유사한 기능적 니즈(functional needs)를 만족시킬 수 있도록 만들어졌다 할지라도, 그 제품이 실제로 사용되는 환경조건은 시장별로 다를 수도 있다. 어떤 제품은 온도나 습도에 민감하여, 예컨대 열대지역시장에 판매하려면 높은 온도와 습도에 견딜 수 있게 그 제품을 개량할 필요가 있다.

제품적응을 촉진케 하는 또 하나의 요소는 사용자들의 기술수준이다. 선진국들의 사용자들은 일반적으로 개도국들의 사용자들보다 기술수준이 높기 때문에 사용자들의 기술수준에 맞게 제품의 기술 함유도(technological content of product)를 적응시켜야만 한다.

② 시장여건의 차이

진출대상국의 소득수준, 관습, 소비자기호 등의 시장여건이 다르기 때문에 제품적응의 필요성이 제기되기도 한다. 세계의 여러 국가들의 1인당 소득은 각 국가별로 많은 차이가 있다. 또한 소비자의 기호가 세계적으로 동일하지 않다. 특히 식품, 의류, 가구 등 품목들은 바로 이웃국가라고 하더라도 각 시장별로 소비자 기호가 다르기 때문에 국제제품의 적응화가 필요해진다. 예를 들어 독일인들은 2도어형의 승용차를 좋아하는 데 비해서 프랑스인들은 4도어형의 모델을 아주 선호한다.

③ 정부의 영향

어느 시장에서나 정부는 어떤 형태로든지 수출입을 규제하고, 기업간의 경쟁규칙을 정하여 적용하고, 소비자와 생활환경을 기업행위로부터 보호하려는 등의 목적으로 기업과 그 제품의 생산을 규제하고 있다.

즉 국가에 따라서는 특정제품을 수입한다든가 외국인기업이 현지생산하는 것을 불허하고 국내기업이 국내생산한 것만을 허가하는 경우가 있다.

또한 외국인기업에게 제품의 현지생산을 허가한다 하더라도 현지산 부품을 많이 포함시켜야 한다는 조건이 있는 경우에는 그 외국인기업은 제품의 설계, 품질, 성능 등을 변경해야만 현지판매가 가능해 진다. 특히 의약품이나 식품의 경우에는 제품의 포장, 성분, 효능, 안전, 위생 등에 대한 정부규제가 시장별로 차이가 있지만, 개발국들일수록 더욱 강력하게 규제하고 있다. 따라서 그 나라의 정부규격에 맞추어 필수적으로 제품을 적응시켜야 되는 경우가 많다.

④ 기업의 역사와 국제경영경험

이미 오래 전부터 여러 해외 시장국에 생산시설을 갖추고 국제마케팅활동을 전개해 온 기업들은 본국에서 제품을 생산하여 수출하는 기업에 비해 제품을 훨씬 용이하게 적응시킬 수 있다. 왜냐하면 여러 국가에 생산시설을 갖추고 있는 기업일수록 규모의 경제적인 운영을 할 수 있기 때문에 수출업체에 비하여 제품적응비용이 적게 들며, 일반적으로 제품적응능력을 보유하고 있어 제품적응이 그다지 어렵지 않다.

이와 반면에 수출위주의 해외시장운영을 하고 있어서 국제화의 수준이 낮은 기업들일수록 일반적으로 제품적응능력이 적고, 제품적응이 어렵고, 제품적응에 따르는 문제와 추가 비용도 많이 발생한다. 따라서 그런 기업들일수록 시장별로 이질적인 수요에 부응할 수 있을 정도로 제품적응을 충분히 실천할 수는 없다고 보아야 한다(Terpstra, 1978, pp. 229-233).

〈사례 1〉 인민복을 벗겼다 이랜드를 입혔다…매출 1조 넘본다

이랜드는 국내 의류시장의 고만고만한 중저가 의류 브랜드다. '빈폴'로 유명한 제일모직과 매출 1·2위를 다투지만 해외 명품 브랜드가 즐비한 탓에 유명세는 덜하다. 그러나 중국 시장에서는 사정이 다르다. 세계 유명 업체들도 상대가 안된다. 올해 옷만 팔아 꿈의 '1조원 클럽'에 들어갈 예정이다. 전 세계 브랜드 중 매출 2위다. 브랜드 이미지도 최고급으로 통한다. 대기업들도 고전하는 중국 의류시장에서 나홀로 성공신화를 쌓아가고 있는 중이다.

23일 이랜드에 따르면 중국 법인의 올 5월말까지 매출은 4,580억원이다. 지난해 같은 기간보다 41%가량 늘었다. 연말까지 1조2,000억~1조3,000억원의 매출은 무난할 것으로 회사 측은 전망했다. 국내 1위인 제일모직이 지난해 세계시장에서 377억원의 매출을 올린 것을 감안하면 놀라운 실적이다.

이랜드가 중국에 발을 들여놓은 것은 1993년이다. 한·중 수교 이듬해다.

당시 박성수 이랜드 회장은 중국 베이징대학의 초청을 받았다. 서울 이화여대 앞 2평짜리 옷가게로 출발해 14년 만에 1조원대의 패션기업을 키운 성공 스토리를 강의해 달라는 요청이었다. 박 회장은 당시 성공 비결을 가르쳐주는 대신 강연을 지켜보던 교수들의 옷차림에서 성장의 '기회'를 발견했다.

베이징대 교수는 중국내 최고의 엘리트로 꼽힌다. 하지만 그들의 의복은 인민복 일색이었다. 박 회장은 그들의 옷에서 중국 패션시장의 성장 가능성을 읽었다.

박 회장은 이듬해 중국 상하이에 공장 설립을 추진했다. 현지 사업팀에게는 '지피지기'를 강조했다. 중국인과 중국시장을 제대로 아는 것이 무엇보다 중요하다는 판단에서다.

최종양 중국법인 대표는 부임하기 전 중국 관련 서적을 100여권 읽었다고 한다. 중국에 간 뒤 6개월간 중국 전역을 돌았다. 버스를 타고 허름한 여인숙을 전전하며 3년간 현장조사를 했다.

주재원 자녀들은 국제학교가 아닌 인민학교에 보냈다. 회사 사택 대신 현지 주택을 구입해 살게 했다.

중국 진출 3년째인 96년부터 중국 시장에서 상품을 팔기 시작했다. 그러나 국내와는 철저하게 차별화했다.

처음부터 고급화를 내걸고 백화점을 뚫었다. 국내에서 중저가 이미지가 굳어져 백화점 진입이 힘들었다는 점을 감안한 것이다. 새로 시작하는 만큼 고급 브랜드로 승부하겠다는 전략에서다. 제품은 철저한 지역 차별화전략을 택했다.

중국 남부는 고온다습해 침대생활을 하고 밝고 강렬한 색상을 선호한다. 체형도 다리가 긴 편이다. 북부는 온돌 문화에 익숙하고 다리가 짧았다. 색상에 대한 선호도도 달랐다. 이처럼 지역마다 브랜드는 같지만 제품 구성을 달리했다. 획일적인 크기와 디자인을 내놓는 다른 기업과는 시작부터 달랐다.

철저한 시장조사를 바탕으로 한 박 회장의 판단은 맞아떨어졌다. 이랜드는 '옷을 사랑한다'는 의미인 '이이렌(衣戀)'으로 불리며 중국에 진출한 18개 브랜드 모두 프리미엄급으로 분류된다.

국내에서 사업을 접은 '스코필드' 브랜드 정장도 한 벌 값이 대졸 초임(약 3,000위안)의 2배에 이르지만 없어서 못팔 정도로 인기라고 한다. 이랜드는 중국 전역의 580여개 백화점에 2400개 매장을 갖고 있다.

'이랜드' '티니위니' 브랜드는 백화점 매출 상위 5위권에 포진해 있다. 중국인들이 월급을 타면 먼저 사고싶은 브랜드로 자리잡았다.

이랜드의 투명한 중국내 기업경영도 인정받았다. 지난 1월 상하이시는 '이랜드'와 '티니위니'를 상하이시의 명품 브랜드로 지정 고시하고 상금을 줬다.

중국사업을 총괄해온 최 대표는 "중국이 1인당 국민소득 2만달러 시대에 진입하면 패션시장만 한국의 30배 규모에 이를 것"이라며 "매출 20조원의 글로벌 패션 브랜드로 도약하는 게 단순한 꿈은 아니다"라고 말했다.

자료원 : 경향신문, 2010. 6. 24.

〈사례 2〉 인도인을 감동시킨 LG전자 생활가전

TV를 켜는 순간 양쪽에서 숨겨진 스피커가 등장한다.

채식주의자를 위해 냉장고의 야채 관리 공간을 자율 조절케 한다.

인도인들이 선호하는 77가지 요리를 간단하게 조리할 수 있는 기능을 전자레인지에 적용한다.

LG전자가 인도시장 공략을 위해 인도인의 생활패턴을 샅샅이 파악해 만든 히트 제품들의 특징이다.

이 같은 인도 고객을 겨냥한 현지화제품을 앞세워 LG전자는 인도시장에서 공전의 히트를 기록하고 있다. 이 회사는 20일 자사 인도법인이 인도 고객들의 잠재욕구를 발굴해 이를 제품에 적용한 '인디아 인사이트 제품' 6종에 대한 공격적인 마케팅에 나섰다고 밝혔다.

인디아 인사이트 제품은 인도 고객들의 실제 생활에서 아이디어를 추출해 이를 제품개발, 테스트, 디자인 등 전 제품 생산 과정에 반영한 것이다.

현지 특화 제품이 폭발적 인기를 끌면서 지난해 같은 기간 대비 액정표시장치(LCD) TV는 100%, 유럽식이동통신방식(GSM) 휴대폰이 30%, 냉장고가 10% 이상 판매량 증가세를 보였다.

LG전자 인도법인은 새로 출시된 인디아 인사이트 제품의 인기에 힘입어 올해 매출은 전년 대비 10% 정도 향상된 21억달러를 달성할 것으로 예상했다. 이 가운데 인디아 인사이트 제품이 약 10% 이상을 차지할 것으로 내다보고 있다.

'스타즈 오브 인디아'라고 이름 붙여진 이들 특화 제품을 개발한 LG전자는 현지화의 진수를 보여줬다는 평가를 받고 있다.

우선 LG전자 인도법인은 지난 2007년 하반기부터 본사 INI(Insight & Innovation) 연구소와 공동으로 인도 고객의 라이프스타일 연구와 함께 인사이트 제품 개발 프로젝트에 시동을 걸었다.

프로젝트 담당자는 우선 고객의 집을 방문해 인도인의 생활패턴과 제품 사용 형태를 관찰했다. 또는 고객 동의를 얻어 여러 날 가정집 안에 카메라를 24시간 설치해 제품개발 아이디어를 추려내기도 했다.

이후 관찰대상 고객층을 한자리에 모아 전문가의 주도 아래 주어진 이슈에 대해 토론하는 방식을 통해 고객들의 요구사항이나 불만사항을 뽑아냈다. 출시가 예정된 제품에 대한 고객 반응을 미리 알아보기 위해 사람이 많이 오가는 자리에 제품을 전시해 고객의 반응을 살피기도 했다.

재즈 LCD TV는 춤과 노래를 즐기는 인도인들의 성향을 반영해 TV를 켜는 순간 양쪽 사이드에서 숨겨진 스피커가 나타나며 500W의 강렬한 사운드를 즐길 수 있도록 만들어졌다.

아울러 냉장고에는 채식주의자를 위해 다양한 야채를 편리하게 보관토록 내부 공간을 쉽게 조절하는 기능을 넣은 것을 비롯해 약품과 화장품을 보관하는 박스, 냉동 음식을 용기째 전자레인지에서 요리할 수 있는 냉동실 용기, 인도인들이 좋아하는 색상을 적용한 세련된 디자인 등을 적용했다.

세탁과정 음성알림 세탁기는 세탁 전 과정을 힌두어와 영어로 안내해 주며 천장형 선풍기와 연동한 에어컨은 천장형 선풍기를 많이 사용하고 있는 인도 가정 환경에 맞춰 에어컨과 선풍기를 하나의 리모컨으로 작동하게 만들었다.

간편한 인도요리 메뉴 기능을 갖춘 전자레인지는 인도인들이 가장 좋아하는 요리 77가지를 간단한 작동만으로 조리할 수 있는 메뉴 기능을 채용했으며 사운드 기능을 강화한 GSM폰은 대화하기 좋아하는 인도인들의 니즈를 반영해 11시간까지 방해받지 않고 통화할 수 있는 기능을 갖췄다.

LG전자 인도법인장인 신문범 부사장은 “인디아 인사이트 제품은 인도 고객들의 삶의 질 향상과 밀접한 관계를 갖고 있다”며 “인도 고객들의 마음속에 고객에 대한 열정을 가진 리딩 브랜드로서 확실하게 자리매김할 것”이라고 강조했다.

자료원 : 파이낸셜뉴스, 2009. 5. 21.

〈사례 3〉 해외식품 브랜드 '한국 맞춤식 전략' 통했다

한국 스타벅스에서는 경기미를 이용한 라이스칩과 남산타워가 그려진 머그 등 다른 나라 매장에서는 찾아볼 수 없는 제품이 있다. 특히 국내 매장 직원의 아이디어로 개발된 훈민정음 머그와 텀블러(뚜껑이 달려있는 컵의 일종)는 외국인 관광객들에게 큰 인기를 끌며 올들어 작년 동기대비 70% 판매가 증가했다.

세계적인 경기 불황속에 본사마저 위축되고 있는 대개의 해외식품 브랜드들 가운데 몇몇 국내 진출 회사들은 차별화된 메뉴와 인테리어 등 '한국 맞춤식 전략'으로 놀라운 성과를 거두고 있어 눈길을 끌고 있다. 나아가 독자 개발한 메뉴를 해외매장에 역수출하는 등, 토종브랜드 못지않게 한국의 맛을 세계로 알리는 역할마저 하고 있다.

한국 던킨도너츠가 곡물을 이용해 자체 개발한 도너츠 메뉴 가운데 찹쌀드림은 말레이시아를 포함한 5개국에, 키위 쿨라타는 본사가 있는 미국을 포함한 10개국에 수출됐다.

한국인과 세계인의 입맛을 동시에 공략한 메뉴 덕분에 이 회사는 지난해 전년대비 30%의 매출 증가를 이뤄냈다. 이 회사는 특히 식품 관련 학과의 석사학위 이상 학력 소지자들로 구성된 15명의 제품 개발팀을 운영하며 이런 성과를 뒷받침해 가고 있다.

지난해 180억원의 매출로 전년대비 80%의 신장을 기록한 스무디즈 코리아는 테이크 아웃 전문점인 미국과 달리 30석 이상의 좌석을 확보한 카페형으로 매장을 만들어 편안한 공간 마련에 주력했다.

또 미국 매장이 헬스를 즐기는 남성을 주 타깃으로 하는 반면, 국내는 '과일음료 전문점'에 초점을 맞춰 20대 젊은 여성 고객에게 인기를 끌고 있다.

한국 피자헛은 독자 개발한 리치골드 피자를 출시 5년 만에 4,000만판 판매했는데 주 성공요인은 한국인이 좋아하는 고구마를 쓴 것. 리치골드 피자는 2003년 일본 피자헛 매장에서도 전격 출시됐다.

불고기피자와 불갈비피자, 치즈 크러스트 골드는 본사가 있는 미국과 동남아 일대로 수출됐다. 도미노피자도 다양한 토핑을 선호하는 한국 고객들을 위해 게살과 새우, 마늘 등을 주재료로 한 제품군을 한국에서만 선보여 좋은 반응을 얻었다.

이 회사는 프랑스의 요리 전문학교인 르 꼬르동 블루 출신 요리사 2명을 포함한 R&D팀을 운영하며 메뉴 개발의 전문성을 높이는 데 주력했다. 덕분에 올해 작년 동기 대비 매출 20% 성장을 기록하고, 점포수도 2007년의 289개에서 현재 310개까지 늘릴 수 있었다.

작년 한해 2,750억의 매출로 업계 1위 자리를 고수하는 한국 아웃백은 한국식 갈비 양념에 재워 구운 카카두 그릴러와 카카두 갈비 등의 제품을 판매 중이다.

제주점에서는 특산물인 돼지와 감귤을 사용한 포크 텐더 스테이크, 감귤에이드를 취급한다. 이러한 노력 덕택에 한국 아웃백은 현재 전 세계 아웃백 매장수 중 10%(102개)를 점유할 만큼 성장했다.

업계 관계자는 "이들의 지속적인 인기 비결은 유행에 민감한 한국인들의 정서를 재빠르게 읽어내고, 이를 메뉴에 반영해 항상 새로움을 전달하려는 노력에 있다"고 분석했다.

자료원 : 서울경제, 2009. 5. 12.

〈사례 4〉 한식 세계화의 첨병 전통식품 · 식품명인

19일 중국 상하이에서 열린 식품박람회. 50대의 한 중년 여인이 외국인들의 눈길을 사로잡았다. 한복을 곱게 차려입은 그는 고운 빛깔의 김치를 외국인들에게 연신 자랑하기에 바빴다.

국내 김치명인 1호인 김순자(56) 한성식품 대표. 그는 틈나는 대로 중국과 일본을 찾는다. 세계김치협회 회장직도 겸하고 있는 김 대표는 손꼽히는 한식 전도사다. 21일까지 중국 상하이에서 열린 식품박람회에서는 브로콜리 · 아스파라거스 등 외국인들이 쉽게 접할 수 있는 재료를 활용한 미래형 김치, 황제 김치, 동결건조 김치, 초콜릿 김치 등 40여종의 김치가 선을 보이며 방문객의 입맛을 사로잡았다.

김 대표는 "김치의 존재 가치를 인정받아야 진정한 한식세계화가 가능하다"며 "앞으로는 후진 양성을 위해 지식과 경험을 전수하는 데 힘쓸 것"이라고 말했다.

◇막걸리 · 김치, 세계인의 입맛 잡았다=국가브랜드위원회가 한국의 대표 이미지를 조사한 결과 3명 중 1명은 김치 · 불고기와 같은 한식을 꼽았다. 한류문화 확산을 바탕으로 한식에 대한 관심이 커지면서 국내 대표 식품의 인기가 점차 높아지고 있다.

히트상품으로 떠오른 것은 막걸리와 김치. 막걸리는 일본에서 급격히 소비가 증가하면서 수출 물량이 2007년 291만 달러에서 2008년에 442만 달러로 올라가더니 지난해에는 628만 달러까지 급격하게 늘어났다. 이에 힘입어 지난해 일본에 수출된 주류 물량은 1억 6,560만 달러에 달해 일본 주류 수입 시장에서 7.9%까지 점유율이 올라갔다. 우리 술이 일본 시장에서 가장 높은 점유율을 차지한 것이다.

김치가 미용에 좋다고 인식되면서 중국에서는 고가 한국산 김치 소비가 늘어나고 있다. 특히 중국 여성들은 직접 김치 담그는 법을 배워 집에서 만들어 먹고 있을 정도라고.

이를 바탕으로 지난 1 · 4분기 전세계 김치 수출액은 2,370만 8,000 달러, 수입액 1,860만 9,000달러로 김치 무역수지는 509만 9,000달러 흑자를 기록했다. 올해 배추 가격 폭등에도 불구하고 지난해 무역흑자로 돌아선 이래 꾸준히 흑자 기조를 유지하고 있는 것이다.

◇한식 프랜차이즈 증가, 식품 산업화로=CJ푸드빌은 최근 비빔밥을 주메뉴로 하는 한식 레스토랑 브랜드 '비비고(bibigo)'를 론칭해 해외시장을 확대하기 위해 준비하고 있다. 기존 비빔밥의 개념을 유지하면서도 현비 · 백미 등 네 가지 밥, 고추장 · 참깨 · 쌈장 · 레몬간장 등 네 가지 종류의 소스를 준비하는 등 현지화를 통해 서양인들의 입맛을 사로잡겠다는 것이다. 특히 주문에서 포장까지 채 1분도

걸리지 않아 새로운 패스트푸드 트렌드를 선도할 것으로 기대된다.

정부도 비빔밥을 한식 대표 품목으로 체계적으로 육성하기 위해 전국의 비빔밥 레시피를 총괄하는 작업을 진행하고 있다.

매콤한 간식인 떡볶이도 빠르게 식품산업으로 자리잡으며 세계인의 간식으로 변화하고 있다. 국내 떡볶이 프랜차이즈 점포 수는 2009년 말 기준 2,203곳으로 1년 만에 두 배 가까이 늘어났다. 떡볶이에 들어가는 쌀의 사용량은 8,000톤 이상 증가했다. 떡볶이는 쌀과 고추장 소비를 촉진하는 일석이조 이상의 효과를 내는 장점이 있다.

떡볶이 종류도 궁중 떡볶이, 매운 누룽지 떡볶이, 바비큐 떡볶이 등으로 다양해졌다. 농림수산식품부는 떡볶이 산업을 육성하기 위해 외국인 입맛에 맞는 소스와 퓨전메뉴 등을 개발하고 각종 국제 음식 행사에서 시식·설명회 등을 추진할 계획이다. 이상효 한국쌀가공식품협회 떡볶이연구소장은 "세계화를 위해 꾸준히 현지에 맞는 소스를 개발하고 있다"고 설명했다.

◇조리명인 나온다=농림수산식품부에서도 노동부 명장제도, 문화체육관광부 인간문화재 등과 같이 각 분야를 대표하는 식품명인과 조리명인을 적극 육성하기로 했다. 장기적인 식품산업 성장을 위해서는 각 분야 전문가들이 그들이 보유한 기술을 체계적으로 전파하는 것이 중요하기 때문이다.

농식품부의 한 고위관계자는 "하반기에 새롭게 조리명인을 제정하기 위해 식품산업진흥법 개정을 마쳤다"며 "한식을 보다 명품화하는 계기가 될 것으로 기대한다"고 밝혔다.

이와 함께 농식품부는 최근 13개 기관을 한식조리 전문인력 양성기관으로 지정하고 한식조리 전문가를 양성하고 있다.

정부는 또 국내 전통주를 홍보하기 위해 국제행사를 적극 활용하기로 했다. 오는 6월 제주에서 열리는 한·아세안 정상회의, 11월 서울에서 개최되는 주요 20개국(G20) 정상회의에서 이강주를 비롯한 전통주가 만찬 때 소개되거나 건배주로 오를 것으로 알려졌다.

농수산물유통공사의 한 관계자는 "한식 세계화 전략이 본격화됨에 따라 한국 농식품의 해외 수요 증가는 앞으로 수출에 긍정적 요인이 될 것"이라며 "현지화 전략과 마케팅으로 외국인들에게 보다 친숙하게 다가갈 것으로 보인다"고 말했다.

자료원 : 서울경제, 2010. 5. 21.

2. 신제품개발전략

1) 신제품개발의 중요성

신제품개발은 어떤 기업이든지 간에 그 기업이 생존하고 성장해 나가기 위해서는 필연적인 작업이라 할 수 있다. 왜냐하면 소비자는 끊임없이 새로운 제품을 원하기 때문이다. 따라서 기업이 생존하고 성장해 나가기 위해서는 계속적으로 신제품을 개발하지 않으면 안 된다. 특히 해외시장에서는 경쟁이 치열하기 때문에 기업이 계속적으로 성장하고 이익을 증대시키기 위해서는 무엇보다도 독자적인 신제품을 계속해서 개발할 수 있어야 한다. 따라서 기업의 입장에서는 국제적으로 경쟁력이 있는 신제품을 어떻게 개발하여 상품화할 것인가를 끊임없이 연구할 필요성이 있다.

이와 같은 신제품개발의 중요성 및 당위성, 즉 신제품을 개발하는 것이 중요하고, 또한 신제품을 개발해야 한다는 당위성에도 불구하고 신제품개발의 실패율은 아주 높은 편이다. 왜냐하면 신제품개발이 기업의 생존과 성장을 위해 절대적으로 필요하기는 하지만 그 자체에 커다란 위험을 수반하고 있기 때문이다.

즉 신제품을 개발하기 위해서는 개발비용이 상당히 많이 들어가게 되는데, 그러한 막대한 개발비용을 쓰면서도 성공하면 괜찮은데 실패하는 수가 자주 있기 때문이다.

이와 같이 신제품개발이 자주 실패하는데, 신제품개발이 자주 실패하는 가장 큰 이유는 국제마케팅조사활동이 철저하지 못한데 그 원인이 있다고 할 수 있다. 이외에 신제품개발의 실패이유를 들면 다음과 같다.

① 불충분한 시장분석
② 제품의 결함
③ 예상보다 높은 개발비용
④ 제품출하시기의 착오
⑤ 기업간 치열한 경쟁
⑥ 국제마케팅전략의 실패
⑦ 판로의 약체 등을 들 수 있다.

이러한 실패요인도 넓게는 국제마케팅조사활동이 철저하지 못한데 그 원인이 있다고 할 수 있다. 따라서 신제품개발의 실패율을 최소화하고 성공률을 높이기 위해서는 이러한 국제마케팅조사활동의 활성화와 함께, 될 수 있으면 타의 추종을 불허한, 그러면서도 독창적인 신제품을 개발하는 것이 중요하다고 할 수 있다.

2) 신제품개발과 기술혁신

신제품개발과 기술혁신은 상호 아주 밀접한 관계가 있다고 할 수 있다. 다시 말해서 기술혁신이 없는 신제품은 개발된다 하더라도 시장성을 유지할 수 없기 때문에 기업이 국제마케팅활동을 수행하는데 있어서 기술혁신에 의해 개발된 신제품이어야 전략상 유리하다고 할 수 있다. 어쨌든 신제품개발의 속도는 곧 기술혁신의 속도와 정비례한다고 할만큼 신제품개발에 있어서 기술혁신이 차지하는 비중은 아주 크다고 할 수 있다.

그런데 이러한 기술혁신에 대해서 기업이 어떠한 태도를 취하느냐에 따라 세 가지 기업의 형태로 나누어 볼 수 있다. 즉 선도적(pioneering), 적응적(adaptive), 그리고 모방적(imitative)인 세 가지 기업으로 나눌 수 있다. 여기에서 선도적 기업은 처음으로 상품을 개발하려고 하는 기업이다. 적응적 기업은 선도적 기업처럼 기술혁신을 주도하지는 않지만, 선도적 기업에 의해 개발된 신제품을 제품의 기능이나 제조공정면에서 개선하려는 기업이다. 제품자체를 개발하거나 기능을 개선하는 혁신을 제품혁신(product innovation)이라 하고 제품의 제조공정을 개선하는 혁신을 공정혁신(process innovation)이라고 한다. 모방적 기업은 나름대로의 제품혁신 노력이나 개선노력을 하지 않고 다른 기업이 이미 이루어 놓은 혁신내용을 모방하게 된다.

결론적으로 기업이 이러한 세 가지 형태 중 어떠한 태도를 취하느냐 하는 것은 그 기업이 처한 상황과 여건에 따라, 그리고 기업의 기술적인 능력과 사용할 수 있는 각종 자원의 양과 질에 따라 각기 달라진다고 할 수 있다. 기업이 혁신에 대하여 어떤 태도를 갖느냐에 따라 비용, 위험, 기대이익 수준이 각기 달라지게 된다(원종근 · 현인규 · 지남웅, 1995, p. 279).

〈사례〉 수없이 주인 바뀐 '파커 만년필', 명품 이미지 지켜낸 비결은…

레이건과 고르바초프. 이 두 사람은 기나긴 냉전시대를 군비 축소 회담을 통해 종언시킨 인물로 꼽힌다.

1987년 12월 8일, 미국과 소련 양국 정상인 두 사람은 워싱턴에서 중단거리 핵미사일(INF) 폐기 협정에 서명했다. 이날 양국은 끊임없이 벌이던 핵무기 개발 경쟁을 중단하고 처음으로 핵 감축에 합의했다. 한국을 비롯한 아시아와 유럽지역 배치 핵무기를 폐기하자는 내용이 담겨져 있었다.

이 서명은 1982년 6월 29일부터 스위스 제네바에서 전략무기감축회담(START)을 시작한 지 5년여 만에 일궈낸 쾌거였다. 이날 레이건과 고르바초프가 서명한 뒤 서로 사인한 만년필을 교환하는 장면을 기억하는 사람들이 더러 있을 것이다.

이때 역사적인 서명을 한 만년필은 다름 아닌 파커(Parker)였다. 이 펜은 파커사에서 백악관에 제공했다.

이처럼 파커 펜은 역사의 중요한 시점에 언제나 책상 위에 놓여 있는 명품이었다.

특히 냉전시대에 중국의 총리를 지낸 저우언라이(周恩來)는 자본주의를 배척하는 사람이었음에도 파커 만년필을 애용했다.

마오쩌둥(毛澤東)과 함께 만리 장정을 수행한 저우언라이는 1963년 "고조선과 발해는 한반도의 역사이며 중국 역사라고 주장하는 것은 일부 학자들의 붓끝에서 나온 오류"라고 언급한 그는 외교부장(장관) 시절 많은 외교문서에 파커 펜으로 서명했다고 한다.

더욱 놀라운 것은 이 파커 펜은 북한의 김일성 주석이 선물한 것이라고 전해진다. 두 사람 다 미국을 싫어했지만 미국의 중소기업이 만든 명품인 파커 펜만큼은 무척이나 좋아했던 것이다.

파커 펜이 도대체 무엇이기에 당시 미국의 적국인 두 나라 정상들까지 이 필기구를 좋아했을까. 파커 펜은 학교 교사를 하다 존홀랜드골드 펜사의 영업사원으로 일하던 조지 파커가 개발한 제품이다.

그는 만년필 잉크가 잘 나오지 않아 불만을 터뜨리는 학생들을 보고 사용하지 않을 때도 잉크가 펜촉 끝까지 공급되는 기술을 개발해 특허를 냈다.

1889년 특허를 획득한 그는 1891년 미국 위스콘신 제인스필에서 창업했다.

이후 이 제품은 1920년 빨간색 만년필을 만들어 색채마케팅이란 신조어를 만들어냈으며 여성용 슬림 펜을 만들어 시장세분화를 선도하기도 했다. 더욱이 2차 세계대전 등을 거치면서 수많은 역사의 현장에서 외교문서에 서명하는 역할을 맡아왔다.

그러나 미국의 중소기업이던 파커사는 일시적인 경영난으로 영국 뉴헤븐에 있는 지사에 본사를 넘겨주었다. 이 회사는 1993년 면도기 회사인 질레트에 다시 넘어갔다가 현재는 다국적 브랜드 기업인 샌포드의 문구사업 본부 뉴웰러버메이드사가 경영하고 있다.

이렇게 경영주가 바뀌고 있음에도 파커 펜은 여전히 명성을 잃지 않고 있다. 이는 바로 파커 펜의 충성 고객이 전 세계에 퍼져 있기 때문이다.

이 파커 펜처럼 어떤 제품이 명품이 되기 위해서는 세 가지 조건을 갖춰야 한다.

첫째는 창업가 정신이다.

파커 펜을 만든 조지 파커는 최고의 소재와 최고의 품질관리를 통해 세계 최고의 제품을 만든다는 일념으로 회사를 경영했다.

그는 초기 창업정신을 잃지 말라고 후배 경영인들에게 당부했다.

둘째는 끊임없는 혁신이다.

파커 펜은 시대 환경에 따라 끊임없이 변신했다.

전쟁 때는 그 시기에 알맞은 제품을 만들었고, 우주항공 시대엔 그 분위기에 적합한 제품을 내놨다.

총 8만3,673t의 호화 여객선 퀸엘리자베스호의 구조물로 만년필을 만든 것도 혁신적인 마케팅 전략의 하나다.

퀸엘리자베스호는 2차 세계대전 노르망디 상륙작전에서 총 81만명의 연합군 병사를 실어 날랐다.

퇴역한 이 배가 1971년 홍콩 앞바다에서 침몰하자 파커 사는 이 배의 황동을 구입해 5,000개의 만년필을 만들어 팔자 2차대전에 참전했던 많은 사람들이 이 펜을 사려고 안간힘을 쓰기도 했다.

셋째는 브랜드 전략이다.

파커는 1987년 이후 소유주가 여러 차례 바뀌었지만 명품으로서의 손상은 그다지 입지 않은 편이다.

기업이 팔려도 브랜드는 살아남아 세계인의 수요를 이끌어내고 있다.

지금도 인터넷 마켓에서는 파커 펜이 끊임없이 거래되고 있으며 역사의 현장에 놓여 있던 파커 펜은 수천만원을 호가한다.

누구든 파커 펜을 좋아하는 고객들은 견고성, 디자인, 펜촉의 느낌 등에서 최고의 만족감을 느낀다고 얘기한다.

한국의 중소기업들도 이런 명품을 만들 수 있는 기술을 갖추었다.

다만 한 가지 흠이 있다면 브랜드를 살리는 일에 힘을 덜 기울이고 있는 편이다.

영국 프랑스가 명품 브랜드를 만들어 명성을 날리던 20세기 초반, 이탈리아 중소기업들은 한결같이 이들 나라 기업의 하청을 맡는 데 급급했다.

그러나 20세기 중반을 지나면서 이탈리아 중소기업들도 이제 자기 브랜드를 만들어야겠다는 다짐으로 다시 시작했다.

지금 의류 가방 액세서리 안경 여행용품 등에서 이탈리아 제품들은 더 이상 하청업체 제품이 아니다.

파커 브랜드도 하루 아침에 이뤄지지 않았다.

이제 한국의 중소기업들도 차근히 명품으로 향한 발걸음을 재촉해야 할 때다.

자료원 : 한국경제, 2007. 6. 21.

3) 신제품개발과정

국제마케팅에서의 신제품개발과정은 국내마케팅의 경우와 동일하다고 할 수 있는데, 그 과정은 [그림 2-1]과 같이 일반적으로 아이디어의 창출(idea generation), 아이디어의 심사(initial screening), 사업성 분석(business analysis), 제품개발(develop the product), 시장시험(market testing), 상품화(commercialization) 등 6단계로 분류할 수 있다(Albaum, 1990, p. 201 ; Jain, 1990, p. 431 ; Majaro, 1982, pp. 92-104).

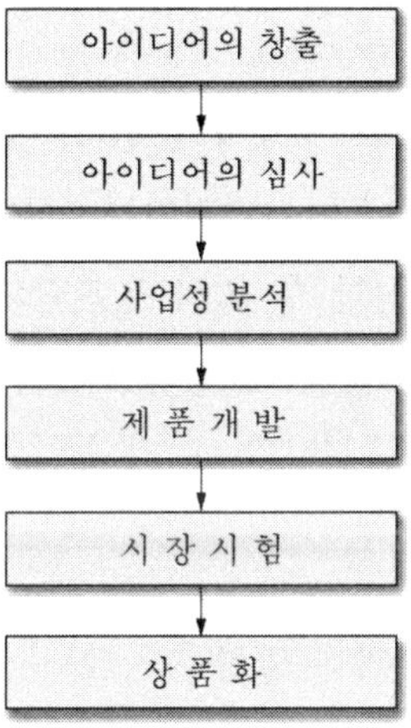

자료원 : G. D. Harrell & G. L. Frazier, *Marketing: Connecting with Customers*, Upper Saddle River, N. J. : Prentice-Hall inc., 1999, p. 284.

[그림 2-1] 신제품 개발과정

(1) 아이디어의 창출

신제품개발의 첫 단계는 다양한 원천으로부터 신제품에 관한 아이디어를 창출하는 것에서부터 시작된다. 기업의 성장에 꼭 필요한 신제품도 처음에는 아주 간단한 아이디어에서 출발하므로, 기업은 다양한 아이디어 원천으로 하여금 적극적으로 아이디어를 내게 하고, 나온 아이디어를 체계적으로 수집할 필요가 있다. 신제품아이디어 원천으로는 판매원, 고용인, 경쟁기업, 정부, 마케팅조사 기업, 소비자 등을 들 수 있다.

(2) 신제품 아이디어의 심사

기업이 다양한 원천에서 획득한 신제품 아이디어를 모두 제품개발로 실행하는 것은 불가능하므로, 두 번째 단계는 성공 가능성이 높은 아이디어만을 선별하기 위해 아이디어의 실행 가능성을 심사해야 한다. 아이디어가 일단 선발이 되어 다음 단계로 넘어가면 개발에 사용되는 비용이 급상승하므로 우수한 아이디어의 선발은 신제품개발과정에서 매우 중요한 의미를 갖는다. 이 단계에서는 신제품 아이디어가 기업의 목표와 이미지, 자원 활용 및 기타의 조건에 부합되는지를 주로 심사하게 된다.

(3) 사업성 분석

세 번째는 사업성 분석단계이다. 이는 마케팅측면에서 신제품개발이 기업목적에 만족스러운 것인지를 결정하기 위해 제품의 특성, 개발비용, 수요와 이익 등을 산정해야 한다. 신제품 아이디어가 아무리 우수하더라도 제품이 시장에서 기업이 정한 목표에 달성할 수 없다고 판단되면, 경영자는 그 아이디어를 이 단계에서 과감히 기각해야 한다. 그렇게 함으로써 다음 단계인 제품개발과 시장시험에 드는 막대한 비용을 절약할 수 있다.

(4) 제품개발

사업성 분석의 결과가 유망한 것으로 나타나면 네 번째 단계는 제품을 개발하는 단계인데, 여기에는 모의모형의 제조와 실험 및 기술테스트 등이 포함된다.

이 단계에서는 실체적 제품(physical product)으로 개발되도록 연구개발부나 엔지니어링부로 보내진다. 여기서는 많은 시간과 비용이 기술적으로 타당한 제품의 개발노력에 투입되며, 이를 통해 제품 아이디어가 기술적 내지 상업적으로 타당한 제품으로 변환될 수 있는지의 여부가 결정된다.

(5) 시장시험

개발된 신제품을 시장에 본격적으로 출시하기에 앞서 시장의 반응을 시험해 볼 필요가 있다. 왜냐하면 잘못된 제품을 출시함으로 인해 기업에 막대한 손실을 미칠 위험이 항상 내재해 있기 때문이다. 시장시험(test marketing)은 신제품을 본격 출시하기에 앞서 신제품의 시장반응을 점검해보는 마케팅으로 장래의 매출에 대한 신뢰성 있는 예측, 대체적인 마케팅계획의 사전시험, 제품개발단계에서 간과한 제품의 하자를 발견할 수 있다.

(6) 상품화

이제까지의 단계가 성공적으로 달성되면 기업은 생산과 마케팅을 실제로 행함으로써 신제품을 상품화하게 된다. 이 단계에서 경영층은 신제품의 시판여부에 대한 최종결정을 내려야 한다. 그러나 제품의 상품화가 결정되었다고 해서 모든 과업이 끝나는 것은 아니다. 신제품개발과 관련하여 시판된 제품을 끊임없이 추적하고 감독함으로써 조그마한 허점이라도 조기에 찾아 이를 수정하는 것이 국제마케팅 관리자가 수행해야 하는 중요한 과업 중의 하나이다(김철 · 박주욱, 1998, pp. 356-357).

〈사례〉 "대구는 프랜차이즈 테스트마켓 최적지"

대구 사람들은 보수적이다. 보수적인 사람들은 한번 선택하면 잘 바꾸지 않는 편. 따라서 대구는 프랜차이즈 사업의 성공여부를 시험하기에 딱 좋은 테스트마케팅 시장이 될 수 있다.

대구가 프랜차이즈 업계에서 강세를 띠고, 또 타지 업체에서도 대구에서 먼저 테스트마케팅을 해보는 것은 이런 대구사람 특유의 기질이 작용하고 있다. 때문에 프랜차이즈업계에서 대구가 차지하는 타이틀은 '메카', '천국', '사관학교' 등 다양한 별명이 따라다닌다.

임현철 영남외식경영연구소 소장은 "국내 소상공인들이 프랜차이즈를 배우려면 대구에 가야 한다고 여길 만큼 대구는 프랜차이즈업계에서 주목받는 도시"라고 말했다. 그는 또 "대구 사람들은 점포를 개업하면 기업으로 발전시키려고 노력한다"며 "부침도 많지만 성공해 전국적인 명성을 쌓는 것도 부족해 세계시장에 진출해 성공한 브랜드도 여러 개"라고 밝혔다.

대구시가 지난해 조사한 지역 프랜차이즈 산업현황을 보면 연매출액 5천만원 이상으로 공정거래위원회에 등록된 전국 가맹본부는 1천330개, 이중 대구 · 경북은 110개다.(대구 85개, 경북 25개) 하지만 공정위에 등록을 하지 않거나 소규모 프랜차이즈까지 합하면 300개가 넘는 것으로 추산하고 있다. 여기에 대구 · 경북에서 출발, 서울로 본사를 옮긴 브랜드까지 합하면 그 수는 더욱 늘어난다.

정부는 지난해 말 '2012년까지 가맹점 1천개 이상 브랜드 100개 육성', '세계 100대 프랜차이즈 기업에 국내 3개사 이상 진입', '세계 프랜차이즈 이사회(WFC) 서울총회 개최', '프랜차이즈 창업보육센터 및 아카데미 설립' 등을 추진한다고 발표했다.

대구시도 프랜차이즈업계에 희소식을 내놓았다. 지역 대학에 프랜차이즈 설립을 유도하고, 소상공인지원센터나 대구상공회의소에 '프랜차이즈 아카데미'를 설립한다. 또한 매년 2, 3개의 업체를 '프랜차이즈 스타기업'으로 선정해 지원하는 방안도 추진한다.

임 소장은 "프랜차이즈는 경기 변동에 대비해 매우 안정된 산업이자 고용 창출 효과도 큰 산업이다"며 "토종브랜드가 전국구 스타로 발돋움할 수 있도록 금융과 행정지원이라는 날개도 달아줘야 한다"고 밝혔다.

자료원 : 매일신문, 2010. 1. 23.

3. 브랜드전략

1) 브랜드의 전략적 중요성

오늘날 전 세계의 많은 기업들은 브랜드를 귀중한 자산으로 여기고 있으며, 이러한 브랜드자산은 마케팅에서 중요한 이슈로 부각되고 있다. 이러한 상황에서 많은 기업들은 브랜드이미지를 차별화시킴으로써 브랜드파워를 구축하는 것만이 상호 파괴적인 가격경쟁을 피하고, 시장점유율을 높이며, 안정적인 수익성을 유지할 수 있는 유일한 기반임을 공감하고 있는 듯하다. 얼마 전까지만 해도 기업의 시장경쟁력을 유지하는 주요 요인은 제품 간의 기술격차였으나, 지금은 대부분의 경쟁사들이 유사한 제품을 생산할 만한 능력을 갖추고 있다. 이러한 시장 상황 하에서 강력한 브랜드의 구축은 경쟁사들이 쉽게 모방할 수 없는 유일한 마케팅 수단으로 대두된 것이다. 강력한 브랜드를 구축하기 위해서 기업들은 단기간의 이익을 기대하기 어렵더라도 마케팅에 지속적으로 투자를 해야 할 것이다.

현대와 같은 국경 없는 무한경쟁시대에 있어서 외국제품들과의 치열한 경쟁을 뚫고 유리한 고지를 선정하기 위해서는 무엇보다 우리 제품만이 지닐 수 있는 경쟁우위요소를 부각한 수출전략수립이 절실히 요청되고 있다.

이와 같은 관점에서 브랜드자산의 구축은 확실한 경쟁우위확보의 수단이 될 뿐만 아니라 수출기업들의 생존과 성정에 필수불가결한 요소라고 할 수 있다.

따라서 치열한 경쟁을 하고 있는 해외시장에서 경쟁우위를 계속 확보하기 위해서는 끊임없는 기술혁신과 품질개선을 통해 세계적인 초일류상품을 개발하는 것도 중요하지만, 적극적인 마케팅활동을 통해 해외시장에 있는 소비자들에게 신뢰감을 심어줄 수 있는 강력한 브랜드를 구축하는 것도 기업입장에서 시급한 과제라 할 수 있다.

그러면 브랜드가 기업과 소비자들에게 어떠한 이점을 주기 때문에 중요한지를 소비자 측면과 기업측면으로 나누어 살펴보기로 한다.

(1) 소비자 측면에서의 중요성

브랜드는 소비자들에게 다음과 같은 이점을 제공하기 때문에 중요하다.

첫째, 브랜드는 소비자에게 제품의 생산자나 출처를 밝혀줌으로써 어떤 제조업자나 판매업자가 제품에 대해 책임을 져야 하는지를 알 수 있다.

둘째, 브랜드는 소비자의 제품탐색비용을 절감시켜 준다. 즉 소비자들은 제품에 대한 과거 경험과 기업의 마케팅프로그램을 통해 브랜드에 대해 알게 된다. 소비자들은 어떤 브랜드가 자신들의 욕구를 잘 충족시켜 주는지를 알게 됨으로써 제품에 대한 구매의사결정을 단순화시켜 주는 수단이 된다. 만약 소비자들이 브랜드에 친숙하고 브랜드에 관련된 지식을 어느 정도 갖고 있다면, 소비자들은 구매의사결정을 내리기 위해 주저하거나 많은 정보를 처리할 필요가 없게 된다. 따라서 브랜드는 소비자들로 하여금 내적 탐색비용(브랜드에 대한 판단을 위해 기울이는 인지적 노력)과 외적 탐색비용(의사결정을 내리는 데 필요한 제품정보의 탐색)을 줄일 수 있게 해준다.

셋째, 브랜드는 제품생산자가 고객들에게 한 약속이나 보증을 보여주는 수단이 된다. 소비자들은 자신들이 선택한 브랜드가 일관성 있는 제품성능, 적절한 가격책정, 판매촉진, 유통 프로그램 등을 통해 약속한 가치제안을 실제로 제공할 것이라는 기대를 토대로 브랜드에 대한 신뢰와 충성도를 형성한다.

넷째, 브랜드는 기능적 편익을 제공할 뿐 아니라 자아를 표현하는 상징적 수단으로서의 역할을 수행한다. 브랜드는 특정 유형의 소비자가 사용하는 제품임을 연상시킴으로써 차별적 브랜드가치를 가질 수 있다. 이 브랜드를 소비하는 것은 소비자들이 자신들의 현재 모습 혹은 앞으로 되고 싶은 모습을 다른 사람들에게 혹은 자신에게 전달하는 수단이 된다.

다섯째, 브랜드는 제품의 특징들을 소비자들에게 알려주는 역할을 수행한다. 마케팅 연구자들은 제품속성의 특징에 따라 탐색재(search goods), 경험재(experience goods), 그리고 신용재(credence goods)의 세 가지 주요 범주로 분류한다.

탐색재의 제품속성은 시각적인 탐색에 의해 평가될 수 있다(가령, 견고함, 크기, 색상, 스타일, 무게, 제품 구성성분 등).

경험재의 제품속성은 탐색에 의해 쉽게 평가될 수 없기 때문에 실제로 제품을 사용하고 경험하는 것이 중요하다(가령, 내구성, 서비스 질, 안전성, 취급 및 사용의 용이성 등).

신용재의 제품속성은 잘 탐지되지 못한다(보험 혜택). 경험재와 신용재의 경우, 제품속성 및 편익을 평가하기 어렵기 때문에 브랜드는 이러한 제품의 품질과 특성들을 추론하는 데 중요한 단서가 될 수 있다.

여섯째, 브랜드는 제품 구매결정과정에서 발생하는 위험을 줄여줄 수 있다. 소비자들은 제품을 구매하거나 소비하는 과정에서 다음과 같은 여러 가지 유형의 위험을 지각한다.

- 기능적 위험(functional risk) : 제품이 기대만큼 성능이 좋지 않을 가능성
- 신체적 위험(physical risk) : 제품이 사용자나 다른 사람들의 건강이나 신체적인 안정 또는 안전에 위협을 가할 가능성
- 재무적 위험(financial risk) : 제품이 지불된 가격만큼 가치가 없을 가능성
- 사회적 위험(social risk) : 제품이 다른 사람들을 당혹스럽게 할 가능성
- 심리적 위험(psychological risk) : 제품이 사용자의 마음을 불안하게 만들 가능성
- 시간적 위험(time risk) : 제품결정에 따른 실패가 또 다른 만족스러운 제품을 찾는 데 소요되는 기회비용을 유발할 가능성

소비자들이 이러한 위험들에 대처할 수 있는 확실한 방법은 잘 알려진 브랜드, 특히 과거에 경험하고 좋았던 브랜드를 구매하는 것이다. 그러므로 브랜드는 지각된 위험에 대처하는 데 효과적인 수단이 될 수 있다.

(2) 기업 측면에서의 중요성

첫째, 경쟁제품들과 차별화하는 데 유용한 마케팅수단이 된다. 강력한 브랜드

는 여러 제품 카테고리들에서 표준화된 범용상품에서 벗어나게 하는 데 효과적인 수단인데, 인텔, 스타벅스, 피듀치킨 등이 바로 그 예이다.

둘째, 강력한 브랜드는 사업의 생존과 지속적 성장을 보장한다. 시작단계에서부터 자사제품 및 서비스 브랜드를 구축하려고 결정한 기업들만이 시장경쟁에서 살아남은 경우를 많이 목격할 수 있는데, 캐터필러(Caterpillar)와 코마츠(Komatsu) 등이 이에 해당한다. 수년 전까지만 해도 건설장비 사업영역에서 많은 기업들이 치열하게 경쟁했으나, 현재는 이 두 기업만이 생존해 있다. 강력한 브랜드를 보유한 기업은 사업상의 위기가 닥쳐와도 충성도가 높은 고객들과 투자자들의 지속적인 지지를 통해 보다 쉽게 이에 대처할 수 있다.

셋째, 강력한 브랜드는 높은 브랜드충성도를 창출한다. 브랜드는 기업이 거래중심의 단기적 사업모델에서 관계 중심의 장기적 사업모델로 이동하도록 돕는다. 강력한 브랜드는 거래를 위해 고객이 기업에 먼저 다가오도록 하는데, 이러한 브랜드충성도는 기업이 고객들에게 제안한 브랜드 약속을 지속적으로 수행해 냈을 때 형성된다. 가령, '나를 위한 세계적인 은행(The World's Local Bank)'이라는 광고캠페인을 하고 있는 HSBC는 광고에서 제시한 약속을 탁월하게 실행함으로써 높은 브랜드충성도를 구축했고, 그 결과로 HSBC는 2005년 인터브랜드가 발표한 브랜드가치 순위에서 브랜드가치가 가장 크게 상승한 브랜드들 가운데 하나이다. 또한 좋아하는 제품에 대한 높은 브랜드선호도는 경쟁브랜드에 대한 거부로 이어져 고객들이 경쟁업체의 제품으로 전환하는 데 장벽역할을 한다.

넷째, 강력한 브랜드는 마케팅노력의 차별화와 프리미엄 가격의 확보를 가능하게 한다. 강력한 브랜드는 마케팅커뮤니케이션의 효과를 제고시키는데, 소비자들은 인지도가 없거나 낮은 제품이나 서비스 브랜드의 마케팅노력보다는 유명한 브랜드의 마케팅노력을 더 잘 수용할 것이다. 유명한 브랜드는 고객들의 자사제품에 대한 낮은 가격민감도로 인해 제품이나 서비스에 대해 경쟁사보다 높은 가격을 책정할 수 있고 그 결과로 높은 수익을 실현할 수 있다.

다섯째, 강력한 브랜드는 이해관계자들로부터 호의를 이끌어내는 데 도움을 준다. 명성이 높고 긍정적 이미지를 가진 브랜드의 가치제안은 이해관계자들에게 더욱 감동적이고 설득력을 갖게 할 수 있다. 이해관계자들에 의해 형성된 호의는 인력채용과정에서 재능 있는 인재를 채용하는 데 기여할 수 있다.

여섯째, 강력한 브랜드는 매출증가에 긍정적 효과를 준다. 강력한 브랜드를 지닌 기업은 높은 판매량으로부터 높은 이익을 누릴 수 있다.

일곱째, 강력한 브랜드의 구축은 신제품의 도입을 용이하게 하며 유통업자와의 거래에서 우위를 제공한다. 즉 중간상의 협조를 쉽게 얻을 수 있고 경쟁사보다 나은 진열위치를 확보할 수 있다(안광호 · 한상만 · 전성률, 2009, pp. 20-22).

2) 브랜드의 개념

브랜드(brand)란 라틴어의 '각인시키다'라는 뜻의 어원에서 출발하였다. 그리고 현재 미국마케팅협회(AMA)에서는 "브랜드는 판매자가 자신의 상품 혹은 서비스를 다른 경쟁자의 것들과 구별하기 위하여 사용하는 명칭, 용어, 상징, 디자인 혹은 그 결합체다."라고 정의하고 있다. 따라서 브랜드는 단순한 상품의 이름이 아니라, 다른 상품들과 차별될 수 있는 상품과 관련된 모든 것을 총칭하는 말이다.

Toyne과 Walters는 이러한 브랜드를 "판매업자의 상품 및 서비스를 경쟁업자의 상품이나 서비스와 구별할 수 있도록 하기 위해서 만든 이름, 용어, 기호, 상징, 또는 디자인이나 이 같은 요소들의 결합체"라고 정의하고 있다(Toyne and Walters, 1989, p. 445).

여기에서 브랜드를 구체적으로 브랜드 네임(brand name)과 브랜드 마크(brand mark), 그리고 트레이드 마크(trade mark)를 포괄하는 개념이다. 브랜드 네임은 말로 소리내어 부를 수 있는 낱말 · 문자 · 숫자 등으로 된 상표의 표현을 말하는 반면, 브랜드 마크는 말로 표현할 수 없는 기호 · 도형 · 색채 · 디자인 또는 이들의 결합체를 말한다. 또한 트레이드 마크는 브랜드를 특허청에 등록함으로써 발생되는 것으로서 법적으로 브랜드에 대한 독점권이 부여되어 보호를 받게 되는 상표의 일부분을 말한다(Czinkota and Ronkainen, 1990, p. 285).

〈사례〉 중국진출 두산, 한자식 기업명 때문에 '울상'

한국기업들이 중국진출을 위해 가장 먼저 해야 하는 것이 이름짓기(네이밍)다. 중국에서는 영어 기업명보다는 중국인 특유의 정서가 반영된 기업명(브랜드명)이 성패를 좌우한다. 특히 음식·화장품 등 소비재의 경우, 작명이 좋아야 중국에서 성공할 수 있다. '한국식' 한자어를 그대로 쓸 경우, 징크스나 미신에 의지하는 중국인 특유의 정서에 반해 망치는 수가 있다.

◇이름 덕분에

현재 중국 진출 외국기업 중 잘된 이름으로 현지화에 성공한 거대 기업들이 있다. '입을 즐겁게 한다'는 코카콜라(可口可樂 · 커코우커러)를 비롯해'좋은 닭을 즐기는' 켄터키치킨(肯德基 · 컨더지), '집에 즐거움과 복을 주는' 까르푸(家樂福·자러푸) 등은 유명하고, '다 된다' 미놀타(萬能達), '호랑이(길조)' 야후(雅虎)가 꼽힌다. 한국기업으로는 중국에서 일본 제국주의로 통하는 '동양' 대신 '좋아하는 친구' 하오리오우 (好麗友)를 채용한 오리온과 '사기 쉽다'는 뜻으로 현지 소비자 공략에 성공한 이마트(易買得 · 이마이더)가 대표적이다. 2006년 중국에 진출한 '놀부' 역시 '즐거움과 돈을 가져다 준다'는 러푸(樂富)로 인기를 끌었다. 꼬치구이 투다리(土大力)와 화장품 미샤(美思)는 이름 덕에 각각 영양가 높은 음식과 고급품의 이미지로 자릴 잡았다.

◇이름 때문에

한자식 기업명을 고수하는 바람에 국내에선 익숙하지만 중국 현지에선 별 뜻이 없어 주목성이나 임팩트가 떨어지는 업체들이 있다. 농심(農心)은 신라면 등 히트상품을 다수 보유하고 있음에도 기업 이름이 촌스럽다는 지적이 일었지만, 이후 콰이러(快樂)를 농심 앞에 붙여 한결 나아졌다는 평. 오히려 뜻이 좋지않게 받아들이는 두산(斗山·산에 맞섬)과 BBQ(比比客·고객을 비교한다) 등은 말 할 것도 없다. 중국 동포들은 삼성과 현대 역시 그리 잘된 네이밍이 아니란다. 삼성의 싼싱은 원 발음대로 읽히지도 않고 별 뜻도 없기 때문이다.

중국식 네이밍법을 다룬 '중국시장 브랜드전략'의 저자 박종한(가톨릭대 중문과) 교수는 "현지화를 위해선 과감히 (원명을) 버리는 것도 좋다"며 "한국에선 좋은 뜻이지만, 중국에선 자칫 부정적인 인식을 줄 수 있다"고 밝혔다. 일례로 일본 자동차 기업 마츠다(松田)는 중국에서 한자어 표기를 포기했다. 송전(松田)의 중국어 발음 송티엔(song tian)이 죽은 사람을 보낸다는 송티엔(送天)과 비슷해서다. 마츠다는 대신 '馬自達'(마스다)를 사용한다.

◇국내에서도 중국이름

중국 고객을 상대해야 하는 국내 호텔 · 여행 등 관광업계에서도 중국네이밍이 붐이다. 롯데호텔은 '좋은 날'이라는 락천(樂天)을 그룹 차원에서 쓰고 있으며, 하얏트와 워커힐 호텔 역시 개열(凱悅)과 화극산장(華克山莊)이란 중국명을 활용하고 있다. 롯데월드는 락천세계(樂天世界), 에버랜드는 애보락원(愛寶樂園)을 쓰며 휘닉스파크는 보광봉황성(普光鳳凰城)을 사용 중이다. 최근 부티크 호텔(IP호텔) 등 사업다각화를 추진 중인 임피리얼 팰리스 호텔은 새로운 중국명 작명에 고민중이다. 2008년 8월 한 · 중정상 회담에서 후진타오 주석의 통역을 맡았던 이정순 중앙대 국제대학원 교수는 "중국에선 제품과 기업의 이미지를 모두 이름에 담아낸다"며 "예를 들어 국내 유아용품 업체 아가방은 중국에서 아카팡으로 음차한 바람에 아무런 제품 이미지를 주지 못해 실패한 케이스"라고 말했다.

중국 상하이 한국상회 부회장인 강동한 상하이세정국제무역 총경리는 "중국에서는 단어 한 자에 따라 받아들이는 의미가 크게 달라진다"며 "숫자 8(八)이나 복(福), 희(喜), 락(樂) 등은 좋은 뜻이지만, 사(死), 망(亡) 등 좋지 않은 글자와 유사한 중국 발음을 쓰다간 낭패 보기 쉽다"고 조언했다.

자료원 : 스포츠서울, 2010. 3. 21.

3) 브랜드전략의 유형

(1) 개별브랜드전략

개별브랜드(individual brand)전략은 제조업자나 유통업자가 생산, 관리하는 모든 제품품목에 대해 독자적인 브랜드를 붙이는 전략을 말한다.

이 전략은 다음과 같은 장점을 가지고 있다.

첫째, 상표실패 시에 파급효과를 차단할 수 있다.

같은 제조업체가 생산하는 여러 제품 중에 어느 한 품목이 시장에서 실패하더라도, 이 제품에 대한 좋지 않은 인상이 다른 제품에까지 파급되는 것을 방지할 수 있다.

둘째, 촉진효과가 강화된다.

신제품을 시장에 소개할 때 개별브랜드가 부착되면 기업은 그 상표에 대해 새롭게 촉진노력을 기울이게 되어 고객들 사이에 새로운 제품이란 느낌을 더욱 더 확대시키는 효과를 가져온다.

셋째, 한 기업이 동일한 재품라인에서 두 가지 이상의 품목을 생산하여 각각 서로 다른 브랜드를 부착해 판매하는 경우에는, 유통업체에게 다양한 제품을 생산하는 회사라는 인상을 주어 유통경로에서 보다 나은 대접을 받을 수 있다(반병길 · 이인세, 2008, p. 206).

(2) 공동브랜드전략

공동브랜드(family brand)전략은 개별브랜드와는 달리 제조업체나 유통업체가 생산, 관리하는 모든 제품에 대해 동일한 브랜드를 붙이는 전략을 말한다. 공동브랜드전략에 이용된 초기의 제품이 강한 이미지가 구축되면 후속제품의 이름이 사용되는 것이 부적합해질 수 있으며, 동일제품군 내에 있는 브랜드의 제품이 새로이 출시되면 동일제품군 내에 다브랜드전략을 사용하는 것에 비해 기존의 제품매출에 대한 자기잠식효과가 크게 나타날 가능성이 있다.

그런데 이 전략은 개별브랜드전략과 비교하여 다음과 같은 장점을 가지고 있다.

첫째, 공동브랜드전략의 가장 큰 이점은 마케팅비용을 절감할 수 있다는 것이다. 이미 브랜드자산을 구축한 공동브랜드를 가지고 있는 기업은 신제품을 출시할 때 소비자의 마음속에 축적된 공동브랜드에 대한 높은 지식(인지도나 이미지 등)을 잘 활용할 수 있으므로 적은 비용으로도 마케팅활동을 효과적으로 수행할 수 있다. 또한 아직 공동브랜드가 잘 구축되어 있지 않은 경우라고 해도 각 브랜드에 대한 개별적인 마케팅활동이 필요하지 않기 때문에 상대적으로 적은 비용이 소요된다.

둘째, 같은 브랜드명이 여러 제품범주에 함께 사용될 때, 소비자들은 해당 기업이 자사의 제품 품질에 자신감을 가진 것으로 추론할 수 있다. 기업이 품질에 대한 자신감을 가지고 있지 않다면 같은 이름을 지속적으로 사용하는 위험부담을 감수하지 않을 것이기 때문이다.

셋째, 같은 브랜드명을 사용하는 여러 제품 중 한 가지가 시장에서 성공을 거둔다면, 이는 동일한 브랜드명의 다른 제품들에 대한 소비자의 관심과 구매율을 높일 수 있다. 한 제품이 품질에 있어서 우수성을 인정받았거나 시장에서 아주 좋은 평을 받았을 때, 이 제품에 대한 신뢰감은 같은 브랜드명의 다른 제품에도 쉽게 전이될 것이다.

예를 들어 어떤 기업이 세계 최초로 대용량의 반도체를 개발하는데 성공했다면 같은 브랜드를 이용하는 컴퓨터관련 제품은 물론이거니와 성격이 다른 제품에도 상당히 긍정적인 영향을 줄 수 있다.

이와 반면에 공동브랜드전략은 다음과 같은 단점도 있다.

첫째, 한 가지 제품이 시장에서 좋지 않은 반응을 얻거나 어떤 사건으로 인해 브랜드이미지가 나빠졌을 때, 그 영향이 같은 브랜드명을 사용하는 다른 제품들에게 급격히 파급될 수 있다. 과거 두산전자가 페놀사건으로 인해 이미지가 실추되어 두산이라는 이름을 별로 강조하지 않던 맥주의 판매량에까지도 악영향을 미쳤던 것이 대표적인 예라 할 수 있다. 이러한 부정적 효과는 '아우디 5000'의 사례에서도 극명하게 드러난다. 소비자들이 아우디 5000의 브레이크에 대한 문제점을 제기하자 아우디 4000의 매출도 크게 줄어들었던 것이다. 그러나 같은 회사

제품이지만 다른 브랜드가 부착된 쿼트로(Quattro)의 매출에는 별로 영향을 미치지 못했다.

둘째, 공동브랜드전략이 사용된 초기의 제품들이 소비자들에게 강한 이미지를 구축하게 되면, 기존의 이미지와 다른 후속제품에 같은 이름을 사용할 경우 그 효과가 반감될 수도 있다. 청바지를 주로 만들던 리바이 스트라우스(Levi Strauss)사는 캐주얼하고 거칠며 야외에서 활동하기에 적합한 옷을 만드는 회사라는 이미지가 소비자들에게 강력하게 심어져 있었다. 그리하여 고전적이고 개인적인 취향을 가진 고객집단을 표적으로 한 리바이 스트라우스 테일러드 클래식스(Levi Strauss Tailored Classics)라는 옷을 생산하였을 때 소비자들은 기존의 브랜드이미지와 상반되는 이 제품을 쉽게 받아들이지 않았다. 마찬가지로 대웅제약은 우루사에서 비롯된 곰의 이미지가 너무 강하기 때문에 브랜드 아이덴티티(brand identity)를 체계적으로 변경하지 않는다면 기존의 이미지와 연관되지 않는 신제품들에 대해 동일한 브랜드명을 적용하기가 쉽지 않을 것이다.

(3) 복수브랜드전략

복수브랜드전략이란 동일한 제품에 두 가지나 그 이상의 브랜드를 붙여서 판매하는 것을 말한다. 이 경우 브랜드들 간에 경쟁이 벌어지는 것이 사실이지만 다음과 같은 이점이 있다(이장로, 2003, p. 279).

① 성과제고

각 브랜드는 고유한 시장을 개척하고 확대할 수 있기 때문에 기업입장에서는 한 개의 브랜드만을 사용할 때보다 동일 제품의 총판매고와 전체시장 점유율을 상당히 증대시킬 수 있다.

② 전시효과

소매점에서 제품을 진열할 때는 브랜드에 따라서 진열공간을 배분하므로 여러 가지 브랜드를 사용하는 기업체는 동일 제품으로도 더 넓은 진열공간을 차지할 수 있다.

③ 고객유치

브랜드충성도가 낮거나 여러 가지 브랜드를 골고루 사용해 보고자 하는 고객들을 유치할 수 있다.

④ 판매능력개선

브랜드별로 관리자를 임명하게 되면 관리자들 간에 판매경쟁이 벌어져 단일 브랜드를 채택할 때보다 판매효율이 개선된다.

⑤ 경쟁능력강화

기존브랜드의 가격을 인하하지 않고도 경쟁품을 가격인하전략으로 공격하고자 할 때는 동일 제품이지만 가격을 인하시킬 별도의 공격브랜드(fighting brand)를 개발할 수 있다.

(4) 고유브랜드전략

국제기업이 자체 개발한 독자적인 고유브랜드를 제품에 붙여서 판매하는 전략으로서 자사제품을 타사제품과 차별화시킬 수 있는 강력한 수단이 되고 있으며, 해외시장에 자사의 브랜드이미지를 구축하기 위해서는 많은 비용과 시간, 그리고 적극적인 마케팅노력이 요구된다.

〈사례 1〉 탄탄한 기술, 그러나 독자적 '브랜드 파워' 없으면 허망

인도네시아에 진출한 도자기회사 '젠 한국'에서 현지 직원들이 상품을 생산하고 있다.

공장을 짓고 설비를 갖추고 노동자를 고용해서 제품을 생산한 기업이 돈을 많이 벌까. 아니면 제품을 만들도록 주문(OEM·주문자상표부착생산)을 하고 브랜드(상표)를 붙여 파는 회사가 돈을 많이 벌까. 전자는 고생은 많이 해도 돈은 적게 번다. 반면 후자는 앉아서 돈을 번다. 그것도 아주 많이.

인도네시아에 진출한 두 개의 한국기업 생산라인을 돌면서 '감탄'과 '분함'을 느끼지 않을 수 없었다. 두 회사는 세계 최고 브랜드에 OEM 생산·수출을 하는 의류회사 '경승무역'과 도자기회사 '젠 한국'이다.

꽃보다 '기술'이 아름답다고 하면 과언일까. 꽃은 자연이 만들지만 제품은 인간이 기술로 만든다. 최고의 제품을 만들기 위해 우리 기업들은 모든 것을 투자하고 있었다. 제품개발을 위해 연구개발(R&D) 센터를 운영하고 현지법과 제도에서 발생하는 문제를 스스로 해결해야 했다. 그리고 생산과정에서의 불량률을 낮추기 위해 선진적이면서도 근로자 친화적인 노무관리를 하고 있었다. 생활환경이 열악한 동남아까지 와서 고생하며 돈을 벌고 있는 우리 기업들을 보면서 '감탄'을 넘어 아름답다고 느낀 것이다. 그리고 그들을 진정 애국자라 칭송하지 않을 수 없었다.

한편으로 그 '고생'과 '기술'만큼 돈으로 연결되지 않음에 '분함' 또한 느꼈다.

'경승무역'에서 생산된 의류는 미국의 유명 브랜드인 ANN TAYLOR, GUESS, GAP 등으로 전량 납품된다. 그런데 납품가는 28~30달러인데 반해 미국시장에서의 판매가는 150달러 이상이다.

'젠 한국' 역시 마찬가지다. 미국의 LENOX, 프랑스의 ARC, 독일의 Villeroy & Boch, 이탈리아의 Cislaghi 등 세계 최고 브랜드로 납품되는데 납품가는 판매가의 4분의 1에 미치지 못한다.

억울하지만 어쩔 수 없다. '브랜드 파워(상표 경쟁력)'가 약한 우리 기업의 현실이다. 소비자는 제품을 구매하기도 하지만 브랜드 자체를 구매한다. 우리 중소기업은 분야에 따라서는 OEM을 통해 세계 최고 브랜드를 먹여 살릴 정도로 생산력을 가지고 있다. 하지만 진짜 돈을 벌기 위해서는 앞으로는 '독자적인' 브랜드 파워를 키워야 한다. 이제 실속을 차리자. 직접 소비자를 대상으로 한 공략과 마케팅에 나서도록 하자.

자료원 : 국제신문, 2010. 2. 24.

〈사례 2〉 한국악기 자체브랜드로 세계 무대서 각광

기타업체 데임악기의 김선양 대표는 올해 초 미국과 일본의 바이어가 보낸 이메일을 열어보고 두 눈을 의심했다. 각각 20억원어치와 10억원어치의 기타를 주문하겠다는 내용 때문이다. 2008년 말 자체 브랜드 '엘리어스', '머테이라'를 출범시킨 뒤 1년여 만에 이룬 성과다. 김 대표는 "수출물량은 미미하지만 바이어의 반응이 예상보다 빠르게 나왔다"며 "기타계의 '렉서스'를 만들어보는 게 목표"라고 말했다.

데임악기, 스윙악기, 영창악기 등 국내 악기업체들이 자체브랜드 제품으로 세계시장 공략에 적극 나서고 있다. 1970년대부터 해외 유명업체에 주문자상표부착생산(OEM) 방식으로 각종 악기를 납품해 오면서 키워온 기술력이 바탕이다.

데임악기는 3년 이상 건조시킨 고급 목재와 자체 개발한 '현(絃)진동 증폭장치' 등 고가부품을 장착한 고급 기타로 해외시장을 개척하고 있다. 데임의 머테이라는 대당 가격이 2,000달러 선으로 세계적 고급기타인 펜더와 비슷한 수준. 김 대표는 "미국과 일본 내 판매를 늘리기 위해 현지법인을 연내에 설립할 것"이라며 "올해 800만 달러 어치를 수출하는 것을 비롯해 지난해보다 50% 이상 늘어난 약 150억원의 매출을 목표로 하고 있다"고 설명했다.

기타업체 스윙악기(대표 김태영)는 '스윙' '스매시' '러시' 등 자체브랜드가 아니면 아무리 큰 계약이라도 거절하는 '뚝심영업'으로 시장을 개척하고 있다. 전자, 베이스, 어쿠스틱 기타를 주로 만드는 이 회사는 올해 지난해의 두 배인 100억원의 매출을 기대하고 있다. 이 중 수출비중은 약 50%에 이른다. 독일과 싱가포르, 네덜란드 등이 주요 수출처다.

2001년 창업한 스윙악기는 국내생산을 고집하다가 올해 인도네시아 발리 인근에 3,960㎡ 크기의 공장을 완공했다. 국내업계에서 자체브랜드 제품을 만들기 위해 해외공장을 세운 것은 처음이다. 그동안 국내업체의 해외공장은 세계적 기타 메이커인 펜더나 깁슨 등에 납품하기 위한 OEM 공장이었다. 스윙악기는 인도네시아 공장에서 연간 약 5만대(50억 원어치)의 자체 브랜드 제품을 만들어 국내외 시장에 공급할 계획이다.

김태영 대표는 "해외주문이 매년 두 배 이상 늘어나 국내생산만으로는 도저히 물량을 맞추기 어렵고 채산성도 떨어져 해외진출을 결정했다"며 "브랜드이미지를 유지하기 위해 한국에서 베테랑 기술자 3명을 파견해 품질관리에 신경 쓸 계획"이라고 설명했다. 이 회사는 공장 가동이 정상 궤도에 오르는 내년엔 약 200억 원의 매출을 예상하고 있다.

영창악기(대표 서창환)는 1956년 설립 이래 50년 넘게 피아노를 만들며 다져진 브랜드인지도와 오랜 OEM 수출 노하우를 활용하고 있다. 영창악기는 피아노 외에도 1980년대에 기타를 비롯한 현악기와 관악기를 OEM을 통해 해외업체에 납품했었고 1990년에는 세계 3대 신시사이저 브랜드인 커즈와일을 인수했을 정도로 피아노 외 사업을 꾸준히 준비해 왔다. 관악기 브랜드는 '알버트 웨버', 현악기는 '영창'을 쓴다. 회사는 2008년 하반기부터 관악기, 현악기 등의 자체브랜드 일반악기를 선보이며 사업역량을 일반악기로 집중했다. 그 결과 지난해 일반악기 부문에서만 약 200억원의 매출을 올렸다. 영창악기의 지난해 매출은 약 1,600억원 수준. 이 회사는 현재 세계 80개국에 관련 제품을 수출하고 있다.

영창악기는 미국 보스턴에 사운드 연구소를 두고 커즈와일에 장착되는 사운드 칩을 개발하고 있다. 김정현 영창악기 마케팅담당 상무는 "같은 가격에서 더 좋은 품질을 가진 브랜드로 이미지를 굳혀 나가겠다"고 밝혔다.

자료원 : 한국경제, 2010. 7. 9.

(5) 도입브랜드전략

국제기업이 로열티를 지급하고 세계적으로 널리 알려진 유명한 브랜드를 도입하여 해외시장에 판매하는 전략으로서 세계적으로 널리 알려진 브랜드이기 때문에 국제촉진활동에 따르는 비용을 절감할 수 있고 해외시장에 진입하는데 별 다른 어려움이 없는 장점이 있다. 이와 반면에 다른 기업의 브랜드를 도입하여 사용하기 때문에 자기 기업의 이미지를 구축하기가 어려운 단점이 있다.

〈사례〉 GM대우, 글로벌 브랜드 '시보레' 도입한다!

GM대우가 결국 GM의 글로벌브랜드 '시보레(Chevrolet)'를 한국시장에 도입한다고 밝혔다. 마이크 아키몬 사장은 29일 '2010 부산모터쇼'에서 "국내시장에서 판매증진과 입지강화를 위해 GM의 핵심 글로벌브랜드인 '시보레'를 국내로 도입하기로 결정했다"면서 "세계에서 네 번째로 많은 판매를 기록하고 있고, 가장 빠르게 성장하고 있는 글로벌브랜드 '시보레'를 내년부터 국내에서 만나볼 수 있을 것"이라고 발표했다.

이어 "지난 해 실시한 소비자 설문조사 결과에서도 응답자의 절반 이상이 시보레 브랜드에 대한 친밀감을 나타냈고, 80% 이상이 시보레 로고를 인지하고 있을 정도로 시보레 브랜드에 대한 긍정적인 이미지가 국내 소비자들에게 이미 형성돼 있음을 확인할 수 있었다"고 '시보레' 브랜드 도입 배경에 설명했다.

GM대우가 도입을 결정한 시보레 브랜드는 유명 레이서인 루이스 시보레(Louis Chevrolet)의 이름에서 유래됐으며, 내년에 100년을 맞이하는 글로벌브랜드다. 지난 해 전세계 GM 판매량의 47%를 차지할 정도로 중요한 비중을 차지하고 있으며, 단일 브랜드로는 지난 해 기준으로 토요타, 포드, 폭스바겐에 이어 4위에 오를 정도로 대중적인 인기를 얻고 있다.

그러나 시보레가 이처럼 높은 성장을 기록할 수 있었던 것은 아이러니하게도 GM대우의 뛰어난 경쟁력 때문이란 게 업계의 설명이다.

전 세계에서 판매되는 시보레 차량의 약 1/4은 GM대우에서 개발된 차량이기 때문이다. 시보레는 이를 바탕으로 전세계 10대 글로벌 자동차 브랜드 가운데 지난 10년 동안(2000년~2009년) 북미 이외 시장에서 매년 평균 31%의 가장 높은 성장률을 기록하고 있다.

실제 GM대우가 개발한 차량들은 유럽시장에서 '시보레' 브랜드로 판매되고 있으며, 지난 2005년 유럽시장 첫 출시 이후 지난 해까지 연간 판매가 2배 가량 증가했으며, 올해 1분기 판매량도 지난 해 동기 대비 14%나 높아졌다.

아카몬 사장은 "시보레는 유럽, 아시아, 남미 등 선진 시장과 신흥 시장을 가릴 것 없이 브랜드 출시 이후 많은 해외시장에서 다양한 성공사례를 이어가고 있는 만큼 한국진출도 성공적으로 이뤄낼 것"이라며, "올해 GM대우가 추진 중인 '변화'의 중심에는 시보레 출시가 있으며, 이는 수익성 증가, 고용 안정, 추가 투자 등 GM DAEWOO가 장기적이고 지속적으로 성장하는 데 핵심이 될 것"이라고 말했다.

그러나 아카몬 사장은 이번 시보레 브랜드 도입 발표가 GM대우의 전면적인 브랜드교체는 아니라고 강조했다. 아카몬 사장은 "시보레를 도입하기로 한 우리의 결정은 GM대우 뿐만 아니라 한국경제와 국내소비자 모두에게 큰 긍정적 변화를 가져오게 될 것"이라고 밝혔다.

자료원 : 스포츠서울, 2010. 4. 30.

(6) OEM브랜드전략

외국바이어들이 요구하는 브랜드를 제품에 부착하여 공급하는 방식으로서 해외기업은 하청업체에게 기술명세서(technical specification) 뿐만 아니라 디자인, 규격, 제품에 부착할 브랜드까지 지정해 주게 된다.

한국기업들을 비롯한 어느 나라 기업들이든지 간에 국내에서 생산한 제품을 외국바이어들이 요구하는 OEM브랜드를 수출하는 것은, 그리고 자체 소유 해외생산 자회사에서 생산한 제품을 OEM브랜드로 현지국시장과 제3국 시장에 공급하는 것 역시 다음과 같은 장점이 있을 수 있다.

① 미국 등 대규모 국가시장들과 EU·NAFTA 등 지역시장들의 대규모 제조업체·유통업체·실수요자 등으로부터 OEM주문을 받게 되면 단기간 내에 OEM수출을 늘릴 수 있어서 단기간 내에 막대한 수출액과 수출이익을 실현할 수도 있다.

② 기존 생산시설의 가동률을 제고하여 생산원가를 절감할 수도 있다.

③ OEM주문자가 생산기술을 제공하고, 생산된 제품을 판매해 주기 때문에 우리 기업은 생산에만 전념하고 OEM브랜드제품의 디자인, 생산공정, 조립, 가공 등과 관련된 선진기술을 배울 수 있는 장점이 있음

④ OEM방식으로 현지 기업에게 수출하면 해외시장의 소비자들이 한국제품에 대하여 느낄 수 있는 거부감을 회피할 수 있다.

이와 반면에 OEM브랜드수출의 잠재적인 문제점들인 동시에 한국기업들에게 현실적으로 당면하고 있는 심각한 문제점들은 다음과 같다(반병길, 1994, p. 421).

① OEM브랜드만을 생산하여 수출하는 것은 채산성에 한계가 있다. 실제로도 한국기업들의 OEM브랜드수출 이익마진은 계속 감소하여 제품에 따라서는 이익이 거의 없든지 적자까지 발생하고 있다. 그 이유를 살펴보면, 첫째는 동남아·중국 등의 OEM브랜드 공급업체들과의 가격경쟁 때문에 한국기업들은 원가상승에도 불구하고 가격인상을 요구하기가 어려운 실정이기 때문이다. 둘째, 가격 등 거래조건에 대한 협상력이 취약하기 때문이다. 실질적인 해외시장기반이 없거나 취약하여 협상력마저 취약한 한국 OEM브랜드 수출업체들의 대부분은 수출가격 등을 포함한 불리한 거래조건을 계속 감수해야만 하는 OEM수입업체들의 "잡아놓은 공급업체들"로 전락할 가능성이 높다.

셋째, 특정 한국기업체가 고유브랜드제품을 수출할 때에는 OEM바이어의 이익마진을 흡수할 수 있어서 생산원가가 상승하더라도 어느 한도까지는 가격경쟁력을 유지할 수도 있고 채산성 역시 유리할 수가 있다. 그러나 OEM수출가격은 일반적으로 협상력이 강력한 OEM바이어측이 좌우하므로 OEM바이어가 제시하는 가격에 수출을 해야만 하는 한국 OEM수출업체의 채산성은 악화될 수밖에 없기 때문이다.

② OEM브랜드수출은 기술전수에도 한계성이 있다는 것이 또 하나의 문제점이다. 예컨대, 한국신발기업들의 경우 생산기술이 취약했던 1990년대와 1980년대에는 OEM브랜드를 생산함으로써 신발생산기술을 전수 받을 수 있었다.

그런데 이미 풍부한 신발생산기술을 보유하고 있는 한국 신발기업들이 현재 필요로 하는 것은 디자인기술 및 핵심기술인데, OEM브랜드 생산만으로 그런 기술을 전수 받는데는 한계가 있다.

③ OEM브랜드 수출에 지나치게 의존하게 되면 해당 한국기업들은 자체 고유브랜드의 개발을 등한시하게 된다.

④ OEM바이어측으로부터의 불규칙적인 주문으로 인해 생산계획을 장기적으로 수립하는데 어려움이 있다.

⑤ OEM브랜드 수출에 의존하게 되면 상품기획이나 광고, 유통 등의 국제마케팅능력을 배양할 수 있는 기회를 상실하게 된다.

⑥ OEM브랜드로 수출하게 되면 현지시장에 대한 정보축적이 어렵기 때문에 수요량의 변동이나 소비자기호의 변화에 적절히 대응하지 못하게 된다.

(7) 제조업자 브랜드전략

제조업자 자신이 상표명을 소유하며, 생산된 제품의 마케팅전략을 제조업자가 직접 통제하는 브랜드전략을 말한다.

제조업자 브랜드의 특성은 제조업자가 직접 철저하게 품질관리를 함으로써 브랜드인지도와 브랜드 로열티를 폭넓게 획득할 수 있다는 것이다. 또한 딜러(dealer)와 소비자 대중을 상대로 많은 광고비와 판촉비를 지불하지 않으면 안되는 것도 제조업자 브랜드의 특성이다. 삼성, LG, 현대, 대우, 코카콜라, IBM 등은 우리에게 많이 알려진 제조업자 브랜드의 예이다.

(8) 유통업자 브랜드전략

도소매업자 등 중간상이 하청을 주어 생산된 제품에 중간상의 브랜드를 부착하는 전략을 말한다. 이 경우 제조업자의 신분은 밝혀지지 않는다. 유통업자 브랜드(PB : Private Brand)란 유통업체인 할인점 · 백화점 · TV홈쇼핑 · 인터넷쇼핑몰 등이 스스로 브랜드를 만들어 붙이고, 물건은 외부 생산업체에서 만드는 방식을 말한다. 유통업자 브랜드는 제조업자에 구애받지 않고 자유롭게 특정 수준의 품질을 보다 싼 가격으로 구매할 수 있다는 것이 그 특징이다. 또한 제조업자 브랜드에 비해 제한된 지역을 상대로 판촉, 광고하기 때문에 마케팅활동의 집중도가 높아진다.

유통업체들이 유통업자 브랜드의 보유 필요성을 느끼게 된 이유로는 ① 시장에서의 안정적 지위확보, ② 고객으로부터의 차별화 이미지 구축, ③ 자주적인 가격결정권 확보, ④ 이익의 증대 등을 가져올 수 있기 때문 등이다.

〈사례 1〉 유통업계 '자체 브랜드' 바람, '오직' 우리 매장에만 있다…'PB 상품' 영토확장

▼품질 좋고 가격 싼 PB는 '유통업체 파워'상징

'품질 좋고 차별화한 자체 상표(PB,이마트는 PL) 상품을 확대하라.'

유통업계에 'PB'(Private Brand) 상품이 화두로 떠올랐다. 2007년 이후 PB 상품 비중을 확대하고 품질 향상에 주력해온 이마트, 홈플러스, 롯데마트 등 대형마트에 한정된 얘기가 아니다. CJ오쇼핑 등 홈쇼핑 업체와 농협하나로마트 GS수퍼마켓 롯데슈퍼 등 기업형 슈퍼마켓(SSM), 훼미리마트, GS25, 세븐일레븐 편의점 등 업태와 업체를 가리지 않고 PB 상품 개발과 확대에 매진하고 있다. 백화점도 예외는 아니다. 롯데 · 현대 · 신세계 등 백화점 3사는 PB 등 경쟁 백화점에서 찾아볼 수 없는 '온리 상품'들을 앞다퉈 늘리고 있다. 이는 PB 상품이 경쟁사와 상품을 차별화해 소비자들을 끌어들일 수 있는 유력한 수단인 데다 PB 비중이 높아지면 그만큼 수익성도 좋아지기 때문이다.

▼소비자와 바로 만날 수 있는 진열대에 PB 상품

PB 상품은 유통업체가 제조업체에 생산을 주문해 만든 제품에 자사상표를 붙인 뒤 자사 유통망을 통해 판매하는 상품이다. 제조업체들이 자사브랜드를 붙여 다양한 유통채널에서 동시에 파는 'NB'(National Brand) 상품과 대비되는 개념이다. PB 상품은 대형 유통업체가 있어야 존재할 수 있다. 한 업체의 유통망에서만 판매하는 녹점 상품이기 때문에 효율을 내려면 전국적으로 상당수의 점포를 갖추고 있어야 하기 때문이다. 국내에서 PB 시장이 최근 몇 년간 급성장하고 있는 것도 유통업체들이 제조업체를 능가하는 시장 파워를 갖추고 세력 확장에 나섰다는 방증이다.

PB 상품은 소비자와 바로 만날 수 있는 '매장 진열대'를 확보하고 있다는 것이 가장 큰 장점이다. 제조업체들이 NB 상품을 소비자에게 알리고 유통매장에 진열하기까지 필요한 마케팅과 유통비용이 들지 않기 때문에 판매가격을 NB보다 낮출 수 있다. PB 상품은 같은 품질과 등급의 NB보다 20~30%가량 싼 것이 보통이다. 소비자에게 동일 품질의 상품을 합리적인 가격에 구매할 수 있는 기회를 제공하는 셈이다.

▼대형마트 PB 비중 20%…美 월마트는 40% 넘어

이마트 홈플러스 롯데마트 등 대형마트 3사의 매출에서 PB가 차지하는 비중은 갈수록 높아지고 있다. 2007년 10월 3,000여개의 PL 상품을 동시에 선보이며 '유통업계 PB 전쟁'에 불을 지핀 이마트는 PL 매출 비중이 2006년 7%에서 지난해 23%로 상승했다. 국내 PB 시장의 선구적인 역할을 담당해온 홈플러스도 같은 기간 18%에서 26%로 증가했고, 2003년 '와이즐렉(Wiselect)' 브랜드로 PB사업에 뛰어든 롯데마트도 11%에서 20%로 급상승했다. 이는 업체들이 품목 수를 확대하고 품질 개선에 나선 결과다. PB 상품에 대한 소비자들의 인식도 '싸지만 질은 떨어지는 상품'에서 '합리적인 가격에 품질도 괜찮은 상품'으로 바뀌었다.

하지만 아직까지 세계적인 유통업체들에는 미치지 못하는 수준이다. 미국 월마트의 경우 PL 매출이 전체 매출의 약 40%에 달한다. 특히 매출 상위 100개 상품 중 47개가 PL 상품이다. 영국 테스코는 PL 비중이 50%, 독일 메트로는 35%에 이른다. 대형마트 3사는 PB 비중을 지속적으로 확대해 선진 업체 수준인 30~40%까지 끌어올릴 계획이다.

전국적으로 2,000개가 넘는 점포망을 보유한 농협 하나로마트도 2008년 '엄가선' '참리빙' 등 4개 PB를 동시에 내놓고 상품개발과 판매에 총력을 기울이고 있다. 2012년까지 매출 비중을 5%(1,800억원) 이상으로 높일 계획이다. 홈쇼핑에서는 CJ오쇼핑이 선두주자다. 속옷 브랜드 '피델리아'와 패션 브랜드 '셀렙샵'을 앞세워 지속적으로 매출 비중을 늘려가고 있다.

▼PB는 상품 차별화 · 수익성 제고를 위한 키워드

PB 상품의 비중이 높아지면 해당 업체의 수익성도 좋아진다. PB 상품의 마진율이 NB 상품보다 일반적으로 5~10%포인트 높기 때문이다. 최근 들어선 '상품차별화'가 PB를 확대하는 가장 큰 요인이 되고 있다. 대형마트 시장이 포화 상태에 접어들면서 업체별로 가격차가 크지 않은 NB 상품만 팔아서는 고객을 끌어들이는 데 한계가 있기 때문이다.

대형마트와 편의점들이 최근 NB 상품을 모방한 수준에서 벗어나 시장 트렌드와 소비자의 니즈를 반영한 프리미엄급 PB 상품 개발과 확대에 열을 올리고 있는 것도 이런 이유에서다.

김민 신세계유통연구소 팀장은 "소비자들은 점포별이나 업태별 차이가 줄어들자 점점 접근성 위주로 매장을 선택하고 있다"며 "고객이 해당 점포를 찾아올 수밖에 없는 차별화 요소로 '자체 상표' 상품의 중요성이 점점 커질 것"으로 전망했다.

자료원 : 한국경제신문, 2010. 6. 16.

〈사례 2〉 홈플러스 PB, 디자이너와 손잡고 생활용품에 고품격을 입혔다

2001년 PB(자체상표) 상품을 처음 출시한 홈플러스는 10년이 지난 현재 생필품부터 패션의류, 소형가전 등 거의 모든 카테고리에 걸쳐 1만 3,000여개의 아이템을 내놓고 있다. 홈플러스 전체 매출 가운데 PB 상품이 26%를 차지하고 있으며, 2012년에는 40% 이상에 달할 것으로 내다보고 있다.

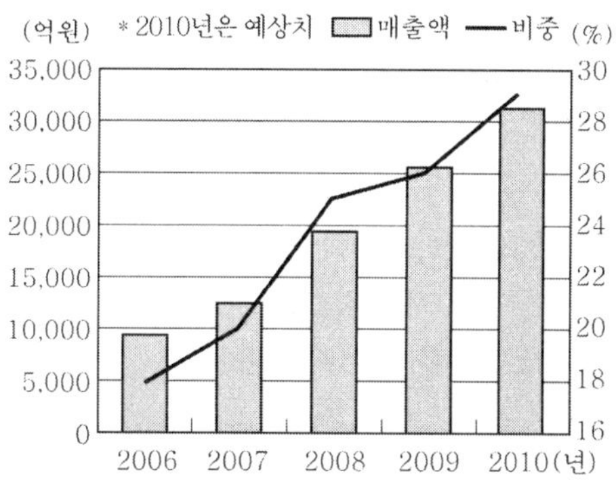

홈플러스의 PB는 총 6개. 프리선샛·멜리멜로(의류), 홈플러스 프리미엄 상품·좋은 상품·알뜰상품(일반 상품군), '웰빙 플러스'(친환경·웰빙 제품군) 등이다. 일반 상품군은 '굿-베터-베스트(Good-Better- Best)' 3가지 라인으로 나눠 차별화한 제품을 내놓고 있다. 동종 업계 최저가격을 지향하는 굿 라인 '홈플러스 알뜰상품'과 일반 제조업체 판매제품(NB)의 1등상품과 비슷한 품질이면서 20% 가격이 저렴한 베터 라인 '홈플러스 좋은 상품', NB보다 우수한 품질을 지향하는 베스트 라인 '홈플러스 프리미엄 상품'이 이에 해당한다.

홈플러스 PB BEST 10 (올 3-5월 판매량 기준)

순위	상품명	용량	가격 (단위 : 원)	제조사
1	샘물	2ℓ	470	롯데칠성 음료
2	맛새우칩	105g	960	코스모스 제과
3	고무장갑	중(中)	970	코멕스산업
4	프리미엄 3겹데코화장지	35ml×24롤	1만2,950	모나리자
5	얼음골샘물	500ml	270	얼음골샘물코리아
6	미용티슈	250장×6입	6,000	모나리자
7	빅샌드딸기	367g	2,800	크라운제과
8	초코파이	408g	1,950	롯데제과
9	중면	900g	1,850	칠갑농산
10	콜라	500ml	300	일화

◆'고품질'을 내세운 홈플러스 PB

홈플러스는 PB 상품들의 품질 강화를 위해 다양한 시도를 하고 있다. 지난해 9월 국내 유통업계 최초로 생활용품에 김영세 디자이너가 대표로 있는 ㈜이노GDN과 업무 제휴를 맺어 눈길을 끌었다. 저렴한 가격만 내세우는 것이 아닌 PB 상품의 가치를 한 단계 업그레이드했다는 평가를 받았다. 이를 통해 이노 디자인이 담긴 가구, 욕실, 주방용품 등 50여종의 PB 생활용품을 전국 115개 홈플러스 매장에 출시했고, 하반기부터는 사무용품, 문구, 가방, 소형가전 등으로 적용 범위를 확대할 계획이다. 홈플러스는 국내 유통업계 최초로 2001년부터 상품품질관리센터와 'TM(테크니컬 매니저)' 제도를 운영하고 있다. 상품의 안전성과 적법성, 고객의 기대 수준에 맞는 고품질의 상품을 제공하기 위해서다. 이를 통해 PB 상품을 제조하는 협력업체에 까다로운 품질 기준을 요구한다. 상품 특성별로 최소한 갖춰야 할 품질과 생산관리 시스템을 유지하는 제조사와만 거래를 한다는 게 회사 측의 설명이다.

홈플러스 바이어는 상품 개발이 필요한 카테고리를 선정해 연간 계획을 세우고, 벤치마크 상품과 개발업체를 선정하고 가격과 품질을 결정한다. 모든 PB 제품은 상품품질관리센터의 승인 과정을 거치고, 협력회사는 상품 · 위생관리 · 경영상의 경쟁력을 갖출 뿐 아니라 지속적인 사후관리가 이뤄져 경영 및 생산과정에서 도움을 얻을 수 있다. TM은 협력회사의 원료부터 제조공정 및 최종품에 이르기까지 전 분야에 결쳐 컨설팅을 맡아 협력회사가 최적의 작업환경에서 양질의 상품을 생산할 수 있도록 관리하는 임무를 맡고 있다.

◆'글로벌 소싱'의 힘

글로벌 소싱은 홈플러스 PB 상품들의 경쟁력으로 꼽힌다. 영국 테스코 그룹의 세계적인 인프라를 바탕으로 중국, 홍콩, 터키, 이탈리아 등 14개국에서 국내에서 개발하기 힘든 상품을 보다 저렴하게 공수해 오고 있다. 테스코의 오랜 PB 개발

노하우를 바탕으로 좋은 품질과 저렴한 가격의 상품들을 내놓고 있다. 이렇게 들여온 홈플러스의 해외 직소싱 상품은 바나나, 파인애플 등 수입 과일부터 와인, 복사지, 완구 등에 이르기까지 연간 1만여 가지가 넘는다.

홈플러스가 해외 직소싱 상품에 주력하기 시작한 것은 2003년 12월, '해외상품팀'이라는 전담 조직을 유통업계 최초로 운영하면서부터다. 이듬해에는 중국 상하이에 현지 글로벌 소싱팀을 마련했다. 최희준 홈플러스 해외상품팀장은 "해외 직소싱의 대부분은 중국에서 이뤄졌으나 최근 전 세계 테스코 그룹사와 협업해 소싱 국가를 다변화하고 있다"고 설명했다.

식품은 유명 산지별로 공수하고, 대량 생산을 통한 바잉 파워가 필요한 비식품군은 홍콩 테스코 그룹의 인터내셔널 소싱 오피스를 통해 들여오고 있다. 바나나와 파인애플은 필리핀, 오렌지는 미국과 남아공, 포도는 칠레, 체리는 미국, 가공식품은 영국 · 프랑스 · 호주, 초콜릿은 프랑스와 호주, 타월 및 아이스박스는 인도, 가전 · 의류 등은 중국 · 베트남 · 캄보디아 등에서 소싱한다.

최 팀장은 "앞으로 스포츠용품, 청바지 등 글로벌브랜드들의 병행 수입을 통해 해외 직소싱 영역을 더욱 확대해 나갈 것"이라고 말했다. 향후 식품과 비식품의 글로벌 소싱 비중을 50 대 50으로 유지한다는 전략이다.

자료원 : 한국경제신문, 2010. 6. 16.

〈사례 3〉 이마트, PB상품도 해외소싱으로 값 낮춘다

지난달 찾은 세계적 가전업체 미디어(美的 · Midea)의 중국 광저우 중산시 선풍기 생산공장. 40개 라인 한편의 선풍기 정품 라인에서는 직원 27명이 선풍기 조립 · 검사 작업에 한창이었다.

이마트 전용 라인에서 지난 4월 중순부터 하루 1,000~1,300대가 생산돼온 이들 선풍기(플러스 메이트 EF-3014)는 '제조원 : 미디어사' '판매원 : (주)신세계이마트'라고 적힌 라벨을 달고 지난달부터 국내 이마트 매장에 선보였다.

가격은 3만 5,000원으로 기존 공동 생산라인을 통해 들여온 선풍기(EF-3010 · 3만 8,800원)보다 8%가량 저렴하다. 같은 공장에서 생산돼 국내 제조업체가 수입한 제품을 이마트가 납품받아 판매한 바 있는 이른바 '제조업체 브랜드(NB) 상품'(5만 3,000원)보다 무려 34%가량 싸다.

이른바 '글로벌 바잉 파워'가 없는 토종 할인점도 해외소싱을 통한 자체브랜드(PL) 상품 개발에 나서고 있다. 이마트 선풍기가 대표적이다.

기존 PL 상품은 이미 NB 상품을 납품해 온 국내 제조업체를 통해 같은 상품을 들여와 유통업체 이름을 달고 낮은 가격으로 판매하는 방식이 주를 이뤘다. 제조업체들은 NB 상품 납품을 위해 '울며 겨자 먹기'식으로 PL 상품을 만들어 팔아 왔다. 해외 유명 제조업체 제품을 PL 상품으로 파는 사례도 사실 국내 제조업체가 OEM 방식으로 수입한 제품에 유통업체 상표만 달아 판매해온 사례가 태반이다. 이마트도 마찬가지였다.

하지만 현재 이마트가 선보이고 있는 PL 선풍기는 유통업체가 해외 제조사에서 제품을 직접 수입해 들여온 사례다.

단독 라인 5만대를 포함해 선풍기 15만대를 매입하겠다는 이마트 제안이 받아들여져 이미 월마트 등 해외 유통업체는 물론 일본 유럽 한국 등 제조사와 거래해온 미디어사가 이마트 전용 라인을 구축했다.

이마트가 해외 업체를 통한 PL 상품 개발에 나선 이유는 저렴한 가격 때문이다. 그간 이마트는 국내 제조업체가 수입한 미디어사 제품을 다시 납품받아 팔아왔다.

미디어사는 선풍기 1개에 2만 2,000원을 받고 국내 제조업체에 팔았다. 이 제조업체는 1만 2,000원의 이익을 남긴 후 이마트에 3만 7,000원에 넘긴다. 이 선풍기를 이마트는 5만 3,000원에 팔아 1만 6,000원을 남기던 게 관행이었다. 하지만 이마트는 2008년부터 미디어사에서 PL 선풍기를 2만 2,000원에 들여와 3만 8,800원에 팔았다. 이마트가 챙기는 수익은 NB 상품을 팔 때보다 800원 늘었지만 가격은 27%가량 떨어진 것이다. 여기에 올 초부터 단독 생산라인을 만들어 제조원가를 2만 2,000원에서 2만원으로 낮췄다. 이를 통해 단순 해외 직소싱 상품보다 3,000원 저렴한 3만 5,000원에 선풍기를 내놓을 수 있게 됐다.

이마트 관계자는 "올해 중국에서 해외 직소싱을 통해 선풍기 25만대가량을 들여와 해외 직소싱 PL로는 처음으로 100억 원가량 매출을 올릴 것으로 예상한다"고 말했다.

자료원 : 매일경제, 2010. 7. 15.

〈사례 4〉 롯데마트 PB, 같은 상품도 품질 따라 세분화…현명한 선택 '와이즐렉' 인기

롯데마트는 2003년 12월 '현명한 주부의 선택'이란 의미에서 'WISE(현명한)'와 'SELECT(선택)'를 합친 '와이즐렉(Wiselect)' 브랜드를 첫 PB(자체 상표) 브랜드로 선보였다. 올 들어 5월까지 전체 매출의 21%를 PB 제품이 차지하고 있다. 이는 작년 같은 기간과 비교해 24%나 늘어난 규모다. 앞선 PB 전략이 소비자층을 제대로 파고들고 있다는 방증이다. 롯데마트는 현재 식품·생활용품 부문에서는 '와이즐렉', 패션 부문에서는 '베이직 아이콘' 등을 중심으로 15개 브랜드, 총 9,000여개 PB 상품을 선보이고 있다.

◆브랜드 세분화가 핵심 전략

롯데마트는 세계적 PB 컨설팅 업체인 미국 데이몬(Daymon)사와 PB 상품 기획·개발부터 판매, 마케팅, 품질관리까지 같이하고 있다. 이 회사는 이온(IEO

N) · 코스트코(COSTCO) 등 8개 글로벌 유통업체의 컨설팅을 맡고 있는 곳으로 전 세계에 200여개 지사를 갖고 있다.

롯데마트 PB 전략을 간단히 말하면 '브랜드 다각화를 통해 맞춤형 PB 상품을 강화한다'는 것이다. 같은 상품군이라도 품질 · 가격 · 구매 타깃층별로 세분화해 개별 특성에 맞는 브랜드 컨셉트로 관련 제품을 내놓는다. 예를 들어 가공 · 생활 용품이라면 △프리미엄급 PB '와이즐렉 프라임' △비슷한 품질이면서도 합리적인 가격대의 '와이즐렉' △저렴한 가격이 강점인 '해피바이' 등으로 세분화하는 식이다. 다른 할인점에 비해 롯데마트는 PB 상품의 선택폭이 넓다. 구매 타깃층을 세분화한 PB도 선보이고 있다. 웰빙 상품을 선호하는 소비자를 위한 '와이즐렉 내몸사랑'과 아동을 위한 전문 브랜드인 '와이즐렉 키즈', 유아를 위한 전문 브랜드인 '와이즐렉 베이비'가 대표적 사례다. 롯데마트는 향후 소용량 중심의 미니 상품과 유아 관련 상품군으로 PB 상품의 포트폴리오를 더욱 강화해 나갈 예정이다.

특히 롯데마트는 PB 마케팅의 일환으로 매월 첫째주 주말을 'PB 데이'로 정해 100대 인기 PB 생필품을 20% 이상 할인해 판매하고 있다.

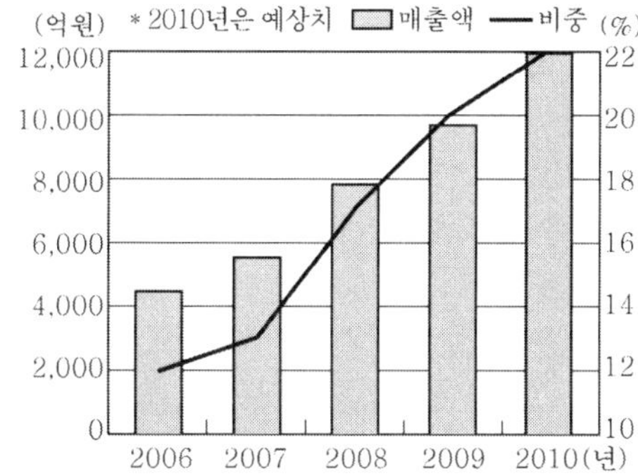

롯데마트 인기 PB

순위	상품명	용량	가격 (단위 : 원)	제조사
1	샘물	2ℓ	470	롯데칠성
2	종이컵	185ml 50입	900	페리칸앤 플러스
3	세이브 요구르트	65ml 20입	1,600	푸르밀
4	프라임 우유	1,000ml	2,300	부산우유
5	콜라	1.5ℓ	790	일화
6	복사지	75g 250장	2,190	도영통상
7	미용티슈	260장×3입	3,330	미래생활
8	고무장갑	중(中)	1,000	마미손
9	스위트콘	340g	1,140	광은에프씨
10	롯데라면	120g 5개	2,850	한국야쿠르트

◆PB도 가치 시대를 연다

롯데마트는 지난해 10월 '제3세대 PB' 시대를 열겠다고 선언했다. 앞으로 단순히 가격만 싸서 가격 경쟁력에 의존하는 PB 상품이 아니라 가격과 품질을 뛰어넘어 고객이 만족하고 신뢰하는 상품으로 바꾸겠다는 새로운 비전이다. 이를 위해 종전의 가격 의존형 PB 상품을 품질 우선의 PB로 바꾸고 있다. 기존 상품의 품질을 높이는 한편 △시장선도형 PB 상품 △해외 유명 산지 상품 △해외 점포 히트 상품을 PB로 소싱하는 작업을 확대하고 있다. 또 웰빙, 친환경, 1~2인 가구 증가, 저출산, 알뜰구매 등 최근 빠르게 변화하고 있는 고객의 라이프 사이클을 반영한 신제품을 일반 상품보다 앞서 개발하고 있다.

이와 함께 중·소 협력업체와 동반 성장하는 상생의 PB를 강화하고 있다. 롯데마트는 2008년 3월 국내 최초로 우수 중소 생산자 브랜드 'MPB(매뉴팩처링 PB)'를 출시해 판로 확보가 어려운 중소 생산자를 돕고 있다.

MBP 상품의 경우 제조업체 브랜드와 롯데마트 브랜드명을 공동으로 표기한다. 브랜드는 제조사 브랜드로 하되, 품질은 롯데마트가 보증해 판매까지 책임진다는 뜻이다.

롯데마트는 '제3세대 PB' 비전에 따라 지난 4월 전담 조직인 상품개발부문을 신설했다. 식품 PB개발팀과 비식품 PB개발팀, 해외소싱팀으로 구성된 상품개발부문은 PB 개발에 전문성을 높이고, 국내뿐 아니라 해외 우수상품도 PB 상품으로 다양하게 선보일 계획이다.

자료원 : 한국경제신문, 2010. 6. 16.

(9) 글로벌브랜드전략

글로벌 브랜드전략은 현지시장마다 욕구와 선호가 다르기는 하지만, 가능한 한 욕구의 유사한 측면을 찾아 동일한 브랜드를 전 세계적으로 사용하고자 하는 전략이다. 글로벌 브랜드전략은 다음과 같은 동기에서 사용하게 된다.

첫째, 규모의 경제효과가 필요한 제품일 경우

둘째, 유리한 브랜드 인지도 구축을 위해

셋째, 브랜드 위상을 높여 마케팅을 유리하게 하기 위하여

넷째, 소비자수요의 동질화

〈사례 1〉 한국의 멋, 글로벌 브랜드 날개 달다

《'한국의 멋으로 세계시장을 공략한다.' 해외로 눈을 돌리는 국내 패션기업들의 발걸음이 빨라지고 있다. 과거 주문자상표부착생산(OEM)으로 수출하던 방식

에서 벗어나 직접 해외에서 자신의 브랜드를 내놓고 매장을 열며 적극적으로 해외시장을 공략하는 패션기업들이 점점 늘어나는 모습이다. 중국은 물론 미국, 동남아 등 진출 국가도 점차 다양화되고 있다. 내수 시장이 침체되면서 하나 둘 해외로 눈을 돌린 패션 기업들이 이제는 한국의 패션 브랜드를 글로벌 브랜드로 키우기 위해 세계 시장의 문을 두드리고 있다.》

○ 글로벌 패션기업으로 발돋움

제일모직은 국내 대표 패션 브랜드로 자리 잡은 캐주얼 브랜드 '빈폴'을 글로벌브랜드로 키우기 위해 글로벌 마케팅 전략을 벌이고 있다.

미국 할리우드 스타 귀네스 팰트로와 탤런트 다니엘 헤니를 앞세워 마케팅을 펼치는가 하면 지난해 열린 '도하 아시아경기' 의류 부문 공식 후원 브랜드로 선정돼 의류 47만 벌을 지원하기도 했다.

또 디자인 글로벌 경쟁력을 높이기 위해 2003년 7월 국내 패션업계 최초로 패션 선진국인 이탈리아 밀라노에 현지법인을 설립했다.

지난해 2월에는 중국 상하이(上海)의 고급 백화점에 빈폴 매장을 열어 현지인들에게 큰 인기를 끌었다. 매장 오픈 직후 백화점 캐주얼 브랜드 매출 1위에 오르면서 현재 상하이에만 매장이 3개로 늘어났다.

또 글로벌 패션 인력을 육성하기 위해 2005년 '삼성패션디자인펀드(SFDF)'를 설립했다. 해외에서 활동하는 한국 출신 유망 디자이너를 발굴해 연간 10만 달러(약 1억 원)를 후원하고 해외 패션쇼나 이벤트 행사 홍보도 돕고 있다.

1997년부터 중국 시장에 진출한 남성복 '갤럭시'는 지난해부터 국내 디자이너를 대거 현지로 파견하는 등 현지 공략을 대폭 강화했다.

FnC코오롱은 2002년 10월 상하이에 현지법인을 설립하며 해외로 눈을 돌렸다. 2003년 중국에 3개 매장을 열고 첫해 10억 원의 매출을 올린 골프 브랜드 '잭니클라우스'는 현재 매장을 25개로 확대하고 지난해 매출 규모 60억 원 수준으로 성장했다.

아웃도어 브랜드 '코오롱스포츠'도 지난해 9월 베이징 고급 백화점에 1호 매장을 냈으며 여성 캐주얼 브랜드 '쿠아'는 중국 산산(杉杉)그룹과 합작회사를 설립해 중국 시장에 진출할 계획이다.

FnC코오롱은 지난해 12월 미국 로스앤젤레스에 골프 브랜드 '엘로드' 매장을 내고 미국 시장 공략에도 나섰다.

2000년 '이랜드'를 시작으로 본격적으로 중국에 진출한 이랜드는 현재 '스코필드' '티니위니' '에블린' 등 11개 브랜드를 중국에 선보였다. 대부분 브랜드가 주요 도시의 핵심 상권 백화점에 입점해 백화점 의류 부문 최고 매출을 올리는 상황.

미국에서는 '이랜드키즈'라는 아동복 브랜드가 500여개 아동복 전문 매장에 들어가 있다.

○ 中-동남아 시장서 글로벌브랜드로 돌풍

중견 패션기업들의 활약도 눈부시다.

더베이직하우스는 캐주얼 브랜드 '베이직하우스'와 '마인드브릿지', '볼' 등 3개 브랜드로 중국, 홍콩, 러시아, 중동 등 6개 국가에 진출해 총 91개 매장을 운영하고 있다.

2004년 12월 중국 상하이에 첫 매장을 오픈한 뒤 현재 중국 전역에서 76개 매장을 운영하고 있는 더베이직하우스는 중국 진출 2년 만에 순이익을 올렸다.

지난해는 매출액 300억 원, 당기순이익 55억 원으로 전년에 비해 모두 3배 이상 실적이 올랐다.

베이직하우스는 저렴한 가격을 내세운 국내와 달리 중국에서는 고급화전략을 통해 세계 유명브랜드를 제치고 상하이와 난징의 유명 백화점에서 캐주얼 의류 부문 매출 1위로 올라섰다.

올해는 마인드브릿지 여성복과 베이직하우스 남성복을 선보이고 매장을 150개로 확대할 계획이다.

국내에서 캐주얼과 스포츠가 접목된 '캐포츠'라는 새로운 패션 장르를 구축하며 설립 3년 만에 매출액 1300억 원 규모의 브랜드로 급성장한 'EXR'는 현재 중국에서도 85개 매장을 운영하며 캐포츠 돌풍을 일으키고 있다.

2004년 중국 시장으로 눈을 돌린 EXR는 리바이스 등 글로벌브랜드보다 가격을 비싸게 책정한 고급화전략과 철저한 현지화전략에 힘입어 현재 중국 젊은이들이 가장 선호하는 브랜드로 자리잡았다.

EXR는 또 1년여 동안 일본의 유명 콘서트를 후원하는 등 사전 마케팅을 거친 뒤 지난해 5월 아시아의 패션 중심지로 불리는 일본 도쿄 하라주쿠(原宿)에 대형 매장을 열었다. 올해 15개 매장을 추가로 열어 일본의 마켓 리더로 자리 잡을 계획.

지난해에는 또 인도네시아 자카르타 시장에도 매장을 열고 동남아 시장을 공략할 발판을 마련했다.

EXR는 아시아 시장에 이어 유럽, 미국시장까지 진출해 EXR브랜드를 글로벌 브랜드로 키울 방침이다. 이를 위해 2005년 영국 런던에 디자인 센터를 설립하고 한국 디자이너를 파견해 인력 육성에 힘을 쏟고 있다.

올가을부터는 해외 트렌드와 패션 선진국 영국의 신제품 개발 노하우를 접목해 디자인 센터에서 개발한 신제품을 선보일 예정이다.

▼ '伊노하우' 벤치마킹 통해 디자인 경쟁력 강화 역점

"앞으로 디자인 글로벌 경쟁력을 강화하는 데 힘을 쏟을 것입니다."

강효진 제일모직 패션부문 해외사업본부장은 이탈리아 밀라노에 세운 현지법인을 강화해 제일모직의 디자인 수준을 한층 업그레이드하겠다는 전략을 세웠다.

밀라노 법인은 2003년 국내 패션업계 최초로 패션 선진국인 이탈리아에 세운 패션 디자인 센터. 제일모직은 이곳에서 글로벌 디자인력과 소싱 능력을 기르고 패션 선진 인력을 확보하는 등 글로벌 패션기업으로 성장하기 위한 노하우를 익히고 있다.

강 본부장은 "밀라노 법인에서 직접 선보인 여성복 브랜드 '데렐쿠니'가 현지에서 호평을 받으며 고급 브랜드로 자리잡았다"며 "이번 시즌 밀라노 컬렉션에서 첫 패션쇼를 열어 글로벌 브랜드의 위상을 높이고 본격적인 세계 시장 공략에 나설 것"이라고 말했다.

그는 또 "밀라노 법인에 설립한 디자인 스튜디오에서 중국 시장에서 폭발적인 인기를 끌고 있는 '빈폴' 브랜드의 기획과 생산을 주도하고 있다"며 "이곳에서 빈폴의 글로벌 디자인력을 강화하기 위해 박차를 가할 계획"이라고 덧붙였다.

▼ 철저한 현지화전략으로 세계적 패션기업과 경쟁

"철저한 현지화전략을 바탕으로 해외시장을 차근차근 개척해 나갈 것입니다."

FnC코오롱의 신상호 글로벌 비즈·마케팅 PU 부사장은 무리한 확장보다는 철저한 시장분석과 현지화전략을 통해 국내 순수 브랜드를 중심으로 해외사업을 확대하겠다는 전략을 세웠다.

신 부사장은 "패션은 한 나라의 문화를 표현하는 산업"이라며 "패션산업이 해외로 진출할 때는 하나의 문화가 다른 문화 속에 서서히 전파되듯 점진적으로 접근해야 한다"고 설명했다.

그는 특히 "국내 패션산업이 해외시장에 성공적으로 진출하기 위해서는 글로벌 인력을 확보하는 것이 급선무"라며 "국내 패션기업들이 세계적인 기업들과 경쟁할 수 있는 내부 역량을 강화해야 한다"고 말했다.

신 부사장은 "FnC코오롱은 2005년부터 명품 의류 브랜드인 '마크제이콥스'와 명품 구두 브랜드인 '지미추'를 수입 판매하고 있다"며 "세계적인 명성을 갖춘 이런 브랜드들을 벤치마킹해 코오롱 브랜드를 글로벌브랜드로 키울 것"이라고 포부를 밝혔다.

자료원 : donga.com, 2007. 2. 28.

〈사례 2〉 글로벌브랜드를 키우자

혹시 '코닥'이라는 이름을 기억하는가. 요즘 같은 휴가철이면 반드시 챙겨야 하는 필수품 1호가 바로 카메라 필름이었고, 그 중에서도 단연 인기를 끌었던 것이 코닥필름이었다. 그러던 것이 디지털카메라의 보급으로 필름을 찾는 사람들 숫자가 급격히 줄어들면서 덩달아 코닥도 어려움을 겪을 수밖에 없었다.

최근 보도에 따르면, 코닥은 7분기 연속 적자를 지속하고 있고, 한때 14만

5,000명에 달했던 직원 수도 절반으로 줄었다고 한다. 이 회사는 여기서 그치지 않고 내년 말까지 2,000명을 추가로 감원, 직원 수를 5만 명 이하로 줄일 계획이라고 한다. 우리가 아무렇지 않게 얘기하는 '디지털화의 급물살'이 아날로그 기업들에게 얼마나 치명적인지 실감할 수 있을 것이다.

디지털화와 함께 진행되는 또 하나의 거대 조류는 글로벌 과점화다. 글로벌 경쟁이 치열하게 전개되면서 '부익부 빈익빈' 현상이 심화되고 있고, 이런 현상이 거의 모든 산업으로 확산되고 있는 것이다. 대표적인 예가 휴대폰이다. 전 세계 휴대폰 시장에서 '빅4'를 형성하는 기업은 노키아 · 모토로라 · 삼성전자 · 소니에릭슨이다. 지난 상반기 이들의 전 세계 시장 점유율은 73%. 그 밖의 50여 개 기업들이 나머지 27%를 놓고 치열한 각축을 벌이고 있다.

눈길을 끄는 것은 '빅4' 중심의 편중현상이 갈수록 심해지고 있다는 점이다. 지난해 2분기 69.9%였던 이들 기업의 세계시장 점유율이 4분기에는 70%를 넘었고, 올 1분기 72.4%에 이어 2분기에는 73.3%로 껑충 뛰었다. 게다가 이들 기업은 수익성도 우수하다. 지난 2분기 영업이익률을 보면, 노키아가 16.7%, 모토로라 11.2%, 삼성전자 9.5%, 소니에릭슨 9.3%다. 이것은 여타 기업들이 매출 부진과 수익성 악화로 고전하고 있는 것과 대조를 이룬다.

코닥과 휴대폰 업계의 최근 사례가 시사하는 바는 분명하다. 숨가쁘게 진행되고 있는 디지털화와 글로벌 과점화 추세에 능동적으로 대처하지 못하면 생존조차 보장받기 힘들다는 것. 글로벌브랜드로의 도약만이 지속가능한 성장의 해법이라는 것이다.

그런 점에서 최근 발표된 '2006 글로벌 100대 브랜드' 결과를 주목할 필요가 있다. 세계적 브랜드 컨설팅 업체인 인터브랜드와 미국 시사주간지 비즈니스위크가 공동 진행한 올해 평가에서 국내 업체로는 삼성전자(20위)와 현대차(75위), LG전자(94위)가 포함됐다. 이들 3사는 지난달 중순 미국의 경제전문지 '포천'이 선정한 '세계 100대 기업' 명단에도 이름을 올렸다. 삼성전자는 46위였고, LG전자는 72위, 현대차는 80위였다.

문제는 그 나머지 기업들이다. 삼성 · LG · 현대차를 제외하면 글로벌 시장에서 브랜드 파워를 인정받고 있는 기업이 별로 없다. '포천 500'에 포함되는 국내 기업들의 숫자도 매년 11~12개로 별 변화가 없다. 이것은 심각한 문제가 아닐 수 없다.

몇 년 전 한국을 방문한 적이 있는 세계적 미래학자 존 나이스빗 박사는 "한국 경제의 미래는 세계 최고 수준의 브랜드를 얼마나 확보하느냐에 달려 있다"고 말한 적이 있다. 글로벌 브랜드 파워가 곧 국가 경쟁력이라는 얘기다.

글로벌브랜드 구축의 출발은 과감한 연구개발(R&D)을 통한 혁신적 제품개발이다. 여기에 전 세계 소비자들의 기호와 감성, 가치를 결합하고 인지도를 제고함으로써 글로벌브랜드로 거듭날 수 있는 것이다. 지금처럼 기업들이 위험 회피에만 급급하고 현실에 안주하는 듯한 모습을 보여서는 발전은커녕 생존조차 보장받을 수 없는 것이다.

삼성 · 현대차 · LG를 제외한 다른 기업들의 이름을 각종 '글로벌브랜드' 명단에서 볼 수 있는 날이 빨리 오기를 기대한다.

자료원 : 디지털타임스, 2008. 6. 9.

〈사례 3〉 글로벌브랜드로 수출 날개 달다

레이저 의료기기 제조업체 맥스엔지니어링은 2005년 수출 중소기업 글로벌브랜드 육성 사업에 참여했다. 차별화된 브랜드 개발과 함께 사명까지 변경하는 작업에 착수했다.

이 과정에서 황해령 대표는 글로벌 수준의 품질과 신뢰를 바탕으로 소비자들이 지금보다 풍요로운 삶(Better Life)을 누릴 수 있도록 하는 게 회사의 책임이라는 결론을 내렸다. 빛을 뜻하는 'Lux'와 전기 · 전자를 의미하는 'Electronic'을 합친 'Lutronic'(루트로닉 www.lutronic.com)을 기업 브랜드로 내세웠다. 황 대표는 "레이저 빛으로 세상을 밝히고 앞서가는 의료기술로 아름다운 변화를 꿈꾸는 세계적인 의료용 레이저기기 전문기업의 핵심 아이디어를 명확하게 표현할 수 있게 됐다"고 말했다.

이 같은 노력에 회사는 비약적인 발전을 이뤘다. 2006년에는 회사가 코스닥시장에 상장됐고 이듬해에는 500만달러 수출탑을, 2008년에는 벤처기업 대상에서 대통령 표창을 각각 받았다. 2005년 76억원에 불과했던 매출액은 지난해 289억원으로 4배 가까이 늘었다. 같은 기간 수출액도 481만달러에서 1,260만달러로 증가했다.

중소기업청이 2005년부터 실시하고 있는 '수출 중소기업 글로벌 브랜드 육성 사업'이 큰 성과를 내고 있다. 중기청 관계자는 "한 · 미 자유무역협정(FTA)과 한 · EU FTA 타결 등으로 우리 기업의 세계시장 진출은 계속 확대되고 있지만 국내 기업들이 예전과 같은 가격 경쟁력을 확보하기가 어렵고 더욱 치열한 글로벌 경쟁에 직면하고 있는 게 사실"이라며 "이 같은 경쟁에서 살아남고 한 단계 도약하기 위해서는 우수한 제품개발과 함께 장기적인 관점의 브랜드 경영전략이 필수적"이라고 말했다. 다시 말해 기업의 미래를 결정하는 브랜드 경영을 바탕으로 브랜드 경쟁력이 기업의 경쟁력이 될 수 있다는 판단에서 실시한 글로벌 브랜드 육성 사업이 각 기업에 큰 도움이 되고 있다는 것.

충북 진천군에 본사가 있는 에버다임(대표 전병찬)도 육성 사업의 도움을 톡톡히 봤다. 1994년 대우중공업에서 분사해 설립한 이 회사는 대우 브랜드 효과를 누리기 위해 대우와 발음이 유사한 'HANWOO(한우)'를 브랜드로 내세웠다. 하지만 발음이 어려워 해외 바이어들이 이 회사 제품에 시큰둥한 반응을 보였다.

특히 국내에서도 '한우(韓牛)'란 단어를 연상하게 하면서 브랜드 인지도는 뚝 떨어졌다.

이 때문에 2005년 중기청의 글로벌 브랜드 육성 사업 참여를 결정했다. 그 결과 내구성과 친환경을 앞세운 '에버다임(Everdigm · Everlasting paradigm)'이라는 브랜드를 개발했다.

전병찬 대표는 "에버다임은 끊임없는 연구 · 개발(R&D)로 종합건설기계 업계의 영원한 선구자로 자리매김할 수 있다는 의지를 내포하고 있다"며 "그러면서 에버다임이 건설기계 시장의 새로운 패러다임을 주도하겠다는 의미를 담고 있다"고 말했다. 그는 이어 "기존 브랜드를 포기하고 새 브랜드를 택하면서 부가적인 비용이 발생할 수 있고 해외 바이어 반발, 매출 감소 등에 대한 불안감이 컸던 게 사실"이라며 "하지만 글로벌브랜드로 성장하기 위해 과감하게 결정한 게 회사 발전에 중요한 역할을 했다"고 강조했다.

에버다임은 새 브랜드를 내세워 신규 딜러 개척국을 늘려 나갔다. 2007년 무역인의 날에선 '5,000만불 탑'을 수상했다. 20008년 수출액은 1억 1,200만 달러, 매출액은 2,277억 원으로 창사 이래 최대 실적을 기록했다. 최근 3년간 수출액은 285%, 매출액은 135%씩 증가하는 등 비약적으로 성장했다.

에버다임이 생산하는 제품은 콘크리트 펌프트럭, 유압어태치먼트 등이고 주요 수출국은 러시아, 사우디아라비아, 영국, 스페인, 독일, 호주 등으로 다양하다.

중기청 관계자는 "주문자상표부착생산(OEM) 등 노 브랜드 수출 방식에서 벗어나 자체 브랜드를 개발해 해외시장을 공략하기 위해 2005년부터 글로벌브랜드 육성사업을 시행하고 있다"며 "얼굴 없는 수출에 머물렀던 중소기업들이 육성사업을 통해 글로벌기업으로 성장하고 있다"고 설명했다.

■ 브랜드 육성산업 中企 만족도 80% 넘어

수출중소기업 글로벌브랜드 육성사업은 중소기업 제품에 대해 브랜 개발부터 해외마케팅까지 지원하는 원스톱 사업이라는 게 중기청 설명이다. 브랜드개발과 브랜드 해외마케팅 중 1개 분야만 참여할 경우엔 6,000만원 한도 내에서 소요비용의 70%까지 지원한다. 2개 분야 모두에 참여하면 1억원 한도 내에서 50%까지 지원받을 수 있다.

2005년 사업 시작 이후 지난해까지 177개 수출중소기업이 이 사업의 지원을 받았다. 올해엔 22억원의 예산으로 41개사를 선정해 지원(브랜드 개발 11개사, 브랜드 해외마케팅 22개사, 브랜드 개발 및 해외마케팅 8개사)했다.

이 사업에 참여한 중소기업의 만족도가 높은 것으로 조사됐다. 지원내용에 대한 전반적인 만족도는 2005년엔 만족 이상이 61.8%에 불과했지만 지난해에는 80.4%로 크게 높아졌다. 사업을 수행한 중소기업의 만족도는 만족 이상이 2005년 61.8%에서 지난해 76.4%로 증가했다.

중기청 관계자는 "참여기업들이 직접적 수출성과뿐만 아니라 브랜드경영 기반 조성, 브랜드 이미지 제고 등 간접성과가 높다고 평가하고 있다"며 "특히 브랜드 전략수립 및 개발 등 브랜드 경영이 장기적인 기업가치 제고를 위해 필요한 분야라는 인식이 확산되고 있다"고 설명했다.

특히 이 사업에 참여한 중소기업의 실적은 부쩍 늘었다. 2006년, 2007년, 2008년 지원기업의 연평균 수출 증가율은 각각 16.9%, 21.2%, 28.7%에 달한다.

글로벌브랜드 육성사업 성과분석 결과, 브랜드 자산가치는 평균 55.2% 증가한 것으로 나타났고, 매출액 31.1%, 수출액 31.9%, 영업이익 28.8%가 증가한 것으로 조사됐다. 국내 수출기업의 매출액 증가율(10.2%)을 고려했을 때 이 사업의 성과가 크다는 점을 엿볼 수 있는 대목이다. 중기청은 기업 브랜드의 글로벌 경쟁력 강화를 위한 방안을 마련하는 등 중소기업 브랜드 육성지원을 확대할 계획이다.

자료원 : 매일경제, 2009. 12. 23.

(10) 현지브랜드전략

현지브랜드전략은 진출 국가별로 상이한 환경적 요인을 반영하고자 하는 데 초점을 두는 브랜드전략이다. 현지브랜드전략은 다음과 같은 동기에서 사용하게 된다(반병길 · 이인세, 2008, p. 210).

첫째, 동일한 브랜드가 이미 현지에 존재할 경우
둘째, 문화적 장애가 존재하는 경우
셋째, 현지기업을 M&A하는 경우
넷째, 현지에서 규제를 하는 경우
다섯째, 현지특유의 욕구가 존재하는 경우

4. PLC전략

1) PLC의 중요성

제품수명주기 또는 PLC(product life cycle)란 무엇인가? PLC란 "신제품으로 해외시장에 도입된 후 매출액이 점차 증가하다가 일정기간이 지나면 매출액이 점차 감소하여 쇠퇴하게 되는 과정을 거치게 되는 제품수명주기"라고 할 수 있다. 즉 모든 제품은 신제품으로 개발되어 해외시장에 처음 판매되기 시작해서 판매량이 점차 증가하다가 감소되고 다른 신제품으로 대체되는 시점까지 일정기간을 거치게 된다.

제품수명주기는 마케팅에서 널리 알려진 개념이다. 그러나 제품수명주기 개념 자체가 실제적인 매출 증가율이나 증가율의 변화시점을 예측해 주지는 않는다. 실제로 매출증가율이나 증가율의 변화시점은 제품에 따라서 커다란 차이를 보인다. 기본적으로 이 개념은 현재 시장에서 진부화된 제품, 즉 제품이 시장에 소개되었다가 현재 쇠퇴기에 이른 제품을 기반으로 하고 있다. 오늘날에는 제품이 시장에서 성공하기 위해서는 제품을 수명주기에 맡겨 두는 것보다도 제품을 계속적으로 개선하고 고객에게 제공되는 제품의 가치를 계속 증대시키는 것이 절대적으로 필요하다.

이처럼 제품의 수명주기를 연장시킬 수 있을 때 제품은 계속 시장에서 수명을 유지할 수 있게 된다(이철 · 장대련, 1998, p. 37).

국제마케팅에 있어서 제품수명주기 개념의 중요성은 전 세계의 모든 시장이 동일한 주기에 있지 않다는 사실에 있다. 즉 자국시장에서는 이익에 압박을 받고 판매가 하향적인 시장성숙단계에 도달한 제품이 다른 국가에서는 시장도입단계에 있을 수도 있거나 아직 시장에 도입되지 않을 수도 있다. 이것은 특정제품의 생산 및 마케팅에 전문지식을 가진 판매자로 하여금 시장성장 및 이익의 전망이 높고 경쟁이 적은 새로운 시장에 그 제품을 시장도입할 수 있게 한다.

해외시장의 잠재력을 분석함에 있어서 중요한 최초의 단계는 각 시장이 제품수명주기의 어느 단계에 있는지를 확정하는 일이다. 즉 자사제품이 해외시장에서 도입기에 있는 제품인지, 성장기 또는 성숙기에 있는 제품인지 그 위치를 정확하게 파악하는 것이 무엇보다도 중요하다고 할 수 있다.

만약 기업이 제품수명주기의 초기단계에 있는 새로운 시장에 신제품을 도입하고자 한다면, 그 시장에서의 기술혁신의 수용과정을 파악하도록 해야 한다. 기술혁신의 수용과정은 시장에 신제품을 도입하는 초기단계에 도달할 수 있도록 표적소비자를 결정할 수 있게 한다(Cundiff and Hilger, 1988, p. 313).

요컨대, 제품수명주기에 관한 충분한 이해는 국제마케터에게는 필수적인 개념이며, 상이한 시장개발단계를 통하여 제품이 시장에서 나아가는 것을 파악하게 하고 그에 따라 마케팅전략을 결정할 수 있게 할뿐만 아니라, 신속한 투자회수노력을 계획할 수 있게 한다(Majaro, 1982, p. 85).

2) PLC의 단계별 마케팅전략

PLC의 단계별 마케팅전략을 마케팅믹스 내용을 중심으로 살펴보면 다음과 같다(원종근 · 현인규 · 지남웅, 1995, pp. 296-297)([그림 2-2] 참조).

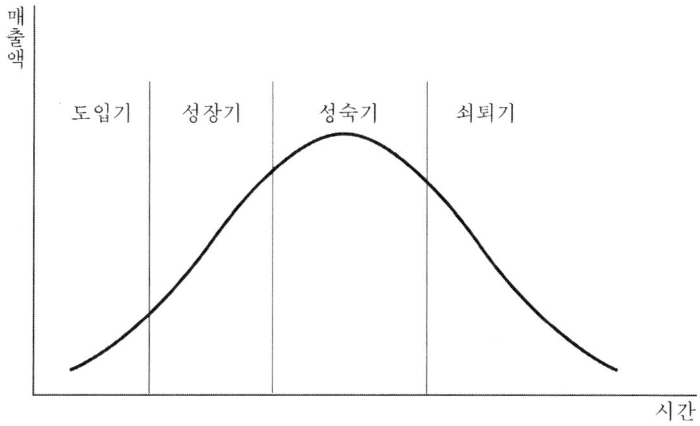

자료원 : R. Bennett, *International Marketing : Strategy, Planning, Market Entry and Implementation*, Kogan Page, 2nd ed., 1999, p. 285.

[그림 2-2] 대표적인 제품수명주기

(1) 도입기

도입기에는 품질이 가장 중요하고 다음으로 광고, 가격, 포장이 중요하다. 도입기에는 제품에 대한 인지도, 수용도가 매우 낮다. 또한 소비자의 구매저항, 판매자의 미정비 등의 이유 때문에 매출액 증가율은 매우 낮은 편이다. 따라서 촉진활동을 강화하여 신제품의 특성을 잠재적 소비자에게 설득하고, 1차수요(primary demand)를 자극시켜 고소득층에게 집중판매, 고가격정책으로 투자자본회수를 촉진하여야 한다. 초기부터 대량생산에 의한 원가절감이 가능할 경우에는 경쟁자의 진입에 대비하여 초기 저가격 정책과 판매망확충으로 시장점유율을 높여 나가야 한다.

(2) 성장기

성장기에 가장 큰 영향을 미치는 믹스 요인은 광고이며 그 다음으로는 제품의 품질이다. 도입기의 신제품이 호평을 받았다면 성장기에서는 매출액이 급격히 증가하게 된다. 따라서 이익도 발생하게 된다. 이 단계에서는 경쟁기업이 유사품을 개발할 가능성이 높으므로 상표에 대한 충성도(brand royalty)를 높이기 위한 제품차별화정책을 사용하고, 판매경로를 확대시키며, 판촉전략을 강화하고, 구매시점 광고(point of purchase advertising)와 딜러 등에 대한 지원을 강화하여야 한다.

(3) 성숙기

성숙기에 접어들게 되면 매출액 성장률이 점차 둔화하며 가격탄력성이 커지게 되어 가격이 가장 큰 영향을 미치는 요인이 된다. 다음으로 광고, 품질, 서비스가 중요하다. 따라서 이 단계에서는 제품의 대체수요를 개발하는 전략을 사용하는 것이 유리하다. 이 단계에서는 평균비용수준까지 가격이 인하됨으로써 경쟁력이 약한 기업은 도태되고 만다. 한편 이 단계에서는 매출액이 거의 증가하지 않으므로 각종 비용(재고관리비용, 운송비, 물적 유통비 등)을 통제하여야 한다.

이 단계에서는 제품용도의 새로운 개발 또는 제품개선을 통하여 성숙기간을 최대한 연장시키려는 마케팅전략이 필요하다. 성숙기 이후에는 경쟁기업 제품과의 차별화를 거의 이룰 수 없다. 따라서 제품포장에 주의를 기울여 상대적 비교우위를 접하는 전략 등이 필요하다.

(4) 쇠퇴기

어떤 제품이든지 한번은 쇠퇴기를 맞게 된다. 쇠퇴기에는 판매의 급속한 감소현상이 생겨나게 되며 이익도 감소한다. 쇠퇴기에 접어들면 많은 기업들이 보다 수익성 높은 다른 제품생산으로 생산자원을 전환시키기 때문에 일부 소수의 기업들은 옛날 제품을 선호하는 보수적 소비자(hardcore buyer)들을 대상으로 집중적인 마케팅전략을 펴서 이익을 얻기도 한다.

지금까지 제품수명주기의 각 단계별 특징에 대해서 살펴보았는데 모든 제품들이 이와 같은 단계를 거치는 것은 아니다. 때에 따라서는 제품이 시장에 도입되어 성장 및 성숙기를 거치지 않고 바로 쇠퇴해 버리는 경우도 발생하게 된다. 즉 제품수명주기를 모든 제품에 적용시켜 나가기에는 무리한 점이 있다. 효과적인 활용을 위해서는 다음 사항을 고려해야 한다.

첫째로, 제품수명주기에 해당되지 않는 제품들이 상당히 많다는 것이다. 말보로 담배나 맥스웰 커피와 같은 기호품, 아스피린과 같은 의약품 등이 그 예이다.

둘째로, 제품수명주기는 자연발생적인 현상이 아니라 기업의 능동적인 마케팅 노력여부에 따라 변화할 수 있다는 사실을 인식해야 한다.

셋째로, 첨단 정보산업과 같이 기술개발이 급격히 이루어지고 있는 분야에서는, 도입기에서 성장기를 거치지 않고 곧바로 성숙기로 들어가거나 도입기・성장기를 거치지 않고 성숙기・쇠퇴기로 이어질 수도 있다는 점이다(김혜성, 1996, p. 37).

〈사례 1〉 장수 브랜드 해태제과 부라보콘

지금 40대 후반 이상은 코흘리개 어릴 적 동네에서 아이스케키 장수를 자주 접한 세대다. 동네에서 말뚝박기나 다방구 같은 놀이를 하다가 "아이스케키 사려~" 하고 외치는 아이스케키 아저씨를 볼라치면 입맛을 다시면서 주머니 속 동전을 세어 보곤 했다. 지금이야 아이스케키가 아닌 아이스크림이 지천으로 깔려 있지만 그 당시엔 우리나라에 아이스크림이 없었다. 그때가 1970년 이전이었다.

시계를 40년 전으로 돌린 69년. 해태제과 진홍승(68) 박사(94년 퇴사)는 회사로부터 특명을 받았다. 하드 형태의 '아이스케키'가 아닌 부드러운 '아이스크림'을 개발하라는 것이었다. 그는 덴마크와 독일・스위스 등 낙농 선진국을 석 달간 돌아다녔다. 그러고는 큰돈을 주고 덴마크 호이어사로부터 아이스크림 생산설비를 도입했다. 하지만 설비만 들여왔다고 아이스크림이 "옛따" 하고 나오진 않았다. 우선 재료를 안정적으로 구하기가 쉽지 않았다.

우유에 탈지분유를 첨가해야 했는데, 탈지분유를 제대로 만드는 곳이 없었다. 암시장에서 구한 미군부대 탈지분유를 협력사에 들고 가 똑같이 만들어 달라고 요구했다.

덴마크 사람들이 먹는 아이스크림 콘은 초콜릿과 아몬드를 입힌 고급 제품. 하지만 국내에선 사람들이 사먹을 수 있을 수준으로 원가를 맞춰야 해 초콜릿을 쓰지 않고 땅콩을 아몬드 대신 뿌리기로 했다. 남대문시장을 뒤져 땅콩 공급자를 찾아냈다. 담배 포장지를 만드는 회사와 머리를 맞대고 물기가 스며들지 않는 뿔 모양의 은박지 포장지를 어렵사리 완성했다.

수백 번 배합을 달리해 뿔 형태의 콘 과자를 만들어 봤지만 모양과 크기가 만들 때마다 제각각이었다. 더 큰 난관은 아이스크림을 콘에 넣고 난 이후였다. 아이스크림의 습기 때문에 콘이 금방 눅눅해져 버렸다.

1년여에 걸친 실험 끝에 콘 과자에 들어간 설탕과 물엿의 배합을 맞춰 쉽게 눅눅해지지 않는 콘을 만들었다. 여기에 딱 맞는 온도의 아이스크림을 콘에 넣는 것이 관건이었다. 영하 7도~영상 1도 사이의 아이스크림(정확히 몇 도짜리를 넣는지는 비밀이다)을 콘에 넣은 다음 급속 냉각 터널에 통과시켜 냉각했다. 마침내 70년 4월 '부라보콘'이 완성됐다.

어렵사리 세상에 나온 부라보콘을 유통하는 것도 큰일이었다. 냉장 유통시설이 제대로 없었다. 진 박사는 "부라보콘 40~50개가 들어가는 유리로 된 보온병을 만들어 얼음을 채우고 소금을 뿌려 소매점에 공급했다"고 회고했다. 출시 초기

부라보콘의 인기에 도매상들이 해태공장 앞에 진을 쳐 공장 출입문을 봉쇄하는 해프닝도 있었다.

자료원: 중앙일보, 2009. 4. 8.

〈사례 2〉 불황? 장수브랜드로 뚫는다

올해 식품업계는 식품안전 문제와 불황의 여파로 힘든 한해를 보내고 있다. 이러한 가운데 장수 브랜드의 매출은 꾸준히 상승해 제과·음료업체의 든든한 버팀목이 되고 있다.

업계에는 '불황일수록 장수브랜드의 인기는 높아진다'는 속설이 있다. 경제가 어려우면 소비자들의 심리가 방어적이 돼 새로운 맛에 도전하기보다는 익숙한 맛을 찾는다. 또 개발 및 마케팅비용 등으로 가격이 비싼 신제품에 비해 장수상품은 상대적으로 가격이 저렴한 것도 큰 이유를 차지한다.

장수브랜드의 매력은 행복했던 과거를 떠올리게 해준다는 것. '추억의 힘'이 매출상승으로 직결된 사례로 롯데제과의 빼빼로를 들 수 있다. 1983년 출시된 빼빼로는 소위 빼빼로데이(11월 11일) 시즌인 9~11월의 매출이 높은데 올해는 유독 많이 팔렸다. 올 9~11월 빼빼로는 370억여원(11월은 추산)이 팔려 작년 같은 기간에 비해 40% 정도 매출이 높아졌다. 예년에는 주로 청소년이 빼빼로를 찾았다면 올해는 성인도 추억이 담긴 빼빼로를 많이 찾은 것으로 보인다.

추억의 상품이라고 했을 때 빠트릴 수 없는 오리온 초코파이도 불황을 딛고 매출신장을 이어가고 있다. 1974년 첫 선을 보인 이후 꾸준히 사랑 받은 초코파이는 한동안 업그레이드된 제품에 밀려 고전을 면치 못했지만 불황의 한파가 들이닥친 올해 매출(1~10월)은 지난해 같은 기간에 비해 15%가량 증가했다. 1989년 나란히 출시돼 20년 가까이 사랑 받은 롯데제과의 카스타드, 마가레트도 같은 기간 각각 11%, 29%씩 매출신장을 기록했다.

음료에서도 장수 브랜드의 인기가 예사롭지 않다. 1989년 출시된 롯데칠성음료의 밀키스는 당시 〈영웅본색〉으로 인기가 높았던 홍콩배우 저우룬파(주윤발)를 모델로 내세워 '싸랑해요, 밀키스!'란 유행어를 만들 정도로 폭발적인 사랑을 받았다. 이후 2000년 최지우가 저우룬파를 패러디해 성냥개비를 입에 물고 광고를 찍어 다시 한번 화제를 모았다. 밀키스는 작년에 비해 올해(1~10월) 20%대의 매출신장을 거뒀다. 밀키스와 같은 해 등장한 레쓰비도 올 10월까지 누적매출이 지난해에 비해 12% 높아졌다.

동아오츠카의 포카리스웨트도 장수 브랜드의 힘을 보여주는 제품이다. 1987년 출시된 이후 20년간 국내 이온음료의 대명사로 자리잡은 포카르스웨트는 올해도 변함없는 인기를 과시했다. 이에 동아오츠카는 과거 모델로 사랑 받았던 손예진을 다시 '포카리스웨트걸'로 내세운 광고를 선보였다.

업계 관계자는 "경제가 어려워지면 소비자도 장수제품을 찾지만 기업도 별 다른 개발비나 마케팅비용이 들지 않는 장수 제품에 치중하게 된다"며 "IMF 외환위기 때도 지금과 비슷한 경향을 보였다"고 말했다.

자료원 : 스포츠한국, 2008. 11. 24.

〈사례 3〉 80년대 장수제품들 리뉴얼 바람

1980년대에 태어난 장수제품들이 경기 불황 속에 리뉴얼을 통해 최근 다시 태어나고 있다. 경기가 안 좋을수록 장수제품이 잘 팔린다는 업계 속설을 반영이라도 하듯 관련 업체들은 장수제품의 패키지를 바꾸고 성분을 강화하는 등 새로운 모습으로 재 탄생시켜 소비자 공략에 나서고 있다.

13일 업계에 따르면 현대약품의 '미에로화이바'는 최근 출시 20년 만에 처음으로 제품 패키지를 전면 교체하며 새단장했다. 한글과 영문 제품명이 함께 들어간 노란색 톤의 라벨이 리뉴얼 돼 흰색으로 바뀌었으며 병 색깔도 주황색으로 달라졌다.

또한 GMO(유전자변형식품)우려가 있는 옥수수액상과당 대신 타피오카 액상과당으로 바꿔 제품의 안전성과 함께 단맛도 낮췄다. 현대약품은 이번 리뉴얼을 통해 국내 기능성 음료 시장을 연 예전 '미에로 화이바' 영광을 다시 찾겠다는 각오다.

한국야쿠르트의 '슈퍼100'도 최근 만 스무살을 맞아 처음으로 새 단장했다. '슈퍼 100프리미엄'은 기존 '슈퍼100'보다 원유 함량을 높였으며 단맛은 줄이고 과육과 콜라겐 등의 함유량을 높인 프리미엄 웰빙 제품이다.

한국 야쿠르트는 아역배우 유승호를 모델로 내세워 여대생의 등교길을 셔틀버스로 데려다주는 '꽃남 셔틀이벤트'를 진행하며 공격적으로 홍보를 하고 있다.

1989년도에 태어난 어묵 1위 사조대림의 '대림 鮮(선)어묵'은 지난 1월 브랜드로고(BI)를 전면 바꾸는 대대적인 리뉴얼을 통해 지난해보다 11% 성장한 700억원의 매출을 목표로 하고 있다.

롯데제과의 '빠다코코낫' 역시 이 달부터 제품 포장을 예전 물결모양을 강조한 디자인으로 패키지를 바꿔 판매한다.

업계 관계자는 "장수제품은 소비자들이 제품 원래 이미지에 익숙해져 있어 리뉴얼하기 쉽지 않다"며 "하지만 불황일수록 장수제품들이 인기를 끌면서 성분을 강화하고 디자인을 세련되게 해 소비심리를 자극하고 있다"고 설명했다.

자료원 : 서울경제, 2009. 4. 14.

〈사례 4〉 장수브랜드 "반갑다! 돌아온 내 청춘"

#"원투 원투쓰리포 우리집 강아지 뽀삐(뽀삐!) 언제나 우리집엔 뽀삐(헤이!)…."

많이 들어본 CM송인데 어딘가 낯설다. 개가 짖는 '왈왈' 대신 '헤이'로 한 소절을 마무리하는 이 노래는 유한킴벌리의 화장지 브랜드 뽀삐의 새로운 CM송. 출시된 지 35년된 브랜드로, 1986년 처음 방송 전파를 탄 뽀삐의 CM송은 최근 트로트와 국악, 힙합과 록 버전으로 새롭게 선보였다.

유한킴벌리 관계자는 "몇몇 아이돌 그룹이 1980~90년대 히트곡을 리메이크해 전세대의 사랑을 받듯, 친숙하면서도 현대적인 감각을 자랑하는 리메이크 CM송의 소비자 반응은 상당히 좋은 편"이라며 "앞으로 랩, 아카펠라, R&B, 어린이동요 등 다양한 버전으로 '뽀삐송'을 발표할 계획"이라고 밝혔다.

잘 나가던 장수브랜드들의 회춘마케팅 바람이 거세다. 어리게 입고 가꾸는 다운에이징(down aging)의 사회 트렌드가 유통업계에도 불고 있다.

24일 업계에 따르면 장수브랜드들이 오랜 기간에 걸쳐 구축한 콘셉트에 과감히 변화를 주는 가장 큰 이유는 젊은 고객을 잡기 위해서다.

대표적인 사례가 용기와 포장을 바꿔 리뉴얼을 시도하는 방법이다. 젊은 소비층 사이에 음료수 등의 포장 용기를 하나의 패션 아이템으로 여기는 트렌드가 확산되고 있어서다.

올해로 출시 20주년을 맞은 현대약품의 미에로화이바는 변화하는 소비자들의 기호에 맞게 단맛은 줄이고 깔끔한 맛을 높이는 한편 용기 디자인과 로고를 바꿨다. 유한킴벌리 뽀삐의 경우 평면적이었던 뽀삐의 캐릭터를 3D 입체 캐릭터로 바꾸고 달라진 캐릭터 디자인을 제품에 적용했다.

제품브랜드의 명성은 이어가되 제품은 새로 내놓는 경우도 있다. 이른바 세컨드브랜드로, 일종의 자기복제인 셈이다.

1986년 첫 출시된 롯데제과 죠스바의 상징은 혀를 금세 물들이는 검붉은 색소다. 하지만 올 여름 선보인 새로운 죠스바 '발렌시아오렌지 죠스'는 혀에 붉은 색깔을 남기지 않는다는 것이 특징. 25년 된 브랜드 오리온의 '고래밥' 역시 일종의 세컨드브랜드를 내놓으며 리뉴얼한 경우. 오리온은 최근 주 타깃인 어린이들이 칠리소스에 열광하는데 착안해 칠리새우맛을 새로 출시했다.

개발·마케팅 비용이 적게 들고 기존 제품의 입지도 공고히 한다는 점에서 식품 업계를 중심으로 한 이 같은 브랜드의 회춘, 즉 리뉴얼 마케팅은 확산되고 있는 상태다.

잦은 리뉴얼이 브랜드 이미지에는 어떤 영향을 미칠까.

여준상 동국대 경영학과 교수는 "접촉 빈도가 잦은 식품, 생활용품 등은 소비자들이 쉽게 싫증을 느끼는 상품군이기 때문에 주기적인 브랜드 리뉴얼이 시장 점유율을 유지해 주는 효과가 있다"면서도 "리뉴얼이란 정점에서 쇠퇴기에 접어들 때 쓰게 되는 전략이기 때문에 횟수가 잦아질 경우 자칫 브랜드 가치의 급격한 쇠퇴로 이어질 수 있다"고 말했다.

자료원 : 한국일보, 2009. 8. 25.

제 3 절 국제가격전략

1. 가격의 역할

가격을 한마디로 정의하기란 쉬운 일이 아니지만 가격(price)은 제공되는 제품 및 서비스의 대가로 요구되는 금액이다. 다시 말하면, 가격이란 소비자가 소유 또는 사용하게 된 제품이나 서비스가 제공하는 혜익을 교환하는 대가로 지불하는 가치이다(Kotler and Armstrong, 1989, p. 303).

오늘날 우리 사회에서는 보편적으로 교환가치의 척도를 화폐가격으로 사용하므로 거의 모든 제품, 서비스, 아이디어, 권리 등의 가치는 가격에 의해 평가된다.

그러나 가격은 교환형태에 따라 여러 가지 용어로 표현되고 있으며, 또한 많은 다른 의미를 가지고 있게 때문에 모든 경우에 보편적으로 적용될 수 있는 정의를 내리기는 어렵다. 가격은 마케팅믹스(marketing mix) 요소 중에 기업의 수익을 창출하는 유일한 요소이며, 전통적으로 소비자들이 제품선택시 가장 중요하게 고려하는 요인이다. 또한 가격은 수요의 변화와 경영자의 가격변화에 대해 비교적 쉽게 대처할 수 있는 요소이므로 효과적인 마케팅을 수행함에 있어 매우 중요한 역할을 한다. 특히 가격은 제품에 대한 시장수요를 결정하는 핵심적 요소로서 시장경쟁력과 시장점유율에 큰 영향을 미친다.

국제가격전략(international price strategy)이란 국제기업이 자사의 국제마케팅 목표를 효과적으로 달성하기 위해 해외소비자에게 판매하는 제품의 가격을 계획하고 결정하는 일체의 행위를 말한다.

국제기업의 가격전략은 법적규제, 환율변동, 국제기업간의 치열한 경쟁 등 여러 가지 요인의 영향을 받기 때문에 그 전략적인 의의가 크게 낮아지고 있다. 그러나 국제마케팅에 있어서의 가격결정은 기업의 성패뿐만 아니라 국가의 국제수지에도 영향을 미치므로 정부와 기업적 차원에서 다같이 중요시하지 않을 수 없다.

〈사례〉 '달라진 경제환경' 中에 품질우위 · 日에 가격경쟁력

홍콩에서 한국 화장품이 불티나게 팔리기 시작했다. 콜럼비아에선 한국 자동차 부품이 인기를 끌고 있고 영국에선 한국 의자가 히트를 치고 있다. 가전왕국 일본에서 한국 세탁기가 팔리기 시작했다.

최대 95억 파운드(19조원) 규모의 영국 히드로공항 개보수 프로젝트에, 유엔의 평화유지군 물품 납품에 한국 기업의 이름이 거론되고 있다.

위기를 기회로. 실제로 글로벌 경기침체가 한국 기업에 기회로 작용하고 있다. 품질이 우수하면서 가격까지 합리적인 한국제품이 글로벌소비자들에게 대안으로 떠오르고 있다. 한국제품은 그동안 중국에 비해 가격은 비싸고 일본에 비해 품질은 떨어지는 '샌드위치' 상황에 처했다.

그러나 상황이 역전돼 '역 샌드위치' 현상이 나타나고 있다. '엔고(엔화 절상), 원저(원화 절하)'로 한국 상품의 가격경쟁력이 되살아나면서 글로벌소비자들 사이에서 '한국 상품의 재발견'이 이뤄지고 있다. 일본 제품에 비해 '싼 가격'을 노리고 '메이드 인 코리아' 제품을 사용했다가 그동안 한국의 축적된 기술력을 새삼 실감하고 있다. 게다가 위안화 절상으로 가격이 높아진 중국 제품에 비해 품질도 우수한 것은 물론 짝퉁도 없어 믿을 만하다는 점을 재인식하는 계기가 되고 있다. 그동안 피나는 노력으로 기술을 축적해 온 결과가 세계시장에서 인정받을 수 있는 계기를 맞고 있다. '역 샌드위치' 상황이다. 즉 '환율효과+축적된 기술의 재인식'이 이뤄지면서 그동안 한국 상품을 코너로 몰아넣었던 '샌드위치' 상황에서 탈출구를 찾는 절호의 기회가 되고 있다.

아시아 각국의 경쟁력을 비교하면 한국의 역 샌드위치 현상을 이해할 수 있다. 일본 제품은 품질은 우수하지만 가격에 거품이 끼어 있다는 게 중론이다. 게다가 엔화 강세로 일본 제품은 가격이 천정부지로 올랐다.

중국 제품은 품질이 아직 선진국 기대 수준에 못 미친다. 멜라민 파동을 비롯해 각종 짝퉁 사건으로 중국산 제품이 신뢰를 얻기는 당분간 어려워 보인다. 대만이나 다른 동남아 지역은 산업의 범위가 협소하다.

한국 제품은 최근의 원화 약세로 가격 경쟁력이 20~30% 이상 높아졌다. 제품 신뢰도도 높다. 한국 대기업이 만든 자동차나 전자제품의 품질은 전세계적으로 인정받고 있다. 이들 제품을 만드는데 쓰인 중소기업의 부품과 장비도 신뢰를 받고 있다.

'역 샌드위치' 현상은 환율 덕이 크다. 가격 변동에 따른 효과다. 그러나 환율 등 외부 요인은 언제 바뀔지 모른다. 전문가들은 이번 위기를 계기로 '역 샌드위치' 현상을 지속하기 위한 노력을 경주해야 한다고 입을 모은다.

연구개발(R&D) 투자를 통한 기술 확보와 우수 인재 유치 등이 필요한 이유다. 싼값에 해외 전문 인력을 유치하고, 우수 기술력을 갖춘 기업을 인수하거나 기술 이전 협상을 벌이는 등 호황기를 대비한 투자에 나설 시점이다.

조환익 코트라 사장은 "각국 정부가 막대한 경기 진작용 자금을 풀고 글로벌 아웃소싱이 늘어나는 등 기회 요인도 나타나고 있다며 이럴 때일수록 투자를 늘려 샌드위치론을 해소하고 '역 샌드위치'론을 확고히 하는 계기로 삼아야 할 것"이라고 밝혔다.

자료원: 머니투데이, 2009. 1. 9.

2. 국제기업의 가격전략

국제가격전략의 가장 주된 목적은 국제기업의 이윤극대화라고 할 수 있으나, 국제기업의 전략목표에 따라 또는 여러 가지 국제경영상황에 따라 국제가격전략의 유형은 달라진다.

여기에서는 국제가격전략을 상충흡수 가격전략, 개발가격전략, 경쟁적 가격전략, 프리미엄 가격전략, 차별가격전략 등 크게 다섯 가지로 나누어 살펴보기로 한다.

1) 상층흡수 가격전략(skimming-price strategy)

상층흡수 가격전략은 신제품의 가격전략에 곧잘 도입되는 국제가격전략의 방법으로서, 경쟁업자가 낮은 가격의 대체품으로 대응하기 이전에 조기이윤을 획득할 목적으로 신제품에 높은 가격을 책정하는 전략이다(Root, 1982, p. 203). 다시 말해서 이 전략은 해외시장에서의 장기적인 기업의 입지와는 상관없이 신제품의 시장도입 초기에 국제시장가격보다도 높은 가격을 설정하며, 고소득 고객층을 초기에 흡수함으로써 비교적 단기간 내에 이익을 극대화하려는 전략이다.

국제가격은 제품수명주기의 각 단계에 따라 달라지는 것이 보통인데, 제품의 개발초기에 목표시장의 고소득층으로부터 많은 이익을 얻기 위해 높은 가격을 책징함으로써 초과이윤을 획득하고, 시긴이 지남에 따라 점차 가격을 인하하여 가격탄력성이 높은 소비자를 흡수하는 전략이 상층흡수 가격전략 또는 초기 고

가격전략이라 할 수 있다.

2) 개발가격전략(development-price strategy)

개발가격전략은 경쟁자들을 방어할 수 있는 우세한 시장지위를 구축하기 위해 고의적으로 낮은 진출가격을 사용한다. 이 전략으로 기업은 손실을 시장개발을 위한 투자로 보기 때문에 처음 몇 년 동안은 기꺼이 손실을 감수한다. 장기전략으로서 개발가격정책은 시장의 잠재력이 크고, 개발비용이 적절하며 생산에 있어서 실질적인 규모의 경제가 경험되고, 그리고 기업이 물량판매를 지원하기 위한 생산 및 마케팅 능력을 지니고 있을 때 가장 큰 관심을 끄는 전략이다. 이 전략은 가격이 낮아 이윤은 단지 대량판매를 통해서만이 이루어질 수 있기 때문에 잠재적인 경쟁자의 참여를 억제시킨다.

3) 경쟁적 가격전략(competitive-price strategy)

경쟁적 가격전략은 해외표적시장에서 경쟁자들의 가격과 조화시키는 것이다. 그것은 구매자의 눈에 띌 정도로 간단히 차별화할 수 있는 제품에 한해 이용 가능한 전략이다. 이 때 가격은 구매결정에 있어서 중요한 변수가 되고, 기업은 가격책정에 있어 자유재량권이 별로 없이 가격의 선도자라기보다는 가격의 추종자로서 행동한다.

경쟁적 가격전략은 또한 경쟁적인 입찰조건하에 정부기관과 주요 산업별 소비자에 대한 판매시 필요할 것이다(이승영, 1993, p. 385).

4) 프리미엄 가격전략(premium-price strategy)

프리미엄 가격전략은 자사제품의 품질이나 브랜드 이미지가 높고 또한 현지시장의 가격탄력성이 낮을 경우 채택할 수 있는 방안으로서, 경쟁사의 가격보다 일정 비율 높게 가격을 유지해 나가는 것이다. 만일 고품질의 자사제품의 가격을 보통 품질수준의 경쟁사 제품가격과 비슷하게 책정하면 비합리적인 구매자들은 제품의 질을 의심할 것이다. 따라서 고품질의 이미지 부각을 위해서는 고가격전략이 합당시된다. 이러한 차별적 고가격전략을 성공적으로 이끌기 위해서는 마케팅 담당자는 고품질에 대한 고가격을 지불할 수 있는 세분시장을 규명해야 하고, 나아가서 세분시장의 소비자 및 사용자들에게 자사의 제품이 고품질의 제품임을 설득하고 확신시킬 수 있어야만 한다.

본국시장에서 구축된 고품질의 이미지가 그대로 현지시장으로 전가될 수 있다고 믿는 것은 위험천만한 생각이다. 해외시장에서의 고품질의 이미지 구축과 유지는 기업의 적극적인 마케팅 노력에 의해서만 가능한 것이다. 그러나 이러한 고가격전략하에서는 제품의 이미지가 소비자들에 인식되어질 때까지는 판매가 부진함을 보일 수도 있으므로 수출기업들은 고가격 적용으로 인한 단기적인 수익의 감소를 이미지 구축을 위한 장기적인 투자로 인식할 수 있어야 한다(권영철, 2002, p. 227).

〈사례 1〉 10돌 맞은 헤지스의 프리미엄전략

국내 트래디셔널 캐주얼시장을 '빅3체제'로 구축한 헤지스가 2007년 중국진출 후 프리미엄 전략으로 중국 상류층에게 사랑받는 브랜드로 자리매김했다.

LG패션(대표 구본걸)의 대표 트래디셔널 캐주얼 브랜드 헤지스가 론칭 10주년을 맞았다. 지난 2000년, 영국 캐임브리지 대학 내 로잉클럽의 이름을 본따 출시한 헤지스는 지난 10년 간 폴로와 빈폴이 양분해왔던 국내 트래디셔널 캐주얼 시장에 혜성처럼 등장해 승승장구하며 이들 브랜드와 함께 '빅3' 체제를 구축하였다.

헤지스는 2008년에 매출 1,000억 원을 돌파한 이후 매년 20% 이상씩 신장, 올해는 1,800억 원의 매출을 올릴 전망이며 이런 추세라면 내년에는 2,300억 원의 매출을 무난히 달성할 것으로 예상된다. 지난 2000년 브랜드 론칭 이후, '대기업 브랜드'라는 인지도를 벗어나지 못하다가 2004년, '굿바이폴' TV광고와 젊은 고객들의 문화생활을 돕는 '헤지스 문화 체험단' 운영하면서 서서히 영향력을 발휘하기 시작했다.

남성 캐주얼 의류 브랜드로 출발한 헤지스는 2005년에 여성라인을, 2008년에는 액세서리 라인, 2009년에는 골프 라인을 출시하며 지속적인 토털화를 통한 브랜드 외형 확대에 주력했다. 그 결과 2008년 160여 개에 불과하던 유통망이 현재 260여 개로 40% 가까이 늘어났다. 헤지스는 매년 20% 가량 매출이 오르며 업계 3강 체계를 구축하는 메가 브랜드로 성장했고 출시 3년 차 헤지스 액세서리와 2년 차 헤지스골프 또한 매년 매출 목표치를 갱신하고 있다.

헤지스는 2007년 말 중국시장에 진출한 이래, 매해 100% 이상의 매출 신장을 거듭해왔다. 진출 3년 만에 100억(한화기준) 매출을 돌파하고 45개의 매장을 확보하는 등 국내 트래디셔널 캐주얼 브랜드 중 가장 성공적인 브랜드로 자리매김했다.

이 같은 헤지스의 중국시장 성공 배경에는 철저한 프리미엄 전략이 있었다. 헤지스는 기존에 중국 진출 브랜드들이 중저가 전략을 택한 것과는 달리, 출시 때부터 제품 가격을 한국 내 소비자가와 동일한 수준으로 책정, 고급 브랜드로서의 이미지를 내세웠다. 매장 위치도 주로 고소득층이 찾는 대형 쇼핑몰이나 백화점을 중심으로 입점하는 전략을 세웠다. 이 결과, 헤지스는 의사, 변호사 등 전문직 고객들에게 사랑 받는 브랜드가 되었으며 중국 내 트래디셔널 캐주얼시장의 키 브랜드 역할을 톡톡히 하고 있다. 헤지스는 중국 진출 3년째를 맞는 올해를 본격적인 중국 사업 확대의 원년으로 삼고 올해 말까지 상해, 북경 등 중국 주요 도시에 대형매장을 60개까지 대폭 늘리고 250억원까지 매출을 확대할 계획이다.

헤지스는 최근, 브랜드 아이덴티티의 정립을 위해 지난해 말부터 영국 캐임브리지 대학 로잉클럽과의 제휴를 통해 '로잉클럽 라인'을 운영하며 영국 트래디셔널 브랜드의 정통성을 강화하고 있다. 특히 올 11월에는 명동 메인거리 부근에 남성, 여성, 액세서리, 골프 라인이 모두 입점하는 400여 평 규모의 대형 플래그십 스토어를 오픈해 자라, H&M 등 글로벌 SPA 브랜드들이 장악하고 있는 명동상권에 도전장을 내민다.

한편, 헤지스 액세서리는 신세대 스타 황정음 씨를 통해 스타마케팅을 펼치고, 헤지스골프는 최근 미국 LPGA무대에서 활동하는 최나연, 홍순상, 홍진주 선수 등 얼짱골퍼 3인방에 대한 후원 계약을 체결, 본격적인 필드 마케팅을 가동했다.

자료원 : 패션지오, 2010. 6. 8.

〈사례 2〉 삼성전자, 중국시장에서 프리미엄 가격전략

중국 최대 포털사이트 '시나닷컴'에서 최근 설문조사를 실시했다. "3D TV 하면 떠오르는 브랜드는?" 1위는 32%를 차지한 삼성이다. 중국 최대의 검색사이트 '바이두(百度)'에서 'LED TV'라고 검색어를 치면 상위 검색결과 5개는 삼성이다.

중국삼성이 추구하는 전략은 두 가지로 요약된다. 하나는 프리미엄 브랜드, 또 하나는 사회적 기여와 현지화다. 삼성은 중국시장에서 철저하게 프리미엄 브랜드 전략을 밀고 간다. LED TV와 3D TV, 그리고 최고 사양의 핸드폰에 역량을 집중하고 있다. 중국삼성 TV사업부의 진연택 부장은 "삼성 TV는 경쟁사 제품에 비해 평균 20% 비싸지만 그래도 가장 많이 팔린다"고 말했다. 2001년 이후 중국삼성이 온 힘을 기울여 추진해 온 5% 전략, 즉 '프리미엄 브랜드 포지셔닝'의 결과다.

주된 타깃층은 30~40대 초반의 화이트 칼라로 인터넷을 통해 제품의 정보에 능동적으로 접근하고 평가할 능력을 지닌 사람들이다. 물론 지역·계층 간 격차가 큰 중국에서 최고급 제품에만 매달리겠다는 것은 아니다. 저가품 시장도 포기하지 않되 각 등급 안에서 프리미엄급 제품으로 승부하겠다는 것이다.

중국삼성에 '사회적 기여(CSR)'와 '현지화'는 기업의 존재 이유에 해당한다. 중국에 진출한 한국 기업 가운데 '사회적 기여'의 원조격인 삼성은 '지속적이고 실질적인 사회적 기여'를 강조한다. 지속적인 기여를 위해 산하 46개 법인 모두 농촌 마을과 자매관계를 맺고 '일심일촌(一心一村)' 프로그램을 추진했다.

삼성은 또한 일회성 지원보다 고기 잡는 법을 가르친다. 자매결연 농민을 대상으로 다양한 특강을 마련해 주는 것이 그런 예다. 그동안 중국삼성이 완료한 '희망공정'(즉 벽지에 학교 지어주기) 사업은 100개를 넘어섰다. 자매지역 환자에게 백내장 수술을 해 주는 '사랑의 빛' 운동도 계속되고 있다.

삼성전자 중국통신연구소 왕퉁 소장은 중국삼성의 첫 현지인 임원이다. 이밖에도 '한국전문가 과정', 중국판 멘토인 '사부(師傅) 제도' 등으로 중국삼성은 현지 직원에게도 한국인 직원과 똑같은 무한경쟁과 보상을 제공한다. 이러한 현지화전략으로 중국삼성은 중국의 기술과 소비의 방향타를 제공하는 기업으로 확실하게 자리매김하겠다는 것이다.

자료원 : 조선일보, 2010. 6. 24.

〈사례 3〉 **"활명수, 고가전략 원조"**

동화약품의 '활명수(사진)'는 독일 바이엘의 '아스피린'과 동갑내기(1897년생, 올해 112살)다. 국내에서 가장 오래된 브랜드로 제품 인지도 97.9%를 자랑하며 지금까지 81억 병 이상 팔렸다. 그런 활명수의 성공을 해부한 책이 나왔다. 한양대 경영대학장인 예종석 교수가 최근 출간한 『활명수 100년 성장의 비밀』. 그는 ▶활명수의 탄생 비화 ▶최고경영자들의 독립운동 이야기 ▶100여 년 이어온 획기적인 마케팅과 광고·홍보 전략 등을 경영학자의 시각으로 해석했다. 이를 통해 활명수의 7가지 성공비결을 제시했다.

① 이야기가 있어야 한다=활명수는 '궁중 비방'이라는 신화와 함께 태어났다. 이런 스토리는 신제품의 성공적인 시장 진입에 큰 도움이 됐다.

② 좋은 브랜드 이름과 마크=활명수는 '생명을 살리는 물'이라는 뜻의 이름과 '부채표'라는 차별화된 마크를 갖고 있다.

③ 모방 불허한 방어 상표 전략=1910년 '부채표'를 국내 최초 상표로 등록하고, 1919년 활명수 상표를 보호하고자 '활명액'이라는 유사 방어용 상표를 등록했다.

④ 소비자 트렌드에 따른 변신=한약처럼 달이지 않아도 되고 휴대하기 쉬운 점과 신속한 효력이라는 소비자 욕구를 선도해 시장을 선점했다.

⑤ 전략적인 가격 책정=초기에는 설렁탕 두 그릇에 해당하는 고가 전략으로 소비자에게 고급 브랜드 이미지를 심었다.

⑥ 테스트 마케팅 활용=활명수를 개발한 후 사람들에게 무상으로 주어 반응을 살폈다. 당시는 테스트 마케팅 개념이 없었던 시기였다.

⑦ 확실한 유통 경로 확보=초기에 지역 유지들로 구성된 전국의 튼튼한 유통망으로 제품의 접근성을 높였다. 다음 단계로 철저하게 지점과 특약점에만 제품을 공급해 중간 상인과 공존했다. 그 이후 도매상 횡포가 심해지자 유통경로를 직판체제로 개편했다. 시장상황에 맞춰 유통구조를 탄력적으로 바꿨다.

자료원 : 중앙일보, 2009. 12. 7.

〈사례 4〉 중국시장 '성공의 열쇠'는 고급화

상하이는 양쯔강 하구에 자리 잡은 중국 최대 도시다. 인구 1,700만명, 면적은 서울 10배 크기다.

요즘 상하이는 5년마다 열리는 공인 엑스포 개막으로 도시 전체가 엑스포 열기에 쌓여 있었다. 그러나 상하이 시민들은 자부심은 잠깐이고, 중국 전역에서 손님이 몰려들며, 물가는 치솟아 썩 기분이 좋은 편이 아니라는 게 현지 주민들의 귀띔이었다.

5월 25일과 26일 엑스포 박람회장을 찾았다. 박람회장에서는 26일 엑스포 조직위가 지정한 '한국의 날' 행사를 시작으로 30일까지 '한국 주간'을 기념하는 예술공연이 이어졌다. 5월 1일 막을 올려 10월 31일까지 184일 동안 열리는 엑스포는 바야흐로 개막 한 달이 지나가고 있었다. 개막 이후 하루 평균 15만명이던 관람객은 어느덧 하루 30만명 이상으로 늘어나 있었다. 그러나 늘어나는 관객 탓에 어디를 가든 기다림에 지친 피곤한 표정의 인파와 마주칠 수 있었다. 사우디 아라비아관은 영상물이 좋다는 입소문 덕분에 하루 8시간을 기다려야 했다.(내용물이 좋아 인기가 높은 한국관은 6월 2일로 관람객이 100만명을 돌파했다. 하루 3만명 꼴로 입장했다)

인기품목 김치 고가에도 잘 팔려

한국관 1층에는 한국 식품 판매장이 있었다. 인삼과 유자차를 비롯해 한국 식품을 중국 관람객들에게 알리면서 직접 팔기도 했다. 가장 인기있는 품목은 김치. 관객들이 1봉지(500)에 60위안(약 1만200원)하는 우리 김치를 사고 있었다. 상하이 슈퍼마켓에서 파는 한국산 김치가 1봉지에 30위안인 것과 비교하면 2배 비싸지만 날개 돋친 듯이 팔리고 있었다.

엑스포장에서 파는 김치는 '김치명인' 김순자씨가 운영하는 한성식품이 만들었다. 회사 관계자들은 하루 20상자씩 팔리고 있다고 말했다. 농수산물유통공사 정운용 상하이 지사장은 "관람객들의 소득 수준이 높은 데다 한국관에서 팔고 있는 김치는 우리 정부가 보증하는 제품이라는 신용 덕분에 잘 팔리고 있다"면서 "상하이에서 김치 바람을 기대할 수 있겠다"고 전했다.

굳이 박람회장이 아니더라도 상하이에서는 김치를 비롯해 막걸리, 유자차를 비롯한 우리 식품이 꽤 인기를 모으고 있었다. 중국 사람들에게 자연스럽게 스며들어간 '한류' 덕분이다. 다만 우유는 한때 수출 효자 상품으로 떠올라 올해 500만 달러어치 실적까지 기대했으나 지난 1월 한국에서 느닷없이 발생한 구제역으로 중국 정부가 한국산 우유 반입을 중지시키면서 수출길이 완전히 끊긴 상태다. 한성김치 사례에서 보듯이 고급 소비자 계층을 겨냥한 고급화는 중국에 진출한 우리 기업들이 성공하는 중요한 비결이다. 상하이에서도 어려운 여건을 무릅쓰고 뿌리를 내렸다는 우리 기업들이 적지 않게 눈에 띄었다.

5월 27일 오전, 상하이 서남부, 외국인이 많이 몰려 사는 구베이의 파리바게트 빵 가게에 40대 남자 손님이 계산대에 빵을 올려놓았다. 여종업원은 빵값을 계산하기 전에 먼저 손님의 국적, 연령, 성별을 입력했다. 여기에다 시간대별, 제품별 판매 내역을 비롯한 일선 점포에서 올라오는 이 같은 고객 정보는 정밀 분석을 거쳐 마케팅 전략을 짜는 데 요긴하게 쓰인다는 게 중국 법인 황희철 본부장(상무)의 말이다. 상하이 구베이 2층짜리 점포는 바로 파리바게트가 중국에 진출해 2004년 9월 첫 개점한 중국 1호점이다.

파리바게트는 그동안 상하이, 베이징, 톈진 등 3개 직할시(중국의 직할시는 충칭 등 모두 4개)에 총 35개 매장을 열었다. 해마다 30% 이상 매출 신장세를 올리고 있다. 매장마다 각종 제품을 두루 갖춰 놓는 것은 같지만 일부 품목은 점포 특성에 따라 다르다. 많이 팔리는 빵을 집중적으로 배치하기 때문이다. 쇠고기나 돼지고기 가루를 뿌리는 빵은 중국에만 있는 제품으로, 중국 소비자들을 위해 특별히 개발했다. 나름대로 분석한 고객 정보에 따르면 상하이 사람들은 크림빵 같은 진퍽한 맛을 즐기는 반면에 베이징과 톈진 사람들은 담백한 맛을 선호하는 등 지역에 따라 입맛이 다르다.

고급화 전략을 위해 최고급 캐나다·호주산 밀을 가공한 밀가루를 쓰며, 공장에서 빵을 가져오는 중국 현지 제빵업계와 달리 샌드위치를 비롯한 일부 품목은 매장에서 직접 조리해 최대한 신선도를 높이고 있다.

사전 시장조사를 철저히 한 것도 시행착오를 최대한 줄였다. 1996년부터 중국 시장에 관심을 갖고 꾸준히 시장 조사를 했고, 2002년에는 10여 명의 본사 전문가가 상하이에서 2개월 동안 상주하면서 입지 조건과 시장 상황을 최종 점검했다.

사전 시장조사 철저 시행착오 줄여

파리바게트는 올해를 중국 진출의 제2원년으로 삼겠다는 각오다. 상하이에서 자동차로 2시간 거리인 항저우와 쑤저우, 베이징과 가까운 허베이성으로 점포를 확대하기로 했다. 중국의 1선 도시(상하이, 베이징, 광저우 등 중국 최대 도시)에서 2선 도시(각 성의 수도와 주요 대도시)로 사업 영역을 넓히는 전략이다. 그동안 직영점으로 운영한 점포도 앞으로 가맹점을 모집해 본격적인 프랜차이즈 사업을 펼친다는 계획도 세우고 있다. 이미 한국 교민이나 중국 투자자들의 문의가 잇따르고 있다. 황희철 상무는 "파리바게트가 중국에서 성공을 거뒀다고 낙관하기는 이르다"면서 "하지만 지금까지 좋은 성과를 거둔 것에 만족한다"고 말했다.

스포츠 캐주얼 업체 EXR 중국 법인은 상하이 구베이 개발구에 있는 위안중 과학연구원 빌딩 2층에 있었다. EXR는 2004년 첫 진출 이후 6년만에 중국에서 '캐포츠(캐주얼+스포츠웨어)'라는 신조어를 만들면서 선풍적인 인기를 끌고 있다. 중국 전역에 점포만 100여 개에 이른다. 최근 동북 지방인 선양 매장이 세계 유명 상표인 나이키, 아디다스 매장 매출을 앞질러 현지 업계를 놀라게 했다.

EXR는 현지화에 각별히 신경을 쓰고 있다. 서울 본사와 중국 법인이 상표를 함께 쓰지만 디자인은 다르다. 중국 소비자 취향을 감안해 중국인 다자이너들을 채용하고 디자인을 새롭게 만들기 때문이다. 서울에서 디자인의 60%를 만들고 중국에서 나머지 40%를 채워 넣는 방식이다.

원장석 회장(동사장)은 "현지화에 성공한 것이 성공의 비결"이라고 말했다. 한국의 제품을 가져와 중국 사람의 체형과 취향에 맞게 다시 제품을 고친 것이 주효했다는 설명이다. 원 회장은 "현지화는 단순히 한국 직원을 데려오지 않고 중국인 직원을 많이 채용하는 것은 아니다"면서 "중국인의 기호와 특성을 제대로 이해하는 노력이 무엇보다 중요하다"고 강조했다.

중국인 취향 감안 디자인 차별화

2004년부터 상하이에 와서 EXR 중국 진출 초창기부터 일한 임채연 브랜드관리 본부장은 "중국인을 이해하는 것이 쉽지는 않았지만 꾸준히 참을성 있게 이들의 시장을 파고들었다"고 말했다. 임 본부장은 "그동안 100여 개의 한국 패션 업체가 중국에 진출했지만 대부분 실패했다"면서 "재고 처리를 위해 한국에서 성공하지 못한 상표를 들고 왔기 때문"이라고 진단했다. EXR는 이탈리아 고급 자동차 페라리와 공동 마케팅을 펴면서 중국 소비자들에게 고급스러운 이미지를 보여 주고 있다.

이와 함께 중국 오지 초등학생들을 위해 학교 건물을 새로 지어 주거나 기업 홍보 TV 드라마를 제작하면서 중국 소비자들에게 다가서고 있다. 원 회장은 "패션은 제품을 파는 것이 아니라 문화를 파는 것인 만큼 이미지를 어떻게 가져가느냐가 중요하다"고 설명했다. 지역별로도 다양한 마케팅전략을 펼치고 있다. 체면과 외양을 중요하게 여기는 동북 지방은 귀족풍 제품, 홍콩의 영향권에 들어있는 남부 지방은 가격이 싸고 품질이 뛰어난 경제적 제품을 각각 만들어 내놓고 있다. 코트라 중국본부 홍창표 부본부장은 "파리바게트와 EXR가 중국 내수시장 진출 이후 나름대로 성과를 거둔 것은 고급화는 물론 중국 현지 실정에 걸맞은 현지화와 소비자들의 입맛을 최대 고려한 다양화"라고 분석했다. 여기에 철저한 사전준비도 한 몫 했다는 설명이다.

제조업 진출도 있지만 상하이는 중국 최대의 금융도시답게 금융업 진출도 활발하다. 중국 정부는 상하이를 미국 뉴욕, 영국 런던에 이은 세계 3대 금융 허브(중심도시)로 키우기 위해 노력하기 있다. KTB자산운용은 중국 내 유망 기업을 골라 우리 기업들에 인수합병(M&A) 매물로 소개하는 일도 하고 있다. 16년 동안 중국에서 활동한 KTB자산운용 상하이 대표처 임수영 회장은 "유망 중국 중소기업을 골라내는 것이 앞으로 우리 기업들이 해야 할 중요한 임무"라면서 "그러기 위해서는 전문성과 동시에 중국어에 능통한 복합형 인재를 기르거나 확보해야 한다"고 강조했다.

자료원 : 위클리경향, 2010. 6. 15.

5) 차별가격전략(discrimination-price strategy)

기업은 제품의 기본가격을 소비자들의 상이한 특성과 상황의 변화에 따라 조정하기도 하는데, 주로 소비자별, 제품별, 장소별 차이에 따라 이루어진다.

이와 같이 동일한 제품이나 서비스를 시장에 따라 구매자에게 각기 다른 가격을 적용시키는 국제가격전략을 차별가격전략이라고 한다.

이러한 차별가격전략은 각국의 반덤핑법, 불공정거래법, 독점금지법에 의해 엄격하게 규제되고 있으므로, 정당한 이유 없는 차별가격의 구사로 자칫 어려움을 겪을 수 있음을 간과해서는 안된다.

3. 국제가격의 결정방법

1) 전부원가법(full-cost pricing)

전부원가법은 해외시장에서의 제품가격을 결정하는데 있어서 기업들이 가장 많이 활용하고 있는 보편적인 접근방식이다.

이 방식은 단순히 제품단위당 원가에다가 이윤을 가산하여 가격을 결정하는 방식이다. 따라서 전부원가법하에서는 직접생산비용과 직접마케팅비용 등의 변동비용 모두가 포함되어 국제가격이 결정된다. 전부원가법은 사용하기가 비교적 용이하고 또한 일정한도의 이익을 보장하기 때문에 기업들이 가장 선호하는 방식이다. 그러나 이 방법은 치명적인 약점을 지니고 있는데, 즉 전부원가법하에서는 해외표적시장에서의 수요와 경쟁을 무시하게 되며 또한 가격과 판매량의 상관성이 전혀 고려되지 않고 있다.

2) 증분원가법(incremental-cost pricing)

증분원가법은 생산과 판매에 따라 직접 변하는 변동비용과 특정의 계획기간에 걸쳐 영향을 받지 않는 고정비용을 구별하여 가격을 결정하는 방식이다. 요컨대, 수출제품 생산을 위한 추가적인 시설투자가 들지 않는다면 수출에 따라 추가적으로 발생되어지는 변동비용과 일정액의 이윤만을 감안하여 국제가격을 결정하는 방식이다.

따라서 증분원가는 진출시킬 제품에 대한 수출기업이 수락할 수 있는 최적가격선이 된다. 물론 증분원가가 전부원가보다 낮게 산정되지만 증분원가법을 택하더라도 수출기업은 이익을 볼 수 있다. 그러나 증분원가법도 전부원가법처럼 현지시장의 수요와 경쟁상태를 고려하지 않기 때문에 전략적인 진출가격의 산정방법이라고는 볼 수 없다. 그러나 전부원가나 증분원가는 전략적 수출가격을 산정하는데 있어서 하나의 지표로 활용될 수 있다.

3) 이익공헌법(profit-contribution pricing)

이익공헌법은 가격의 고저에 따른 수요량의 변화, 즉 수요탄력성에 의거하여 국제가격을 결정하는 방식이다.

수요탄력성이라 알려진 민감도는 가격변화의 백분율에 대한 수요량변화의 백분율로 계산된다.

일반적으로 수요탄력성의 절대값이 1보다 클 경우에는 가격인하로 인해 총판매량은 증가하게 될 것이고, 그 반대의 경우도 역시 같다. 이와 반대로 만약 1보다 작을 경우 가격의 인하는 판매량의 감소를 초래하게 된다. 따라서 수요탄력성은 가격변화에 따른 전체판매수입의 민감도를 측정하는 예측지표가 된다.

이익공헌법은 종종 증분원가법과 혼동된다. 그러므로 기업이 장기적으로 존속하기 위해 포함해야 하는 고정비를 포함하지 못한다는 이유로 채택되지 못할 수도 있다. 실제로 이익공헌가격은 시장에 따라서 모든 비용을 포함하거나 포함하지 못할 수도 있다. 이익공헌법은 고정비가 가장 수익이 높은 가격의 결정과 무관하다는 경제적 사실에 기초하고 있다. 이익공헌을 최대화하는 가격은 기업이 주어진 시장계획과 관련해 표적시장에서 선택할 수 있는 최상의 것이다.

제 4 절 국제유통경로전략

1. 국제유통경로의 의의와 기능

1) 국제유통경로의 의의

유통경로는 국제제품, 국제가격, 국제촉진 등의 다른 국제마케팅믹스의 의사결정에 많은 영향을 주기 때문에 적절한 유통경로의 선정과 성과는 곧 기업성공의 중요한 결정요인의 하나가 되고 있다.

국제마케팅의 유통과정은 국내마케팅의 유통과정과 마찬가지로 소비자들을 위한 시간효용, 장소효용, 그리고 소유효용과 관련된 모든 활동을 포함하고 있다(Jain, 1990, p. 485).

제품의 품질이나 성능이 아무리 뛰어나다 하더라도 소비자들이 원하는 시기와 장소에서 제품을 구입할 수 없다면 아무런 의미가 없기 때문에 유통전략은 아주 중요한 의사결정사항이다. 뿐만 아니라 기업이 어떤 경로를 선택하느냐에 따라 가격, 광고, 제품 등 다른 마케팅 의사결정에도 많은 영향을 미치기 때문에 유통경로의 선정문제는 기업들이 직면하고 있는 여러 의사결정문제들 중에서 가장 핵심적인 부분 중의 하나이다((Kotler and Armstrong, 1989, p. 324).

그런데 원활한 유통을 위해서는 유통경로가 효율적으로 구축되고, 관리되어야 하는데, 여기에서 유통경로(distribution channel)란 제품이나 서비스가 소비되거나 사용될 수 있도록 하는 과정과 관련된 일체의 상호의존적인 조직을 말한다(Stern and El-Ansary, 1992, p. 1).

이러한 유통경로의 개념은 제품의 운송·보관 등의 물적유통 뿐만 아니라 대금·정보·촉진활동의 흐름, 생산자와 중간상 및 판매상과 소비자 사이의 매매협상을 통한 소유권 이전 등을 모두 포함하는 넓은 개념이다. 따라서 유통경로에는 기업내부의 마케팅관련 조직 및 대리상·딜러·도매업자·소매상 등 기업외부의 독립적인 중간상이 포함된다.

요즈음 마케팅믹스(marketing mix) 내에서 차지하는 유통의 상대적인 중요성은 점차적으로 증가하는 추세이며, 한 번 설계된 유통경로는 쉽게 변경하기가 어렵다는 장기적 특성 때문에 그 전략적 중요성이 매우 높다고 할 수 있다.

국제유통경로(international distribution channel)란 기업이 생산한 재화, 용역을 해외소비자들이 사용할 수 있도록 하는 과정과 관련한 일체의 조직을 말한다. 즉 제품이나 서비스를 제조업자에서 최종소비자로 전달하는 도구를 제공하는 것으로 국제마케팅전략에서 중요한 역할을 한다. 기업은 소비자의 욕구를 만족시키고 기업목표를 달성하기 위해서는 제품과 서비스가 해외시장의 소비자가 원하는 적절한 상태로, 정해진 시간에, 접근 가능한 장소로, 그리고 적당한 수량으로 제공되어져야 하는데 이러한 효용을 창출하는 기능이 유통경로이다 이처럼 국제기업의 마케팅관리자는 각국의 유통구조를 면밀히 분석한 후에 여러 형태의 중간상들의 활용 가능성과 구체적 기능, 효과 및 고용 등을 고려하여 합리적인 유통구조전략을 수립해야 성공적인 마케팅전략을 추진해 나갈 수 있다.

2) 국제유통경로의 효용과 기능

(1) 효용

일반적으로 제품만이 오직 소비자의 욕구를 충족시켜 주는 효용을 가지고 있다고 생각하기 쉽다. 유통경로 또한 독자적으로 효용을 창출하여 소비자에게 제공하고 있다. 유통경로는 소비자에게 다음과 같은 유형의 효용을 제공한다.

① 시간효용(time utility) : 소비자가 원하는 시기에 언제든지 제품이나 서비스를 구매할 수 있는 편의를 제공해 주는 것을 말한다. 예를 들면 24시간 영업을 하는 편의점들은 소비자들이 원하는 시간에 언제나 이용 가능하므로 슈퍼마켓에 비해 더 많은 시간효용을 제공하고 있다고 할 수 있다.

② 장소효용(place utility) : 소비자가 어디에서나 원하는 장소에서 제품이나 서비스를 구매할 수 있도록 해주는 것을 말한다. 예를 들어 소비자는 제품의 구매시에 소비자의 거주지에 출점되어 있는 중간상의 존재 때문에 쉽게 접근 가능하다.

③ 소유효용(possession utility) : 생산자나 중간상으로부터 소비자에게 제품이나 서비스가 거래되어 제품이나 서비스의 소유권이 이전되는 과정에서 발생하는 것을 말한다. 이러한 소유면에서의 효용은 곧 소비자로 하여금 제품과 서비스를

소유할 수 있도록 도와주는 중간상의 여러 가지 활동을 의미한다. 예를 들어 최근에는 제품을 소비자가 구매하지 않고도 중간상의 도움으로 구매와 동일한 효용을 얻을 수 있게 되고 있는데, 자동차, 비디오, 컴퓨터, 서적 등의 대여를 통한 경우가 그것이다.

이처럼 유통경로는 제품이나 서비스에 시간효용, 장소효용, 소유효용을 창출하여 제품의 부가가치를 높여줌으로써, 소비자들의 효용을 증가시키고 제조업자의 판매를 효율적으로 도와주는 역할을 하고 있다(김희철, 2007, p. 293).

(2) 기능

국제유통경로의 구성원인 개인이나 조직은 제품을 생산자로부터 해외시장의 소비자에게 이전시키는 과정에서 여러 가지 기능을 수행한다. 이러한 기능은 크게 거래기능, 물적유통기능, 정보수집기능, 그리고 촉진기능으로 구분하여 설명할 수 있다.

① 거래기능

여기에는 구매기능, 판매기능, 그리고 위험부담기능이 있다. 구매기능이란 재판매를 위해 여러 공급자로부터 제품을 구입하여 재판매 혹은 재생산을 위해 제품을 구입하는 기능을 의미하며, 판매기능이란 잠재고객에 대한 판매활동거래의 성립, 계약조건의 확정 등의 기능을 말하는 것으로 실질적인 경로구성원이 담당하는 기능이다. 또한 위험부담기능은 재고유지 및 제품의 진부화를 포함한 여러 위험을 부담하는 기능을 수행하고 있다.

② 물적유통기능

여기에는 보관기능, 구색기능, 그리고 운송기능이 있다. 보관기능이란 제품을 보관하고 적정한 재고를 확보하고 유지하는 기능을 수행하는 것을 의미하며, 구색기능은 잠재고객을 위해 여러 가지 제품으로 구색을 갖추어 다양한 제품을 보유하는 것을 말한다. 또한 운송기능이란 공급자의 지역에서 소비자의 지역으로의 이동을 의미하는 것이다. 이러한 보관, 구색, 운송기능은 제조업체를 대신하여 수요가 있는 장소와 시간까지 제품을 운송하고 보관 및 구색의 기능을 담당함으로써 제조업체를 생산에 전념하게 할 수 있게 한다.

③ 정보수집기능

정보수집기능이란 시장정보의 교류기능을 담당한다는 것이다. 유통조직은 속성상 생산자와 소비자들 사이에 위치하기 때문에 지속적으로 이들과 접촉을 하고 있다. 이는 소비자들의 욕구와 취향이 어떻게 분포되고 변화하고 있는가를 가장 신속하고 정확하게 파악할 수 있으며, 동시에 누가 이러한 요구들에 부응하는 제품이나 서비스를 공급할 수 있는지를 가장 잘 알 수 있다. 이러한 정보를 바탕으로 생산과 소비를 효과적으로 연결하여 자원배분을 조절하는 기능을 할 수 있다. 즉 제품이나 서비스를 필요로 하는 사람과 이를 공급할 수 있는 사람들을 찾아내 이들의 거래를 설득함으로써 교환을 촉진시키는 기능을 수행한다.

④ 촉진기능

여기에는 제품분류, 금융기능, 그리고 판매촉진기능이 있다. 제품분류기능이란 다양한 제품의 판매를 위해 소비자의 노출에 용이하도록 제품을 적재적소에 배열하거나 배치하는 제품분류를 의미한다. 금융기능이란 제조업체들의 재생산을 위한 자금부담을 줄여주고, 동시에 당장은 지불능력이 없는 소비자들에게 신용판매를 함으로써 소비를 원활하게 하고 거래를 촉진시키는 기능을 수행한다. 또한 판매촉진기능으로 소비자에게 구매를 자극하고 소비자에게 실제 구매에 이르게 하는, 즉 소유권이 이전되도록 노력하는 기능을 수행한다.

2. 국제유통경로전략의 유형

국제유통경로와 관련된 여러 가지 전략적 문제는 국내마케팅을 수행할 때와 근본적으로 큰 차이는 없다. 그러나 해외시장국별로 시장유형과 경로대안이 다르기 때문에 경로문제에 대한 해결방법이 시장국별로 상당히 다를 수 있다. 그러므로 국제마케팅관리자들은 국제유통관리의 이 같은 특수성을 고려하면서 전략적 의사결정을 행해야 한다. 이와 같이 국제유통경로를 통하여 기업목표를 효율적으로 달성하고자 하는 전략을 국제유통경로전략이라고 한다. 이는 해외 목표시장에 대응하는 국제유통경로와 관련하여 경로시스템을 형성 · 유지 · 관리하는 제반 기업전략을 총칭한다(김철 · 박주욱, 1998, p. 426).

기업의 국제유통경로전략을 계획함에 있어서 전제조건은 기업자체의 유통경로 개척능력을 포함해 기업이 보유한 능력과 시장크기, 경쟁상황, 이용가능 유통구조 등 기업의 외부환경을 평가 · 분석하는 것이다. 이를 바탕으로 기업은 가장 적합한 해외유통경로를 선택하게 된다.

국제유통경로전략의 유형은 크게 국제표준화전략과 현지적응전략, 직접유통경로전략과 간접유통경로전략, 선별적 유통경로전략과 집약적 유통경로전략으로 나뉘어지는데, 이를 구체적으로 살펴보면 다음과 같다(Terpstra and Sarathy, 1991, pp. 385-388).

1) 국제표준화전략과 현지적응전략

국제마케팅 담당자가 직면하는 중요한 문제는 기업이 해외시장에서 획일적인 유통패턴을 가져야 할 것인가 하는 문제뿐만 아니라, 각 시장에서 어떤 유통경로가 가장 유익한 것인가이다. 왜냐하면 기업의 목표는 유통경로의 획일성이 아니라 수익이기 때문이다. 물론 이러한 유통경로의 획일성도 표준화된 세계적 접근법, 특히 규모의 경제성 실현에는 유리한 점도 있으며, 비록 이러한 요소들이 기업체들이 생산을 표준화함으로써 얻는 것 만큼을 유통에서 쉽게 얻어지는 것은 아니지만, 유통경로를 세계적으로 획일화함으로써 보다 능률적인 운용과 이질적 시장에서의 직무의 동질화를 가져올 수 있으며, 또한 한 국가에서 성공적인 경험이 다른 국가에서도 쉽게 활용될 수 있다.

가끔 획일적인 유통경로를 원하는 경영자의 열망 또한 하나의 영향요소가 되지만, 실제로 많은 영향력을 행사하는 것은 아니다. 한 시장에서 활용된 유통경로들은 검증이 된 것이기 때문에 다른 시장에서도 시도될 수 있다. 그러나 한 시장에서 성공한 유통전략이 다른 시장에서도 성공한다는 보장은 각 시장의 환경이 동일할 가능성이 거의 희박하기 때문에 없다. 따라서 시장분석(market analysis)이 현지유통경로를 결정하기 전에 행해져야 한다.

기업은 표준화된 유통경로 형성을 하는데 있어 다음과 같은 여러 가지 요소들을 동시에 고려해야 한다.

① 기업유통경로의 외적인 결정요소 중의 하나는 한 국가에 이미 현존하고 있는 유통경로구조, 즉 도매상과 소매상의 수, 규모, 특성 등이다. 왜냐하면 유통구조는 국가마다 다르기 때문에 기업의 선택대안도 다르다.

② 시장의 집중화정도 또는 분산화정도와 창고의 수용력 및 수송가능성도 유통경로 대안을 결정하는 요소로서 작용한다.

③ 또 다른 유통경로 결정요소는 시장이다. 소비자의 소득과 구매습관 등이 시장마다 다르기 때문에 유통경로를 선택할 때 중요한 고려요소가 된다. 경쟁기업

의 행동패턴과 강도도 변수로서 작용한다. 경쟁업체들은 그 유통경로를 그 시장에 맞도록 조직하기 때문에, 그 경쟁업체들이 활용하고 있는 동일한 유통경로를 사용하도록 그 시장에 진출하는 신규기업에 대해 압력을 가하기도 한다. 한편 하나의 주어진 유통경로에서 경쟁업체의 강도는 그 유통경로를 효과적으로 선취하고 있기 때문에, 신규업체에 대해 그 시장에서 다른 유통경로를 채택하도록 강요하기도 한다.

④ 제조업체 자체의 환경의 차이로 인해서 시장마다 유사한 유통경로를 채택하게 되는 경우도 있다. 이 경우 하나의 중요한 결정요소인 시장에서의 기업의 개입정도이다. 그 기업이 수입업자-대리상을 통해 자사의 제품을 특정시장에 공급할 때는 현지공장을 설립해서 공급하는 경우보다도 유통대안선택이 더 제한적이다. 이와 마찬가지로 라이센시(licensee) 혹은 합작기업을 통해 판매하는 경우도 완전소유자회사를 통해 판매하는 경우보다 유통경로 선택이 더 제한적이다. 개입의 정도가 두 시장에서 동일하다 하더라도 기업의 제품계열과 판매량은 다르다. 기업의 제품계열과 판매량이 적으면 적을수록 그만큼 기업이 활용할 수 있는 유통경로는 직접유통경로 보다는 간접유통경로를 선택할 수밖에 없다. 일반적으로 국제기업은 시장마다 동일한 유통경로를 활용하고자 노력하고 있다. 비록 이에 대한 적응이 대개 필요하지만, 기업의 유통경로들은 특히 산업재의 경우 전세계적으로 유사하게 된다. 소비재의 경우는 국가마다 다른 수준으로 유통경로의 일원화에 노력하고 있으나, 아직 그 성과는 미미한 상태에 있다.

2) 직접유통경로전략과 간접유통경로전략

국제마케팅관리자는 자사제품을 어떠한 유통경로를 통해 해외로 유통시킬 것인가를 결정해야 한다. 해외에 있는 유통기구를 통해 직접 해외로 유통시킬 것인가, 아니면 국내의 유통기구를 통해 간접적으로 해외로 유통시킬 것인가, 즉 직접유통경로와 간접유통경로 중 어느 것을 이용할 것인가를 선택해야 한다.

국제유통에 있어서는 일반적으로 직접유통경로가 간접유통경로보다 효과적이기 때문에 기업은 가능한 한 직접유통경로를 이용하려고 한다. 하지만 직접유통경로와 간접유통경로의 선택시에는 달성 가능한 매출규모를 고려해야 한다. 특정시장국에서 달성 가능한 매출규모가 크며 집중적일 경우에는 직접유통경로가 적합하며, 반대로 예상 매출규모가 적으며 분산적일 경우에는 간접유통경로가 바람직하다.

직접유통경로를 이용할 경우 해외유통경로를 보다 강력하게 통제할 수 있다는 장점이 있는 반면, 간접유통경로를 이용하는 것에 비해 상대적으로 비용이 많이 든다는 단점이 있다.

3) 집약적 유통경로전략과 선별적 유통경로전략

집약적 유통경로전략이란 해외시장 내에서 자사제품의 취급을 원하는 모든 유통업자에게 제품판매를 허용하는 것이며, 이와 반면에 선별적 유통경로전략이란 해외시장 내에서 한정된 수의 유통업자만을 선정하여 그들만 자사제품을 판매케 하는 것이다.

기업은 일반적으로 자사제품이 가능한 한 많은 지역에서 판매되기를 원하므로 집약적 유통경로전략을 선호하게 된다. 특히 해외시장환경이 국내와 다르며 소규모 소매업자의 수가 많아 자사제품을 효과적으로 취급할 수 있는 유통업자를 선별하기가 곤란할 경우 집약적 유통경로전략을 선택하게 된다. 그러나 제품판매와 서비스 제공, 그리고 판매촉진활동에 대해 적정한 보상을 제공하기 위해서 유통업자를 선별하는 것이 필요할 때도 있다. 또한 특수제품이나 전문품의 경우 경쟁을 제한함으로써 시장을 보호하기 위해 해외유통업자가 선별적 유통을 요구하기도 한다. 그리고 소득분배가 불공평한 국가에서는 시장세분화를 통해 일정한 소득수준 이상의 집단에만 판매하는 것을 전제로 할 때에도 선별적 유통전략이 유리한 경우가 많다. 예를 들어 가격이 대단히 높고 특수층에 속하는 극히 제한된 수의 고객들만이 잠재적 시장을 형성하고 있는 경우 선별적 유통전략을 취하는 것이 유리하다.

〈사례〉 아모레퍼시픽의 선별적인 유통채널 관리

아모레퍼시픽의 라네즈는 중국의 20대 여성들에게 프랑스의 비오템, 미국의 크리니크 같은 글로벌 브랜드와 어깨를 나란히 하는 프리미엄 인기 화장품으로 꼽힌다. 현재 라네즈 매장은 중국 51개 도시 백화점 163곳에 진출해 있다. 지난해 중국에서 1,176억 원의 매출을 올려 전년 대비 55% 성장했다.

아모레퍼시픽은 중국시장 진출 초기 대규모 시장조사를 벌였다. 조사결과 중국 여성 소비자들은 끈적거리는 느낌을 싫어하고 보습효과를 중시하는 것으로 나타났다. 아모레퍼시픽은 수분 제품을 주력으로 삼기로 했다. 또 '프리미엄 영 브랜드'로 브랜드 포지셔닝을 하고 유통채널을 선별적으로 유지하기로 했다. 중국은 너무 넓어 개별적인 로드숍을 내는 건 비효율적이라는 판단에서였다. 글로벌브랜드의 각축장인 중국시장에 안착하려면 고객에게 지속적으로 전문적인 카운슬링을 제공하는 게 필수였고, 이를 위해서는 백화점이 적합했다.

우선 1호점에 모든 마케팅 역량을 투입해 성공 모델을 만들기로 했다. 1호점은 젊은이들이 많이 몰리는 상하이 팍슨백화점으로 정하고, 고객들과의 커뮤니케이션에 몰두했다. 주력 고객인 20대 여성들이 좋아하는 의류 브랜드와 연계해 일정 금액 이상의 옷을 구입하면 라네즈 매장에 와서 제품을 사용해보게 하는 행사를 열었고, 라네즈 뷰티클래스도 열었다.

그 결과 다른 백화점에서 입점 요청이 쏟아졌다. 아모레퍼시픽은 백화점 등급을 A, B, C로 나눠 A급에만 입점했다. 이선근 아모레퍼시픽 국제영업1팀장은 "과거 중국에 진출했던 글로벌브랜드 중에 상당수가 무분별하게 매장을 열었다가 시간이 지나면서 프리미엄과 로열티를 상실하는 모습을 답습하지 않기 위해서였다"고 말했다.

자료원 : 동아일보, 2010. 6. 5.

제 5 절 국제촉진전략

1. 국제촉진의 의의

오늘날의 국제마케팅활동은 단지 훌륭한 제품을 생산해서, 그 제품에 적절한 가격을 책정하고, 적절한 유통경로를 통해서 해외시장에 있는 소비자들에게 제품을 판매하는 활동에 그쳐서는 안된다. 다시 말해 목표시장에 있는 소비자 욕구에 맞는 제품을 개발하고, 적절한 가격을 설정해서 유통시키는 활동뿐만 아니라 제품의 용도라든지 가치에 대한 정보를 해외시장에 있는 소비자들에게 전달하는 활동까지 수반되어야만 한다(Cateora, 1990, p. 459). 따라서 모든 기업은 국제마케팅활동을 성공적으로 수행하기 위해서 효과적인 촉진활동을 전개하지 않으면 안된다.

촉진활동이란 각종 다양한 커뮤니케이션 방법을 동원하여 구매자를 설득하는 과정의 제반형태이다. Keegan은 촉진활동을 "현재 구매하고 있는 고객이나 잠재적인 고객의 구매행위에 영향을 미치게 하는 커뮤니케이션의 모든 형태"라고 정의하고 있다(Keegan, 1989, p. 487).

이러한 의미에서 촉진의 본질은 마케팅 커뮤니케이션이라고 볼 수 있다. 이러한 커뮤니케이션과정은 [그림 2-3]과 같이 원천(source), 메시지(message) 및 목적지(destination)라는 세 가지 요소로 구성되어 있다.

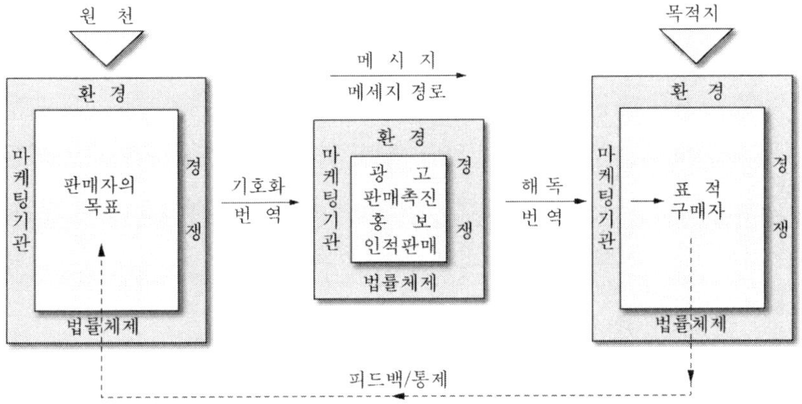

자료원 : S. Majaro, *International Marketing*, 2nd ed., London : George Allen and Unwin, 1982. p. 165.

[그림 2-3] 국제마케팅 커뮤니케이션과정 모델

커뮤니케이션의 목적을 달성하기 위하여 메시지의 발신자(sender)인 원천은 목적지에서 무난히 해독될 수 있는 방법으로 전달하기 위해 메시지를 작성(encoding)하게 된다. 이 때 전달된 메시지가 목적지에서 발신자의 의도나 목표에 다르게 해석(decoding)된다면 커뮤니케이션은 실패로 끝나게 된다.

국제마케팅이든 국내마케팅이든간에 촉진활동은 똑같은 역할을 수행하는데, 국제마케팅믹스(international marketing mix)의 한 요소라 할 수 있는 국제촉진(international promotion)이 하는 역할은 국제시장에 있는 현재 및 잠재고객들에게 자사가 제공하는 제품의 이점 및 가치를 알리는데 있다. 이러한 촉진활동이 절대적으로 필요한 이유는 오늘날의 국제시장의 특색이 제품차별화에 의한 소비자행동의 비합리적인 측면, 시장정보의 불안정성 등 불투명한 해외시장정황만이 깔린 불완전경쟁시장에 있기 때문이며, 또 그러한 시장정황하에서는 독특한 기능을 지닌 국제마케팅믹스로서의 국제촉진없이 국제마케팅 목적이 달성될 수도 없기 때문이다. 더불어 일국의 생산자와 해외의 소비자간의 물리적 거리가 확대되고 잠재고객의 증대, 그리고 국제적인 유통기관으로서의 도·소매적인 중간상의 발달은 더욱 국제촉진의 의의를 증대시킨다고 할 수 있다.

이러한 국제촉진활동을 실천하는 수단으로 여러 가지가 있겠지만 국제광고, 국제인적판매, 국제판매촉진, 국제홍보 등 크게 네 가지로 분류할 수가 있다. 이에 대해서는 다음 제3장부터 구체적으로 살펴보고자 한다.

2. 국제촉진의 특성

국제촉진은 촉진의 본질적인 측면, 즉 마케팅 커뮤니케이션이라는 점에서 국내촉진과 크게 다를 바가 없겠으나, 문화적 환경이 상이한 여러 해외시장에서의 커뮤니케이션이라는 다음과 같은 특성을 갖는다.

1) 커뮤니케이션 장벽

국제촉진의 경우 국내촉진보다 커뮤니케이션 장벽이 높고 그 종류도 더욱 다양하다. [그림 2-4]에서 보는 바와 같이 대표적인 국제커뮤니케이션 장벽으로는 언어의 차이, 정부규제, 매체의 이용가능성, 경제적 차이, 소비자의 기호 및 태도의 차이, 구매과정의 차이 등을 들 수 있다. 이러한 장벽들은 각기 독립적인 효과를 가지면서 동시에 상호작용을 통하여 마케팅 커뮤니케이션에 막대한 지장을 초래한다.

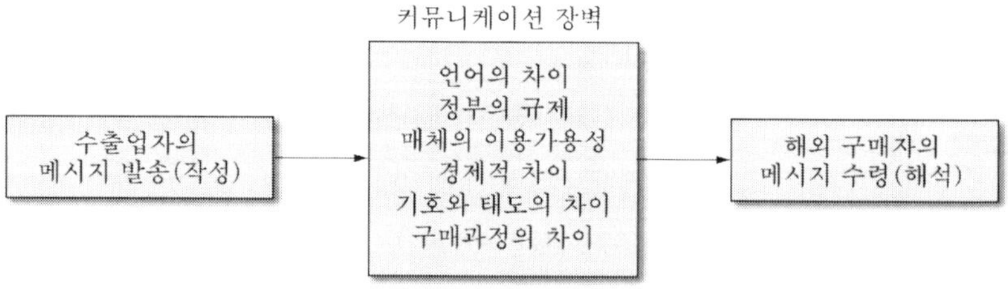

자료원 : G. Albaum, et al., *International Marketing and Export Management*, Reading, Mass. : Addison - Wesley Publishing Company, 1990, p. 313.

[그림 2-4] 국제커뮤니케이션 장벽

2) 전략조정의 문제

전략조정의 차원에서 국제촉진이 국내촉진과 다른 점은 많이 있겠으나 무엇보다도 촉진프로그램의 국제이전 및 표준화 문제를 들 수 있다. 국제이전이란 한 국가시장에서의 성공적인 프로그램을 다른 해외시장으로 이전하는 것을 말한다. 즉 특정프로그램 예를 들어 광고의 경우, 소구점, 내용, 매체, 배경 등의 구성요소 중에서 무엇을 어느 정도로 국제간에 이전시킬 것인가를 결정하는 것은 국제촉진전략의 주요 과제이다. 이러한 이전 가능성은 해외고객들의 제품에 대한 기대효용과 제품평가기준, 매체의 가용성, 촉진관련규제, 문화적 차이, 비언어적 표현수단 등에 의해 영향을 받는다.

한편, 표준화의 문제는 전세계시장에 동일한 촉진프로그램을 사용하는 표준화전략과 개별 해외시장에 각기 다른 프로그램을 사용하는 적응화전략의 선택을 말한다. 완전표준화 혹은 완전적응화는 현실적으로 찾아보기 힘들며 이런 의미에서 표준화는 정도의 문제라 할 수 있다. 이에 대해서는 제6장에서 보다 구체적으로 살펴보고자 한다.

3) 커뮤니케이션 효과

국제촉진의 경우 국내촉진보다 커뮤니케이션 효과면에서 불확실성이 높다. 이에는 여러 가지 이유가 있겠으나, 특히 중요한 세 가지만 살펴보기로 한다.

첫째, 메시지의 전달이 불확실하다. 다시 말해 매체가 목표로 삼고 있는 수신자에게 미치지 못하거나 또는 메시지가 수신자에게 인지되지 않을 수도 있다. 이러한 불확실성은 해외시장의 표적고객에게 어떤 매체로 언제 도달하는 것이 가장 적합할 것인가에 관한 충분한 지식을 갖추는 것이 어렵기 때문이다.

둘째, 메시지의 해석에 있어 불확실성이 높다. 촉진담당자가 해외고객들이 어떻게 메시지를 해석할 것인가에 관하여 충분한 사전지식이 없을 경우, 메시지가 전달되더라도 그것은 발신자의 의도대로 해석되지 않을 가능성이 높다.

셋째, 메시지의 효과에 있어 불확실성이 높다. 비록 메시지가 올바로 전달되고 인지되었다고 하여도 소비자의 태도형성과 구매행동이 발신자가 원하는 대로 이루어지지 않을 가능성이 많다. 이는 소비자들의 행동 및 이에 영향을 미치는 경제·사회·문화적 요인이 국가에 따라 매우 다양하여 이에 관한 충분한 지식을 갖추는 것이 어렵기 때문이다(이장로, 2003, p. 393).

주요용어

1. 마케팅믹스(marketing mix)
2. 국제마케팅믹스(international marketing mix)
3. 표준화제품전략(standardizational product strategy)
4. 적응화제품전략(adapational product strategy)
5. 시장시험(test marketing)
6. 브랜드 네임(brand name)
7. 브랜드 마크(brand mark)
8. 트레드 마크(trade mark)
9. 개별브랜드전략(individual brand strategy)
10. 공동브랜드전략(family brand strategy)
11. OEM브랜드전략(OEM brand strategy)
12. 유통업자 브랜드전략(private brand strategy)
13. 글로벌브랜드전략(global brand strategy)
14. PLC(product life cycle)
15. 국제가격전략(international price strategy)
16. 상층흡수 가격전략(skimming-price strategy)
17. 개발가격전략(development-price strategy)
18. 경쟁적 가격전략(competitive-price strategy)
19. 프리미엄 가격전략(premium-price strategy)
20. 차별가격전략(discrimination-price strategy)
21. 전부원가법(full-cost pricing)
22. 증분원가법(incremental-cost pricing)
23. 이익공헌법(profit-contribution pricing)
24. 유통경로(distribution channel)
25. 국제유통경로(international distribution channel)
26. 국제촉진(international promotion)

연 습 문 제

1. 마케팅믹스와 마케팅환경에 대하여 설명하시오.
2. 국제제품의 표준화와 적응화전략의 중요성에 대하여 설명하시오.
3. 국제제품의 표준화와 적응화전략의 촉진요인에 대하여 설명하시오.
4. 제품표준화전략의 촉진요인에 대하여 설명하시오
5. 제품적응화전략의 촉진요인에 대하여 설명하시오
6. 신제품개발이 왜 중요한지 그 중요성에 대하여 간략히 설명하시오.
7. 신제품개발과 기술혁신간의 관계에 대하여 설명하시오.
8. 신제품의 개발과정에 대하여 설명하시오.
9. 브랜드의 전략적 중요성에 대하여 논하시오.
10. OEM방식에 의한 수출의 장·단점을 설명하시오.
11. 제조업자 브랜드전략과 유통업자 브랜드전략을 비교 설명하시오.
12. 브랜드전략의 유형에 대하여 설명하시오.
13. PLC의 개념 및 중요성에 대하여 설명하시오.
14. PLC의 단계별 마케팅전략에 대하여 설명하시오.
15. 국제기업의 가격전략에 대하여 설명하시오.
16. 국제가격의 결정방법에 대하여 설명하시오.
17. 국제유통경로의 효용과 기능에 대하여 설명하시오.
18. 국제유통경로전략의 유형에 대하여 논하시오.
19. 국제촉진의 의의 및 특성에 대하여 설명하시오.

참고문헌

1. 김민호 · 송인암 · 오환종 · 차순권, 『글로벌경영』, 대경, 2008.
2. 김주헌, 『국제마케팅』, 문영사, 2009.
3. 김 철 · 박주욱, 『국제마케팅론』, 신영사, 1998.
4. 김혜성, 『광고 · 마케팅』, 서울미디어, 1996.
5. 김희철, 『글로벌시대의 국제마케팅』, 두남, 2007.
6. 권영철, 『글로벌 수출마케팅』, 무역경영사, 2002.
7. 반병길, 『국제마케팅』, 박영사, 1994.
8. 반병길 · 이인세, 『글로벌마케팅』, 박영사, 2008.
9. 안광호 · 한상만 · 전성률, 『전략적 브랜드관리』, 학현사, 2009.
10. 안운석 · 장형섭, 『마케팅의 이해』, 두남, 2003.
11. 원종근 · 현인규 · 지남웅, 『국제마케팅론』, 법문사, 1995.
12. 이승영, 『국제마케팅』, 일신사, 1993.
13. 이장로, 『국제마케팅』, 무역경영사, 2003.
14. 이진용, "브랜드 중심의 마케팅전략," MBC애드컴, No. 177, 1994. 7.
15. 이철 · 장대련, 『국제마케팅』, 학현사, 1998.
16. 이훈영, 『마케팅』, 청람, 2009.
17. 정헌배, 『국제마케팅』, 법문사, 1988.
18. 한희영, 『국제마케팅론』, 다산출판사, 1985.
19. Albaum, G. et al., *International Marketing and Export Management*, Reading, Mass. : Addison - Wesley Publishing Company, 1990.
20. Cateora, P. R., *International Marketing*, 7th ed., Homewood Ill.: Richard D. Irwin. Inc., 1990.
21. Cundiff, E. W. and Hilger, M. T., *Marketing in the International Environment,* 2nd ed., Englewood Cliffs, N. J.: Prentice-Hall Inc., 1988.
22. Harrel, G. D. and Frazier, G. L., *Marketing : Connecting with Customers*, Upper Saddle River, N. J.: Prentice-Hall Inc., 1999.
23. Jain, S. C., *International Marketing Management*, 3rd ed., Boston : PWS-KENT Publishing Company, 1990.
24. Keegan, W. J., *Global Marketing Management*, 4th ed., Englewood Cliffs, N. J.: Prentice-Hall Inc., 1989.
25. Kotler, P. and Amstrong, G., *Principles of Marketing*, 4th ed., New Jersey : Prentice-Hall Inc., 1989.
26. Majaro, S., *International Marketing*, 2nd ed., London : George Allen and Unwin, 1982.
27. Stern, L. W. and El-Ansary, A. I., *Marketing Channels*, 4th ed., Englewood

Cliffs, N. J.: Prentice-Hall Inc., 1992.

28. Terpstra, V. and Sarathy, R., *International Marketing*, 7th ed., The Dryden Press, 1997.
29. Terpstra, V., *International Marketing*, 2nd ed., Hinsdale, Ill.: Dryden Press, 1978.
30. Toyne, B. and Walters, P. G. P., *Global Marketing Management*, Needham, Mass. : Allyn and Bacon, 1989.

제 3 장

국제광고의 기초론

제 1 절　국제광고의 개념과 특징

1. 국제광고의 개념

국제광고(international advertising)란 수출업자와 수입업자 사이에 목적상품에 대한 무역계약이 체결된 다음에 그 목적상품에 대한 판매를 증진시키기 위하여 취하여지는 선전방법을 의미한다. 다시 말하면 수출업자가 일단 수입업자와 거래관계를 맺게 되어 목적상품을 수출하게 된다면 나름대로 큰 성과를 거두었다고 할 수 있겠으나 그것으로 만족해서는 안된다. 왜냐하면 목적상품의 해외시장에는 경쟁상품이나 경쟁업체가 끊임없이 진출할 수 있는 기회를 엿보고 있으므로 조금이라도 방심할 경우에는 사정이 전복될 위험성이 농후하기 때문이다. 따라서 수출업자는 항상 자기기업과 자기상품에 대한 선전을 통하여 판로확장과 판매증진에 노력하지 않으면 안 되고 그러한 수단으로서 취하여지는 것이 이른바 국제광고라 할 수 있다.

Miracle은 "국제광고라고 하면 수출광고를 의미하지만, 외국기업의 지사, 영업소, 현지법인이 국내에서 집행하는 광고가 그 기업의 본국에서 기획되었거나 조달되었을 때 이것도 역시 국제광고의 범주에 속한다"라고 했다. 즉 국제광고란 수출광고(export advertising), 해외광고(overseas advertising), 다국적광고

(multinational advertising), 외국광고(foreign advertising) 등 여러 가지 표현으로 쓰이는 광고를 모두 포함한 것이다. 그러나 대개의 경우 국제광고란 어떤 나라에서 만든 제품이나 서비스를 다른 나라에서 판매하려고 타국에서 하는 광고를 가리킨다.

결국 기업이 국제광고를 하는 근본적인 이유는 해외시장에 있는 소비자들이 자사제품을 보다 많이 구매할 수 있도록 자사제품의 가치를 알리고 관심을 끌게 함으로써 제품의 판매를 증대시키고, 이익을 증대시키는데 있다(Keegan, 1989, pp. 494-495).

이상에서 말한 국제광고의 여러 형태를 체계화하면 [그림 3-1]과 같다.

한편 Kotler는 국제광고를 "이름을 명시한 광고주(sponsor)에 의한 유료형태(paid form)의 아이디어, 제품, 서비스 등의 비인적 제시(nonpersonal presentation)와 촉진(promotion)"이라고 정의하고 있으며(Kotler, 1991, p. 596), 그 이외에도 "비인적매체(nonpersonal media)를 통한 기업메시지의 유급전달(paid communication)"(Terpstra, 1978, p. 392), "어떤 특정한 광고주가 하나 또는 그 이상의 매체를 이용한 유료형태의 제품, 서비스, 아이디어의 비인적 제시"(Majaro, 1982, p. 167), "광고주가 유료로 여러 대량매체를 통해서 행하는 판매메시지의 비인적 제시"(Albaum et al., 1990, p. 314) 등 여러 가지로 정의하고 있다.

이와 같이 국제광고는 특정 광고매체를 통해서 광고주가 일정한 광고요금을 지불하면 그것으로써 국제광고의 기능이 발휘되는 국제촉진믹스(international promotion mix)의 한 요소이다.

세계 어느 곳이든지 광고는 기업의 다양한 마케팅목표를 달성하기 위해 국내에서 그 역할을 수행하는 것처럼 국제적으로도 근본적으로 똑같은 역할을 수행한다. 따라서 국제마케팅에 있어서의 국제광고의 경우나 국내마케팅에 있어서의 국내광고의 경우거나 원칙적으로는 광고매체나 광고방법의 선택 등 대부분의 광고활동면에서 아무런 차이가 없다. 다만 광고표현의 기법면에서 국제광고와 국내광고는 큰 차이를 보이게 된다. 왜냐하면 시장마다 언어라든지 관습, 기호 등이 서로 다르기 때문에 해외시장의 이러한 환경들을 충분히 검토하지 않으면 안되기 때문이다. 많은 비용을 투입해서 만든 광고가 아무런 반응이 없을 경우 차라리 광고를 하지 않은 것보다도 못하기 때문에 특별히 국제광고에 있어서는 조심

성있게 다루어져야만 한다.

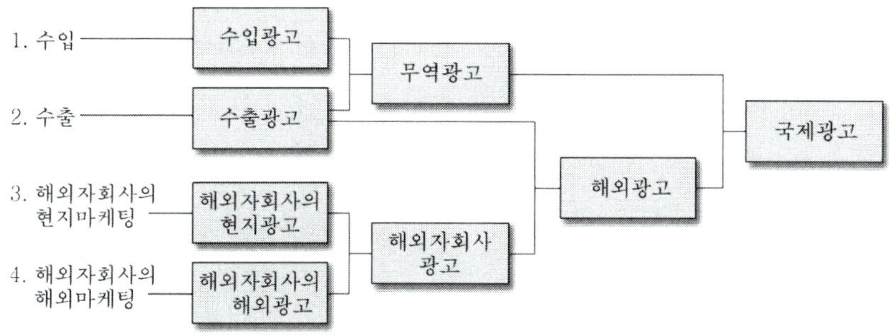

자료원 : 고경순, 국제광고 표준화모형의 적용에 관한 연구, 숭실대 박사학위논문, 1987, p. 14.

[그림 3-1] 기업활동의 국제화에 따른 국제광고의 형태

2. 국제광고의 특징

앞에서 언급한 국제광고의 개념에는 공통적으로 다음과 같은 4가지 특징이 있다.

1) 광고의 유료성

광고는 유료형태에 의해 광고메시지가 소비자에게 전달되는 특징을 가지고 있다. 즉 광고주는 각종 해외매체의 지면이나 시간을 요금을 지급하고 나서, 전하고자 하는 메시지를 소비자인 독자나 청취자, 시청자에게 내보내게 된다. 광고주는 광고비를 지불함으로써 광고의 소구방법이나 사용매체의 결정 등에 관해 통제력을 가질 수 있게 된다. 이러한 의미에서 광고는 국제홍보와 차이가 있다. 홍보는 광고와 마찬가지로 특정의 개인이나 조직이 제품 및 서비스, 아이디어에 대해 실시하는 비인적 커뮤니케이션 방법이기는 하지만 매체이용시 무료라는 점에서 광고와 차이가 있다. 물론 광고의 경우에도 무료형태로 이루어질 수도 있는데, 공익광고의 경우에 그러한 일이 종종 발생할 수 있다.

2) 광고의 비인적제시성

즉 광고는 사람과 사람의 직접적인 접촉이 아닌 매개수단을 통해 메시지가 소비자들에게 제시된다는 특징을 가지고 있다. 이것은 광고가 동시에 많은 소비자

들에게 광고메시지를 전달할 수 있는 매체에 의해 이루어진다는 것을 의미한다. 이러한 면에서 광고는 세일즈맨과 소비자 사이의 직접적인 대면접촉에 의한 제시와 촉진과는 차이가 있다. 서로 마주 보고 흥정하여 이루어지는 거래행위는 인적판매로서, 그 목적이 교환의 촉진에 있음은 광고와 크게 다르지 않으나 상대와 직접 대면하여 커뮤니케이션을 한다는 점에서 광고와는 다른 것이다. 광고의 이러한 비인적특성은 일반적으로 매시지수용자로부터의 즉각적인 피드백기회가 거의 없음을 나타낸다. 따라서 광고메시지가 전달되기 전에, 광고주는 광고메시지가 수신자에 의해 어떻게 해석되고 반응될 것인가를 고려하여야 한다.

3) 제품 및 서비스, 아이디어 등의 대상성

즉 광고는 제품 및 서비스, 아이디어 등에 내용을 담아서 소비자들에게 전달하는 특징을 가지고 있다. 광고의 대상은 소비자의 손에 잡혀지는 구체적인 제품만이 아니라 은행이나 항공사, 보험회사 등의 서비스도 포함된다. 그런가 하면 기업광고나 공공광고의 경우와 같이 아이디어를 전하기 위해 광고하기도 한다. 따라서 광고의 대상이 되는 객체에는 제품 및 서비스, 아이디어 등이 포함된다고 할 수 있다.

4) 광고주의 명시성

즉 광고에는 특정의 광고주 명칭이 표시된다는 특징을 가지고 있다. 광고란 광고주의 이익에 합치되는 행동을 유발하기 위하여 제품, 서비스, 아이디어 등에 관한 정보를 전달하는 것이다. 광고활동의 주체는 광고주이고, 광고란 일정한 광고목적을 가진 특정의 광고주에 의해 의도적으로 취해지는 설득행위이며, 특정의 광고주는 광고메시지 내용에 소비자들에게 명시된다. 그리하여 소비자는 특정의 광고를 누가 한 광고이며, 그 광고에서 제시한 제품에 대한 정보나 제품의 유용성과 소비자와의 약속에 대한 책임의 소재를 확인할 수 있는 것이다. 따라서 광고내용에 기업명과 브랜드의 표시로 광고주가 명확히 명시된다는 점에서 정치적인 목적 등으로 쓰이는 선전(propaganda)과 구별된다(오세영·이진희, 2006, p. 59).

제 2 절 국제광고의 목적과 기능

1. 국제광고의 목적과 단계

국제광고의 목적은 궁극적으로 국제기업의 국제마케팅 목표달성에 있다. 이렇게 하기 위해서는 우선적으로 소비자들에게 기업의 긍정적인 이미지를 제고시키고, 그 다음으로는 제품에 대한 인지도와 흥미를 유발하여 판매로 이어지게 하는데 있다.

이와 같이 국제광고의 목적은 기업의 이미지개선, 제품의 판매촉진, 제품과 상표에 대한 인지도 증진 및 이미지개선, 제품에 대한 유통경로확보, 판매나 서비스에 대한 정보제공 등에 있다. 이러한 일반적인 광고의 목적을 달성하기 위하여 국제마케팅관리자가 국제광고에서 고려해야 할 점으로는 첫째, 각 해외시장에서 취급제품이 나라마다 각각 상이한 제품수명주기의 단계에 놓여 있다는 점과 둘째, 해외시장의 정치 · 경제 · 사회적 환경이 각각 상이하다는 점이다.

한편 효율적인 광고관리를 위한 국제광고의 일반적인 단계를 살펴보면 다음과 같다(최상래, 2006, p. 338).

첫째, 국제광고조사의 단계이다. 이 단계에서는 국제마케팅조사의 일환으로서 집행하기 위해 전문광고대행기관에 대한 위탁 타당성검토를 하게 된다.

둘째, 국제광고목표의 확립과 광고대상의 결정단계로 주된 목표가 제품광고인지, 기업광고인지의 검토와 광고대상지역의 주 청중(audience)을 선정하게 된다.

셋째, 국제광고 계획작성팀의 편성의 단계로 국제광고담당자, 제품제조부문담당자, 해외세일즈담당자, 카피라이터(copy writer), 디자이너, 사진, 공예, 인쇄관계자 등 팀의 효율적인 운영과 작업을 할 수 있게 편성한다.

넷째, 국제광고대행기관과 국제광고매체를 선정한다. 이는 국제광고조사를 바탕으로 광고대행기관에의 위탁 타당성검토와 국제광고매체별 장 · 단점의 검토와 그 선정이 이루어지게 된다.

다섯째, 국제광고시기와 기간일수의 결정이 이루어져야 한다. 이것은 계절별,

주기별, 촉진일(promotional dates)별 등 광고시기의 검토와 반복여부, 그 회수의 결정을 하게 된다.

여섯째, 국제광고의 예산편성과 판매, 구매기점 선정단계이다. 단독국제광고와 공동국제광고 예산의 편성과 검토, 매체별 판매와 구매기점의 비교 검토가 이루어지게 된다.

일곱째, 표현소재의 모집과 표현수단을 선정한다. 여러 가지 표현소재를 다량으로 수집, 분석, 평가하여 가장 적절한 표현수단을 선정한다.

마지막으로 국제광고전략을 투입하게 된다. 여기에서는 국제광고활동의 개시와 더불어 광고활동의 효과측정과 결과에 대한 검토가 이루어져야 한다.

2. 국제광고의 기능

국제광고는 AIDMA(Attention, Interest, Desire, Memory, Action)효과라고 불리우는 다음과 같은 5가지 반응을 일으키는 기능이 있다(박기안, 2002, p. 412).

1) AIDMA기능

(1) Attention(주의집중) : 고지기능

국제광고는 해외시장에 있는 소비자의 주의를 집중시키게 함으로써 소비자들에게 기업이라든지, 제품, 서비스 등을 널리 알리는 고지기능을 가지고 있다. 만약 해외시장에 있는 대다수의 소비자가 자사제품에 대해서 잘 알지 못한 상태에 있다면 상표 또는 제품의 이름을 반복하는 단순한 메시지로써 소비자들의 주의를 집중시키는 것이 바람직하다.

(2) Interest(관심) : 설득기능

국제광고는 설득기능을 가지고 있다. 즉 광고를 보거나 듣는 사람들이 흥미나 관심을 가지게 되는 것을 이용해서 예상고객들의 구매의욕을 자극시키고 환기시키는 설득기능을 가지고 있다.

(3) Desire(욕구) : 수요창조기능

국제광고는 해외시장에 있는 소비자들로 하여금 구매욕구를 불러일으키게 함으로써 새로운 수요를 창출하게 하고 새로운 고객을 창조케 하는 수요창조기능을 가지고 있다.

(4) Memory(기억) ; 인상기능

국제광고는 장기적이고 지속적인 수요창출을 위하여 단순한 고지나 설득의 단계를 넘어 광고내용까지도 기억할 수 있도록 하는 인상기능을 가지고 있다. 즉 해외시장에 있는 소비자들에게 강한 인상을 줌으로써 반복소비나 반복사용을 하게끔 하는 기능이다. 이 때에는 구매를 하지 않을 수 없도록 확신(conviction)을 심어주어야 한다.

(5) Action(행동) : 판매유지기능

국제광고는 해외시장에 있는 소비자들이 확신을 가지고 계속해서 자사제품에 대한 구매행위를 하도록 유도하는 판매유지기능을 가지고 있다.

이와 같이 국제광고는 이러한 5가지 기능을 가지고 있다. 이것을 요약하면, 국제광고는 해외시장에 있는 소비자들에게 기업이라든지 제품을 고지(information)하고, 설득(persuading)시키고, 수요를 창조(creating)하고, 소비자들에게 강한 인상(impression)을 심어 주고, 지속적으로 판매를 유지(maintaining)시키는 기능을 가지고 있다.

이와 같은 국제광고의 여러 가지 기능들이 복합적으로 작용하여 해외시장에 적용되면 국제광고의 원래 목표인 판매시장개척 내지는 판매확대가 이루어지게 된다.

2) 마케팅기능

국제광고의 마케팅기능이란 해외시장의 소비자가 원하고 필요한 것이 무엇인가를 찾아내서, 그것을 제품화시키고 이러한 제품을 소비자들에게 알려, 제품을 구매하도록 하는 기업의 총체적인 활동과 관련된 기능이다. 이러한 국제광고의 마케팅기능을 살펴보면 다음과 같다(배병렬 · 이민우, 2000, p. 20).

첫째, 자사제품을 인식시키고 타사제품과 차별화하는 기능을 수행한다.

둘째, 제품에 대한 정보를 제공한다. 예를 들면, 숙취제거제 컨디션광고는 컨디션을 마시고 술을 마시면, 숙취제거에 효과가 있다는 정보를 제공하고 있다.

셋째, 새로운 고객이 신제품을 사용하도록 자극한다. 국제광고를 통해 소비자의 인지도를 높이는 것은 결국 제품의 유통을 자극하게 된다.

다섯째, 제품사용을 증가시킨다.

여섯째, 상표애호도(brand loyalty)를 높이는 기능을 한다. 제품지식이나 신념이 어느 정도 형성되어 있는 제품에 대한 광고는 그 제품에 대한 선호도나 상표애호도를 높이는 기능을 수행한다. 국제마케팅목표나 전략이 기업목표의 테두리 내에서 수립되듯이 국제광고 역시 국제마케팅의 한 수단이며 하위시스템이라 할 수 있다.

3) 커뮤니케이션 기능

국제광고의 커뮤니케이션기능이란 정보전달과 설득기능이다. 설득적 커뮤니케이션이란 어떤 한 개인이나 조직이 메시지를 통하여 다른 사람들의 태도나 행동을 변화시키는 과정이라 하겠다.

4) 경제적 기능

경제적 측면에서도 국제광고는 중요한 역할을 수행한다.

첫째, 소비자들이 제품에 대한 정보를 광고를 통하여 얻기 때문에 완전경쟁시장을 유도하는 역할을 수행하여 소비자들이 합리적인 의사결정을 하는데 중요한 역할을 수행한다. 물론 모든 제품들을 선택할 때 소비자들을 합리적인 것만을 고려하는 것은 아니지만 대부분의 제품선택에서는 합리적으로 결정하기 때문이다.

둘째, 반면 국제광고는 제품을 차별화함으로써 다른 기업들이 그 시장에 진입하려고 할 때 진입장벽의 역할을 수행하여 기업의 독점력을 높이는 경우도 있다.

셋째, 국제광고는 대량소비를 촉진하여 대량생산이 가능케 하여 경제성장에 기여하는 역할을 한다. 또한 대량생산을 통한 이익은 제품생산단가를 낮추기 때문에 후생복지를 향상시키는 역할을 수행한다. 물론 마케팅의 필요성이 소비자들의 수요가 다양화되어진 것에서 대두되었기 때문에 반드시 이러한 시각이 옳다고는 할 수 없다. 그러나 과거의 광고가 대량생산을 유발하며 경제성장에 기여하는데 큰 역할을 하였다는 점에서 앞으로도 특정 제품의 경우에는 그러한 기능을 수행할 것이라고 추측할 수 있다(김성환, 2001, p. 165).

5) 문화적 기능

국제광고의 문화적 기능은 광고가 생활수준을 개선하는 가장 강력한 힘으로 작용하며 생활의 평준화를 도모하고, 대중문화를 형성시키는 것을 의미한다. 국제광고는 제품의 교환을 촉진하는 궁극적인 기능뿐만 아니라, 그 사회의 문화를 비춰주는 거울과 같은 역할과 문화를 선도하고 창출하는 기능도 수행한다. 따라서 국제광고가 해당시장의 문화에 끼치는 악영향과 순영향에 대한 논의가 계속되고 있다.

6) 사회적 기능

국제광고는 생산된 제품에 대한 적합한 가치관을 갖도록 해외시장의 소비자를 교육하고 사회제도적 관점에서 소비자에게 알 권리를 제공하여 민주주의사회에서의 기본권을 충족시켜 주는 역할도 수행한다. 또한 현대인의 내부의식에 존재하는 감정, 신념, 태도 등을 사회화하는 역할도 수행한다(배병렬・이민우, 2000, p. 21).

제 3 절 국제광고의 형태

1. 광고내용에 따른 분류

1) 기업광고

기업광고(institutional advertising)란 소비자들에게 기업의 이미지를 형성시킬 목적으로 행하는 광고이다. 즉 기업광고란 광고주인 기업자체의 선전으로서 그 기업이 생산, 판매하는 제품전반 혹은 기업활동, 기업경영 등을 광고하여 이른바 상호를 해외의 소비자 또는 일반대중에게 주지시키는 광고이다.

다시 말하면 기업에 대한 신용과 명성을 높이고 또 이를 유지케 하여 소비자의 애고심을 증진시키거나 또는 호의를 가지도록 하려는데 있으므로 기업에 대한 좋은 이미지를 갖게끔 친근감의 개발을 하고자 하는데 그 목적이 있다. Stanton은 이러한 목적에 따라 기업광고를 애고기업광고(patronage institutional advertising), 공중관계기업광고(public relations institutional advertising), 공공서비스기업광고(public service institutional advertising) 등 세 가지로 분류하고 있다(Stanton, 1964, pp. 535-536).

기업광고는 제품전반, 기업활동과 기업경영뿐만 아니라 기업의 기술수준, 기업의 규모, 시설과 연혁 그리고 판매전과 판매후의 서비스를 소비자에게 알림으로써 기업에 대한 신뢰감과 이미지의 제고에 이바지하는데 있다. 따라서 현대와 같은 대량생산의 시대이며 동시에 다각경영의 시대에서 다품종 생산의 국제기업일 경우 광고비용이 많이 소요된다는 점에서 기업광고는 매우 효과적이다.

[그림 3-2] SK텔레콤의 기업광고

한편, 기업광고의 기능을 살펴보면 다음과 같다.

① 기업의 철학과 정책을 설명할 수 있다.

② 기업의 인지도를 제고시킬 수 있다.

③ 여론에 긍정적인 영향을 미칠 수 있다.

④ 파트너들과의 관계를 강화시킬 수 있다.

⑤ 구성원들에게 동기를 부여하고 우수한 신입사원의 채용에 도움이 될 수 있다.

⑥ 투자자와 주식분석가들에게 호의적인 인상을 심어줄 수 있다.

〈사례 1〉 통합LG텔레콤, 신 사명 'LG U+' 기업이미지광고 본격화

통합LG텔레콤(부회장 이상철)이 새로운 사명 'LG U+(LG유플러스)' 기업이미지광고를 시작하고 신사옥 건물외벽에 'LG U+' CI를 부착하는 등 신 사명 알리기에 본격적으로 나섰다. 통합LG텔레콤은 지난 15일부터 TV 및 신문광고를 통해 'LG U+' 기업이미지광고를 시작했다.

TV광고는 '?텔레콤'이라는 빙산의 모습으로 시작된다. 이어 빙산위의 펭귄이 날개 짓을 시작하고 펭귄이 날아오르며 얼음으로 덮인 빙산을 지나 푸른 초원이 펼쳐진 신세계를 향해 날아가는 펭귄의 모습에 떠오르는 '+YOU'로 광고는 끝이 난다?와 +의 명확한 대비구조로 쉽게 표현했으며, 펭귄의 비상이라는 의외의 화면으로 눈길을 사로잡고 있다.

광고를 기획한 통합이미지관리팀 송범영 팀장은 "날지 못하는 펭귄이 하늘을 날게 한 것은, 고객에게 더 많은 가치를 드리기 위해서라면 불가능도 가능하게 만들겠다는 회사의 의지를 표현한 것이다"고 설명했다.

신문광고는 '텔레콤의 한계를 깨고 어제의 텔레콤을 넘어 당신에게 무한한 가치를 드리기 위하여 통합LG텔레콤이 LG U+로 새롭게 시작한다'는 메시지를 전했다.

TV와 신문을 통해 이번에 새롭게 선보이는 광고의 공통적인 핵심메시지는 텔레콤이라는 이름을 버림으로써 고객에게 더 큰 가치를 플러스 하겠다는 'LG U+'의 의지를 담고 있다.

또한 지난 7일 이전한 남대문로 5가의 신 사옥 건물외벽 및 건물출입구에 'LG U+' CI를 부착해 서울역 주변도로를 오고 가는 차량과 사람들에게 사명을 자연스럽게 알리고, 사옥 내부공간에도 'LG U+' CI를 적용하는 등 사옥을 방문하는 손님들에게도 새로운 사명을 적극적으로 노출하고 있다.

이 밖에도 임직원 휴대폰 통화연결음에서 'LG U+'로 새롭게 출발한다는 안내를 시작했다.

통합LG텔레콤 관계자는 "신 사명 알리기에 적극 나서고 있는 이유는 언제 어디서나 고객이 진정으로 원하는 상품과 서비스를 제공함으로써 고객의 생활에 풍요로움을 더하는 회사로 새롭게 출발하겠다는 변화의지 및 탈통신을 통해 고객의 생활에 풍요로움을 더하는 회사로 새롭게 태어나고 있다는 것을 강조하기 위해서다"고 말했다.

한편, 통합LG텔레콤은 7월초 사명이 공식적으로 변경되는 시점에 맞춰 고객에게 혜택을 제공하는 다양한 이벤트를 진행할 계획이다.

자료원 : 브레이크뉴스, 2010. 6. 16.

〈사례 2〉 LG의 기업 이미지 광고 역사

LG의 기업광고를 생각하면 누구나 먼저 '사랑'이라는 단어를 자연스럽게 떠올릴 것이다. 그리고 '사랑해요 LG'라는 문구를 보면 '국민 유행가요' LG의 광고음악을 떠올리며 친숙한 이 멜로디를 흥얼거리게 될 것이다.

창조적 변화를 통한 고객을 위한 가치 창조

LG는 1995년 1월 1일을 기해 그룹 명칭을 '럭키금성'에서 'LG'로 변경하고 대대적인 기업 이미지 통일화 작업을 진행했다. 당시 LG의 이미지 광고전략은 소비자와 기업이 충분히 공감할 수 있는 메시지의 개발과 표현이었다.

권위적이고 딱딱한 느낌의 기존 기업광고에서 탈피, 간결하고 함축적인 기업 메시지와 소비자 정서에 맞는 친숙한 느낌의 광고 전개라는 목표 하에 '사랑해요 LG' 캠페인이 탄생했다. '늘 행복한 미소를 가져다주는 친구가 있습니다.

'사랑해요 LG'라는 메시지가 모든 신문매체에 집행됐고, 국민 대다수의 기억 속에 자리하는 LG만의 고유한 자산으로 '사랑해요 LG'가 남게 됐다.

이후 LG의 광고는 '사랑해요 LG'라는 일관된 주제 아래 '기본과 미래(2001년)', 'With LG(2002년)', '늘 그랬듯이(2003년)' 등의 고객지향적이며 친근하고 따뜻한 인간적 이미지를 꾸준히 구축해 왔다.

물론, 1999년의 밀레니엄 드림과 2000년의 무한 커뮤니케이션 등은 당시 화두가 된 밀레니엄이라는 단어를 통한 미래지향적 첨단기술을 주제로 했지만, 광고의 기본정신은 '사랑해요 LG'를 벗어나지 않았다.

2005년 LG는 'Think New LG'라는 슬로건으로 새로운 감각의 캠페인을 선보였다. 당시 LG는 'LG' 브랜드 출범 10주년을 맞이하고 계열분리를 성공적으로 마무리하면서 전자·화학 중심의 글로벌 리딩기업으로 도약할 수 있는 기반을 마련한 상황이었다.

2005년 'Think New' 캠페인 2006년 '오늘 만나는 내일' 캠페인

기존의 성실하고 친숙해만 보이는 LG의 이미지를 보다 더 도전적으로 업그레이드해야 할 필요성이 대두되었다. 이러한 과정 속에서 누구나 할 것 없이 주목했던 가치가 바로 '변화'였다. 이를 위해 '모든 것은 변화한다.

'Think New'라는 슬로건으로 LG브랜드 광고를 새롭게 제작함으로써 '일등LG'를 달성하기 위한 굳은 의지를 다졌다.

LG가 2005년 'Think New' 캠페인을 통해 거둔 성과는 '사랑해요 LG'라는 고유의 자산에 LG의 창의성과 도전정신을 반영, 새로운 아이덴티티를 부여, 변화시켰다는 점이다.

광고 소재에 있어서는 생각의 틀을 뛰어넘어 각자의 분야에서 최고의 위치에 올라선 예술가들을 등장시킴으로 LG의 새로운 생각을 대변하도록 했다.

생활 속에 스며든 LG의 고객 사랑

2006년 탄생한 '오늘 만나는 내일'은 LG의 창조적 변화가 고객을 위한 가치를 창조하고, 고객을 만족하게 만들기 위한 것이라는 메시지를 담고 있다.

또한 LG 제품 및 활동을 직접적으로 그려냄으로써 커뮤니케이션 측면에서는 LG와의 연계성을 더욱 강화하고, 그룹 차원에서는 계열사의 마케팅 활동에 도움을 주려는 뜻을 담았다.

이렇듯 뚜렷한 방향 정립에 따른 첫 광고는 LG화학의 2차전지 기술을 소재로 한 '사막'편이었다. 광활한 사막 한가운데 최신 휴대폰이 꽂혀 있고, 인적이 없는 것으로 보아 오랜 시간 방치되어 있는 듯 보이는 이 휴대폰의 액정이 아직도 켜져 있다는 것이 크리에이티브의 핵심.

LG화학의 차세대 주력사업인 전지 부문은 아직 고객에게 친숙하지 않을 수 있다는 전제 아래 강렬한 사막 배경을 통해 광고의 임팩트를 높이고자 한 것이다. 이어서 독일 월드컵을 앞둔 시점인 4월에 선보인 광고는 시장에서 선풍적인 반응을 이끌어 냈던 LG전자의 '엑스캔버스 타임머신'편. '밤잠 설치지 않고 생중계를 볼 수는 없을까' 하며, 새벽에 열리는 경기를 놓치지 않으려는 고객의 마음을 고스란히 담아낸 것이었다.

2007, 2008년 영화캠페인

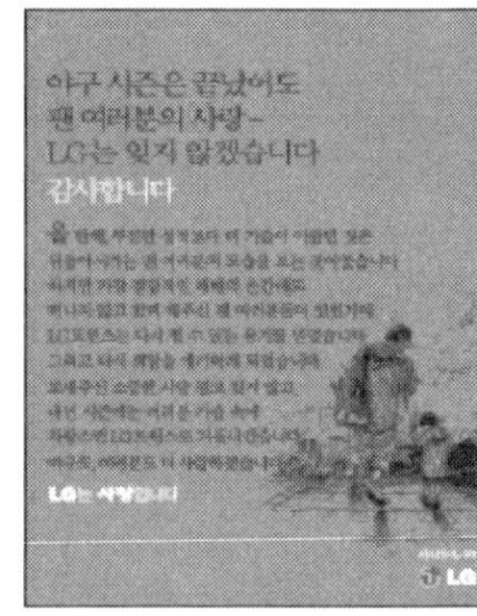

2008년 LG트윈스 광고

2007년은 LG그룹에게는 특별한 한 해였다. 바로 창립 60주년이 되는 해이기 때문이다. '국내 최초의 합성세제, 국내 최초의 선풍기, 국내 최초의 라디오, 국내 최초의 흑백TV, 국내 최초의 에어컨, 국내 최초의 세탁기' 등 자세히 살펴보면 LG가 만들어낸 제품에는 '국내 최초'라는 수식어가 많이 붙었다. 지금은 아무렇지 않게 사용하고 있지만, 만일 없으면 참 불편할 것 같은 제품들이 많은 것이다.

2007년부터 2008년까지 화제 속에 이어진 '명화 캠페인'은 이같이 고객들 삶에 깊숙이 들어와 우리 생활 속에서 긍정적인 변화와 의미들을 가져다주는 LG 브랜드의 가치를 표현하고자 했다. 이를 좀더 명확하고 절묘하게 보여주기 위해 활용된 것이 세계적인 명화였다.

고흐·마네·모네·드가 등 세계적인 화가의 명작에 LG 계열사 제품을 PPL 형식으로 배치함으로써 표현기법 및 아이디어의 절묘함으로 광고계에 신선한 바람을 일으켰다.

이어 LG는 2007년 하반기에 '고객에 대한 사랑'이라는 BI(Brand Identity)를 새롭게 정립했다. 고객과 만나는 모든 접점에서 항상 고객을 존중하고 사랑하며 이해와 배려의 마음을 가슴 깊이 새기겠다는 의미였다.

그러면서 2008년도 광고 캠페인은 '고객에 대한 사랑'이라는 BI를 집중적으로 소개하는데 초점을 맞추었다. 매체의 특성에 맞춰 전파광고와 인쇄광고의 역할을 분담하는 데에도 주력했다.

전파광고를 통해서는 브랜드 에센스인 '사랑'이 연상될 수 있도록 감성적이고 총체적인 연상 관리 중심으로 전개하면서, 인쇄광고를 통해서는 '고객에 대한 사랑'을 LG가 어떻게 실천하고 있는지 구체적인 사례를 들어 전달했다.

LG의 태양광 발전 사업이나 LED 기술을 소재로 한 광고를 통해 고객에게 풍요롭고 친환경적인 미래를 제공하고자 한 광고가 그 대표적인 예다.

2009년 '젊은 꿈을 키우는 사랑' 캠페인

또한 저조한 성적을 거둔 LG트윈스의 광고는 우승팀이 아닌 최하위 팀이 신문광고를 전개한 이례적인 광고사례로 언론에 회자되었다.

내년에는 새롭게 태어나겠다는 의지를 밝힌 광고 메시지에 대해 야구팬은 물론 수많은 고객들에게, LG가 전하고자 하는 참다운 고객사랑이 무엇인지를 보여준 단적인 예라는 평가를 받은 것이다.

'고객사랑' 실천 모습 전달

2009년에는 '고객사랑'을 실천하는 모습을 전달하는 데 주안점을 두고 '젊은 꿈을 키우는 사랑'이라는 슬로건 아래 펼치는 LG의 다양한 사회공헌 활동을 광고에 담았다. '다른 모습, 같은 사랑 - LG와 함께하는 사랑의 다문화학교', '사랑으로 함께하는 음악의 꿈 - LG 링컨센터 챔버뮤직스쿨', 'LG는 더 많은 어린이들에게 과학의 꿈을 나눠주고 있습니다 - LG사이언스홀' 등이 그 예이다.

LG는 '고객을 위한 가치창조'를 모든 경영활동의 최우선 기준으로 삼고 고객들에게 세계최고 수준의 LG 제품과 서비스를 제공하기 위한 노력을 적극 실천해 가고 있다.

고객에 대한 사랑을 이루는 방법은 LG 계열사들이 만들어 가는 긍정적 가치를 창조하는 데 있다고 믿기 때문이다. LG가 일관되게 전달하고자 하는 브랜드 아이덴티티인 '고객사랑'이 바로 LG가 고객을 대하는 마음, LG가 생각하는 고객과의 관계이다.

젊은 대학생들이 'LG글로벌챌린저'를 통해 꿈을 안고 세계로 나갈 때마다 가슴 벅차하며, 초롱초롱한 눈망울로 과학과 친해져 가는 아이들을 보면서, 미래의 모차르트를 꿈꾸는 아이들의 웃음소리를 들으면서 '고객사랑'의 약속을 되새기게 된다.

LG의 기업PR 광고는 단순히 '고객사랑'을 실천하는 모습을 알리는 수단일 뿐 아니라 LG의 '고객사랑'이 부족한 점은 없는지 되돌아보게 하는 성찰의 장이기도 하다. LG는 고객 한 분 한 분의 마음에 사랑을 심을 수 있도록 앞으로도 노력하고 있는 것이다.

자료원 : http://whyihere.blog.me/20106877223

〈사례 3〉 "내일을 위해" 기업이미지광고 늘어

LG그룹 신문광고

하나금융그룹 TV광고

SK그룹 신문광고

7~11월 4대매체 이미지광고비 작년보다 7.6% ↑

감성에 호소… "소비자 불황기 광고기업에 신뢰감"

경기 침체 여파로 소비심리가 얼어붙으면서 기업들의 제품 광고는 크게 줄었지만 미래를 대비한 기업들의 이미지 광고는 꾸준히 늘고 있다. 광고도 과거 수치(數値)를 앞세운 이성적인 내용보다는 소비자에게 긍정적인 인상을 심기 위한 감성적인 내용으로 바뀌고 있다.

○"불황때 광고 줄이면 나중에 후회"

17일 광고통계 조사회사 KADD닐슨미디어리서치에 따르면 올해 1~11월 신문, 방송, 라디오, 잡지 등 4대 매체를 통한 기업이미지 광고비는 지난해 같은 기간보다 9.8% 증가한 1,017억여 원으로 집계됐다. 이는 4대 매체 광고비 통계 조사가 시작된 1990년 이후 최대 규모다.

이 기간 4대 매체의 광고비 총액이 6%가량 줄어든 것을 감안하면 기업들이 이미지 광고 활동은 오히려 강화했다는 것을 보여준다.

특히 올해 경기 침체가 본격화된 7월부터 11월까지 다섯 달 동안 기업이미지 광고비는 작년 동기(同期) 대비 7.6% 증가한 것으로 나타났다.

이는 외환위기 당시인 1997년 12월에 기업이미지광고가 전월 대비 58%나 줄었던 것과 크게 대비된다. 이듬해인 1998년 1월 신년광고 등 영향으로 잠시 증가했지만 2월 이후엔 줄곧 감소해 5월에는 1997년 11월 대비 83.9%나 줄기도 했다.

유제상 웰콤 부사장은 "광고의 축적 효과를 무시하고 불황일 때 광고를 줄이면 경기가 살아났을 때 시장점유율을 회복하지 못하고 도태될 수 있다는 게 외환위기 때의 경험"이라고 말했다.

○ 소비자의 감성을 자극하라

주요 기업의 이미지 광고내용도 변화를 보이고 있다. 과거 기업의 성과를 수치로 제시하거나 사회공헌활동을 홍보하는 내용이 주를 이뤘다면 올해는 소비자의 감성을 자극하는 내용이 대세다.

올해 기업이미지 광고의 키워드는 주로 '믿음' '사랑' '희망' 등이다.

삼성그룹의 최근 이미지 광고는 '후진국이라는 설움과 외환위기의 시련을 이겨낸 대한민국을 믿으라'는 내용과 '저가(低價) 제품이라는 설움 속에서도 세계 1등 브랜드를 만들어낸 대한민국은 할 수 있다'는 내용에 '믿음과 희망'의 메시지를 담고 있다.

SK그룹은 최근 '웃음'을 주제로 한 광고에서 '웃을수록 행복은 더욱 커진다'는 감성적인 메시지 전달을 통해 자사(自社)에 대한 긍정적인 이미지를 심는 데 주력하고 있다.

LG그룹의 올해 그룹 이미지 광고 캠페인은 고객지향적인 휴머니즘을 앞세워 고객에 대한 '사랑'을 기반으로 하고 있다.

하나금융그룹은 최근 '워킹맘'과 다문화 가정의 아이들을 소재로 한 새로운 기업광고를 통해 소비자들의 감성을 자극하고 있다. 만삭의 몸으로 일하는 '워킹맘'의 목소리를 통해 희망과 믿음의 메시지를 전달하고 있는 것.

권호진 HS애드 지식홍보팀 국장은 "소비자는 불황기일수록 광고를 많이 하는 기업의 제품을 믿고 구매하는 보수적인 경향을 보인다"며 "특히 신문광고는 설득력과 신뢰도가 높아 그 효과가 더 커진다"고 분석했다.

자료원 : donga.com, 2008. 12. 18.

〈사례 4〉 "월드컵엔 기업이미지광고가 대세"

올 상반기 방송 광고시장은 남아공월드컵 마케팅의 영향으로 완연한 성장세를 나타낸 것으로 집계됐다.

한국방송광고공사의 자료에 의하면, 동계올림픽과 월드컵이 있었던 올 상반기의 지상파 방송광고비는 1조 1,282억 원으로, 작년 같은 기간에 비해 3,077억 원(37.5%) 증가했다.

방송광고비 증가의 주요 원인은 동계올림픽과 월드컵 등 스포츠 마케팅이 집중적으로 이뤄졌기 때문인 것으로 전문가들은 분석하고 있다. 종합 광고대행사 미디오션 총괄 김향석 이사는 "동계올림픽과 월드컵 기간에 발맞춰 많은 기업들이 광고를 집행했다는 사실이 수치로 증명됐다"면서 "경기침체로 다소 움츠러드는 경향이 있었던 광고시장이 회복세로 돌아섰다는 것에 의미가 있다"고 설명했다.

특히 올림픽과 월드컵 기간 동안 제품보다는 기업의 이미지 광고가 주를 이뤘던 것으로 조사됐다. 업종에 상관없이 대부분 기업들이 광고비 지출을 늘린 가운데, 그룹 및 기업광고가 작년에 비해 181.9% 증가했으며, 수송기기와 금융·보험·증권 광고는 각각 121.9%, 84.1% 늘어난 것으로 나타났다.

또 광고시장의 절반을 차지할 정도로 비중이 큰 국내 대기업 중 올 상반기에 가장 많은 광고비를 지출한 기업은 SK텔레콤이었다. SK텔레콤은 413억 원의 광고비를 써, KT(385억 원), 삼성전자(369억 원), LG전자(308억 원), 현대자동차(289억 원)보다도 많은 돈의 광고비를 집행한 것으로 조사됐다.

미디오션 김향석 이사는 "올림픽이나 월드컵과 같은 큰 행사가 있는 시기에는 제품 위주의 광고보다는 애국심 등 감성에 호소하는 기업이미지광고가 큰 비중을 차지하는 것으로 분석됐다"면서 "스포츠 행사 기간 동안 광고 소비자에게 긍정적인 기업이미지를 형성하는 것이 기업들에게 가장 중요한 부분으로 인식되고 있음을 보여주고 있다"고 말했다.

자료원 : 한국경제신문, 2010. 7. 8.

2) 제품광고

제품광고(product advertising)란 기업에서 생산하는 제품자체에 대한 광고형태로서 소비자가 상품에 대한 좋은 이미지를 가져 선호하고 구매하여 주도록 제품의 품종, 품질, 가격, 규격, 성능, 브랜드, 효용, 용도, 내구성 등을 주지시켜 해외시장에서의 판매촉진을 실현하기 위한 광고를 말한다.

일반적으로 기업이 아닌 제품 그 자체에 대하여 광고를 실시하는 목적은 다음과 같이 분류할 수 있다.

(1) 시장개척광고 : 기본적 수요를 개척할 목적으로 신제품의 특색, 용도, 용법 등에 관한 정보를 제공함으로써 기본적 수요를 창출해 내는 광고이다.

(2) 경쟁광고 : 기본적인 수요를 갖는 제품에 대하여 그 제품의 브랜드 이미지(brand image)를 강조하고 신용도를 주지시킬 목적으로 행하여지는 광고이다. 이러한 경쟁광고가 발전되면 자사제품을 타사제품들과 직접 또는 간접적으로 비교하여 자사제품 또는 상표의 우월성을 나타낼 목적으로 행하는 비교광고(comparison advertising)도 하게 된다(Kotler, 1990, p. 410).

[그림 3-3] 버거킹의 비교광고

[그림 3-4] 아이리버의 비교광고

[그림 3-5] 코카콜라의 비교광고

(3) 시장유지광고 : 시장에서 확립된 브랜드의 명성을 지속적으로 유지하기 위하여 자사제품의 반복소비, 반복사용을 촉진하는데 중점을 두는 광고이다. 그

런데 현대와 같이 제품수명이 짧아 제품개발이 끊임없이 이루어지는 시대에는 제품수명이 짧은 다양한 상품을 품목마다 개별적으로 광고할 경우 원래의 광고 목적을 달성할 수 없기 때문에 기업광고와 병행한 절충식광고가 효과적이라 할 수 있다. 따라서 광고주는 광고목적을 달성하기 위하여 주어진 상황에 따라서 상품을 소구하는 광고를 하기도 하고, 기업의 실태나 방침을 알리는 기업광고를 하기도 하고, 또는 양자를 절충한 광고를 실시해야만 한다.

이와 같이 기업광고는 제품광고가 그 목적을 달성할 수 있도록 윤활유와 같은 역할을 하기 때문에 양자를 적절히 믹스하여 실시할 때 비로소 광고의 전체적 효과가 향상될 수 있다.

〈사례 1〉 버거킹 신제품 광고, 멕시코 비하 논란

최근 멕시코 정부가 '버거킹'에 딴지를 걸어 관심이 집중되고 있다.

멕시코 정부는 얼마 전 버거킹이 유럽시장을 상대로 출시한 햄버거 '텍시칸 버거'(Texican burger) 광고가 멕시칸을 비하한다는 이유로 강한 반발의 뜻을 내비쳤다.

문제의 광고에는 키 크고 마른 미국 카우보이와 멕시코 국기가 그려진 옷을 입은 키 작은 레슬러가 등장해 멕시코와 미국의 입맛을 적절히 조화시킨 새로운 맛의 버거를 암시하고 있다.

광고 속 키 큰 미국 카우보이는 높은 선반에 팔이 닿지 않는 멕시칸 레슬러 높이 들어 올려 주거나 높은 창문의 청소를 돕는가 하면, 레슬러는 카우보이가 병을 여는 것을 도와주는 장면이 등장한다.

또 "작고 매운 멕시칸 식 텍사스의 맛"(The taste of Taxas with a little spicy mexican)이라는 내레이터의 카피가 포함돼 있다. 이어 멕시코 국기가 그려진 망토를 입은 레슬러가 등장하는 지면광고도 함께 공개되며 멕시칸의 반발도 이어졌다.

국가법으로 국기의 이미지를 보호할 만큼 남다른 애착을 가지고 있는 멕시코 측은 이 광고가 낡은 멕시코를 연상시킨다며 광고 방영 중단 및 삭제를 요청했다.

호르헤 제르메노(Jorge Zermeno) 스페인 주재 멕시코 대사는 지난 13일 버거킹 본사에 서신을 보내 "우리는 우리 국기에 큰 자부심과 존경심을 가지고 있다."면서 "해당 광고는 멕시코 인에 대한 부적당한 이미지를 사용한 것"이라며 멕시코를 상징하는 일부 이미지를 삭제해 줄 것을 요구했다.

이에 버거킹 측은 "미국과 멕시코의 조화를 표현하려고 했을 뿐 어떤 비하 의도도 없었다."면서 "멕시코 문화와 국민들을 존경하는 차원에서 '텍시칸 버거'의 광고를 변경하기로 결정했다."고 밝혔다.

한편 멕시코의 남다른 나라사랑은 이번이 처음이 아니다. 많은 멕시코 인과 미국 내 라틴아메리카인들은 지난 90년대에 멕시칸 말투를 쓰는 작은 치와와가 등장하는 '타코벨'(Taco Bell · 멕시칸 패스트푸드)광고에 강한 반발을 드러낸 바 있다.

자료원 : 나우뉴스, 2009. 4. 15.

〈사례 2〉 제네시스 "우리차 튼튼하다" 아우디 "왜 우리와 비교하나"

8일 현대차의 고급 세단 제네시스 출시를 앞두고 수입차업체인 아우디가 격분하고 있습니다. 이유는 제네시스의 TV 광고 때문입니다.

현대차는 지난해 말부터 내보내고 있는 광고에 제네시스와 아우디의 대표 차량인 A8이 시속 100㎞로 마주보고 달려오다 충돌하는 장면을 삽입했습니다. 광고를 보신 분들은 아시겠지만 충돌 직후 제네시스와 A8의 파손 정도는 거의 비슷했습니다. 소비자에게 '제네시스가 세계적인 명차인 A8과 비슷하게 튼튼하구나'라는 인식을 심어주기에 부족함이 없죠. 현대차 관계자는 "제네시스는 처음부터 프리미엄 자동차시장 공략을 위해 개발한 최고급 세단"이라며 "소비자들에게 세계적인 명차 못지않게 튼튼한 차라는 걸 보여주기 위해 비교 충돌 장면을 넣었는데, 결과는 대만족"이라고 말했습니다.

반면 제네시스의 희생양(?)이 된 아우디는 "현대차 광고는 A8의 특성을 무시한 채 소비자를 호도하고 있다"고 비난하고 있습니다. 아우디에 따르면 A8은 차체 전체가 알루미늄으로 만들어진 세상에서 둘밖에 없는 차 중 하나입니다. 알루미늄 차의 특징은 충돌시 차체가 최대한 충격을 흡수함으로써 차 안의 운전자와 동승자를 보호한다는 것이 아우디의 주장입니다. 즉 차체가 많이 찌그러질수록 차 안의 사람은 안전하다는 것이죠. 그런 만큼 제네시스 광고에서 A8이 많이 찌

그러진 건 차가 약해서가 아니라 애초부터 그렇게 설계됐다는 설명입니다.

제네시스가 수입차업계와 마찰을 일으킨 건 이번이 처음이 아닙니다. 현대차는 지난해 12월 경기도 남양연구소에서 있었던 비교 시승 행사에서 제네시스를 벤츠의 E클래스, BMW의 5시리즈와 맞붙였습니다. 당시에도 현대차는 "자신 있기 때문"이라고 했지만 벤츠와 BMW에서는 불쾌해하는 기색이 역력했습니다.

어쨌든 제네시스는 세계적인 명차와의 비교 시승, 비교광고를 통해 소비자의 관심을 모으는 데는 성공했습니다. 하지만 제네시스가 수입차를 선호해온 고급자동차 수요계층을 현대차 고객으로 끌어올 수 있을는지는 좀 더 지켜봐야 할 것 같습니다.

자료원 : chosun.com, 2008. 1. 7.

〈사례 3〉 쏘나타 광고 '캠리'에 도발?

현대차가 최근 '쏘나타 F24 GDi' 모델을 출시하면서 선보인 광고에서 경쟁모델인 도요타의 '캠리'보다 우수함을 암시하는 장면을 넣어 눈길을 끌고 있다.

22일 현대자동차에 따르면 지난 19일부터 지상파와 케이블 등 TV방송과 인터넷을 통해 신형 쏘나타 모델인 '쏘나타 F24 GDi'의 출시 광고를 집중적으로 내보내고 있다.

이 광고에서 특히 눈길을 끄는 것은 쏘나타가 지나가는 길에 차 한 대가 함께 등장해 비교되는 모습이다.

쏘나타가 지나가자 곁에 서 있던 이 차는 흐린 배경 색깔로 변하고, 이어 "어떤 차가 당당할 수 있을까? 쏘나타의 성능 앞에"라는 카피 문구가 화면을 가득 채우며 마무리된다.

신형 쏘나타가 경쟁 차에 비해 성능이 뛰어나다는 것을 분명히 강조하는 내용이다.

광고에는 이 경쟁 차의 브랜드나 모델 이름은 전혀 노출되지 않았지만, 업계 관계자들은 일본 수입차, 특히 도요타의 '캠리'가 아니냐고 추측하고 있다.

도요타의 대표 차종인 캠리는 지난해 10월 국내 시장에서 공식 출시된 뒤 3개월여 동안 1,195대(하이브리드 제외)가 판매되는 등 선풍적인 인기를 끌고 있다.

쏘나타의 2.4ℓ급 신형 모델 출시로 비슷한 급인 캠리와의 경쟁구도가 첨예해진 상황에서 쏘나타가 비교우위에 있다는 메시지를 소비자들에게 보다 직접적으로 전달하기 위해 광고에 캠리를 연상시키는 차를 등장시켰을 것이라는 분석이다.

이처럼 수입차와의 비교를 연상시키는 광고는 이전에는 시도된 적이 없지만, 이제는 차량 성능에 대한 자신감이 높아지면서 당당한 비교가 가능해졌다는 것이 업계의 시각이다.

실제로 현대차는 최고출력 201마력, 최대토크 25.5kg.m, 연비 13.0km/ℓ의 성능을 보유한 신형 쏘나타가 어느 수입차에도 절대 뒤지지 않는다는 점을 강조하고 있다.

현대차 관계자는 "쏘나타 2.0 출시 광고가 혁신적인 디자인을 주제로 한 광고였다면, 이번 2.4 모델의 론칭 광고는 독자개발한 세타 GDi 엔진 탑재로 경쟁차종 대비 탁월한 성능을 갖췄다는 점을 주제로 했다"고 말했다.

현대차는 이런 자신감으로 오는 26일 언론을 상대로 캠리와의 비교 시승회까지 벌인다.

현대차는 국내시장뿐 아니라 글로벌시장에서도 신형 쏘나타를 캠리를 뛰어넘는 글로벌 베스트셀링카로 키운다는 계획이다.

자료원 : 연합뉴스, 2010. 1. 22.

〈사례 4〉 이마트 비교광고에 홈플러스 '발끈'

이마트의 가격 비교광고에 대형마트 2위 업체인 홈플러스가 반격에 나섰다.

전국 이마트 점포에서 주요 생필품을 직접 구매, 광고보다 이마트의 실제 판매가가 비싸다고 주장하고 나선 것.

그러나 이마트는 자신들이 약 1달간 10차례 조사한 가격을 평균한 반면, 홈플러스는 단 1회만 조사한 수치를 발표한 것이라고 재반박했다.

홈플러스는 27일 보도자료를 내고 "전국 125개 이마트 점포에서 최근 이마트 측이 실시한 비교광고의 근거로 사용한 30개 주요 생필품을 직접 구매해 조사한 결과, 광고보다 실제 가격이 비쌌다"고 27일 주장했다.

이마트가 지난 24일자 주요 일간지에 '소보원이 선정한 주요 생필품 중 30개 제품을 이마트에서 구매했을 때 가격이 경쟁사인 'A'사나 'B'사 보다 싸다'는 내용의 광고를 싣자, 홈플러스가 이마트의 모든 점포를 대상으로 해당 제품들의 가격을 조사했다.

홈플러스는 "직원 200명을 동원해 모든 점포에서 해당 제품을 샀다. 이 조사에 2,500만원이 소요됐다"며 "결론은 이마트의 광고가 실제와 많이 달랐다는 점"이라고 밝혔다.

홈플러스 관계자는 "비교 제품 중 '오뚜기 딸기잼(500g)'은 이마트 수지점에서 광고보다 28.4% 비싼 3,300원에 판매 중이었고 전체 이마트 점포 평균으로도 20.6% 비싼 3,100원에 판매되고 있다"고 밝혔다. 이마트는 앞서 비교광고에서 이 제품의 이마트 판매 가격이 2,570원으로 경쟁사 A(3,090원)와 B(2,680원)에 비해 싸다고 밝혔다.

홈플러스는 이 밖에 '농심 삼다수(2L)'와 '코카콜라(1.8L)', '삼양라면(5입)', '남양유업 뉴 임페리얼분유XO 1단계(800g)' 등도 이마트 일부 점포에서 광고에 표시된 가격보다 비싸게 판매됐다고 밝혔다.

이마트는 이에 대해 홈플러스와 조사 방법에서 뚜렷한 차이가 있다고 반박했다. 이마트는 경쟁사의 전국 대형 점포 10곳과 해당 점포에서 가장 가까운 이마트 점포를 선정해 조사했고, 5월 27일부터 6월 21일까지 약 한 달간 주 2~3회씩 10차례 조사해 평균 가격을 산출했다는 것이다.

이마트 관계자는 "점포들이 경쟁을 벌이고 있는 지역에서 기간을 길게 잡아 평균을 낸 것이기 때문에 이마트 전 점포를 대상으로 1번만 가격을 조사해 광고에 표기됐던 가격보다 비싸다고 주장하는 것은 무리가 있다"고 설명했다.

홈플러스가 단 한 차례 전국 이마트 점포를 대상으로 조사를 벌인 것과 달리, 이마트는 경쟁이 치열하게 벌어지고 있는 지역을 골라 3개 회사 점포에서 판매중인 동일 제품 가격을 10차례 수집, 평균을 도출했다는 것이다.

실제로 대형마트의 가격전쟁이 본격 시작된 이후, 점포마다 프로모션이 치열해 하루에도 몇 번 씩 가격이 바뀌는 경우가 많은 상황이다. 이마트는 "일례로 홈플러스 측이 대표적으로 비싸다고 지적한 오뚜기 딸기잼의 경우, 제조업체인 오뚜기가 이번 달부터 소비자 가격을 3,390원에서 3,630원으로 9% 인상한 제품"이라고 반박했다.

자료원 : 머니투데이, 2010. 6. 27.

〈사례 5〉 LG 비교광고에 SK 발끈

SK그룹과 LG그룹의 통신 계열사들이 경쟁사의 이동통신·국제전화 광고를 놓고 법원과 공정거래위원회에 제소하는 등 '이전투구' 양상을 보이고 있다.

SK텔레콤은 지난달 LG텔레콤의 3세대 이동통신 무선인터넷 '오즈(OZ)'의 광고에 대해 공정위에 시정조치를 요청했다고 1일 밝혔다.

SK텔레콤은 "LG텔레콤이 오즈 광고에서 '힘이 되는 3G(3세대 이동통신), 힘이 드는 3G'라고 한 문구는 비방광고이며, LG텔레콤(월 6,000원)과 SK텔레콤(월 2만 6,000원)의 상품은 월간 데이터 이용한도가 다른 상품인데, 이를 비교한 것은 부당하다"고 주장했다. 이에 대해 LG텔레콤은 "광고에 'SK텔레콤' 대신 'A사'로 표시했고, 상대적으로 경제적인 요금제를 부각한 광고인데, SK텔레콤이 문제 삼는 것은 이해할 수 없다"고 밝혔다.

앞서 휴대폰 국제전화 '00700' 서비스를 하는 SK텔링크는 지난달 '002' 국제전화 업체인 LG데이콤의 휴대폰 광고를 문제 삼아, 서울중앙지법에 광고 중단 가처분 신청을 내고, 공정위에 시정조치를 요청했다.

▲ SK텔레콤이 공정거래위원회에 제소한 LG텔레콤의 무선인터넷'오즈'광고. SK텔레콤은 이 광고의 문구가 자사에 대한 비방을 담고 있다고 주장하고 있다. 반면 LG텔레콤은'SK텔레콤'대신'A사'로 표시했으므로 문제될 것이 없다는 입장이다. /LG텔레콤 제공

LG데이콤은 휴대폰 국제전화 할인상품인 '002 모바일 스페셜' 사용자들에게 통화료를 문자메시지로 보내주면서, 경쟁사인 SK텔링크의 '00700 일반요금'을 이용했을 때와 비교해 절감된 통화료를 함께 알려준다. SK텔링크 관계자는 "LG데이콤이 자사의 국제전화 할인요금 상품을 휴대폰 화면으로 광고하면서 이보다 비싼 SK텔링크의 일반요금 상품을 비교한 것은 부당하다"고 주장했다. LG텔레콤의 오즈 서비스는 출시 1개월 반 만에 17만 명의 가입자를 모집했고, LG데이콤의 '002 모바일 스페셜'은 두 달 만에 사용자가 10만 명을 돌파했다.

대신증권 이동섭 애널리스트는 "이동통신과 휴대폰 국제전화 시장의 지배적 사업자인 SK 계열사들이 LG측의 비교광고에 민감한 반응을 보이는 것은 이들 광고의 파괴력이 크기 때문"이라고 말했다.

자료원 : chosun.com, 2008. 6. 1.

2. 기타 광고의 분류

광고대상에 따라 대중광고와 업계광고, 광고주에 따라 단독광고와 공동광고로 분류된다.

1) 대중광고와 업계광고

대중광고란 해외시장의 소비자나 사용자 등의 일반대중을 대상으로 하는 광고이다. 이에 대하여 업계광고란 수입국의 수입상이나 판매점 등의 딜러를 대상으로 하여 행하여지는 광고이다. 즉 신시장 개척 또는 판로확대에 있어서 우선 수입국의 딜러에게 고지 및 설득할 목적으로 실시하는 광고이다. 대중광고와 업계광고와는 광고매체를 달리한다. 전자는 넓은 매스미디어를 매체로 하며, 후자는 일반적으로 업계신문이나 전문잡지 등의 좁고 깊은 미디어를 이용한다. 그러나 넓은 매스미디어를 이용하는 대중광고를 통해서도 업계광고의 목적을 달성할 수 있다(홍성헌, 2008, p. 305).

2) 단독광고와 공동광고

단독광고란 각 개별기업의 이름으로 단독으로 행하는 광고이며 가장 일반적인 광고방법이다. 이에 반해 공동광고란 두 개 이상의 기업 또는 공동조합의 이름으로 광고를 하는 경우를 말한다. 공동광고는 두 가지 측면에서 생각할 수 있는데, 첫째 측면은 한 기업체가 해외시장에 진출할 때, 해당시장국의 유통업체나 혹은 시장국 파트너와 광고에 협력하는 것이고, 둘째 측면은 같은 나라의 기업체들이 공동으로 해외시장국에 진출하는데 협력하는 것을 말한다.

공동광고의 기본목표는 비용감소, 판매고증대, 수익목표달성 및 위험축소에 있다. 공동광고에 있어서 중요한 사실은 광고목적, 광고방법 및 광고이유를 확정하는 일이다. 또한 광고목적과 광고협력사항을 정확히 알고 통제를 할 수 있는 통제기구가 필요한데, 특히 규모가 상이한 다양한 기업들이 공동광고를 하는 경우에는 광고경험이 많고 광고조직을 제대로 갖춘 기업이 전체를 통제하는 역할을 맡아야 한다(박기안, 2002, p. 415).

〈사례 1〉 통합LGT-LG전자, '옵티머스Q' 공동마케팅 돌입

통합LG텔레콤과 LG전자가 이달 말 출시하는 '옵티머스 Q(LG-LU2300)' 공동마케팅에 돌입한다.

통합LG텔레콤은 이번 주말부터 공동 TV광고를 시작으로 본격적인 한국형 안드로이드폰 '옵티머스 Q' 알리기에 나선다고 14일 밝혔다.

'옵티머스(Optimus)'는 '최고, 최상'을 뜻하는 라틴어로 소비자에게 스마트폰을 통한 최고의 경험을 선사한다는 의미를 담고 있다. 'Q'는 '한국인의 스마트폰 생활연구를 기반으로 최적화된 스펙 및 콘텐츠를 제공하는 진정한 한국형 스마트폰의 자격을 갖췄다(Qualified)는 상징성'을 내포한다고 LG텔레콤은 설명했다.

이번에 공개될 '옵티머스Q'의 티저광고는 제품의 핵심기능을 감성적인 언어로 표현한 5초 분량의 광고 3편으로 제작됐다.

김재현 통합LG텔레콤 브랜드커뮤니케이션팀장은 "한국인의 스마트폰 사용에 대한 철저한 인사이트를 바탕으로 탄생한 '옵티머스Q'가 펫네임과 같이 최고, 최상의 사용자경험을 선사할 것으로 기대한다"며 "앞으로 티저광고를 비롯, 다양한 옵티머스Q 마케팅 활동을 공격적으로 전개해 나갈 방침"이라고 말했다.

한편, '옵티머스Q는 1㎓의 퀄컴 스냅드래곤 CPU, 3.5인치 HD화질의 LCD, 쿼티키패드 등 고사양 멀티미디어 기능을 지원한다. 특히 웹툰, 블로그, 맛집 등 한국인이 가장 많이 사용하는 네이버와 다음의 인기 콘텐츠와 20여 종의 지식사전, 증강현실, 인기 모바일 게임 등 100여 종의 애플리케이션을 기본으로 탑재한 것이 특징이다.

자료원 : 뉴시스, 2010. 5. 14.

〈사례 2〉 트렉스타, 하나투어와 공동마케팅 MOU 체결!

트렉스타(대표 권동칠)는 국내 최대 여행기업인 하나투어(대표 권희석)와 지난 9일 공동 마케팅을 위한 업무제휴 협약(MOU)을 체결했다.

양사는 이번 MOU체결에 따라 상호 적극적인 협력과 지원 하에 공동광고 및 프로모션이 시행된다. 먼저, 국내외 트레킹 여행상품 및 올레길 체험상품의 공동기획 및 판매를 진행하고, 여행 및 레저용품 전문 온라인 쇼핑몰인 '하나투어샵'에 트렉스타 기획전이 실시될 예정이다.

또 전국 80여 개의 트렉스타 전문 판매점과 1천 여개의 하나투어 전문판매점에 여행상품 및 트레블화의 제작물 비치와 하나투어 상품 홈쇼핑 광고 시 공동 프로모션도 진행되는 등 다양한 마케팅 협업을 추진할 계획이다.

트렉스타는 국내 등산화 시장뿐 아니라 일본, 중국, 대만 등에서도 시장점유율 1위를 다투고 있는 등 세계 20여개국에 수출하고 있는 글로벌 아웃도어 브랜드이다. 2009년 12월 국가브랜드 위원회와 지식경제부 주최, 한국 디자인 진흥원이 주관하는 대한민국 명품브랜드로 선정받기도 했다.

트렉스타 마케팅 김동욱 계장은 "이번 협약을 통해 토탈 아웃도어 브랜드로서 고객들에게 전문화된 트레킹 여행 상품을 제공함으로서 차별화된 서비스를 제공할 수 있을 것으로 예상된다."며 "오는 3월 19일 스포츠화, 트레블화, 비즈니스화 라인으로 출시할 네스핏(nesTFIT)이 여행을 즐기는 고객들에게 좀 더 가깝게 다가가 고객만족을 선사하는 기회가 될 것"이라고 전했다.

네스핏(nesTFIT)은 3월 19일 미국과 유럽, 아시아 지역 등 전 세계에 동시에 런칭될 예정으로 세계 3대 스포츠 용품 박람회중 하나인 ISPO CHINA에서 세계 유수의 브랜드를 누르고 2010년 최고의 스포츠 제품으로 선정되는 등 출시 이전부터 주목을 받고 있는 트렉스타의 신제품이다.

자료원 : 패션저널&텍스타일라이프, 2010. 3. 15.

3) 상업광고와 공익광고

상업광고는 기업이 제품의 판매나 기업에 대한 호의적인 이미지형성 등 영리성을 가지고 전개하는 광고이고, 반면에 공익광고는 공공의 이해나 복지를 증진할 목적으로 광고의 항태를 빌려 정보를 제공하거나 행동의 유발을 유도하는 형태의 광고를 말한다. 상업광고는 주로 기업들이 주관하며, 공익광고는 기업, 정부, 사회단체 등 어떤 주체든 그 후원자가 될 수 있다. 거리질서캠페인, 금연캠페인, 자연보호캠페인 등이 공익광고에 속한다. 외형상 상업광고와 공익광고의 혼합형태인 복합광고도 있는데, 예를 들면 "과자는 맛있게 먹고, 잡수신 후에 봉지는 휴지통에 넣어 주세요" 등이다.

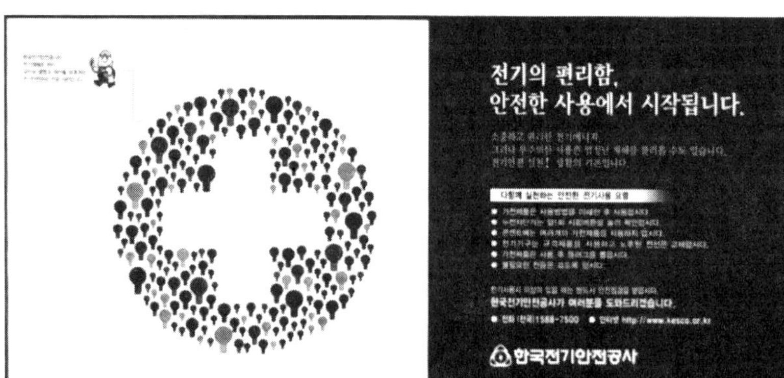

[그림 3-6] 공익광고

이상에서 살펴본 광고유형들은 편의상 분류한 것으로 서로 배타적인 것은 아니며, 여러 가지의 성격을 동시에 갖는 광고도 있을 수 있다(김희철, 2007, p. 333).

〈사례〉 1930년대 공익·상업광고 상표

고성 금강산 '장안사 호텔' 광고

성냥갑 부착용 '텬짜표 고무신' 상표

성냥갑 부착용 서울 대중음식점 '취선옥' 광고

1930년대 일제강점기에 제작된 이색 공익·상업광고가 처음으로 공개돼 눈길을 끌고 있다.

박민일 전 강원대 교수가 소개한 5건의 '부착물'과 '상표'는 당시 광고 트렌드와 변천사를 엿볼 수 있는 자료로 강원도에서 제작된 자료도 3점이나 포함됐다.

첫 번째 광고는 강원도 고성 금강산 '장안사 호텔' 광고 부착용 상표(8×11.5㎝)다.

상표를 보면 좌우로 조선 금강산, 장안사 호텔이란 한문·일본어 문구와 상하로 콩고산(KONGOSAN) 조안지 호텔(CHOANJI HOTEL)이란 영문카피를 강조했다.

세 그루의 노송과 장안사 건축물을 일러스트 했지만 장안사 호텔은 광고에 그려넣지 않았다. 국영조선철도국 '로고'가 일제 강점기를 상징적으로 보여주고 있다.

성냥갑 부착용인 '텬짜표 고무신' 광고 상표(3.5×5.5㎝)의 경우 한글과 한자 혼용으로 맞춤법이 틀리는 등 콘텐츠 카피가 재미있기도 하고 유치하지만 시대상을 보여주는 소중한 자료로 평가되고 있다.

고무신을 사이에 두고 줄다리기 시합을 하는 유머러스한 표현이 이채로운 광고 상표는 충주읍 시장 천일고무 충주출장소가 제공했다.

또 다른 성냥갑 부착용 상표로 제작된 서울 대중음식점 '취선옥' 광고(3.5×5.5㎝)는 메뉴를 중심으로 십장생도가 감싸고 있다.

당시 최신 유행 콘텐츠를 사용했던 상표 아래 '경성관 명정(명동) 192, 전광(전화 광화문국) 32137번'이란 제작소 소개도 시대상을 풍미한다.

강원도경찰부가 발행한 '불조심' 스티커

강원도 평강군 복계역 앞 '환인상점' 상표

지난 30년대 강원도경찰부(현 강원도경찰청)가 발행한 비닐제품 '불조심' 스티커(9×15㎝·사진 밑 왼쪽)로 '화의용심'(불조심), '지키자 후방을 잊지 말자 불조심', '자원애호' 등의 카피와 불을 상징하는 서체가 인상적이다.

당시 고층건물에 속하는 2·3층 건물이 불길에 휩싸인 모습을 일러스트 했다.

조선경방협회 강원도연합지부와 공동으로 발행한 광고는 30년대 비닐재질의 스티커가 사용됐음을 보여주는 실증사료다.

다섯 번째로 공개한 상표인 강원도 평강군 복계역 앞 '환인상점'은 담뱃갑 부착용 광고 상표(4.5×6㎝)로 철원 북쪽인 평강에서 내지인(일본인)이 경영한 '환인상점'을 홍보하고 있다.

평강군을 대표하는 백화점, 대형마트였던 환인상점은 평강에서 흔히 볼 수 없는 2층 건물로 '주단포목', '화양잡화'(서양·일본제품), '곡물비료', '석유소주' 등을 판매한다는 간판이 선명하다.

박 전 교수는 "이번에 공개한 5장의 광고 상표를 통해 1930년대 일제 강점기의 시각적 매체인 '부착물'과 '상표' 트렌드를 살펴볼 수 있다"며 "당시 광고카피와 디자인 등의 양상을 오늘날과 비교해 볼 수 있는 자료로 가치가 높다"고 전했다.

자료원 : 강원도민일보, 2010. 6. 24.

제 4 절 국제광고의 조직화

국제광고의 조직화에는 집권화(centralization)와 분권화(decentralization), 그리고 절충형(compromise approach)의 세 가지 주요 대안이 있다(Terpstra, 1978, pp. 423 427). 즉 ① 본사에 국제광고를 위한 모든 의사결정을 집중하시키는 것, ② 해외자회사에 의사결정을 완전히 분권화사키는 것, ③ 이러한 두 가지 방법의 혼합적인 형태를 가지는 것이다. 이러한 의사결정은 독립적으로 행해지는 것은 아니며 기업의 전체적인 국제운영의 구조와 그리고 본사 및 자회사수준에서 이용할 수 있는 전문지식의 수준에 의하여 영향을 받는다.

1. 집권화

국제광고의 집권화란 광고캠페인의 준비에시부터 매체 및 광고대행사의 선정, 광고예산책정 등의 국제광고에 대한 모든 의사결정을 본사에서 수행하는 것을 말한다.

이것은 기업의 국제운영이 소규모적일 경우와 거래가 독립된 판매업자나 라이센스 취득자(licensees)에 국한될 경우에 적합한 것이지만, 완전한 집중화는 기업이 해외자회사를 통하여 운영할 경우에는 덜 적합하다고 할 수 있다. 완전한 집권화는 실제로는 곤란하므로, 집중화는 본사가 주요한 조정적인 역할을 하는 경우를 말하는 것이 일반적이다.

국제광고의 집권화는 기업이 표준화된 국제광고를 행하거나 해외시장 및 광고매체의 조건이 시장전체에 걸쳐 유사한 경우, 그리고 기업이 모든 시장을 커버하고 있는 지사를 가진 국제광고대행사와 거래를 할 경우에 적합한 방식이다.

한편, 국제광고의 집권화는 직원배치 및 광고관리에 있어서 규모의 경제를 얻을 수 있다는 이점이 있으며, 문제점으로는 경직성, 현지욕구에 대한 부적응, 현지자회사의 창의력과 사기의 손상을 들 수 있다.

2. 분권화

국제광고의 분권화란 국제광고에 대한 모든 의사결정권을 해외자회사에게 위임하는 것을 말한다. 이는 국제사업규모나 광고량이 너무 적어 본사로부터 관심을 받지 못할 때와 본사와 해외자회사간의 커뮤니케이션문제가 발생하여 집권화 접근법으로는 해결할 수 없을 경우, 그리고 기업이 현지상황을 잘 알고 있는 해외자회사에게 책임을 부과하면 동기부여가 잘 된다고 판단될 경우에 적합한 방식이다.

분권적 관리는 현지광고활동과 현지광고대행사의 사용과 관련되며, 자회사수준에서 보다 많은 전문지식과 직원을 필요로 하는 것이다. 자회사를 갖지 않는 시장에서는 기업의 라이센스 취득자나 판매업자에 의존하게 될 것이다.

분권화의 이점으로는 현지국가적인 운영에 따른 현지자회사직원에 대한 동기부여, 보다 호과적인 현지적응적인 광고프로그램의 획득을 들 수 있으며, 문제점으로는 광고노력의 중복과 비효과적인 광고활동을 들 수 있으며, 이것은 소규모시장의 경우에는 더욱 그렇다고 할 수 있다.

3. 절충형

절충형방식은 집권화와 분권화의 양접근법의 장점을 활용하는 방법으로서 이 방식을 채택할 경우, 본사와 해외자회사간에는 국제광고에 대한 적절한 분업이 이루어져야 한다. 즉 본사의 광고관리자는 국제광고정책과 지침, 기본적인 광고주제 및 소구의 선정을 맡게 되고, 해외자회사에서는 매체선정과 현지시장욕구에 맞는 광고소구의 적응을 주로 담당하게 된다.

이 절충형은 이러 가지 방법으로 실행된다. 첫째는 국제적인 표준화를 고도로 유지하면서 현지적인 투입을 허용하는 것이다. 둘째는 본사는 단순히 전체적인 지침을 확립하며, 그에 따라 자회사는 그 자신의 광고를 제작하는 것이다. 그리고 본사는 일반적으로 자회사의 노력을 검토하게 된다(김동기 · 한선민, 1997, p. 388).

그런데 국제광고활동에 대한 의사결정구조가 본사에 집권화되는가 또는 분권화되는가에 따라 국제광고의 표준화정도에 상당한 영향을 미치게 된다. 일반적으로 국제광고에 대한 의사결정이 본사에 집중될수록 광고의 표준화정도는 높게 나타나게 된다.

이와 같이 의사결정의 집권화정도와 국제광고의 표준화 사이에 밀접한 관계가 있다는 논리는 기존의 여러 연구에서도 발견할 수 있다.

Donnelly는 문화적 차이에 대한 국제광고 경영자의 태도와 그들의 국제광고전략간에 어떠한 관련이 있는가를 확인하기 위하여, 해외시장에서 국제광고를 하고 있는 미국의 주요 비내구성 소비재 제조업체의 국제광고 경영자를 대상으로 조사하였다. 이 연구결과에 의하면 문화적차이를 인정하는 경영자들은 분권화된 광고계획과 현지광고대행사를 이용하고 있는 반면에, 주요 광고의사결정권이 집권화되어 있는 기업의 경영자들은 표준화된 국제광고전략을 많이 사용하고 있는 것으로 나타났다.

여기에서 Donnelly는 경영자가 주요 광고의사결정권의 50%이하를 현지자회사에 위임하거나 본사가 단독으로 매체선택, 광고일정, 크리에이티브 및 광고소구의 선택과 같은 중요한 광고의사결정을 할 경우 그 기업은 국제광고의 집권화가 이루어진 형태이고, 경영자가 주요 광고의사결정권의 대부분을 현지자회사에 위임할 경우에 그 기업은 국제광고의 분권화가 이루어진 형태라고 하였다.

그의 연구결과에 의할 것 같으면, 조사대상기업의 63.2%가 분권화된 국제광고활동을 하고 있으며, 36.8%가 집권화된 국제광고활동을 행하고 있는 것으로 나타났다(Donnelly, 1970, pp. 60-68).

Aylmer는 미국에 본사를 둔 9개 다국적기업의 86개 해외자회사의 마케팅 프로그램을 분석한 결과, 제품전략에 대한 의사결정은 본사의 비중이 높게 나타난 반면, 광고, 가격, 유통경로 등의 요소들은 대부분 해외자회사의 경영자가 주도적인 역할을 담당함으로써 적응화전략을 많이 사용하고 있는 것으로 나타났다.

특히 〈표 3-1〉에 제시된 바와 같이 광고전략의 경우에는 86%가 해외자회사에 의해 결정되는 것으로 나타나 상당한 수준의 적응화가 이루어지고 있음을 알 수 있다(Aylmer, 1970, pp. 25-30).

〈표 3-1〉 해외자회사의 마케팅 의사결정의 정도

해외자회사의 의사결정권	해외자회사의 마케팅 의사결정 영역			
	제품디자인	광고전략	소매가격	유통경로
해외자회사가 결정	30%	86%	74%	61%
본사와 해외자회사가 공동으로 결정	15%	8%	20%	38%
본사가 결정	55%	6%	6%	1%
계	100%	100%	100%	100%

자료원 : R. J. Aylmer, "Who Makes Marketing Decisions in the Multinational Firm?," *Journal of Marketing*, October 1970, p. 26.

Wills와 Ryans는 미국의 다국적기업들을 대상으로 국제광고의 의사결정에 대한 본사와 해외자회사의 개입정도를 분석한 결과, 국제광고의 목표설정 및 예산책정에 있어서는 본사개입의 정도가 높고, 국제광고의 크리에이티브 전략과 매체선정의 경우에는 해외자회사에게 그 권한을 많이 부여하고 있다는 사실을 밝혀냈다(Wills, and Ryans, 1976, pp. 577-584).

또한 해외자회사의 수에 따라 의사결정의 집권화정도에 상당한 영향을 미친다는 견해가 있다.

Brandt와 Hulbert는 브라질내의 63개 외국자회사를 대상으로 조사한 결과, 해외자회사의 수가 적을 경우에는 의사결정이 본사에 집중되는 경향을 보이다가 그 수가 늘어날수록 해외자회사에게 권한을 많이 부여하게 되고, 해외자회사의 수가 일정수준 이상이 되면 다시 본사의 집권화정도가 높아진다는 사실을 발견했다(Brandt and Hulbert, 1977, pp. 7-14).

또한 Rau와 Preble은 다국적기업의 국제마케팅 표준화전략에 대한 이론적인 연구에서 본사와 자회사의 통제정도가 표준화의 정도에 적지 않은 영향을 미친다는 점을 강조하였다(Rau and Preble, 1987, pp. 18-28).

안영갑은 국제기업의 한국자회사를 대상으로 마케팅 의사결정의 집중화와 표준화간의 관계를 실증적으로 분석한 결과, 마케팅믹스요소중 제품의 경우에는 의사결정의 본사집중화를 통하여 표준화전략을 한국자회사에게 부과하는 경향이 있지만, 이외의 가격, 광고, 유통경로분야의 경우 표준화전략이 의사결정의 본사집중화에 의해 수행되고 있지 않는다는 사실을 밝혀냈다(안영갑, 1985. pp. 81-97).

한편 Jain은 표준화문제에 관한 모회사와 자회사 경영자들간의 전략적 컨센서스(strategic consensus)가 이루어지거나, 정책수립과 자원활동에 대한 권한이 중앙으로 집중된 기업일수록, 표준화전략을 실행하는 것이 효과적이라고 주장했으며, Ryans와 Ratz, Harvey 등도 이와 유사한 논리를 내세웠다(Jain, 1989, pp. 70-79 ; Ryans, and Ratz, 1987, pp. 145-158 ; Harvey, 1993, pp. 57-64).

제 5 절 IMC의 이해

1. IMC의 등장배경

IMC(Integrated Marketing Communication ; 통합적 마케팅커뮤니케이션)는 시장의 환경변화에 따라 발전한 개념으로 대량화, 획일화, 표준화 따위를 특징으로 하는 대중마케팅 시대의 종언을 알리는 탈대중화시대의 마케팅접근 방법이다. 제2차 세계대전 이후 미국시장에서는 소비자들의 수요가 기하급수적으로 증가하면서 기업들은 특별한 노력 없이 소비자들에게 비교적 용이하게 판매하였다. 1960년대에는 소위 4P를 중심으로 하는 매스마케팅이론이 탄생하였고, 1979년 리스(Ries)와 트라우트(Trout) 등이 제시한 포지셔닝이론은 탈대중화마케팅의 초기이론으로 상품의 차별화를 강조하였으나 소비자의 관점을 충분히 반영하지는 못하였다.

1980년대 중반 이후 미국시장은 브랜드 사이의 경쟁이 더욱 심화되고 기업들의 마케팅활동은 세계화되며 유통업자들이 제조업자들로부터 시장지배력을 획득하는 등의 시장환경변화가 일어났다. 이와 함께 더욱 현명해진 소비자들에게 매스마케팅과 매스커뮤니케이션의 효용은 더 이상 위력적이지 못함에 따라 이에 따른 상황적 대안으로 IMC가 등장했다(오세영 · 이진희, 2006, p. 61).

과거에는 광고, 판매촉진, 홍보, 이벤트, 구매시점 디스플레이 등과 같은 커뮤니케이션 수단들이 별개의 마케팅활동으로 수행되었으나, 최근 들어 많은 기업들이 일관된 브랜드이미지를 창출 · 유지하기 위해서 이들을 조정 · 통제해야 할 필요성에 대해 공감하고 있다. IMC의 중요성이 강조되는 이유로는 대중매체광고의 효과에 대한 의문제기와 새로운 정보기술 및 매체의 발달에 의한 개별고객에의 접근용이성을 들 수 있다.

우리는 집중적인 TV광고비 지출로 높은 수준의 브랜드인지도를 달성했음에도 불구하고 매출의 성장에는 실패한 경우를 종종 보게 된다. 이에 따라 대중매체에 의존한 광고가 매출증대에 미치는 효과에 대해 의문을 제기한 많은 기업들이 보다 비용효율적인 마케팅커뮤니케이션 기법에 관심을 보이게 되었다. 즉 TV, 신문, 잡지를 이용한 대중매체광고, 판매촉진, 다이렉트마케팅, 이벤트, PR등을 통합적으로 운영하여 각 커뮤니케이션 수단간의 시너지효과를 극대화함으로써 개별고객과의 관계를 구축 · 강화해야 할 필요성을 절감하게 된 것이다. IMC의 등장은 판매촉진, 다이렉트마케팅, 이벤트, PR 등의 커뮤니케이션 도구를 단순히 대중매체광고의 보조적인 수단이 아니라 동등한 보완관계로 간주하게 만들었다. 또한 최근 들어 케이블TV, 위성TV, 인터넷 등 다양한 유형의 매체가 개발되고 이에 노출되는 청중들이 보다 세분화됨에 따라 대중매체광고에 대한 청중들의 주목률이 상당히 감소하고 있다. 이와 더불어 데이터베이스를 구축하기 위한 정보기술(가령, POS시스템)의 발전으로 고객의 이름, 주소, 전화번호, 나아가 구매행동을 파악할 수 있게 되었다. 이에 따라 불특정대중시장을 표적으로 하는 매스마케팅으로부터 자사브랜드를 주로 구매하는 우량고객과의 우호적 관계를 공고히 하는 개인마케팅(individual marketing) 혹은 관계마케팅의 도입이 필요하게 되었다. 즉 기존의 대중매체광고, 직접반응광고 및 판매촉진도구들 간의 결합을 통해 특정 표적소비자들의 반응에 대한 추적이 용이해짐으로써 마케팅커뮤니케이션 비용지출에 대해 보다 정확한 효과측정이 가능하게 되었다(안광호 · 한상만 · 전성률, 2009, p. 25).

2. IMC의 개념

1989년 미국의 광고대행사협회가 밝힌 IMC의 정의를 살펴보면, "IMC는 광고, DM, 판매촉진, PR 등 다양한 커뮤니케이션 수단들의 전략적인 역할을 비교검토하고, 명료성과 정확성 측면에서 최대의 커뮤니케이션 효과를 거둘 수 있도록 이들을 통합하는 총체적인 계획의 수립과정이다"라고 정의하였다.

그 후 1993년 슐츠(Schultz)가 그의 저서 『*The New Marketing Paradigm*』을 통해서 "IMC란 광고, 직접반응, 판매촉진, PR 등의 전략적 역할에 대한 포괄적 이해가 주는 부가가치를 인식한 마케팅커뮤니케이션의 기획, 이들 수단들의 통합에 의한 커뮤니케이션효과를 극대화하고자 하는 것이다"라고 정의하였다. 이 정의는 IMC를 커뮤니케이션 수단들의 통합으로 말하고 있다. 그리고 이들의 통합적 운용을 통해 효과를 극대화하자고 주창한다.

하지만 슐츠는 1997년에 "IMC란 다양한 커뮤니케이션 수단들의 전략적 역할에 대한 부가가치를 인식하고 이들을 통합하여 명확하고 지속적으로 커뮤니케이션 효과를 극대화하기 위한 마케팅커뮤니케이션 기획의 개념이다."라고 정의를 수정한다. 앞서의 정의와 비교할 때 전자는 IMC를 단순히 수단의 통합으로 이해한 반면에, 후자는 IMC를 기획의 개념으로 끌어올린 것이다.

오그덴(Ogden) 또한 1998년 자신의 저서를 통해 "IMC란 마케팅믹스를 구성하는 다양한 판촉수단들을 총망라하는 것으로, 대상고객에게 동일한 메시지를 보내는 것이 무엇보다도 중요하다"라고 밝혀 슐츠와 같은 맥락에서 IMC를 정의하였다.

이어 그는 "따라서 IMC의 모든 요소가 동원되어야 하며, 때로 이들 각 요소간 중복이 불가피하다. IMC의 각 수단은 모두가 마케팅 프로그램에 영향을 미치기 때문에 이러한 관점에서 각각의 요소는 효과가 극대화될 수 있도록 관리되어야 한다"고 밝히고, [그림 3-7]과 같은 마케팅흐름도를 제시하였다.

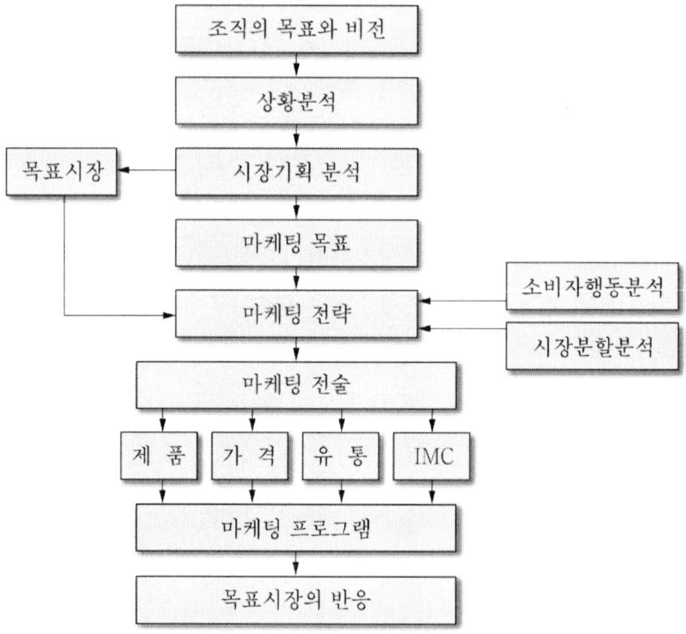

[그림 3-7] 제임스 오그덴(James Ogden)의 마케팅흐름도

이후 슐츠가 다시 2003년 "IMC란 소비자, 고객, 종업원 혹은 기타 조직 내·외부에 관련된 모든 공중을 대상으로 상호 조정되고 측정가능하며, 설득적인 마케팅커뮤니케이션 프로그램을 지속적으로 적용하는 전략적인 사업과정이다."라고 IMC를 새롭게 정의하였다. 이 정의에 따르면 기업의 조직은 마케팅커뮤니케이션-표면적으로는 고객-을 중심으로 변화하여야 하며, 경영전략 역시 이러한 고객을 고려하여 구축되어야 한다는 것이다(조경섭·석종득, 2009, pp. 130-132).

아래 [그림 3-8]은 이러한 정의를 토대로 전통적 조직구조와 IMC가 추구하는 통합적 조직구조를 비교한 것이다.

IMC는 지휘자의 지휘에 의해 이루어지는 오케스트라의 연주와 같다. IMC는 오케스트라를 구성하는 각각의 악기에 해당되는 마케팅커뮤니케이션 도구들(즉 광고, 판매촉진, PR, 이벤트, 다이렉트마케팅)의 독자적인 소리를 지휘자인 마케터의 지휘에 의해 단일의 조화된 소리로 전달함으로써 소비자의 마음속에 명확한 브랜드이미지 및 브랜드자산을 형성해 가는 과정으로 볼 수 있다. 소비자는 일상생활에서 대중매체광고뿐 아니라 친구나 직장동료로부터의 구전, PR, 뉴스기사, 직접 사용경험, 입간판, 스포츠행사후원 등의 다양한 형태의 브랜드관련 접촉점(brand contacts)을 통해 브랜드에 대한 인상을 형성한다. 어떤 제품은 TV광고가 효과적일 수 있지만 또 다른 제품은 직접반응광고가 보다 적절할 수 있다. 그러므로 IMC는 표적소비자에게 가장 효과적이면서 이들에게 효율적으로 도달될 수 있는 마케팅커뮤니케이션 수단 및 매체를 결합하여 이들 간에 시너지효과를 창출하는 데 그 목적이 있다(안광호 · 한상만 · 전성률, 2009, p. 26).

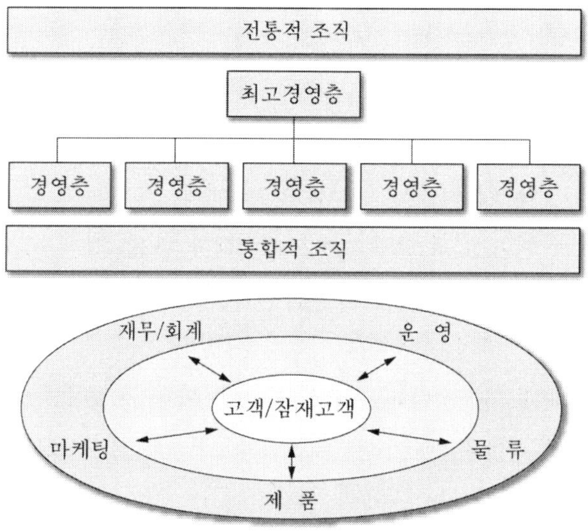

[그림 3-8] 전통적 조직과 통합적 조직의 비교

3. IMC의 특징

앞에서 언급한 IMC의 개념을 바탕으로 한 IMC의 특징을 살펴보면 다음과 같다.

첫째, IMC의 목표는 장기적인 안목에서 궁극적으로 소비자의 행동에 영향을 미친다는 특징을 가지고 있다. 이는 마케팅 커뮤니케이션이 단순히 브랜드인지도에 영향을 주고 브랜드에 대한 소비자태도를 강화하는 것을 넘어서서, 제품구매와 같은 특정한 행동반응을 이끌어 낼 수 있도록 수행되어야 함을 뜻한다.

그러나 모든 커뮤니케이션 노력이 사람들로 하여금 행동하게끔 할 수 있다고 기대하는 것은 비현실적이다. 소비자는 대체로 새로운 브랜드를 구입하기 전에 그 브랜드에 대해 호의적인 태도를 가지고 있으므로 커뮤니케이션효과 단계별 목표설정(인지 · 태도)도 바람직하다. 그러나 성공적인 IMC프로그램은 브랜드의 존재를 알리고 형성된 선호도를 바탕으로 궁극적으론 제품구매를 유도할 수 있어야 한다. 이러한 관점에서 IMC의 개념은 마케팅 커뮤니케이션 관리자에게 전략수립 시 장기적인 안목을 요구하고 있다.

둘째, IMC는 모든 형태의 마케팅 커뮤니케이션도구, 즉 고객접촉수단을 메시지 전달경로의 대안으로 활용한다는 특징을 가지고 있다. 여기서 접촉수단이란 표적고객에 도달가능하면서 자사브랜드에게 유리하게 활용할 수 있는 모든 유형의 메시지 경로를 의미한다.

IMC신봉자들은 대중매체광고와 같은 단일 커뮤니케이션수단에만 의존하지 않고 브랜드에 대한 메시지를 잠재고객에게 전달할 수 있는 다양한 종류의 고객접점을 이용한다. DM, 스포츠 및 예술행사 후원, 타제품 포장물에 광고, T셔츠 인쇄, 점포 내 전시 및 인터넷 홈페이지가 모두 현재고객 및 잠재고객에게 접근가능한 중요한 접점 중의 하나가 될 수 있다.

셋째, IMC의 또 다른 중요한 특징은 가장 효과적인 커뮤니케이션 도구로 구성된 설득적 커뮤니케이션 프로그램의 개발을 위해 "고객이나 유망고객(prospect)의 욕구를 파악하는 것에서 시작한다"는 점이다. IMC는 고객접촉수단, 즉 커뮤니케이션 도구의 결정에 있어서 기업의 눈으로 고객을 바라보는 내부지향적(inside-out)접근법을 추구하는 것이 아니라 고객의 정보추구욕구와 구매동기유발에 가장 부합되는 커뮤니케이션 도구가 선택될 수 있도록 고객욕구의 파악으로부터 출발하는 외부지향적(outside-in) 접근법을 택한다.

넷째, 다양한 마케팅 커뮤니케이션 도구들 간에 시너지를 추구해야 한다는 것은 IMC정의에서는 핵심부분이다. 광고, POP디스플레이, 판촉, 이벤트 등 모든 커뮤니케이션 요소는 하나의 목소리(one voice)를 내야 한다. 그러므로 강력하고 통일된 브랜드이미지를 구축하고 소비자를 구매행동으로 이끌기 위해서는 각 커뮤니케이션 도구의 역할에 대한 조정(coordination)이 절대적으로 중요하다. 브랜드자산에 기여하도록 모든 커뮤니케이션 요소들을 잘 조정하지 못하면 커뮤니케이션 노력이 중복되거나 혹은 서로 상반된 메시지가 전달되어 그 효과를 감소시킬 수 있다.

마지막으로 IMC의 다섯 번째 특징은 성공적 마케팅 커뮤니케이션이 되기 위해서는 고객과의 관계구축이 필요하다는 것이다. 관계구축이란 브랜드와 소비자간에 지속적인 연계관계의 형성을 통해 반복구매, 나아가 브랜드애호도를 형성하는 것이다. 최근 들어 많은 기업들이 새 고객을 찾아나서기보다는 기존고객과의 관계를 구축·유지하는 것이 높은 시장성과를 유지하는 데 보다 중요하다는 것을 인식함에 따라, '상용고객' 우대제도와 같은 다양한 형태의 충성고객 보상프로그램을 경쟁적으로 개발·실행하고 있다.

IMC를 도입하는 기업은 소비자에게 메시지를 제공하는 데 이용될 수 있는 모든 커뮤니케이션 수단을 고려하여 표적청중들의 행동에 영향을 미치고자 한다. 그러므로 IMC를 도입하는 마케터는 소비자에게 설득적인 메시지가 전달될 수 있도록 모든 커뮤니케이션 수단들에 대한 전체적인 계획을 수립하고 실시할 필요가 있다. 즉 IMC가 성공을 거두기 위해서는 큰 그림을 그리는 사고가 필요하다(안광호·이유재·유창조, 2010, pp. 139-141).

〈사례〉 신한금융투자··인물 실사·애니메이션 적절하게 배합…메시지 이해하기 쉽게 전달

광고회피를 극복하기 위한 새로운 수단으로 BEM(Branded Entertainment Marketing)과 가상광고(Virtual Advertising)라는 수단이 등장했다. 이 두 가지 수단은 과거에 전혀 없었던 것은 아니다. 간접광고로 주목받았던 PPL(Product Placement)보다 진보된 것들이다. BEM이 흥미와 관심의 요소를 강화한 것이라면, 가상광고는 가상(virtual) 기술의 발달로 가능해진 것이다.

BEM은 브랜드를 기반으로 제작된 엔터테인먼트의 요소를 갖춘 콘텐츠를 말한다. 즉 영화, 음악, 드라마, 뮤직비디오, TV쇼 등 엔터테인먼트 콘텐츠 속에 특정 브랜드의 제품, 상징, 이미지 등을 자연스럽게 배치하는 마케팅 커뮤니케이션 전략이다. 이는 흥미 있는 요소를 강화해 소비자의 눈을 멀리 가지 못하게 하는(Zipping & Zapping방지) 크리에이티브인 것이다. 영화의 일종인 AD Movie의 경우는 광고(advertisement)를 위한 영화(movie)다. 이 또한 제품을 소재로 시나리오를 작성, 스토리를 전개하는 적극적인 방식의 광고영화를 말한다. PPL이 브랜드를 엔터테인먼트 콘텐츠에 소극적으로 노출시켰다면, BEM은 엔터테인먼트 콘텐츠의 기획단계에서부터 브랜드가 보다 주도적인 역할을 한다.

월드컵 중계방송에서 실제 축구장에는 없는 브랜드가 TV 속 운동장 한가운데 갑자기 나타난다든지, 동계 올림픽 피겨스케이팅 경기장에 특정 브랜드가 나타나는 것이 가상광고다. 이 가상광고는 중간광고가 없는 우리나라의 광고환경에서는 중간광고보다 오히려 프로그램을 시청하는 과정에서 보다 강제적으로 브랜드나 브랜드의 상징물에 노출되는 효과가 있다.

다만 브랜드의 로고나 상징물의 비주얼은 노출되지만, 이미지를 형성할 수 있는 다른 청각적인 요소들은 동시에 노출시킬 수 없다는 단점이 있다.

최근 골프채널의 중계방송에서 그린의 홀컵 주위에 신한금융투자의 CMA로고가 나오는 것을 자주 볼 수 있다. 신한은행은 스폰서가 돼 골프 대회를 개최하고 PGA 우승자인 최경주의 모자에는 신한은행 로고가 새겨 있으며 그린 홀컵에는 신한 CMA가 나타난다. 중산층 이상이 즐겨 보는 골프 중계방송을 통해 골퍼들에게 골프의 고급 이미지와 신한그룹의 이미지를 연계하는 마케팅 커뮤니케이션 전략인 것이다. 골퍼를 타깃으로 한 IMC(Integrated Marketing Communication) 전략의 좋은 사례 중 하나로 평가된다.

타블로와 강혜정 부부가 나오는 신한금융투자 TV-CF는 랩송과 더불어 우리의 눈과 귀를 즐겁게 한다. 인물의 실사와 적당한 애니메이션의 배합은 메시지 내용을 이해하기 쉽게 해 준다. TV-CF에서 실사와 애니메이션과의 혼합 사용 '크리에이티비티'나, 인기 연예인 혹은 스포츠 스타인 빅 모델을 활용하는 것도 엔터테인먼트적인 요소를 보다 강화하기 위한 커뮤니케이션 전략으로 이해할 수 있다.

같은 이야기나 같은 콘텐츠라도 누가 그 내용을 전달하느냐가 매우 중요하다. 어떤 사람의 이야기는 맛깔스럽다 하고, 어떤 이의 이야기는 지루하고 밋밋하다고 한다. 같은 유명인이라 할지라도 메시지의 전달력에서 차이가 난다. 어떤 교수의 강의는 학생이 몰리고, 어떤 교수의 강의는 인기가 없다. 그것을 우리는 신뢰도(Source Credibility)로 설명할 수 있다.

미래학자 롤프 옌센은 21세기를 '꿈의 사회'(Dream Society)라고 했다. 이 드림 소사이어티의 근간은 이야기, 즉 스토리텔링이 중심이 되는 사회다. 이야기는 만들어지고 전파되어야 가치가 있는 것이다.

마케팅 커뮤니케이터는 긴 소설이나 영화가 아닌 짧으면서도 축약된 마케팅 메시지를 전달하는 '축약 창조자'이자 '이야기꾼'인 셈이다.

필자는 '널리 알린다'는 의미의 광고(廣告)에서 비롯된 매스 마케팅(mass marketing) 시대가 저물고 포스트 매스 마케팅(post mass marketing) 시대로 접어들었다고 생각한다. 기업 마케팅 행위의 하나인 광고라는 말 대신 기업의 커뮤니케이션 활동이라는 측면에서 마케팅 커뮤니케이션 혹은 MOC(Marketing Oriented Communication)가 적합하다.

자료원 : 한국경제신문, 2010. 7. 14.

주요용어

1. 국제광고(international advertising)
2. 국제촉진믹스(international promotion mix)
3. 기업광고(institutional advertising)
4. 상품광고(product advertising)
5. 비교광고(comparison advertising)
6. 통합적 마케팅커뮤니케이션(Integrated Marketing Communication)
7. 개인마케팅(individual marketing)
8. 내부지향적 접근법(inside-out approach)
9. 외부지향적 접근법(outside-in approach)

연 습 문 제

1. 국제광고의 개념과 특징에 대하여 설명하시오.

2. 국제광고의 목적과 단계에 대하여 설명하시오.

3. 국제광고의 AIDMA기능에 대하여 설명하시오.

4. 국제광고의 기능에 대하여 설명하시오.

5. 국제광고의 형태에 대하여 설명하시오.

6. 국제광고의 조직화에 대하여 논하시오.

7. IMC란 무엇인가? 그리고 그 등장배경에 대하여 설명하시오.

8. IMC의 특징에 대하여 설명하시오.

참고문헌

1. 김동기 · 한선민, 『국제마케팅론』, 박영사, 1997.
2. 김성환, 『촉진관리론』, 두남, 2001.
3. 김철, 『국제마케팅론』, 신영사, 1992.
4. 김희철, 『글로벌시대의 국제마케팅』, 두남, 2007.
5. 고경순, "국제광고 표준화모형의 적용에 관한 연구," 숭실대학교, 박사학위논문, 1987. 6.
6. 박기안, 『국제마케팅』, 무역경영사, 2002.
7. 반병길, 『마케팅관리론』, 박영사, 1990.
8. 배병렬 · 이민우, 『광고의 이해』, 대경, 2000.
9. 안광호 · 이유재 · 유창조, 『광고관리』, 학현사, 2010.
10. 안광호 · 한상만 · 전성률, 『전략적 브랜드관리』, 학현사, 2009.
11. 안영갑, "국제기업의 한국자회사에 대한 마케팅 의사결정의 집중화와 표준화에 관한 연구," 경영학연구, 제14권 제2호, 한국경영학회, 1985. 2.
12. 오세영 · 이진희, 『국제광고론』, 신론사, 2006.
13. 원종근 · 현인규 · 지남웅, 『국제마케팅론』, 법문사, 1995.
14. 조경섭 · 석종득, 『마콤솔루션』, 비즈프라임, 2009.
15. 최상래 · 김현지, 『국제마케팅』, 두남, 2006.
16. 한국광고단체연합회, "광고회사 현황조사," 광고계동향, Vol. 228, 2010, 3.
17. 홍성헌, 『국제마케팅』, 우용출판사, 2008.
18. Albaum, G. et al., *International Marketing and Export Management*, Reading, Mass. : Addison - Wesley Publishing Company, 1990.
19. Aylmer, R. J., "Who Makes Marketing Decisions in the Multinational Firm?," *Journal of Marketing*, October 1970.
20. Brandt, W. K. and Hulbert, J. M., "Headquarters Guidance in Marketing Strategy in the Multinational Subsidiary," *Columbia Journal of World Business*, Winter 1977.
21. Donnelly, J. H. Jr., "Attitudes Toward Culture and Approah to International Advertising,"*Journal of Marketing*, July 1970.
22. Harvey, M. G., "A Model to Determine Standardization of the Advertising Process in International Markets," *Journal of Advertising Research*, July 1993.
23. http://jinah85.egloos.com
24. Jain, S. C., "Standardization of International Marketing Strategy : Some Research Hypotheses," *Journal of Marketing*, January 1989.
25. Keegan, W. J., *Global Marketing Management*, 4th ed., Englewood Cliffs, N. J. : Prentice-Hall Inc., 1989.
26. Kotler, P., *Marketing : An Introduction*, 2nd ed., Cliffs, N. J. : Prentice-Hall Inc.,

1990.

27. Kotler, P., *Marketing Management, Analysis, Planning, Implementation and Control*, 6th ed., Englewood Cliffs, N. J. : Prentice-Hall Inc., 1988.
28. Majaro, S., *International Marketing*, 2nd ed., London : George Allen and Unwin, 1982.
29. Mathur, U. C., *International Marketing Management*, SAGE Publications Inc., 2008.
30. Miracle, G. E., "International Advertising Principles and Strategies", *MSU Business Topics*, Autumn 1968.
31. Rau, P. A. and Preble, J. F., "Standardization of Marketing Strategy by Multinationals," *International Marketimg Review*, Autumn 1987.
32. Ryans, J. K. Jr. and Ratz, D. G., "Advertising Standardization," *International Journal of Advertising*, Vol. 6, 1987.
33. Stanton, W. J., *Fundamentals of Marketing*, New York : McGraw-Hill Book Company, 1964.
34. Terpstra, V., *International Marketing*, 2nd ed., Hinsdale, Ill. : Dryden Press, 1978.
35. Wills, J. R. Jr. and Ryans, J. K. Jr., "An Analysis of Headguarters Executives Involvement in International Advertising," *European Journal of Marketing*, Vol. 11, 1976.

제 4 장

국제광고환경

제 1 절 국제광고환경의 의의

해외시장을 대상으로 한 국제광고활동은 비교적 안정과 정보의 확실성 아래에서 수행할 수 있는 국내광고활동과는 달리 상당한 정도의 위험과 불확실성에 직면케 된다. 따라서 국제광고활동에서 성공하려면 국제마케팅환경에 대한 체계적이고 세밀한 분석이 전제되어야 한다. 오늘날 이러한 국제마케팅환경은 그 어느 때보다도 복잡화되어 가고 있을 뿐만 아니라 급속한 변화를 하고 있다. 이러한 어려운 여건 하에서 국제마케팅활동을 성공적으로 수행하기 위해서는 급변하는 해외시장환경에 능동적으로 대처해야 할 것이다. 왜냐하면 각 해외시장은 서로 다른 시장환경을 지니고 있기 때문에 이러한 이질성을 제대로 파악하지 못하거나 적응하지 못한다면 막대한 지장을 초래하게 된다. 즉 국제마케팅활동이 전개되는 해외시장에서는 제각기 이질적인 정치 · 사회 · 문화적 · 경제적 환경이 존재하기 때문에 국제광고담당자는 그러한 해외시장환경에 적응하도록 끊임없는 노력을 해야 한다(Kelly and Lazer, 1967, p. 577). 이러한 기업의 환경적응력은 국내에서의 사업활동에 있어서도 중요시되어야 하지만, 그 경영활동분야를 해외시장으로 진전시켜 전개할 경우 더욱 중요하다. 왜냐하면 해외시장으로 진출할 경우 환경의 차이가 커지게 되므로 광고활동의 불확실성과 위험이 더욱 증대될 것이기 때문이다. 따라서 국제광고의 성공가능성을 높이기 위해서는 국제마케팅환경에 대한 정보의 체계적인 수집과 평가가 필수불가결하며, 이에 기초한 전략적 계획설정이 이루어져야 한다.

해외시장에서 시장기회를 높이려면 시장의 규모가 크고 시장의 성장가능성이 높아야 하며, 또한 정치, 경제, 문화, 사회적인 환경이 안정적이어야 한다. 질적인 요인으로는 심리적 거리감(psychic distance)이 가까워야 한다. 이와 같은 시장여건을 확인하기 위해서는 주도면밀한 시장분석과 환경분석을 하여야 하며, 지속적으로 대상가능국가에 대한 정보를 수집하여야 하는 것이 첫 걸음이다.

해외시장에서 광고활동을 성공적으로 수행하기 위한 전제로서 해외시장환경을 분석하려는 경우, 기업은 다음과 같은 세 가지 문제점에 직면하게 된다. 즉 첫째, 어떤 요인들을 분석할 것이며 그 요인들에다가 어느 정도의 비중을 둘 것인가, 둘째, 어느 나라 어느 지역에다 중점을 둘 것인가, 셋째, 양적 · 질적으로 적절한 자료를 어떻게 수집하고 어떻게 분석하여 미래에 대한 예측을 할 것인가 등이다(오세영 · 이진희, 2006, p. 81).

해외시장환경은 너무나 광범위하고 항상 급변하기 때문에 그 환경요인에 대한 통일적인 분류방법이라는 것은 없다. 따라서 학자들이 필요성에 따라 나름대로 환경요인을 구분하고 있다. 여기에서는 정치 · 법률적 환경, 경제적 환경, 문화적 환경 등으로 나누어 살펴보기로 한다.

제 2 절 경제적 환경

국제기업이 국내시장과 다른 해외시장에서 성공적인 국제광고활동을 수행하기 위해서는 무엇보다도 목표시장에 대한 경제적 환경분석이 선행되어야 한다. 경제적 환경분석을 통하여 목표시장의 특성을 파악하고, 이를 자기 기업의 국제광고활동에 유용하게 활용할 수 있을 때 비로소 국제광고활동의 목표를 성공적으로 달성할 수 있을 것이다.

경제적 환경(economic environment)은 국제기업의 환경요인 중에서 핵심적이고 직접적으로 영향을 미치는 환경이며, 흔히 국제기업이 해외시장의 이질적인 환경 하에 업무를 수행하면서 마주치는 환경이라는 의미에서 과업환경(task environment)이라고도 일컬어지기도 한다. 그런데 기업의 국제마케팅활동에 영향을 미치는 경제적 환경은 여러 가지가 있을 수 있겠으나 여기에서는 경제적 환경을 크게 국제경제적 환경과 개별국가의 경제적 환경으로 구분하여 살펴보기로 한다.

1. 국제경제적 환경

1) 시장의 글로벌화

최근의 국제경제환경은 범세계적인 자유무역의 확대분위기 속에서도 자국의 경제적 이익을 우선적으로 고려하는 지역주의의 확산으로 신보호무역주의가 강화되고 있는 양면적인 현상을 보이고 있다.

즉 1990년대에 들어와 EU(유럽연합), NAFTA(북미자유무역지대), APEC(아시아 · 태평양 경제협력) 등 세계 여러 지역에서의 경제블럭화가 확산되고, 우루과이 라운드의 타결과 함께 WTO체제의 출범으로 전세계가 하나의 시장으로 통합되는 소위 국경없는 무한경쟁시대로 돌입하게 되었다.

이러한 WTO체제의 출범은 각종 기업의 국제화 필요성을 부각시켰으며, 기술의 획기적인 발달과 새로운 경영방식, 개선된 수송과 빨라진 통신 및 정보, 그리고 국경을 넘는 기업활동과 더불어 세계경제의 글로벌화를 더욱 가속시켰다.

그런데 Yip(1992)은 이와 같은 세계경제의 글로벌화를 촉진하는 요인으로서 [그림 4-1]과 같이 시장요인, 비용요인, 정부요인, 경쟁요인 등 크게 네 가지로 구분하여 설명하고 있다.

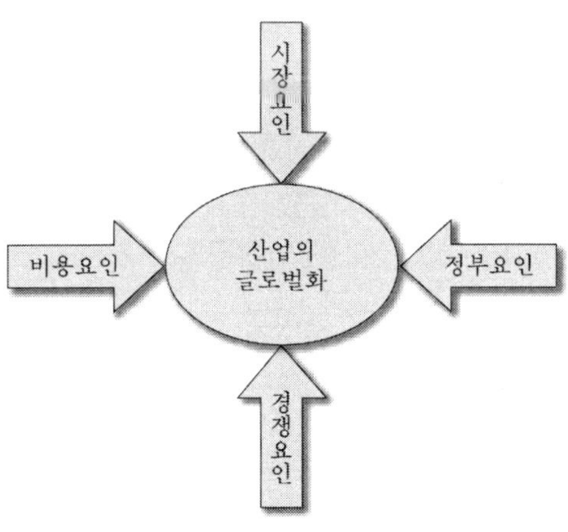

자료원 : G. S. Yip, *Total Global Strategy: Managing for Worldwide Competitive Advatage*, Englewood Cliffs, N, J. : Prentice-Hall, Inc., 1992, p. 12.

[그림 4-1] 산업글로벌화 촉진요인

이러한 네 가지 요인들은 각각 개별산업의 특성에 따라 그 영향력이 서로 다르며, 동시에 시간의 흐름에 따라 변화할 수 있다. 최근의 글로벌화 촉진요인의 변화를 살펴보면 다음과 같다.

첫째, 시장요인의 변화로는 우선 국가간 1인당 소득수준의 격차가 좁혀지고, 생활패턴과 소비자 기호가 유사하게 동질화되는 국가간 수렴 현상을 들 수 있다. 첨단 정보통신 및 멀티미디어 기술의 발달과 소비자들의 해외여행 증가로 글로벌 브랜드를 선호하는 글로벌 소비자들이 늘어나기 시작했다. 이러한 추세에 대응하는 기업의 글로벌 브랜드, 글로벌 광고전략은 소비자의 글로벌화를 더욱 가속화하고 있다.

둘째, 비용요인의 변화로는 규모의 경제를 위한 계속적인 노력이 이루어지고 있고, 기술혁신이 가속화되고 있다는 점을 들 수 있다. 또한 저임의 노동력을 보유한 신흥공업국가들이 출현하고, 제품수명에 비해 제품 개발비용이 급증하게 됨에 따라 비용을 줄이기 위한 생산방식의 글로벌화가 점점 증대하게 되었다.

셋째, 정부요인의 변화로는 WTO가 출범함에 따라 국가간의 관세 및 비관세 무역장벽이 점점 완화되고, 1992년의 유럽통합과 같은 지역경제 공동체가 전 세계적으로 확대되고 있다. 또한 많은 국가에서 개방적 시장경제체제를 받아들여 정부의 생산자 및 소비자로서의 역할이 감소되어 경제 운영에 있어서 민간기업의 역할이 점점 커지고 있다.

넷째, 경쟁요인의 변화로는 세계 무역량이 지속적으로 증가하면서 서로 다른 국가에 있는 경쟁자들간의 경쟁관계가 치열해지고 있다는 점을 들 수 있다. 또한 외국기업에 의한 인수 합병이 증가하고 많은 국가가 점차 주요 시장으로 등장하면서 세계적 차원에서 경쟁을 시도하는 새로운 경쟁자들이 등장하게 되었다는 점을 들 수 있다. 특히 자동차와 가전산업에서 일본 기업들은 이러한 글로벌 경쟁전략을 사용하고 있다. 또한 기업들간의 글로벌 차원에서의 전략적 제휴가 늘어나고, 많은 기업들이 점차 글로벌 차원에서 생산기지를 결정하면서 특정산업에 있어서 국가간의 상호 의존성이 심화되는 글로벌 네트워크를 구축하는 기업들이 늘어나게 되었다.

이와 같이 시장 및 산업의 글로벌화가 전세계적으로 급속하게 확대됨에 따라 국제기업들은 과거처럼 한 국가 내에서 시장을 인구 통계학적인 변수, 예를 들어 소득, 직업, 연령 등에 의해 시장을 비슷한 반응을 보이는 소비자 집단으로 나누어 여기에 초점을 맞추는 전략에서 벗어나 현재는 국가 내에 시장세분화를 하지 않고 전세계적으로 유사한 구매패턴을 보이는 고객군, 일명 글로벌 고객(global customer)을 찾아내려고 한다. 나라와 나라 사이, 즉 미국이나 한국, 또는 아프리카라고 해도 비슷한 구매패턴을 보이는 소비자집단이 존재한다는 것이다. 예를 들어, 신사복 시장의 경우 비슷한 선호도와 구매패턴을 보이는 고객군이 전세계에 하나의 띠처럼 존재한다.

이러한 글로벌시장이 존재한다면 나라마다 서로 다른 마케팅전략을 구사하지 않아도 된다. 말보로 담배의 광고인 말보로 컨트리 이미지 광고는 남성다운 마쵸 이미지(멕시코 말로 야성적인 남자라는 뜻)를 전세계에 통일되게 심어 주기 위한 광고인데 이것이 가능한 이유는 담배제품에는 글로벌 고객이 존재하기 때문이다. 이와 같이 과거에는 글로벌시장이 극소수의 제품에 국한되었지만 최근에는 보다 많은 제품으로 확산되고 있는 추세를 보이고 있다.

2) WTO

WTO는 세계경제의 발전을 저해하는 무역장벽을 낮춤으로써, 각국의 경제발전과 세계경제발전의 조화와 균형을 이룩하기 위해 정부간에 합의한 조약인 GATT(general agreement on tariff and trade : 관세 및 무역에 관한 일반협정)를 대체하여 설립된 기구이다.

1995년 1월부터 공식출범한 WTO는 GATT활동을 대행하여 서비스산업을 포함한 다양한 분야에 있어 시장개방 및 무역장벽 해소를 지향하고 있으며, 국제무역과 관련된 국제분쟁을 다루기도 한다. WTO출범이 국내기업에 미치는 영향은 해외시장에 진출할 수 있는 기회가 보다 확대됨과 동시에 내수시장에서의 경쟁격화로 나타나게 된다.

WTO출범이 국내기업에 미치는 영향은 해외시장 진출기회의 확대와 동시에 내스시장에서의 경쟁격화로 나타난다. WTO의 부정적인 효과는 농산물, 서비스 등의 시장개방으로 국내시장이 외국계 다국적기업에 의해 잠식되었다는 점이다. 또한 보조금분야에 대한 규제강화로 우리 정부의 취약산업부문에 대한 각종 지원정책수행에 제약을 받게 된다.

한편, WTO출범이 우리 경제에 가져다주는 긍정적인 효과는 동구권 등 사회주의 경제권의 시장경제로의 통합이 촉진되어 이들 국가의 우리 상품에 대한 수요가 창출되었고, 최근 주요 수출시장으로 부상된 개도국시장도 상당 수준 개방되었다. 또한 비관세조치 완화로 선진국들 시장에 대한 접근도 더욱 쉬워지는 등 우리의 수출시장이 확대되고 다변화됨으로써 다양한 수출기회를 제공하고 있다.

이외에 환경오염을 유발하는 국가나 기업에 일정한 제재를 가하는 문제를 논의하는 환경라운드(green round), 경쟁제한 및 독과점 관련문제를 논의하는 경쟁라운드(competition round) 등도 기업의 국제광고활동에 영향을 미칠 수 있는 요인이다.

한편, WTO운영의 4대 기본원칙은 다음과 같다(김희철, 2007, p. 30).

① 최혜국대우의 원칙 : 회원국은 한 국가에 부여한 대우보다 불리하지 않은 대우를 다른 회원국에게 무조건적으로 부여하여야 한다.

② 내국민대우의 원칙 : 회원국은 내국민에게 부여한 대우와 동일한 대우를 회원국의 외국인에게도 부여하여야 한다.

③ 시장접근보호의 원칙 : 회원국은 외국인이 국내에 재화나 서비스를 공급함에 있어서 관세나 조세를 제외한 일체의 제한을 두어서는 안된다.

④ 투명성의 원칙 : 무역에 관하여 시행되는 국가기관의 법규나 행정조치는 합리적이고 예측가능해야 하며, 이유가 고지되어야 하고, 이에 기초가 되는 자료가 공개되어야 한다.

이상의 운영원칙 하에서 의사결정방식은 과거 GATT체제에서와 같이 합의제를 원칙으로 하고 있으나, 합의가 이루어지지 않을 경우에는 다수결 투표로 의사결정을 함으로써 신속성을 확보할 수 있게 되었다. 이러한 합의제에서는 의사결정시에 공식적으로 반대의사를 표명하지 않을 경우에 합의를 한 것으로 간주한다.

3) 지역경제통합

WTO체제의 출범으로 세계경제의 자유화 추세와 함께 또 하나의 흐름으로 자리잡고 있는 현상이 세계경제의 블록화이다. 세계경제의 블록화는 지리적으로 인접하고 상호보완적인 산업구조를 가진 국가간에 경제적인 유대관계를 형성함으로써 규모의 경제를 실현하려는 집합체라고 정의할 수 있다. 이와 같은 지역경제통합은 역내국가간에는 경제적 장벽을 제거하여 공동이익을 추구하고 내부적 결속을 다지는 반면에 역외국가들에 대해서는 차별적인 대우를 함으로써 WTO체제하에서 추구하고 있는 자유무역주의에 역행하는 측면도 있다.

지역경제통합은 통합의 정도와 진행과정에 따라 [그림 4-2]와 같이 다섯 가지 형태로 구분할 수 있다.

(1) 자유무역지역(FTA : free trade area)

자유무역지역은 정치·경제적으로 밀접한 관계에 있는 2개 이상의 국가가 통합하여 역내의 무역자유화를 추진하기 위하여 관세 및 수량제한의 철폐를 시행하는 지역을 의미한다. 자유무역지역은 역외국가에 대하여는 가맹국의 자주적인 무역규제 및 관세의 자주권을 인정하기 때문에 대외적으로 단일관세주체로서 대처하는 관세동맹과는 다르고 특혜관세제도 비슷한 면을 지니고 있다. 각 국가가 역외국에 대한 관세율부과를 자율적으로 결정하기 때문에 역외국가의 기업들은 가맹국 중에서 가장 관세율이 낮은 국가로 우회하여 진출할 수 있다. 따라서 자유무역지역협정은 경제통합의 가장 초보적인 형태라고 할 수 있다.

(2) 관세동맹(customs union)

관세동맹은 자유무역지역보다 진일보한 형태의 경제통합체로서 2개국 이상의 국가가 관세에 관한 협정을 체결하여 경제적으로 단일체를 형성하여 대내적으로는 관세 및 수량제한을 철폐함은 물론 대외적으로는 차별적인 공통관세(external common tariff)를 부과하는 경제통합체를 의미한다.

(3) 공동시장(common market)

관세동맹의 개념을 좀더 확대한 개념으로서의 공동시장은 다수국이 무역 및 외환 등에 관한 협정을 체결하여 하나의 새로운 광역경제권을 결성한 후 역내국간의 재화 및 생산요소가 마치 국내시장에서처럼 자유롭게 이동하도록 하기 위하여 결성된 경제통합체이다.

(4) 경제연합(economic union)

경제연합은 공동시장을 더욱 발전시킨 형태로서 역내 상품 및 생산요소의 자유이동과 역외 공동관세를 부과하는 것 외에도 각 가맹국간 경제정책의 조정과 협력을 강화하기 위해 공동경제정책을 실시하는 형태의 통합체이다.

(5) 정치동맹(political union)

정치동맹은 경제연합의 다음 단계로서 이는 단순히 경제면에서의 통합만이 아니라 정치적인 통합을 이루려는 것이다. 즉 단일한 행정부, 입법부, 사법부를 통해 단일국가를 형성하는 것이다.

정치동맹은 지역경제통합의 형태 중 가장 완벽한 형태의 통합유형으로 재정, 통화정책을 위시한 공동의 경제정책을 수행하기 위해서는 국가 고유의 경제적 주권이 초국가적인 기구로 이양되어야 하는 문제점이 있다.

지역경제통합은 회원국 간에 각종 무역장벽을 제거함으로써 자유무역의 효과를 빠르게 실현하는 장점을 가지고 있으나 지역통합에는 그 나름의 비용이 따른다. 먼저 지역경제통합을 하게 되면 빠른 속도로 자유무역이 실현되기 때문에 회원국의 산업 중 국제경쟁력이 약한 산업은 도산하거나 어려움에 처하게 된다. 그 결과 발생하는 일부 기업에서의 실직과 도산사태는 지역경제통합의 장애요인으로 작용하게 된다.

또한 지역경제통합의 촉진은 회원국의 주권행사에 제약을 초래한다. 지역통합이 진행됨에 따라 회원국은 과거 자신의 국가 내에서 실시하였던 산업보조금정책, 조세정책, 통화정책 등을 포기하고 지역통합체의 산업정책과 재정금융정책을 따라가야 하기 때문이다(반병길 · 이인세, 2008, p. 45).

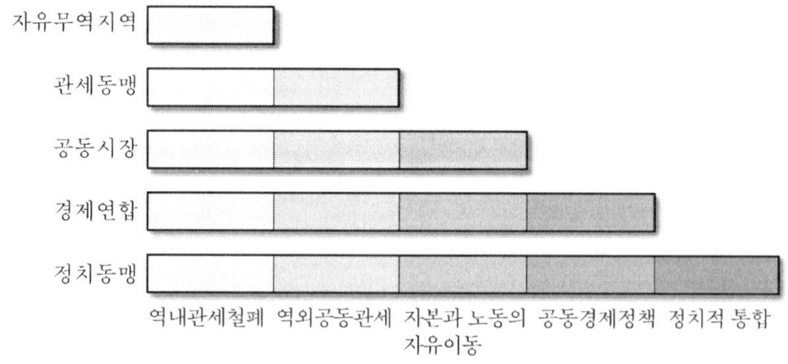

자료원 : R. K. Kahler and R. L. Kramer, *International Marketing*, 4th ed., Cincinnati : Southwestern Publishing Company, 1978, p. 131.

[그림 4-2] 지역경제통합의 형태

〈사례 1〉 'FTA 시대' 철저한 준비가 필요하다

우리나라도 머지않아 본격적인 자유무역협정(FTA) 시대를 맞게 된다. 현재 한국과 FTA가 발효중인 곳은 칠레, 싱가포르, 유럽자유무역연합(EFTA), 동남아국가연합(ASEAN), 인도 등 5개권역 16개국에 달한다. 세계 최대 시장인 유럽연합(EU) 및 미국과의 FTA는 올 연말이나 내년 초 발효될 전망이다. FTA란 국가간 상품의 자유로운 이동을 위해 모든 무역장벽을 완화하거나 없애 무역자유화를 실현하기 위한 협정이다. 무관세나 낮은 관세를 적용해 비교우위에 있는 상품의 수출과 투자를 촉진하는 효과가 있다. 하지만 FTA 발효가 자동적으로 특혜를 보장하는 것이 아니라는 점에 주목해야 한다. 제3국의 우회수출을 막기 위한 원산지 규정이 FTA별, 상품별로 서로 다르고 매우 복잡하기 때문에 전문성이 없으면 관세 혜택을 받기가 힘들다. 게다가 사후 원산지 검증에서 잘못이 드러나면 관세가 추징되는 것은 물론 엄청난 벌금까지 물게 된다. 자칫하다간 기업이 존폐 위기에 몰릴 수도 있는 것이다.

우리나라의 FTA에 따른 특혜무역 비중은 현재 14% 수준이다. 미국, EU와의 FTA가 발효되면 35%대로 늘어나고, 중장기적으로 중국, 일본 등까지 FTA가 체결되면 80%대를 넘어설 것으로 추산된다. 수출기업들이 지금과는 전혀 다른 글로벌 무역환경을 맞게 되는 것이다. 이러한 FTA 시대의 과실을 챙기려면 철저한 준비가 필요하다. 가장 시급한 것이 원산지 규정에 대한 이해와 대처 방법이다. 특히 한국은 미국, EU와 중첩된 산업구조를 갖고 있어 강도 높은 원산지 증명이 요구될 것으로 예상된다. 또한 중국제품이 우리나라를 통해 우회수출될 가능성이 높다는 점 때문에 원산지 검증도 엄격하게 실시될 것이 뻔하다. 국내 기업들이 원산지 판정을 제대로 못하거나 검증 절차를 모를 경우 관세 혜택은커녕 '벌금 폭탄'에 휘청거릴 수 있다는 얘기다.

그런데 현실은 국내 대다수 수출기업들이 원산지 규정에 무방비상태로 있는 것으로 나타나 걱정이다. 최근 무역협회가 무역업체 139곳을 조사해보니 75%가 FTA 활용을 위한 아무런 계획도 세우지 못하고 있다고 말했다. 또 원산지 기준을 충족하지 못한 경우 그 대응방법에 대해서는 67%가 모르겠다고 답했다고 한다. FTA 활용에 따른 회계 처리나 증빙자료 준비 등 사후관리와 관련해서 모르겠다는 응답은 76%에 달했다. 다시 말해 우리 기업들의 4분의 3 정도는 FTA를 정당하게 활용했더라도 향후 상대 국가의 세관조사시 적절한 대응을 하지 못해 부당하게 원산지를 적용한 것으로 오해돼 누진세나 가산세 등의 불이익을 받을 수 있다는 분석이다. 무역협회가 'FTA 스쿨'을 발족해 실무인력 양성 서비스에 나서고, 정부가 10월말까지 전국 9개 도시에서 FTA 활용설명회를 갖는 것도 이러한 배경에서다. 하지만 이 정도 갖고는 안된다. 수많은 수출 중소기업들 하나하나가 체계적인 원산지 관리 능력을 갖추도록 하려면 좀더 치밀한 대책이 필요하다. 전문인력 양성도 시급하다. 정부는 인력과 예산이 더 들더라도 'FTA 시대'를 대비하는 데 한 치의 소홀함도 없어야 할 것이다. 기업들도 새로운 무역환경에 적응하지 못하면 도태될지 모른다는 각오로 FTA 활용에 적극적인 관심을 가져야 할 것이다.

자료원 : 연합뉴스, 2010. 7. 16.

〈사례 2〉 심화되는 지역경제통합 물결…한국이 살 길은?

정부는 최근 글로벌 금융위기에도 불구하고 지역경제통합이 양적·질적 모두 크게 진전되고 있어, 통합단계가 진전된 지역공동체와의 자유무역협정(FTA) 추진 등 경제협력 강화가 필요하다고 밝혔다.

기획재정부는 2일, 〈최근 지역경제통합 동향 및 시사점〉이라는 자료를 통해 글로벌 금융위기와 교착상태에 빠진 다자간 무역협상, 그리고 EU의 성공적 통합에 대한 역할 모델 등으로 지역통합이 심화되고 있다고 밝혔다.

정부는 우선, 지역경제통합의 심화 단계를 '자유무역지대 → 관세동맹 → 공동시장 → 경제통화동맹 → 완전경제통합' 등 5단계로 나눠 각 지역별 통합진전 동향을 설명했다.

지역별 동향을 보면 유럽의 경우 완전통합 단계로 발전중이라며 지난 2007년 12월 서명된 '리스본 조약'이 최종 비준될 경우 유럽연합(EU)은 초국가적 정치공동체 단계로 진입하게 된다고 정부는 분석했다. 이어, 중동지역 역시 걸프협력회의(GCC)를 중심으로 공동시장에서의 경제통화동맹 단계로 발전중이라며 공동통화 도입이 순조롭게 진행될 경우 GCC 지역은 EU에 이어 두 번째로 경제통화동맹 단계로 진전하게 된다고 말했다.

또한 최근 동아시아 지역은 아세안(ASEAN)과 한·중·일을 중심으로 상호 FTA 체결이 확산되고 협력관계가 교역·투자 외에 금융부문까지 확대되는 등

상호 의존도가 증가하는 추세로, 특히 글로벌 금융위기를 계기로 더 이상 미국과 유럽의 소비에 의존하는 경제체제 유지가 어렵다는 인식이 확산됨에 따라 동아시아 지역의 경제공동체 논의는 가속화될 전망이라고 예측했다.

이와 함께, 중남미 지역은 브라질과 아르헨티나의 주도하에 남미공동시장(MERCOSUR)을 중심으로 관세동맹을 넘어 남미지역 공동통화 도입 등 경제통화동맹으로 발전중이며, 아프리카 국가들 역시 지난해 아프리카 전역을 아우르는 아프리카 경제공동체(AEC)를 출범시키고 역내 FTA 추진에 합의한데 이어 지금은 경제통화동맹 단계로 발전중에 있다고 밝혔다.

정부는 이처럼 지역통합이 심화되고 있는 원인으로 먼저 최근의 세계경제 침체를 배경으로 한 보호무역주의 확산 및 달러화 의존도 감소가 지역통합을 더욱 가속화하는 계기가 됐다고 분석했다.

또, WTO DDA 협상 (다자간 무역협상)이 교착상태에 빠지면서 각국이 이에 대한 차선책으로 역내 국가간 경제통합에 주력하고 있기 때문으로 설명했다. 아울러, EU의 성공적 통합 추진 과정 및 결과로 EU가 정치적으로 국제사회에서의 영향력이 커지면서 유럽 지역 이익을 효과적으로 대변하는가하면 유로화가 달러화 대비 안정세를 보이면서 세계 다른 지역에 비해 상대적으로 선방하고 있다는 EU에 대한 역할 모델 인식이 확산되고 있기 때문이라고 정부는 밝혔다.

정부는 이에 따라 보호무역주의 확산과 지역공동체간 경쟁 등 지역통합 심화요인이 상당기간 지속될 것으로 전망되는 만큼 현시점에서 지역별 공동통화 도입 등에 대응한 지역공동체와의 경제협력전략 마련이 필요하다고 말했다.

특히, 통합단계가 진전되고 있는 EU·GCC·MERCOSUR 등 지역경제공동체와의 FTA 타결을 촉진하는 등 경제협력 강화에 나서야 한다고 강조했다.

자료원 : 노컷뉴스, 2009. 7. 2.

〈사례 3〉 거시적 목표없이 FTA 추진… '불균형·불평등' 반복

우리나라의 대외경제정책은 자유무역협정(FTA)으로 대표된다. FTA는 특정 국가간에 관세철폐 등의 배타적인 무역특혜를 서로 부여하는 협정으로, 가장 느슨한 형태의 지역경제통합 방식이다. 정부는 대외의존도가 70%에 이르고 수출기업이 성장을 주도하는 산업구조의 특성상 FTA 체결국가가 많으면 많을수록 유리하다고 보고 있다. 개방을 통해 기업들이 더 넓은 수출시장을 확보하면 국가 전체의 부(富)도 늘릴 수 있다는 것이다.

단 계	대상국
체결 및 협상타결	칠레(2004년 4월 발효) 싱가포르(2006년 3월 발효) 유럽자유무역연합(EFTA, 2006년 9월 발효) 아세안(상품 2007년 6월, 서비스 2009년 5월 발효) 미국(2007년 6월 협정문 서명) 인도(2009년 2월 가서명)
협상 진행단계	유럽연합(EU, 2009년 3월 8차 협상) 캐나다(2008년 3월 1차 협상) 걸프협력이사회(GCC, 2009년 3월 2차 협상) 멕시코(2008년 6월 2차 협상) 아세안(투자 2009년 4월~8월 25차 협상회의 예정) 페루(2009년 5월 2차 협상 개최)
협상 준비	호주(2009년 5월 1차 협상 예정) 뉴질랜드(2009년 6월 1차 협상 예정) 터키(2009년 3월 2차 공동연구 회의) 콜롬비아(2009년 3월 민간공동연구 개시) 일본(2009년 12월 협상 재개 위한 실무협의) 중국(2008년 6월 산관학 공동연구) 남미공동시장(MERCOSUR, 2007년 10월 공동연구보고서 채택) 러시아(2008년 7월 2차 공동연구그룹 회의) 남아프리카관세동맹(SACU, 2008년 12월 민간공동연구 합의) 한・중・일(올해 제2기 민간공동연구 개시)

자료 : 통상교섭본부

현재 우리나라가 FTA를 체결했거나 협상 타결을 선언한 국가는 17개국에 이른다. 2004년 4월 최초 발효된 한・칠레 FTA를 시작으로 싱가포르, 아세안(상품・서비스 부문), 미국 등과 협상을 타결했다. 정부는 올해에도 동시다발적 FTA 추진전략을 이어나갈 계획이다. 한・유럽연합(EU) FTA가 타결을 앞두고 있고, 한・걸프협력회의(GCC) FTA와 한・페루 FTA도 내년 초 발효를 목표로 협상이 진행 중이다. 조만간 협상을 개시할 호주, 뉴질랜드와의 FTA도 가능한 한 조기에 발효시킨다는 방침이다. 현재 FTA 협상을 진행 중인 곳이 46개국, 협상 준비 및 공동연구 단계에 있는 나라가 16개국이다.

이혜민 외교통상부 FTA 교섭대표는 지난달 19일 정례브리핑에서 "FTA 체결로 관세가 1%만 축소돼도 기업의 생산원가가 1% 줄어 가격경쟁력을 제고시킨다"며 "보호무역주의가 기승을 부리려고 할 때 FTA를 통해 돌파구를 마련해야 한다"고 밝혔다.

정부는 FTA 체결에 따른 실제 교역 확대 효과도 크다고 설명한다. 지식경제부는 지난달 31일 보도자료에서 칠레, 싱가포르, 유럽자유무역지대(EFTA), 아세안과의 FTA 발효 후 연평균 교역증가율이 20.5~31.6%로 발효 전 3년간 평균(3.6~19.8%)에 비해 최대 8배 이상 증가했다고 밝혔다. 같은 기간 FTA 체결국과의 교역증가율도 전 세계를 대상으로 하는 증가율보다 1.3~1.8배 높은 것으로 나타났다. 하지만 이런 양적 확대에도 불구하고 정부가 여러 국가와 동시다발적으로 FTA를 체결·추진하는 과정에서 여러 문제점과 한계도 노출됐다. 수출증대 효과가 큰 업종들의 이익을 최대화하는 쪽으로 주고받기 협상이 진행되다 보니 농업, 서비스업 등 취약산업은 매번 손실을 감수해야 하는 불균형 구도가 반복되고 있다. 또 한·미 FTA와 같은 초강대국과의 협상에서는 우리에게 불리한 각종 독소조항을 수용하는 불평등 협정이 이뤄지기도 했다. FTA를 둘러싼 찬반 여론이 대립하면서 국민적 갈등과 에너지 소모도 빚어졌다.

여기에는 여러 원인이 있지만, 무엇보다 FTA를 통해 추구하고자 하는 상위 외교목표의 설정없이 FTA 체결 자체를 목표로 삼아 맹목적으로 추진했기 때문이라는 지적이 있다.

일본의 경우 '동아시아 경제공동체 구축'을 상위 목표로 삼아 역내 국가들을 대상으로 국가별 산업구조를 고려해 FTA 수준을 설정하고 있으며, 미국은 부시 정부 8년간 '미국식 자본주의의 확산'을 목표로 지역별 거점 국가들과 높은 수준의 FTA 체결을 추진해 왔다. 이에 반해 우리 정부는 무엇을 위해 FTA를 하는지에 대한 고민보다는 일본, 중국 등 경쟁국보다 먼저 많은 나라와 FTA를 맺는 데에만 급급했다는 비판을 받는다.

최태욱 한림국제대학원대학교 교수는 "한국은 노무현 정부 이후 '동시다발적으로 FTA를 추진하고, 높은 수준의 포괄적 협정을 체결한다'는 식으로 FTA 자체가 목표인 것처럼 생각하며 무한정으로 벌려놓고 있다"며 "상위 목표를 정하고 그에 맞춰 FTA 대상 국가와 체결 시기, 체결 수준 등을 결정하는 것인데, 수단과 목표를 구분하지 못한 채 상대국 요구를 다 들어주는 식으로 이뤄지고 있다"고 비판했다.

FTA가 사회 전반에 상당한 영향을 끼치는 정책임에도 국민들에 대한 설명과 토론과정이 충분히 이뤄지지 않고 협상이 비밀리에 진행되는 것도 문제다. FTA가 발효되면 국내법과 같은 효력이 발생하고 FTA로 인해 이득을 보는 쪽과 손해를 보는 쪽이 갈리는 만큼 국민들에게 최대한 정보를 제공하고 조정과 타협이 이뤄지는 메커니즘이 필요하다.

통상 전문가들은 세계적으로 국가간 경제통합은 거스를 수 없는 대세이지만 양극화를 심화시키는 신자유주의적 접근이 아닌 약자층을 배려하는 사회통합형 방식으로 이뤄져야 한다고 조언한다. FTA의 목표에 대한 국민적 합의를 도출하고 피해계층에 대한 대책을 충분히 마련하면서 추진해야 한다는 것이다. FTA와 같은 양자협상의 부담을 피하면서도 역내 지역간 개방효과를 볼 수 있도록 아시아 지역을 중심으로 한 지역 다자주의 방식도 대안으로 고려해 볼 수 있다.

최 교수는 "정부가 동시다발적으로 FTA를 추진하면서 서로 상충하는 부분도 있고, 기업들도 무역상대국마다 각기 다른 조항을 찾아 적용해야 하는 등의 애로

점도 생길 것"이라며 "정부는 이쯤에서 숨고르기를 하고, FTA 정책에 대한 거시적인 디자인을 하는 것이 필요하다"고 말했다.

자료원: 경향신문, 2009. 4. 1.

〈사례 4〉 EU통합 '최대 장애물' 넘었다

유럽연합(EU)의 헌법이 될 리스본 조약이 지난 2일(현지시간) 실시된 아일랜드 국민투표에서 찬성 67.1% 반대 32.9%로 통과했다. 이로써 리스본 조약은 최대 장애물을 넘겨 내년 초부터 발효될 가능성이 높아졌으며 유럽의 정치통합도 한층 탄력을 받게 됐다.

유럽연합 주요 사건 연표

1951년	서유럽 6개국, 유럽석탄철강공동체(ECSC) 설립
1958년	로마 조약, 유럽경제공동체(EEC) 출범
1993년	마스트리히트 조약, 유럽연합(EU) 설립
2004년	동유럽 10개국 대거 가입('EU 빅뱅'
2005년	EU 통합헌법, 프랑스·네덜란드 등 부결로 무산
2007년	EU 회원국 정상들, 리스본 조약 채택
2008년	아일랜드 리스본조약 국민투표 부결
2009년	아일랜드 리스본조약 가결, 회원국 전원 비준 예정
2010년	1월 1일 리스본조약 발효 예정

국민투표 통과 직후 브라이언 코웬 아일랜드 총리는 "아일랜드 국민은 물론 유럽 전체에 좋은 날"이라고 자평했고, 주제 마누엘 바로수 EU 집행위원장도 "아일랜드인들에게 감사를 보낸다"고 말했다고 AFP통신 등이 3일 보도했다. 아일랜드는 지난해 6월 같은 조약에 대해 1차 국민투표를 실시했으나 찬성 46.6%, 반대 53.4%로 부결시킨 바 있다. 16개월 만에 찬성으로 여론이 바뀐 것은 지난해 말 금융위기 때문으로 분석된다. 외신들은 "한때 '켈트의 호랑이'라 불렸던 아일랜드가 경제위기라는 큰 파도를 겪은 뒤 '보호막'을 원하게 된 것으로 보인다"고 보도했다.

지지부진해온 EU 정치통합은 가속화될 것으로 보인다. EU 정상들은 2005년 EU 헌법안이 각국 국민투표에서 부결된 것을 감안해 의회 비준만으로 리스본 조약을 통과시키도록 했다. 하지만 아일랜드는 유독 국민투표를 고집, 지난해 부결시켜 EU의 '공공의 적'이 됐다. 이번 통과로 27개 회원국 중 25개국이 비준 절차를 마쳐 체코와 폴란드 대통령의 서명만 남겨두고 있다. 폴란드는 조만간 대통령이 서명할 예정이고, 체코에서도 내부 반발은 있지만 연내 비준이 이뤄질 것으로 보인다. 그렇게 되면 조약은 내년 1월 1일 발효된다.

프랑스·독일 주도로 2007년 탄생한 리스본 조약은 과거 부결된 유럽헌법을 축소, '현실적으로 가능한' 통합을 목표로 만들어진 조약이다. 조약이 발효되면 회원국들이 6개월마다 번갈아 맡던 순회의장국 제도가 없어지고 대신 'EU 대통령'이라 불리는 상임의장직이 신설된다. 신설될 EU 대통령의 임기는 2년6개월이며 1회 연임이 가능하기 때문에 5년까지 집권할 수 있다. 토니 블레어 전 영국 총리가 첫 EU 대통령의 유력한 후보로 거론된다. 회원국들의 외교정책을 조율할 5년 임기의 외교정책 고위대표직도 만들어진다.

EU의 정부 격인 집행위원회도 개편된다. 국가별로 1명씩 27명인 집행위원 수는 2014년 18명으로 줄어든다. 의사결정 방식에서도 현행 만장일치제 대신 'EU 인구의 65% 이상이 찬성하고 27개국 중 15개국 이상 찬성하면 가결'되도록 하는 '이중다수결 제도'를 단계적으로 도입, 집행력을 강화할 계획이다.

자료원 : 경향신문, 2009. 10. 5.

2. 개별국가의 경제적 환경

경제적 환경은 각국마다 차이가 있고, 해외시장에 진출하고자 하는 기업의 국제마케팅활동에 전반적이고도 직접적인 영향을 미치는 중요한 요인이기 때문에 사전에 이에 대한 분석이 필수적으로 이루어져야 한다. 이러한 경제적 환경의 주요 변수로는 경제체제, 무역정책, 국제수지, 시장규모 등을 들 수 있는데 이에 대해 구체적으로 살펴보면 다음과 같다.

1) 경제체제

경제체제는 한 국가의 경제가 움직이는 기본 틀을 의미하기 때문에 이에 대한 이해가 필요하다. 일반적으로 경제체제는 자본주의(capitalism)와 사회주의(socialism)로 구분된다. 그러나 현실적으로 순수한 자본주의나 사회주의 경제체제를 유지하고 있는 국가들은 거의 없고, 대부분의 국가들이 이 양자가 혼합된 경제체제를 채택하고 있다. 즉 자본주의 국가라 하더라도 사회주의적 요소를 어느 정도 가미하여 정부의 계획에 의해 경제를 운용하는 부분이 있으며, 마찬가지로 사회주의 국가라 하더라도 자본주의적 요소를 어느 정도 가미하여 시장에 의해서 움직이는 부분이 있다.

이와 같은 경제체제는 다른 두 가지 기준을 사용하여 보다 세분화할 수 있다.

첫째는 생산요소의 소유형태에 따라 사적소유(private ownership)와 공적소유(public ownership)로 분류하고, 둘째는 자원의 배분과 통제방법에 따라 자원이 시장가격에 의해 자유롭게 배분되는 시장경제(market economy)와 자원이 정부에 의해 배분되고 통제되는 중앙계획경제(centrally planned economy)로 분류할 수 있다.

생산요소의 소유형태 측면에서 어느 국가에서도 완전한 사적소유나 완전한 공적소유 같은 극단적인 형태는 존재하지 않으며, 대부분의 국가들은 이 양자의 중간 형태인 혼합소유(mixed ownership)의 범주에 위치하고 있다. 이는 자원에 대한 통제와 배분에 있어서도 마찬가지이다. 따라서 경제체제는 순수한 형태로서보다는 각 기준의 정도 측면에서 파악하는 것이 바람직할 것이다.

2) 무역정책

무역정책이란 정부가 직·간접으로 국가간 제품과 서비스에 관여하는 제반정책으로서, 그 대표적 수단으로는 관세와 비관세장벽이 있다.

(1) 관세장벽

관세(tariff)는 관세영역(custom territory)을 통과하는 제품에 부과하는 세금으로서 가장 널리 사용되는 간접적인 무역통제수단이며, 수출과 수입의 어느 쪽이든 부과할 수 있다.

일반적으로 수출입에 부과되는 관세에는 다음과 같은 세 가지 유형이 있다.

첫째는 종가세(ad valorem tariffs)로서 수출입되는 재화의 가격에 따라 결정되는 가장 일반적인 세금이며, 제품이 세관에 도착할 때, 선적물품의 가치를 측정하기 위하여 화물송장이나 기타 서류들이 제시된다.

둘째는 종량세(specific tariffs)로서 수출입되는 제품의 물리적인 양(physical amount), 즉 개수, 중량, 길이 등에 따라 결정되는 세금이다. 이와 같은 유형은 곡물이나 석유와 같은 물품에 1톤이나 1배럴당 1달러 등의 형태로 세금이 부과된다.

셋째는 혼합관세(combination of specific and ad valorem tariffs)가 있는데, 이는 위의 종가세와 종량세를 동시에 병용하여 세액을 부과하는 형태로서 국내산업을 특별히 보호하려고 할 때 이용된다. 구체적으로 혼합관세는 다시 선택관세(alternative tariffs)와 복합관세(compound tariffs)로 나뉘어진다. 여기에서 선택관세란 같은 상품에 대하여 종가세와 종량세의 두 가지를 동시에 정해 놓고 양자 중 높은 세액을 부과하는 형태이다. 이와 반면에 복합관세는 동일한 품목에 대하여 종가세와 종량세의 두 가지를 동시에 정해 놓은 후, 두 방식으로 산출한 세액을 합하여 과세하는 방식을 말한다.

(2) 비관세장벽

비관세장벽(non-tariff barriers : NTB)이란 무역정책의 수단 가운데 관세 이외의 모든 인위적인 무역규제정책을 말하는 것으로서 관세와는 달리 무역을 직접적으로 통제하는 수단이다. 비관세장벽의 대표적인 수단으로는 수입할당제(import quota system), 수출자율규제(voluntary export restraint : VER), 수출입링크제(export-import link system), 수출보조금(export subsidy), 상계관세(countervailing tariff), 일반특혜관세(generalized system of preference : GSP) 등이 있다(〈표 4-1〉 참조).

〈표 4-1〉 주요 비관세무역장벽

<table>
<tr><th colspan="3">특정한 제한</th><th colspan="3">관세-행정적 규칙</th></tr>
<tr><td colspan="3">1. 할당제
2. 수입라이센스
3. 외국상품과 국내상품의 비율
4. 최저수입가격제한
5. 통상금지
6. 쌍무적 협정
7. 자율적 수출제한협정
8. 규제적 마케팅협정</td><td colspan="3">1. 관세평가제도
2. 반덤핑규칙
3. 관세분류제도
4. 문서 제 요구
5. 수수료
6. 품질・검사표준의 불일치
7. 포장・레이블 마케팅의 표준</td></tr>
<tr><th colspan="2">정부관여</th><th colspan="2">수입부과금</th><th colspan="2">기 타</th></tr>
<tr><td colspan="2">1. 정부조달정책
2. 수출보조금 및 유인
3. 상계관세
4. 국내기업원조계획
5. 무역전환원조</td><td colspan="2">1. 사전수입적립금
2. 특별보완관세
3. 수입신용차별화
4. 변동관세
5. 국경세</td><td colspan="2">1. 불매운동
2. GSP철회</td></tr>
</table>

자료원 : 김동기・한선민, 『국제마케팅론』, 박영사, 1997, p. 83.

① 수입할당제(import quota system)

이는 비관세장벽의 대표적인 예로서 특정상품의 수입에 대해서 일정량 이상의 수입을 허가하지 않은 수량제한제도이다. 즉 수입상품을 국가별 또는 수입업자별로 할당하여 일정기간의 수입물량을 제한하는 무역제도로서 수입을 억제하여 국내산업을 보호하고 국제수지의 균형을 위해 이용된다. 이 제도는 제2차 세계대전 직후 서유럽에서 그 이용이 상당히 보편화되었다. 오늘날에도 대부분의 선진공업국들이 국내농업을 보호하기 위하여 수입할당제를 실시하고 있으며, 개발도상국들은 제조업의 수입대체를 촉진하고 국제수지의 균형을 이유로 이를 이용하고 있다.

② **수출자율규제**(voluntary export restraint : VER)

비관세장벽의 중요한 형태의 하나가 수출자율규제인데 이는 수출국이 자발적으로 수출량을 감소시켜 일정량으로 수출을 제한하는 정책을 말한다. 수출국이 수출량을 자발적으로 제한한다고 하지만 그 내면을 살펴보면 자발적이라고 할 수 없다. 수입국이 자국의 산업을 보호하기 위해 전반적으로 무역장벽을 강화하겠다고 위협하면서 수출국으로 하여금 수출량을 스스로 규제하도록 유도하기 때문이다. 따라서 수출자율규제는 무역 상대국의 시장규모가 커서 상대국의 수입규제가 수출국의 경제에 영향을 미칠 경우에 성립한다. 즉 경제규모가 큰 수입국이 무역을 규제하겠다고 위협하면, 수출국은 이를 수용하여 자율적으로 수출을 규제하는 것이 자국의 수출을 보호하는 수단이라고 생각할 때 발생한다. 따라서 수출자율규제는 경제규모가 크고 시장규모가 큰 대국에서 작은 수출국을 상대로 사용할 수 있다.

③ **수출입링크제**(export-import link system)

수출입링크제란 수출과 수입을 연결시켜서 일정한 수출과 교환으로 일정한 수입을 국가가 인정하는 무역형태이며, 수출과 수입을 수량적·가격적으로 연계(link)시킨다는 뜻에서 이를 링크제라고도 한다. 이와 같은 링크제는 구분의 기준에 따라 여러 가지로 나눌 수 있으나, 여기서는 수출입의 연결방식에 따라 수출의무제와 수입권리제에 대하여 살펴보고자 한다.

수출의무제는 먼저 원료 등의 수입을 허가한 다음 일정한 기간 안에 그 원료를 이용하여 제조된 제품의 수출을 의무적으로 이행시키는 방법이고, 수입권리제는 상품의 수출실적에 따라 수입할 수 있는 권리를 부여하는 링크제라 할 수 있다.

④ **수출보조금**(export subsidy)

이는 정부가 수출을 촉진시키기 위하여 수출기업에 대해 보조금을 지급하는 것이다. 이와 같은 보조금은 기업들에게 생산증가의 유인을 주고 또 국내판매보다는 수출에 노력하도록 유도한다. WTO규정에서 수출보조금은 불공정경쟁(unfair competition)으로 취급하여 금지하고 있으며, 수입국이 이에 대해 상계관세로 보복하는 것을 인정하고 있다. 수출보조금의 형태로는 우리 나라의 수출입은행이 취급하는 저리융자, 수출업자를 위한 홍보비 지출, 조세감면 등이 있다.

⑤ 상계관세(countervailing tariff)

상계관세는 상품의 제조, 생산, 또는 수출에 직간접으로 부여된 보조금을 상쇄할 목적으로 부과되는 특별관세로서 수입국이 덤핑 및 보조금지급 상품의 수입증가로 인하여 국내산업이 실질적인 피해를 입을 우려가 있는 경우 부과할 수 있다. 이러한 상계관세의 부과는 금지보조금에 해당되는 경우 즉시 부과할 수 있으며, 상계가능보조금은 해당국에서 실질적으로 피해 발생 판정시 부과할 수 있게 되어 있다. 또한 각 수입국은 보조금이 부과된 수출로 국내산업이 피해를 받은 경우 1년 이내의 조사를 거쳐 해당 수출에 대해서 지급된 보조금을 초과하지 않는 범위내에서 부과할 수 있다.

⑥ 일반특혜관세(generalized system of preference : GSP)

이는 남북문제해결의 일환으로 선진국이 개발도상국의 경제개발과 수출확대를 촉진시키기 위하여 개발도상국의 수출품에 대해 일방적으로 관세의 전면 철폐, 또는 부분적 인하 등 관세상의 특혜를 공여하는 국제적 관세제도이다. 따라서 이는 주로 선진국이 개발도상국의 발전을 목적으로 제공하는 특혜조치이다. 선진국에서 이를 철폐하는 것도 개발도상국의 수출을 제한하는 정책이 된다.

3) 국제수지

국제수지(balance of payments : BOP) 역시 기업의 국제마케팅활동에 영향을 미치는 중요한 경제적 환경 중의 하나이다. 국제수지는 한 국가의 무역수지, 외채 상황 등을 보여 주고 있기 때문에 주의 깊게 살펴보아야 한다. 즉 진출대상국의 국제수지상황은 해당국가의 환율과 정부의 무역정책에 영향을 주어 궁극적으로는 진출 기업의 전략에 영향을 미치게 된다. 예를 들어 미국은 일본에 대해 지속적인 무역적자를 기록하였으며, 이러한 상황이 주요한 정치문제로 대두되었다. 미국정부는 일본정부에 대해 계속적인 시장개방압력을 가함으로써 무역적자를 축소시키려고 하였다. 또한, 미국정부는 현지부품사용 의무비율과 같은 규정을 내세워 일본 자동차 기업들로 하여금 자동차부품을 미국의 부품제조업자로부터 더 많이 구매하도록 압력을 가하고 있다. 결국 미국의 무역수지적자로 미국기업들은 더 많은 사업기회가 더 늘어난 반면, 일본기업들은 사업기회가 줄어들게 되었다.

이와 같이 한 국가의 국제수지상황은 그 국가의 일반적인 경제환경을 이해하기 위한 핵심적인 요소라 할 수 있으며, 국제마케팅관리자에게 진출 대상국의 시장기회를 분석하는데 도움이 될 수 있는 기초자료라 할 수 있기 때문에 이에 대한 고찰이 필요하다.

4) 시장규모

기업체가 해외시장을 분석할 때 제일 먼저 관심을 가져야 할 부분은 시장규모라 할 수 있다. 시장규모가 크면 클수록 제품의 판매가능성은 거기에 비례하여 커져간다. 그러나 현재 시장규모가 적더라도 장차 수요가 급격하게 신장될 가능성이 있는 국가라면 국제마케팅활동의 대상국으로 선정할 수 있는 것이다. 따라서 국제마케팅관리자는 현지시장과 잠재적 시장의 규모를 정확하게 파악하고 판단해야 한다. 여기서 이러한 시장규모를 분석하는데 필요한 인구와 소득에 대해서 살펴보기로 한다.

먼저 인구는 수요를 구성하는 기본적 요소이며, 식료·의료·일용품등 생활필수품류는 각국 공동으로 일정계수를 가진 인구와 밀접한 관계가 있기 때문에 인구의 수에 따라서 대략 시장규모를 측정할 수 있다. 총인구가 많으면 많을수록 시장규모는 크다고 할 수 있기 때문에 국제마케팅활동을 전개하는데 있어서 이러한 총인구를 당연히 고려하지 않으면 안된다.

국제마케팅 관리자는 이러한 해외시장의 총인구뿐만 아니라 인구성장율도 고려해야 한다. 오늘날 많은 사람들이 인구의 폭발적인 증가를 걱정하고 있는데, 그것은 지구상에 이용 가능한 자원은 한정되어 있고 빈곤한 국가일수록 인구성장률이 높다는 사실 때문이다. 인구의 증가는 곧 구매력의 증가를 가져올 가능성이 많기 때문에 기업에 있어서 인구성장률은 매우 중요한 의미를 내포하고 있다.

총인구, 인구성장률과 더불어 연령계층의 분포 역시 특정상품의 수요를 좌우한다. 즉 특정국가의 총인구 중 연령계층이 어떻게 분포되어 있느냐에 따라서 수요되는 특정상품의 종류에 상당한 영향을 주게 된다. 따라서 국제마케팅관리자는 시장잠재력을 파악하기 전에 주어진 인구의 연령분포를 정확하게 분석해야 한다.

시장규모를 분석하는 또 하나의 중요한 요소로서 소득이 있다. 시장은 돈을 가지고 있는 사람들로 구성되어 있기 때문에 시장규모를 분석하는데 있어서는 앞에서 언급한 인구뿐만 아니라 소득형태도 충분히 고려해야 한다. 시장의 구매력은 인구수뿐만 아니라 거기에 살고 있는 사람들의 소득에 의해서도 영향을 받는다. 일반적으로 시장잠재력을 평가하는데 1인당 국민소득과과 전체국민소득 또는 국민총생산의 두 가지 소득수치가 많이 이용되고 있다.

1인당 소득액은 한 나라의 경제발전수준 내지 단계뿐만 아니라 근대화, 산업화, 건강, 교육, 복지 등의 정도를 간략하게 표현하는 계수로서 활용되고 있다. 따라서 국제마케팅 관리자가 특정국가의 경제를 평가할 때 가장 먼저 1인당 소득을 고려하는 것이 상례로 되어 있다. 그리고 GNP는 특정상품류의 시장잠재력을 측정하는데 유효하게 사용될 수 있는 자료라 할 수 있다. 그러므로 특정상품류를 판매하고자 하는 기업체는 세계 각국을 GNP의 크기 순서로 나열함으로써 국가별 시장잠재성에 대한 어떤 암시를 받을 수가 있는 것이다. 그러나 시장잠재력을 보다 더 효과적으로 파악하기 위해서는 이와 같은 GNP뿐만 아니라 1인당 소득계수를 병용해서 함께 활용해야 할 것이다.

제 3 절 문화적 환경

기업이 국제마케팅활동을 성공적으로 수행하기 위해서는 각국의 서로 다른 문화적 환경에 대한 철저한 이해와 분석이 필요하다. 각국의 상이한 문화적 환경에 관한 이해는 표적시장의 선정, 국제마케팅믹스의 설계, 그리고 제품의 현지적응 결정에 필수적인 것이며, 국가별 구매자욕구와 구매자행동에 관한 이해는 국제마케팅의 성공을 위하여 필요한 것이다.

여기서는 기업의 국제광고활동에 큰 영향을 미칠 수 있는 요소들인 언어, 종교, 교육수준, 사회제도, 가족제도, 미학 등으로 나누어 살펴보기로 한다.

1. 언어

국제광고 담당자에게 각국의 언어에 대한 이해는 필수적이라고 할 수 있다. 특히 언어에 대한 부주의가 번역상의 오류로 나타나고 그 결과 국제광고에 부정적인 영향을 미치는 경우가 많이 있다.

일반적으로 광고전략에서 발생할 수 있는 대부분의 실수들은 바로 이 언어의 차이에 기인하게 되는데, 여기에 관련된 몇 가지 사례를 살펴보기로 한다.

Pepsi-Cola는 리더스 다이제스트(Reader's Digest) 대만판에 "펩시와 함께 활력을(Come alive with Pepsi!)"이라는 광고슬로건을 사용하였는데, 이것을 중국어로 표기하면 "조상을 죽음으로부터 소생시키다(Pepsi brings your ancestors back from the dead!)"라는 의미로 잘못 번역되었다. 또한 독일에서도 이 슬로건을 "펩시와 함께 무덤에서 나오다(Come out of the grave with Pepsi!)"라는 뜻으로 번역되어 문제가 되었었다(Root, 1982, p. 271).

이와 비슷한 사례로 General Motors는 벨기에에서 "피셔가 만든 차체(Body by Fisher)"라는 광고슬로건을 사용하였는데, 이것이 Flemish어로는 "피셔가 죽인 시체(Corpse by Fisher)라는 뜻으로 잘못 해석되어 큰 곤란을 겪기도 했다(Mazze, 1964, p. 15).

Colgate-Palmolive는 불어사용권에 있는 국가에 "Cue"라는 상표의 치약을 판매할 때 큰 실수를 범했다. 즉 "Cue"의 의미가 프랑스에서는 외설적인 뜻을 지니고 있다는 사실을 모른 채 계속 사용해 왔던 것이다(Martyn, 1964, p. 198).

또한 이와 비슷한 사례로 브라질에 취항하고 있는 미국의 한 항공사는 기내에 "rendezvous lounges"가 마련되었다고 광고를 하였는데, 이 "rendezvous"라는 의미가 포르투칼어로 "사랑을 하기 위해 임대한 방"이라는 사실을 뒤늦게 알게 되어 이를 시정하는 해프닝이 일어나기도 했다(Ricks, et al., 1974, p. 48).

한편 언어에는 침묵의 언어, 즉 제스처나 얼굴 표현 등이 있는데, 이것들이 중요한 의사전달수단으로 사용되는 경우가 많이 있다. 문화적 환경에 따라 이러한 비언어적 의사전달의 의미와 내용이 전혀 달라지는 경우도 많은데, 예를 들어 일반적으로 고개를 아래 위로 흔드는 것이 긍정의 표시로 사용되는데 반해, 북부유럽에서는 고개를 좌우로 흔드는 것이 긍정을 나타내는 제스처로 사용된다. 코를 만지는 제스처도 영국에서는 '조심하라'는 뜻이지만 이태리에서는 '속고 있다'의 의미로 전달되고 있다. 또한 엄지와 검지를 사용하여 동그라미를 만드는 제스처가 일반적으로 "O.K."의 뜻으로 사용되는데 프랑스에서는 "쓸데없는 일을 하고 있다"라는 의미로, 그리스에서는 성적인 의미를 나타내는 제스처로 사용된다.

따라서 국제광고 담당자들은 현지국의 언어뿐만 아니라 이러한 비언어적 의사전달수단, 즉 제스처나 얼굴 표현의 차이와 의미까지도 이해할 수 있어야 한다(이철·장대련, 2008, p. 77).

2. 종교

국제광고활동에 영향을 미치는 요인으로서 종교는 그다지 큰 의의를 갖지 못한다는 견해도 있으나, 국제기업은 해외시장에 있는 소비자들의 소비행동을 정확하게 이해하기 위해서는 그 나라의 종교에 관한 지식이 필요하다(Terpstra, 1982, p. 35).

종교는 도덕 및 윤리기준의 주요 결정요인으로서 인간들의 가치관, 생활태도, 구매동기, 소비성향 등에 큰 영향을 미치고 있을 뿐만 아니라, 사회적인 제도와 관습, 그리고 종교차이에 의한 분쟁 등은 그 나라의 경제질서에도 영향을 미치고 광고상의 표현에도 주의를 기울이게 한다. 오늘날의 종교는 중세시대와 같이 직접 정치에 밀착되어 있지 않지만, 그래도 인간들의 정신생활과 일상생활에 커다란 영향을 주고 있다. 그리고 모든 국가의 휴일이나 축제일은 그 나라의 종교행사를 기초로 하여 결정하고, 그러한 종교적 행사는 특정상품에 대한 수요기를 형성하기도 한다.

예를 들어, 크리스마스와 같은 종교적 행사에서 출발된 축제가 현재에는 종교적인 행사로서만 그치는 것이 아니라 행사기간동안 특정상품에 대한 수요를 촉진할 수 있게 되었다. 뿐만 아니라 종교적인 터부(taboo)가 소비패턴에 커다란 영향을 미치는 경우도 있다. 예를 들면 힌두교인은 소를 신성시하고 있기 때문에 일반적으로 쇠고기를 먹지 않을 뿐만 아니라 소의 디자인이 들어 있는 상품에 대해서도 경원하게 된다.

회교국가에서는 주류를 금하고 있어 주류의 판매가 금지되거나 제한되기 때문에 과실주스나 청량음료수에 대한 적절한 시장이 되고 있다. 이와 같이 국가에 따라 종교적인 차이가 있기 때문에 국제기업이 효과적인 국제광고활동을 전개하기 위해서는 종교에 관한 중요성을 인식하고 그 특성을 정확하게 파악해야 할 것이다. 그러면 국제기업이 해당국가의 종교, 관습 및 미신에 대한 지식과 이해가 부족하여 실패한 사례를 몇 가지 살펴보기로 한다.

Exxon사는 휘발유를 각국의 기후조건에 따라 다양하게 개발하여 판매하는 적응화된 제품전략을 사용했으나, 광고는 "Put a Tiger in Your Tank"라는 표준화된 광고메시지로 태국을 제외한 대부분의 시장에서 대단히 성공적으로 사용되었다. 다만 태국의 경우 호랑이는 강한 힘을 상징하는 것이 아니라 정글의 위험한 동물로만 생각하기 때문에 좋은 반응을 얻지 못했다(Cundiff and Hilger, 1988, p. 413).

이와 비슷한 사례로서, 한 유명한 안경판매업자가 태국에서 소비자들의 관심을 끌기 위한 수단으로 안경을 쓰고 있는 동물의 모습을 광고에 사용하였는데 별다른 효과를 보지 못했다. 그 이유는 태국인들이 동물을 모델로 이용한 광고에는 호의적인 태도를 보이지 않았기 때문이었다(Carson, 1967, p. 3).

또한 어떤 항공사의 경우, 타지역에서는 지극히 정상적인 신문광고 때문에 사우디아라비아 정부로부터 첫 출항을 금지당할 뻔 했다. 이 광고는 아주 매력적인 스튜어디스가 즐거워하는 비행기 승객들에게 샴페인을 날라주는 사진이었다.

사우디아라비아에서는 알코올이 불법이었고 천으로 얼굴을 가리지 않은 여자가 감히 남자와 섞여 있는 것이 허락되지 않는다. 그래서 이곳 사람들은 그 사진을 그들의 종교적 관습을 바꾸려는 괘씸한 시도로 간주했던 것이다. 이와 같이 현지종교의 특성을 제대로 고려하지 않으면 수많은 어려움을 자초하게 된다. 많은 회사들이 아시아에서의 광고에 부처의 사진을 실었을 때 이런 유형의 문제를 만났다. 이 지역에서는 종교적인 유대가 너무 강하다. 그래서 광고에 그 나라 종교의 상징을 함부로 사용하는 것은 현지 사람들의 감정을 자극할 수 있다. 특히 부처의 얼굴 사진에 글자를 가로질러 인쇄했다가는 그 글자가 심사숙고한 끝에 넣어진 것이든, 아니면 우연히 그렇게 된 것이든 상관없이 봉변을 당한다.

어떤 회사는 무지몽매하게도 그러한 전략을 구사했다가 거의 파산할 뻔했다. 이 사소해 보이는 우연한 사고가 몇 년을 두고 기억되는 국제적인 정치문제로까지 번졌던 것이다.

3. 교육수준

교육수준에 따라서 상품의 소비태도나 그 수준은 달라지게 된다. 교육수준이 높다는 것은 서적, 미술, 여행 혹은 문화활동에 대한 수요가 대폭적으로 신장할 뿐만 아니라 상품의 성능 및 품질에 대한 요구도 높아지는 것이 일반적이다. 즉 이것은 자기의 생활을 풍요롭게 하기 위한 노력이나 인간으로서의 행복을 추구하려는 노력 때문에 새로운 상품에 대한 관심이 높아진다는 것을 의미한다. 그리고 교육수준이 높은 국가일수록 광고활동에 있어서 디자인이나 포장, 그리고 그 밖의 것을 정도를 높이 하여 복잡화함과 동시에 세련되게 하여야만이 그 효과를 얻을 수가 있게 된다.

반면에 교육수준이 낮은 국가에서는 최신의 각종기기의 사용법 및 효용을 이해시키는 것이 매우 곤란하다. 또한 전통적인 인습에 물들어 있어 광고면에 있어서도 문장으로 표현하여도 그것을 충분히 이해할 수 없기 때문에 효과를 거둘 수 없으므로 형태 또는 색채로 그것을 표현하는 것이 오히려 효과적이다.

이와 같이 교육수준의 차이가 국제광고활동을 제약하는 중요한 요인이 되고 있기 때문에 사전에 이에 대한 철저한 분석이 필요하다.

4. 사회제도

사회제도(social institution)란 한 인간이 다른 동료와 관계를 맺는 하나의 수단으로서 사회적 행동이 규정지어지는 단위와 구조를 말한다.

세계 각국의 사회제도는 매우 다양하며 각국마다 특유한 가치기준을 가지고 있다.

Fayerweather에 의할 것 같으면 한 국가의 사회제도는 두 가지 방법으로 구매우선순위에 영향을 준다고 하였다(Fayerweather, 1970, pp. 26-27). 즉 사회유형에 일치하려고 하는 사람들의 욕구와 사회적으로 인정받기 위하여 명성을 획득하려고 하는 사람들의 욕구 등 두 가지 성향이 있다고 주장하였다.

이와 같은 성향은 소비자들이 구매제품을 선택하고 소비자들로 하여금 구매하도록 영향을 주는 한 요인이 된다. 사회적인 지위나 신분에 대한 사고방식, 사회적 명성에 대한 욕망 등은 자연발생적으로 형성되어 그것들에 의하여 제품의 구입방법, 구매결정자, 제품사용자, 제품사용에 대한 제한, 유통경로, 그리고 광고와 같은 판매촉진방법 등에 영향을 미치게 된다. 또한 세계는 다수의 인종이나 민족에 의해 구성되고 있는데, 바로 이러한 인종이나 민족의 다양성이 해외시장의 특수성을 결정하는 것 중의 하나이다. 그것은 인종이나 민족에 의해 그 나라의 사회구조가 구성되며 생활수준, 생활양식 등에 차이가 생겨나기 때문이다.

5. 가족제도

Fayerweather는 가족제도를 지역과 관습에 따라 아래와 같이 세 가지 형태로 구분하고 있다(Fayerweather, 1970, pp. 25-26).

첫째, 이슬람교 지역에서의 주부는 하나의 종속적인 존재이며 가사에 관한 발언권과 통제력은 거의 가지고 있지 않다. 이와 같은 일반적인 유형은 아직도 많은 중동제국에 상존하고 있다.

둘째, 중남미제국에서의 유형으로 주부는 이슬람제국의 주부보다는 많은 권리를 가지고 있지만, 아직도 남성의 종속적 위치에 있으며 사소한 문제는 자기 스스로 결정할 수 있으나 모든 문제의 최종결정은 남성의 권한에 속한다.

셋째, 대부분의 구미제국에서 발견할 수 있는 유형으로서 국가간에 다소의 차이는 있지만 그 기본신조는 남녀평등으로 여성의 지위가 확립되어 있다.

이와 같이 남녀의 지위가 지역에 따라 차이가 있는 것을 알 수 있다. 따라서 한 가정에서 남성이 절대적인 구매결정권을 가지고 있는 지역에서는 남성을 대상으로 광고활동을 해야 할 것이고, 여성이 그 권한을 가지고 있는 지역에서는 여성을 대상으로 광고활동을 해야 할 것이다.

일반적으로 개발도상국에서는 아직까지 대가족제도의 형태를 취하고 있는 국가가 많이 있지만, 사회가 발달하고 소득이 향상됨에 따라 부부를 중심으로 한 핵가족제도가 점차적으로 보편화되어 가고 있다. 따라서 효과적인 국제광고활동을 전개하기 위해서는 이러한 가족제도가 어떻게 형성되어 있는가를 충분히 고려해야 한다.

6. 미학

미학(aesthetics)이란 음악, 미술, 연극, 무용 등의 예술과 색채 및 형상에 관한 특별한 감상으로 표현되는 미와 기호에 관한 개념을 말한다(Terpstra, 1978, p. 98). 그런데 이러한 미적감각의 표현과 이해는 국가에 따라 차이가 있는데, 예를 들어 국가에 따라 선호하는 색상이 다르고, 색의 의미도 달라진다.

〈표 4-2〉 각국의 혐오색 일람

국 명	혐 오 색	금 기 및 해 설
자유중국	백 · 흑 · 청	· 극동제국에서는 전통적으로 백색 등이 상색(喪色)이다. 중국에서는 특히 백색을 싫어함. · 사례 : 외국계 석유회사의 개솔린 스탠드를 규정대로 백색으로 도장했는데 장의의 색채라는 이유로 손님이 얼씬도 하지 않았으며 석유마저 사지 않았음. · 개는 불길한 상징으로 터부시함.
이라크		국기의 올리브 그린(olive green)은 토템(totem)의식의 상징이므로 상업목적의 사용은 금기임.
이집트		로다스(차스)나 악어는 토템으로 신성시하고 있으므로 금기임. 어떤 섬유회사에 악어에 창이 꽂힌 모양의 포장 디자인을 하여 수출하였다가 이집트인의 노여움을 사 반품 되었다는 이야기가 있음.
홍콩	백 · 흑 · 청	중국의 색채 편견이 지배되며, 청은 비애를 연상시킴.
말레이시아	황	황색은 회교군주의 황체색이므로 결코 황색 복장을 착용하지 않음.
이스라엘	황	중세기 여러 나라에서 거주하고 있는 유대(Juda)민족은 황색의 천을 걸치도록 강제되어 있었다. 그런데 A. Hilter에 의해서 나치즘(nazism)의 시대에 들어와 그 실천이 부활되었다. 이러한 연유로 이스라엘에서는 불길한 색이라고 극도로 혐오함.
시리아	황	황색은 죽음을 상징하므로 회교도가 모두 싫어함.
스위스	흑	흑색은 상색(喪色)으로 좋아하지 않으나 자동차의 흑색은 일반적으로 좋아함.
브라질	자 · 황 · 농다색	자색은 비애를 뜻하며 황색은 절망에 빠지게 한다는 미신이 지배하고 있다. 또한 자색과 황색의 배색은 병의 전조라고 믿고 있으며 농다색은 불길을 초래한다고 대단히 싫어함.
모로코	적 · 황	서부지역에서 직물의 색으로서 싫어함.
페루	자	자색은 10월의 종교상의 의식에 사용되기 때문에 일반적으로 사용하지 않음.

자료원: 한국디자인 포장센터, "해외시장에 있어서의 색채선호" 「디자인과 포장시리즈」, 1971, pp. 37-53. 박기안, 『국제마케팅론』, 법경사, 1998, p. 354에서 재인용.

특히 상징적 의미를 가지는 색깔의 경우 국가에 따라 많은 차이를 보이고 있다. 검정색이 미국이나 유럽의 경우에는 죽음 또는 장례식의 상징으로 표현되나, 일본이나 한국, 중국에서는 백색이 동일한 의미로 상징된다. 이러한 색의 의미의 차이가 국제마케팅에 영향을 미치는 것을 보여주는 사례가 있다. 유나이티드(United)항공사가 서울에 처음으로 취항시 이를 축하하기 위하여 승무원들이 탑승객들에게 하얀 카네이션 꽃을 가슴에 달아주는 행사를 가졌다. 그러나 한국인 여승객들은 대부분 이를 거절했다. 서울에 도착하여 그 이유를 알아본 결과 한국에서는 죽은 사람을 추모하기 위하여 흰 카네이션 꽃을 가슴에 단다는 것을 알고 항공사에서 즉시 그 행사를 중지시켰다는 일화가 있다.

이와 같이 미적 감각의 차이는 국제시장에서 판매하고자 하는 제품의 색채, 도안 및 포장, 광고의 배경 및 일러스트레이션 선정 등에 큰 영향을 미친다.

〈표 4-2〉는 각국이 혐오하는 색깔을 요약해서 보여주고 있다.

제 4 절 정치 · 법률적 환경

국제기업의 광고활동에는 상대국의 정치체제와 안정성, 민족주의, 정책 · 법률 및 세제 등도 큰 영향을 미치게 되는데 이러한 환경요인을 통틀어 정치 · 법률적 환경(political and legal environment)이라 일컫는다.

1. 정치체제와 안정성

국제기업은 일반적으로 정치조직보다는 경제조직에 더 많은 관심을 가지고 있지만 해외시장을 대상으로 국제마케팅활동을 전개할 때 상대국의 정치적 환경에 의해 많은 영향을 받는다(Terpstra, 1982, p. 21). 따라서 상대국에서 장기적이며 계속적인 기업활동을 전개하기 위해서는 상대국의 정치체제나 그 안정성에 대한 상세한 검토 내지 분석이 필요하다. 먼저 정치체제면에서 자유주의체제의 국가에서는 사기업의 존재와 그 활동이 인정되고 있지만, 사회주의체제의 국가에서는 사기업의 존재조차도 인정되고 있지 않다. 개발도상국가 중에는 국가경제의 성장과 국민생활의 향상을 위해서 사회주의적인 정책을 취해 기간산업이나 주요산업의 국유화를 실시하고 있는 국가도 있다. 따라서 국제기업이 광고활동을 전개할 때는 상대국이 어떠한 정치체제를 가지고 있느냐에 대해서 면밀하게 검토할 필요성이 있다.

정치체제와 더불어 정치적인 안정성도 국제기업이 고려해야 할 중요한 요인이 되고 있다. 왜냐하면 정치적인 안정성이 없으면 경제성장을 기대할 수 없을 뿐만 아니라 사회 · 문화 기타 여러 분야의 안정성이나 성장을 기대할 수 없기 때문이다. 그리고 상대국이 정치적으로 불안정하면 국제광고활동을 하는 기업체에게 불리한 여건을 만들어 주게 된다(Terpstra, 1982, p. 38).

국제마케팅환경의 하나로서 이와 같이 정치체제와 안정성에 관한 환경은 상품수출이나 기술수출, 기업진출에 상당한 영향을 미치게 된다. 특히 기업진출의 경우 상대국의 정치체제나 정치적인 안정성에 따라 결정적인 영향을 받게 된다. 예를 들어 1960년 이전에 쿠바는 미국기업들의 중요한 국제마케팅목표였다. 그러나 카스트로(Castro)가 권력을 잡았을 때 미국기업들은 즉시 그 목표를 포기해 버렸다. 이란에서는 호메이니(Khomeini)가 권력을 잡기 전후에 이와 비슷한 경우가 발생했다. 이와 같이 국제마케팅활동을 하는데 정치체제나 안정성은 중요한 문제가 되고 있다. 따라서 해외시장을 대상으로 국제마케팅활동을 하는 기업은 항상 상대국의 정치체제나 안정성에 대해서, 그리고 그 변화에 대해서 정확한 분석과 판단을 해야 한다(Terpstra, 1982, p. 22).

2. 민족주의

민족주의(nationalism)는 국제경영에 영향을 주는 가장 중요한 정치적 요인으로서 국가 혹은 민족에 대해 느끼는 강한 자부심, 긍지, 혹은 일체감으로써 이러한 성향은 종종 외국기업에 대한 편견이나 배타적 태도로 나타날 수 있다.

현지 시장국의 민족주의적인 성향이 수입에 대한 거부감, 외국인 투자에 대한 거부감 등으로 나타날 때 기업은 경영활동을 자유롭게 수행하기 곤란하며 성과도 부정적으로 나타날 소지가 많다. 공식적으로 진행되든 비공식적으로 이루어지든 국산품 애용운동이나 외국제품 불매운동과 같은 움직임은 민족주의를 배경으로 외국기업에 가해지는 정치적 위험의 한 형태라 할 수 있다.

민족주의적 성향이 강하게 나타나는 국가에서는 마케팅활동을 신중하게 전개할 필요가 있다. 특히 자국 중심주의적 태도를 드러내는 것은 금물이며, 가급적 현지인과 현지문화를 배려하는 입장을 취하는 것이 바람직하다. 자본, 훈련, 기술 및 제목표의 국제적인 이동에 내재한 갈등과 압력을 이해하기 위해서는 민족주의의 본질적인 성격과 현지국가에서 표현되는 제 이해에 관한 파악이 필요하다. 그리고 어떠한 국가도 현지시장 및 경제에 대한 외국기업의 무제한적인 진출을 허용하지 않는다는 것을 이해할 필요가 있다.

3. 정책 · 법률 및 세제

각국의 정책 · 법률 및 세제는 서로 다른 이질적인 특성을 지니고 있다. 따라서 이러한 환경요인을 정확하게 파악하지 못하면 해외시장에 진출한 기업이나 앞으로 진출하고자 하는 기업은 예기치 못한 피해를 보게 된다. 그렇기 때문에 국제광고 담당자는 항상 상대국의 정책이나 법률, 그리고 세제에 대해서 상세한 검토와 분석을 해야 할 필요성이 있다.

먼저 상대국의 정책은 해외시장을 대상으로 기업 활동을 하는 기업체에 직 · 간접으로 상당한 영향을 미치게 된다. 무엇보다도 각국의 경제정책은 국가경제의 성장, 국민생활의 향상, 물가의 안정, 고용 증대 등을 목표로 해서 운영되고 그것은 국가경제와도 밀접한 관련을 맺고 있다. 따라서 각국의 경제정책에 대한 내용은 국제기업이 사전에 정통하고 있어야 할 중요 대상이 된다(한희영, 1985, p. 128).

또한 세계 각국의 법률제도도 서로 이질적이고 복잡하기 때문에 국제광고활동을 하고자 하는 기업은 이 분야에 대해서 깊은 관심을 가져야 한다. 즉 국가마다 상이한 광고규제와 관련된 법률이나 제도가 있기 때문에 사전에 이에 대한 철저한 분석이 필요하다.

국가마다 정도의 차이는 있지만 광고에 대한 규제는 오늘날 전세계적으로 공통된 현상으로서 각국은 자국의 제반여건을 고려하여 광고메시지의 내용이나 광고매체, 광고시간 등에 대해 규제조치를 취하고 있다. 예를 들면, 독일에서는 최고라는 표현을 사용한 어느 회사제품의 광고를 경쟁기업간 상호비방을 금하는 법에 저촉되는 것으로 해석했으며, 경쟁기업의 제품을 자사제품과 직접적으로 비교한 내용을 담은 비교광고도 용인되지 않는다. 이와 유사한 규제조치로 소비자를 오도할 수 있는 언어에 관련된 표현의 사용을 금지하는 경우가 유럽국가에서 많이 시행되고 있는데, 특히 이탈리아에서는 방향제(deodorant)와 땀(perspiration)과 같은 일상용어도 TV광고에서의 사용을 금하고 있다. 그리고 나라에 따라서 특정매체의 이용을 규제하는 경우도 있다. 즉 라디오광고는 허용하고 있지만 TV광고를 제한하는 나라가 있는가 하면, 어떤 나라의 경우에는 주류라든지 담배와 같은 특정제품을 TV로 광고하는 것을 제한하기도 한다(Keegan, 1989, p. 497).

각국의 상이한 세제 역시 국제광고활동을 하는데 제약요인이 되고 있다. 어떤 나라에서는 광고에 특별세를 부과하여 매체선정에 있어 독창적 자유를 제한하고 있는 경우도 있다. 오스트리아의 세금구조를 보면 세금효과의 영향을 잘 볼 수 있다. 베르겐랜드(Bergenland)주와 타이롤(Tyrol)주를 제외한 주에서는 광고에 대한 과세율이 10%이고, 포스터에는 10~30%의 세율이 각 지방마다 달리 적용되고, 라디오광고의 경우에는 타이롤주의 20% 과세를 예외로 하고는 거의 모든 주가 10% 과세를 하고 있다(김희철, 2007, pp. 328-329).

〈표 4-3〉 광고규제사항과 해당국

광고규제사항	해당국
· 어린이 대상광고	캐나다, 스칸디나비아제국, 미국
· 비교광고	프랑스(완화), 필리핀(금지), 미국(장려)
· 시정광고	미국, EC
· 여성위생용품(사전심의가 있어야 함)	캐나다(영국계)
· 식품, 의약품, 화장품 방송광고(사전심의가 있어야 함)	캐나다, 멕시코
· 유아용 상품	WHO/UNICEF
· 광고내용을 입증할 책임이 광고주에게 돌아감	EC, 스칸디나비아제국, 미국
· 광고의 섹스	캐나다, 네덜란드, 스칸디나비아제국, 영국, 미국
· 광고에 외국어 사용	프랑스, 멕시코, 캐나다(퀘벡주)
· 외국 광고물, 테마, 일러스트레이션	한국, 회교국, 페루, 필리핀
· 식품 및 의약품 광고에 사용하는 어구	벨기에, 미국
· 소비자 협회의 집단행동	EC, 미국
· 사생활보호와 국가정보	프랑스, 노르웨이, 스웨덴, 미국
· 성차별 광고	캐나다, 스칸디나비아제국, 네덜란드, 영국, 미국

자료원 : S. C. Jain, *International Marketing Management*, 3rd ed., Boston : PWS-KENT Publishing Company, 1990, p. 559.

주요용어

1. 글로벌 고객(global customer)
2. 관세 및 무역에 관한 일반협정(general agreement on tariff and trade : GATT)
3. 자유무역지역(FTA : free trade area)
4. 관세동맹(customs union)
5. 공동시장(common market)
6. 경제연합(economic union)
7. 정치동맹(political union)
8. 종가세(ad valorem tariffs)
9. 종량세(specific tariffs)
10. 혼합관세(combination of specific)
11. 선택관세(alternative tariffs)
12. 복합관세(compound tariffs)
13. 비관세장벽(non-tariff barriers : NTB)
14. 수입할당제(import quota system)
15. 수출자율규제(voluntary export restraint : VER)
16. 수출입링크제(export-import link system)
17. 수출보조금(export subsidy)
18. 상계관세(countervailing tariff)
19. 일반특혜관세(generalized system of preference : GSP)
20. 사회제도(social institution)
21. 미학(aesthetics)
22. 정치 · 법률적 환경(political and legal environment)
23. 민족주의(nationalisn)

연 습 문 제

1. 국제광고환경의 중요성에 대하여 설명하시오.
2. 국제경제적 환경에 대하여 설명하시오.
3. 개별국가의 경제적 환경에 대하여 설명하시오.
4. 국제광고활동에 영향을 미칠 수 있는 문화적 환경에 대하여 사례를 들어 논하시오.
5. 국제광고활동에 영향을 미칠 수 있는 정치·법률적 환경에 대하여 논하시오.
6. 지역경제통합의 5가지 형태에 대하여 설명하시오.
7. 무역정책의 대표적 수단인 비관세장벽에 대하여 설명하시오.

참고문헌

1. 김동기 · 한선민, 『국제마케팅론』, 박영사, 1998.
2. 김주헌, 『국제마케팅』, 문영사, 2009.
3. 김 철 · 박주욱, 『국제마케팅론』, 신영사, 1998.
4. 김희철, 『글로벌시대의 국제마케팅』, 두남, 2007.
5. 안태호, 『국제마케팅론』, 박영사, 1984.
6. 오세영 · 이진희, 『국제광고론』, 신론사, 2006.
7. 이광철 · 이재유, 『초일류기업의 비즈니스 대실수』, 김영사. 1995.
8. 이장로, 『무역개론』, 무역경영사, 1995.
9. 이철 · 장대련, 『글로벌시대의 국제마케팅』, 학현사, 2008.
10. 황중서, 『21세기를 선도하는 국제화시대의 기업』, 형설출판사, 1998.
11. 홍성헌, 『국제마케팅』, 우용출판사, 2008.
12. Carson, D., *International Marketing : A Comparative Approach*, New York : John Wiley and Sons, Inc., 1967.
13. Cateora, P. R., *International Marketing*, 7th ed., Homewood, Ill. : Richard D. Irwin. Inc., 1990.
14. Cundiff, E. W. and Hilger, M. T., *Marketing in the International Environment*, 2nd ed., Englewood Cliffs, N. Y. : Prentice-Hall Inc.,1988.
15. Fayerweather, J., *International Marketing*, Englewood Cliffs, N. J. : Prentice-Hall Inc., 1970.
16. Jain, S. C., *International Marketing Management*, 3rd ed., Boston : PWS-KENT Publishing Company, 1990.
17. Kahler, R. K. and Kramer, R. L., *International Marketing*, 4th ed., Cincinnati : South-Western Publishing Company, 1978.
18. Keegan, W. J., *Global Marketing Management*, 4th ed., Englewood Cliffs, N. J. : Prentice-Hall Inc., 1989.
19. Kelley, E. J. and Lazer, W., *Managerial Marketing*, Homewood, Ill. : Richard D. Irwin, Inc., 1967.
20. Martyn, H., *International Business : Principles and Problems*, New York : Collier-Macmillan, 1964.
21. Mazze, E. M., "How to Push a Body Abroad Without Marking It a Corpse," *Business Abroad*, August 10, 1964.
22. Ricks, D. A., "Pitfalls in Advertising Overseas," *Journal of Advertising Research*, December 1974.
23. Root, F. R., *Foreign Market Entry Strategies*, New York : AMACOM, 1982.
24. Terpstra, V., *International Dimensions of Marketing*, Massachusetts : A Divison

of Wardsworth Inc., 1982.

25. Terpstra, V., *International Marking*, Hinsdale, Ill. : Dryden Press, 1978.
26. Yip, G. S., *Total Global Strategy : Managing for Worldwide Competitive Advantage*, Englewood Cliffs, N. J. : Prentice-Hall Inc., 1992.

제 5 장

국제광고예산결정과 광고대행사의 선정

제 1 절 국제광고예산의 결정

1. 국제광고예산결정의 중요성 및 고려요인

1) 국제광고예산결정의 중요성

국제광고예산의 결정은 매우 중요한 국제광고의사결정의 하나이다. 광고예산이 너무 낮게 책정이 되면 기대한 만큼의 매출과 이익을 실현할 수 없으며, 너무 과다하게 광고비를 지출할 경우에는 이익을 감소시킬 것이다. 연구결과에 의하면 평균적인 광고탄력성(광고비 지출이 1% 증가할 때 예상되는 매출변화율)은 내략 0.22%에 불과하다고 한다. 이러한 결과를 모든 제품과 브랜드에 적용하는 것은 무리가 있겠지만 적어도 일부 브랜드들은 과다하게 광고비를 지출하고 있음을 시사하고 있다.

광고의사결정의 이러한 중요성에도 불구하고, 기업들은 최적의 광고예산을 결정하기가 쉽지 않다.

광고예산의 결정에 대한 접근방법은 크게 다르며, 오랫동안 논쟁의 대상으로 되어 왔다. 그 이유는 광고비 대비 광고가 달성하는 효과를 정확하게 결정하기 어렵기 때문이다. 국제적 수준에서의 광고예산책정문제는 여러 시장국을 대상으로 하고 있고, 또한 시장국별로 추구하는 목표가 다른 만큼 국내광고예산을 책정할 때보다도 훨씬 더 어렵고 복잡하다고 할 수 있다.

이론적으로 보면 시장국별로 광고에 소요되는 한계비용이 그에 따른 추가적인 광고효과보다 적은 한, 기업은 계속 광고비를 지출하게 된다(Terpstra, 1983, p. 438 ; Gilligan and Hird, 1986, p. 242). 그러나 실제로는 추가적인 광고효과를 분석하기란 거의 불가능하다. 그것은 광고뿐만 아니라 그 밖의 마케팅활동으로부터 생긴 이익을 정확하게 측정하기 어렵기 때문이다. 그리하여 광고예산책정에 대한 보다 실용적인 방법이 개발되고 있다. 그런데 이러한 방법을 사용할 국제마케팅관리자는 광고예산이 진공상태에서 결정되는 것이 아니고 전체적인 마케팅믹스의 한 요소라는 것을 명심해야 한다. 따라서 광고예산은 전체적인 마케팅과정에 대한 공헌도를 고려하여 편성되어야 한다(오세영 · 이진희, 2006, p. 188).

2) 국제광고예산결정의 고려요인

국제촉진예산 중에서 차지하는 국제광고예산의 규모나 적정 광고비의 결정은 다음과 같은 여러 요인들로부터 영향을 받는다.

(1) 광고목표

광고예산의 규모에 가장 큰 영향을 미치는 요인은 광고를 통해 달성하고자 하는 목표이다. 가령, 시장점유율의 증가와 같은 보다 공격적인 광고목표는 브랜드명에 대한 소비자인지도의 창출이 광고목표인 경우보다 더 많은 광고예산을 필요로 할 것이다.

(2) 광고주 및 광고대행사의 정책

광고주 혹은 광고대행사의 성향도 광고예산규모에 영향을 미친다. 광고예산의 규모는 대부분의 경우 어느 정도의 광고비가 지출되어야 하는지에 대한 광고주의 판단에 의존한다.

최고경영자는 흔히 비용의 시각에서 보며 광고예산이 불필요하게 과다 책정된 것으로 비판적인 시각을 갖는다. 전통적으로 광고대행사는 판매촉진보다는 광고비 지출을 보다 선호하는 경향이 있는데, 많은 경우 판매촉진에 대한 낮은 커미션이 광고비 지출을 보다 선호하는 주요 원인의 하나이다. 또한 어떤 광고활동에 더 많은 광고예산이 할당되어야 할 것인가에 대한 결정은 대행사 내 경영자의 전문영역에 의해서도 영향을 받는다. 가령, 크리에이티브 출신의 경영자는 크리에이티브

영역에 더 많은 광고예산을 할당하고자 하는 성향이 있는 반면 특정매체에 대한 더 많은 광고예산이 할당되어야 한다고 생각하는 경영자도 있을 것이다.

(3) 시장규모 및 시장잠재력

시장규모 및 시장잠재력도 광고예산규모에 영향을 미친다. 소규모의 타깃시장에 대해서는 적은 광고비용으로 용이하게 침투할 수 있으나, 많은 수의 소비자가 분산되어 있는 대규모 시장에 대해서는 많은 광고비가 책정되어야 할 것이다. 광주보다 서울지역에 대한 매체구입비에 당연히 더 많은 광고예산이 할당되어야 할 것이다. 한편 시장규모가 큰 제품시장에 많은 광고예산이 할당되어야 하지만, 비록 현재의 시장규모가 작더라도 성장가능성이 높은 시장의 경우에는 보다 많은 광고예산의 할당을 고려해야 할 것이다(안광호 · 이유재 · 유창조, 2010, p. 284)

(4) 시장점유율

브랜드의 기존 시장점유율 혹은 시장점유율 목표도 광고비 규모에 영향을 미치는 요인의 하나이다. 일반적으로 브랜드의 시장점유율이 증가할수록 절대적인 광고예산의 규모도 증가한다. 그러나 시장점유율의 증가에 비례하여 광고점유율이 반드시 증가하는 것은 아니다.

브랜드의 시장점유율과 광고점유율(share of advertising voice)간의 관계를 연구한 John Jones는 시장점유율이 낮은 브랜드의 광고비점유율은 시장점유율보다 높은 반면, 시장점유율이 증가할수록 이에 비례하여 광고비점유율이 감소함을 발견하였다. Jones는 미국의 광고대행사 JWT(J. Walter Thompson)의 세계 각국 네트워크를 통해 23개국 1,096개 브랜드에 대한 설문조사를 실시하여 수집된 자료를 분석한 결과를 토대로 다음과 같은 결론을 도출했다.

첫째, 조사된 브랜드들 중 낮은 시장점유율을 가진 브랜드(대부분 신제품 또는 도입기의 브랜드)는 일반적으로 광고점유율이 시장점유율을 훨씬 초과한다.

둘째, 많은 경우 성숙기 시장에서 시장점유율이 높은 브랜드는 이익을 창출하는 브랜드였으며, 광고 · 판촉비용을 줄여서 이익률을 높이고 있었다. 특히 시장이 안정화되고 성장률이 낮은 경우에는 광고비에 많은 투자를 하지 않으려는 경향이 강하게 나타났다.

셋째, 시장점유율이 높은 브랜드들은 시장점유율 이하의 광고비를 투입하더라도 시장점유율이 유지되거나 경우에 따라 증가하는 경향을 보였다. 이러한 연구 결과는 시장점유율이 높은 브랜드는 과거보다 광고비 지출을 줄이더라도 시장점유율을 계속 유지할 수 있으나, 시장점유율이 낮은 브랜드는 높은 광고점유율을 계속 유지해야 함을 시사한다.

(5) 제품수명주기

제품의 도입기에는 제품의 인지도나 수용도가 매우 낮기 때문에 광고활동을 강화하여 신제품의 특성을 잠재적 소비자에게 설득하고, 1차수요(primary demand)를 자극시킬 필요성이 있다. 따라서 많은 광고비가 지출하게 된다.

이와 반면에 이때에는 제품개발비용과 광고비를 포함하여 각종 비용이 증가하고, 도입기에 흔히 있게 되는 저조한 판매로 이익은 마이너스에 머물러 있게 된다. 그러나 성장기에서 성숙기 초기에 이르는 동안에는 이익도 절정을 이루게 되고 광고비지출도 그에 따라 감소하게 되겠지만 그 뒤 기업들 사이의 경쟁이 심화되면서 광고비지출은 다시 증가하게 된다(오세영・이진희, 2006, p. 197).

(6) 예산주기

기업회계상 모든 예산・결산의 주기는 보통 1년이다. 그러나 시장상황이 불안정한 경우에는 광고비 예산주기를 반기(6개월) 또는 분기(3개월)로 하여 융통성있게 대처해야 한다. 예를 들어 시장 도입기에만 1년이 넘게 예상되는 신제품인 경우 등에서는 오히려 2년 정도를 예산주기로 하는 것이 유리하다.

(7) 경쟁제품에 대한 상황분석

자기 제품의 광고비 수준을 경쟁제품의 상황에 따라 결정하는 경우도 있다. 즉 조건이 서로 비슷한 상황에서 경쟁자가 자기보다 3배 이상의 광고비를 쓴다면 이쪽에서도 제품 개선, 유통구조의 개선, 가격인하 등 어떠한 대응책을 마련해야 한다. 아니면 광고비를 증액하여 경쟁에 대처할 수도 있다.

(8) 위험부담

기업이란 때로는 전전긍긍 하느니보다 일종의 모험을 감행하는 쪽이 차라리 속 편할 수도 있다. 신제품 런칭이나 사전조사로 효과가 입증되지 않은 캠페인 등이 일종의 모험에 속한다. 그러나 이런 경우, 광고비 지출 수준을 낮추는 일은 큰 잘못일 수 있다.

(9) 광고의 질

빅 아이디어 광고라면 적은 예산으로도 큰 예산을 투자한 경쟁업체보다 더 큰 효과를 거둘 수 있다. 그러나 이런 경우는 매우 드문 행운이다. 예산을 수립할 때 자사 광고물의 질을 고려해야 함은 물론, 경쟁업체의 광고가 자사 것보다 우월하다면 그에 비례하여 돈(예산)으로 그것을 상쇄시켜야 할 것이다.

(10) 비상자금

경쟁업체가 갑자기 대량 물량공세로 나온다든지, 뜻밖의 광고기회가 발생한다든지, 또는 갑자기 판촉행사를 해야 할 필요성이 생기는 등의 돌발사태에 대비하여 예비비를 항상 준비해 놓아야 한다(김혜성, 1996, p. 199).

(11) 미디어제한

미디어가 없거나 상업적으로 사용할 수 없는 시장에서는 기업의 광고예산이 줄어드는 경향이 있다. 예를 들어, 미국에서는 TV광고비용이 높은 기업도 미디어가 존재하지 않는 시장에서 TV광고비는 상대적으로 줄인다. 반대로 TV광고를 하게 되면 광고예산이 올라간다. 미디어 규제가 심한 경우 업체들은 다른 홍보수단으로 돌리는 경우가 있다.

(12) 저소득시장

전 세계 국가의 2/3는 저개발국가이다. 일반적으로 이들 국가에서는 광고비용이 제한되어 있으며 소비자들은 제한된 기처분소득을 번다. 이러한 이유 때문에 기업들은 광고비를 절감하지만 예외도 있다. 미국의 Colgate Palmolive나 Unilever사 등 저가의 소비제품을 판매하는 기업들은 저개발국가에서 많은 광고비를 지출하여 성공하였다.

(13) 기업조직

기업조직의 집중도에 따라 광고예산이 달라진다. 기업조직의 의사결정구조가 집중화되어 있을수록 각 국가마다 예산산정과정은 획일화된다. 이때 판매율전략을 사용할 수 있다. 만약 자체적으로 광고예산을 산정할 수 있는 자율적인 자회사를 두고 있다면 광고예산에 차이가 생긴다.

(14) 시장진출정도

시장에 따라서 현지 유통업체를 통하여 진출하는 경우와 자회사의 설립을 통하여 진출하는 경우가 있다. 시장상황에 따라 기업의 위치와 지배력이 다르며 광고예산책정전략도 다르다. 합작투자인 경우에는 파트너기업 때문에 광고예산을 책정하는데 제한을 받는다. 라이선시 업체(licensee)는 독자적으로 광고를 하거나 본사와 상의하여 광고를 할 수도 있다. 유통업체들은 독자적으로 혹은 함께 광고를 할 수 있다(박기안, 2002, pp. 423-424).

2. 이론적 측면에서의 광고예산결정방법

1) 한계분석법(marginal analysis)

한계분석법은 경제적 관점에서 최적의 광고예산을 책정하는 방법이다. 한계분석에 따르면 추가적인 광고비 지출에 의해 얻어지는 한계수익(marginal revenue)이 추가적인 광고비 지출, 즉 한계비용(marginal cost)을 초과하는 경우, 기업은 광고예산을 지속적으로 증가시킬 수 있으며, 가장 높은 이익을 얻을 수 있는 최적광고예산은 한계비용과 한계수익이 일치하는 점에서 결정된다.

[그림 5-1]에 나타난 바와 같이 일정한 시점까지 광고비용이 증가할수록 매출과 총마진은 증가하다가 더 이상 증가하지 않는다.

매출과 총마진의 증가율도 일정한 시점에 이르면 +에서 -로 변화하는데(증가율이 -로 변함), 이 시점부터는 광고비용을 투자한다고 하더라도 그 비용만큼 효과가 나타나지 않는다는 것을 의미한다(점A). 즉 총마진에서 광고비용을 빼면 이익을 계산할 수 있는데, 이 이익이 감소하는 시점까지만 광고비용을 투자한다는 것이다.

이 방법은 논리적으로 매우 설득력이 있기는 하지만 광고의 목표를 매출중심적으로 생각함으로써 광고의 또 다른 목표를 무시했다는 단점이 있다(이차옥, 2000, p. 94).

기업은 흔히 광고를 통해 매출증대 이외에 브랜드인지도 창출, 관심의 제고, 태도변화 등과 같은 커뮤니케이션 목표를 추구하기도 한다. 게다가 다른 경영전략적 또는 마케팅전략적 요소를 무시하고 마치 광고만이 매출 또는 이익에 직접적인 영향을 주는 것으로 가정했다는 점에서도 문제점을 가지고 있다. 매출은 광고뿐만 아니라 가격, 제품특성, 유통 등의 다른 마케팅믹스 요인에 의해서도 영향을 받는다.

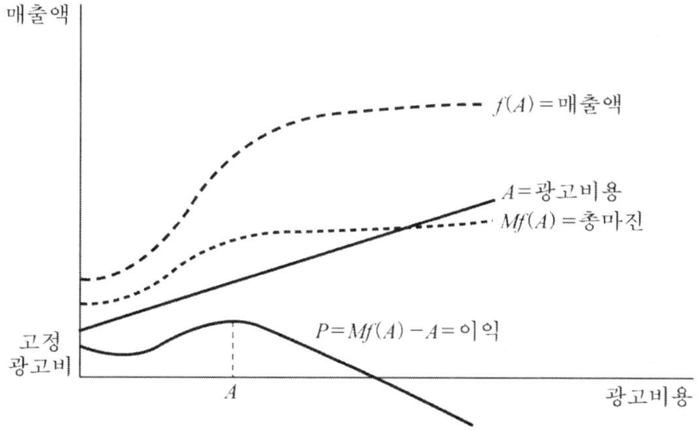

[그림 5-1] 한계분석법에 의한 광고예산결정

2) 판매반응함수(sales response function)

판매반응함수는 투자된 광고비와 이에 대한 반응 즉 매출간의 관계를 말한다. 수학적으로 판매반응함수는 투입된 광고비용의 수준과 매출 사이의 관계를 함수로 나타낸다.

가장 많이 사용되는 판매반응함수의 모양은 오목형의 반응함수와 s형의 반응함수이다([그림 5-2] 참조).

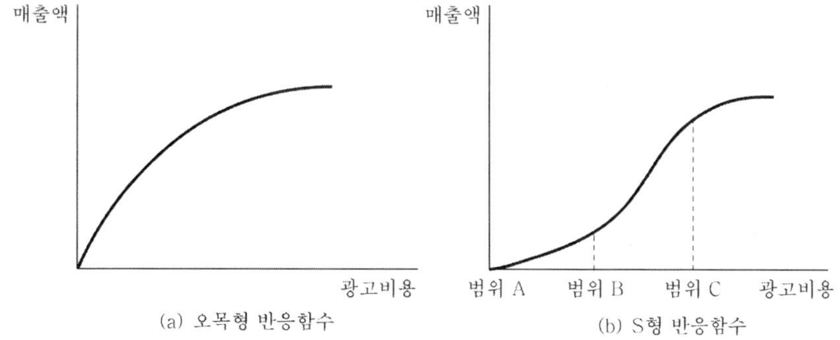

[그림 5-2] 판매반응함수의 형태

여기에서 오목형 반응함수가 시사하는 바는 구매가능성이 매우 높은 소비자들이 광고에 먼저 노출되어 이에 대한 즉각적인 반응을 보이는 반면에 구매가능성이 낮은 소비자들은 광고노출에도 불구하고 큰 변화를 보이지 않는다는 것이다. 또한 초기에 이루어진 몇 번의 광고노출이 잠재구매자들에게 이미 영향을 미쳤다면 계속되는 추가적 광고노출이 이들에게 미치는 영향력(정보제공능력)이 점차 감소된다는 것이다(안광호 · 이유재 · 유창조, 2010, p. 262).

s형 반응함수의 논리는 광고 초기에는 제품에 대한 소비자의 경험이나 지식이 부재하여 구매를 주저하다가 제품에 대한 확신을 가지는 순간부터 많은 소비자들이 제품을 구매하다가, 후기에는 그 증가가 매우 약화된다는 것을 전제로 하고 있다. 이 s형 반응함수가 시사하는 바는 적은 규모의 예산은 효과가 없다는 것이며, 나아가 지나치게 많은 예산도 효과가 없다는 것을 의미한다. 이 모형에 따르면 일정한 수준 이상의 비용투자는 오히려 낭비를 가져온다고 할 수 있다.

[그림 5-2]에서 범위A는 광고의 효과가 미미한 구간을, 범위B는 광고의 효과가 증가하는 구간을, 그리고 범위C는 광고의 효과가 감소하는 구간을 나타내고 있다.

그런데 광고실무자들에게 있어서 판매반응함수는 유용한 방법이 되지 못하고 있다. 판매반응함수는 광고집행의 크리에이티브, 경쟁브랜드의 광고활동, 전반적인 마케팅믹스의 질, 광고가 집행되는 시점의 경제적 상황 등 많은 요인에 의해서 영향을 받기 때문에 광고비 지출이 매출발생에 어느 정도 기여를 했는지 알기 어렵다. 다시 말해 대부분의 상황에서 불가능하지는 않다고 해도 정확한 판매반응함수를 예측하기에는 매우 어렵다.

따라서 광고예산책정에 대한 의사결정이 이루어질 때 판매반응함수가 사전에 알려져 있지 않다면, 전체적인 매출곡선의 파악이 불가능하고 각각의 광고비 지출수준에 대한 한계수익도 도출되지 못할 것이다. 즉 이익을 극대화하기 위한 예산책정은 이론적으로는 이상적이지만 현실적으로는 적용하기가 어렵다. 따라서 광고예산담당자는 이익극대화를 추구하기보다는 다루기 쉬운 실용적인 접근으로 초점을 돌려야 한다(오창호 외 7인, 2008, p. 151).

3. 실용적 측면에서의 광고예산결정방법

1) 매출액비율법(percentage of sales method)

매출액비율법이란 지난 해의 매출액이나 다음 해의 매출액 예측치에 일정한 비율을 곱하여 광고예산을 책정하는 방법으로서, 단순하고 예산조달의 능력범위 안에서 광고예산이 결정된다는 장점을 가지고 있다. 또한 기업 간의 불필요한 촉진경쟁을 감소시키고 수년간 반복으로 적용한다면 최적에 가까운 예산을 결정할 수도 있다. 이때 적용되는 비율은 통상 동종산업 내의 다른 기업들이 지출하는 매출액 대비 광고비의 비율이거나 지난 수년간 자신이 지출해 온 광고비의 비율이다.

매출액으로서 실적치를 사용하는 과거매출액비율법과 예측치를 사용하는 미래매출액비율법이 있다.

이 방법은 자사의 자금사정, 이익 및 제품가격과 광고비간의 관계, 기업간 경쟁이 고려될 수 있다는 장점이 있다. 그러나 매출액 자체가 경기변동 등의 외부환경요인에 따라 민감하게 반응하기 때문에 매출액에 근거한 광고예산책정은 일관성과 안정성을 유지하기가 어렵다. 일정비율로서 동종산업 내의 평균비율을 사용할 경우에 있어서는 개별기업의 특수성을 고려할 수 없으며, 자신의 과거 실적비율의 평균을 사용하는 일은 마케팅여건이 변하지 않았다고 가정하는 단점을 가진다. 또한 과거매출액비율법에 있어서는 판매가 광고활동에 선행된다는 그릇된 논리가 가정되며, 미래매출액비율법에 있어서는 광고가 매출액에 대하여 미치는 영향이 충분히 고려되지 않는다. 따라서 매출액비율법은 장기계획수립이 곤란하다는 단점을 가지고 있다(배병렬 · 이민우, 2000, p. 165).

2) 가용예산활용법(all-you-can-afford method)

가용예산활용법은 다수의 기업들이 사용하는 방법으로서 이 방법을 사용하는 기업들은 회사에서 충당가능한 수준의 광고비용을 책정한다. 즉 회사 자금사정상 다른 긴급한 비용을 모두 예산에 책정한 다음에 나머지를 광고비용으로 책정하는 빙법이다(Kinnear and Bernhardt, 1986, p. 454).

이 방법은 제한된 자금을 갖고 있는 기업에서 광고를 위해 지나치게 많은 비용을 배분하지 않으려는 의도로 사용되는 경우가 많다. 이 방법은 매출액이 고려되지 않기 때문에 매출액에 대한 광고의 효과가 전혀 반영될 수 없으며 일정한 산출기준에 의하여 광고예산이 책정되는 것이 아니고 매년 회사의 자금사정에 따라 책정되는 것이기 때문에 장기간에 걸친 마케팅계획을 수립하기에는 부적합한 면이 있다.

3) 경쟁사기준법(competitive parity method)

경쟁기업에 대한 정보는 기업에게 있어서 매우 중요한 의사결정의 기준이 된다. 우리나라 기업들의 마케팅담당자들은 공개적으로 각 기업의 일부 정보를 교환하곤 한다. 때로 기업들이 서로 공개하는 정보들은 약간의 오차가 있지만 그 경향과 방향은 진실성을 어느 정도 가지고 있다. 자사의 정보제공을 희생하면서까지 경쟁사의 정보를 얻고자 하는 것은 경쟁사에 대한 정보를 의사결정의 중요한 근거로 삼는다는 것이다.

경쟁사기준법은 말 그대로 경쟁사의 광고예산을 자사의 예산설정기준으로 삼는다. 경쟁사가 매출액의 5%를 예산으로 설정하면 우리도 5%를 기준으로 예산을 결정하는 것이다.

이 방법은 한편으로는 경쟁을 지향하는 것처럼 보이나 동시에 일종의 안정을 지향하는 것이다. 즉 일종의 팽팽한 균형을 유지하고자 하는 것이다.

이 방법은 제대로 이해해야 할 필요가 있다. 패리티(parity)라는 말은 경제학적인 용어인데, 농가에 있어서 생산물 가격과 생활비와의 비율을 의미한다. 이 용어가 의미하는 것은 비율이지 경쟁사와 비슷한 또는 동일한 금액을 광고비용으로 지출하는 것은 아니다. 매출액 대비 비율 이외에도 광고비용점유율 또는 시장점유율을 그 비율의 기준으로 삼을 수도 있다.

앞에서 지적한 대로 경쟁사기준법은 경쟁을 고려하고 있으면서도 그 지향하는 경쟁이란 일종의 안정적·소극적 경쟁이지 진정한 의미의 공격적 경쟁은 아니다. 나아가 광고의 목표나 그 목표와 관련된 전략과 그 세부활동을 중심으로 하여 예산을 설정하는 것이 아니라 단지 예산규모 그 자체만을 염두에 두고 있다. 즉 다양한 전략적 측면과 그 효과를 무시하고 있는 것이다. 실무적인 측면에서 보면 경쟁사의 정보란 흔히 지난 기간의 정보일 가능성이 높은데, 이를 기준으로 하여 예산을 책정한다는 것은 일종의 대응적 전략(reactive strategy)이지 적극적 전략

(proactive strategy)은 아닌 것이다.

예를 들어 3M이 경쟁제품인 SOS와 브릴로(Brilo)에 적극적으로 대응해서 스카치브라이트 네버 러스트 패드(Scotch-Bnte Never Rust Pads)를 출시했을 때의 경우를 살펴보자. 비누수세미 제품은 브릴로가 1917년에 처음 시장에 진입하였고 그 이후 별다른 혁신이 이루어지지 않았었다. 그러나 3M은 소비자들은 녹슨 철수세미를 싫어한다는 조사결과를 근거로 비누수세미 제품군에서 처음으로 혁신적인 신제품인 네버 러스트(Never Rust)를 출시했다. 이 대단한 제품의 성공가능성을 확인하고 3M은 잠재시장규모가 1억 2천만달러 정도인 비누수세미 시장에서 시장진입 첫 해에 광고비로만 3천만 달러를 투입함으로써 경쟁브랜드들을 압도했다. 그 결과 스카치 브라이트 네버 러스트는 아무런 대응도 하지 않았던 경쟁자에 비해 상당한 시장점유율을 획득한 바 있다.

4) 목표과업법(objective and task method)

이상과 같은 방법들이 지니는 여러 가지 약점들로 인하여 많은 기업들은 목표와 과업에 근거하여 광고비를 책정 하려 노력하고 있다. 즉 각 제품이나 사업부문의 광고목표를 설정한 다음, 목표의 달성을 위하여 구체적으로 수행하여야 할 과업을 결정하고, 그에 소요되는 비용을 최종 광고예산으로 책정하는 것이다(Kotler, 1991, pp. 581-583).

이 방법은 광고예산을 기업의 현재 해외시장 개입수준뿐만 아니라 앞으로 달성해야 할 마케팅목표와 연관지어 결정하기 때문에 합리적이고 이상적인 광고예산책정방법이라고 할 수 있다.

그러나 이는 많은 국제기업들에 의해서 시도되고 있는 방법이기는 하지만 구체적인 마케팅목표의 설정과 당해 목표의 달성을 위하여 소요되는 광고비용이 그만큼의 가치가 있는지를 객관적으로 평가할만한 기준을 세우기가 쉽지 않다(이장로, 2003, pp. 410-411).

목표과업법은 소비재나 산업재 회사들 모두 가장 많이 사용하는 광고예산편성법이다. 조사에 따르면, 소비재기업의 60%, 산업재기업의 70%가 이 예산편성법을 사용하고 있다. 목표과업법을 적용하는 단계를 살펴보면 다음과 같다.

목표과업법의 첫 번째 단계는 매출액, 시장점유율, 이익공헌도와 같이 달성할 마케팅목표를 설정하는 것이다. 예를 들어 미국에서 폭스바겐이 당면한 마케팅과 광고과제를 보자. 한때는 잘 나가던 이 자동차 회사는 '딱정벌레'차로 1960년대와 1970년대에 큰 성공을 거두었지만, 그 이후 미국 소비자들의 욕구를 따라 잡지 못해 소비자들의 관심이 다른 수입차나 국내 모델 쪽으로 쏠리게 되어 1990년대 중반시점에는 미국 소비자들을 다시 붙잡을 수 있는 마지막 기회와 같은 상황에 처해 있었다. 이 당시 두 대표 브랜드인 골프(Golf)와 제타(Jetta)의 매출은 전년도보다 무려 50%가 감소하였다. 폭스바겐의 마케팅목표는 21,000대에 불과했던 골프와 제타의 매출을 가까운 시일내에 25만대 수준으로 끌어 올려 미국 내 자동차 시장의 시장점유율을 늘리는 것이었다.

목표과업법의 두 번째 단계는 전체적인 마케팅목표를 달성하기 위해서 필요한 커뮤니케이션의 역할과 기능을 정하는 것이다.

폭스바겐의 마케팅목표를 달성하기 위해 두 가지 커뮤니케이션 역할이 수행되어야 했다. 우선 골프와 제타에 대한 미국 소비자의 브랜드인지도를 증가시키고, 폭스바겐의 이미지를 '정직하고, 믿을만한, 적절한 가격의 승용차'로 만드는 것이었다. 즉 골프와 제타의 브랜드자산 강화가 급선무였다.

목표과업법의 세 번째 단계는 두 번째 단계에서 설정한 전체적인 커뮤니케이션믹스에서 광고의 역할을 규정하는 것이다.

제품과 커뮤니케이션 목표의 성격상 광고는 폭스바겐의 커뮤니케이션믹스에서 매우 중요한 요소였다.

목표과업법의 네 번째 단계는 마케팅목표 달성에 필요한, 측정가능한 커뮤니케이션 반응측면에서 광고목표를 설정하는 것이다.

폭스바겐은 (1) 제타의 브랜드인지도를 표적시장에서 45%에서 75%로 끌어 올리고, (2) 폭스바겐의 품질이 뛰어나다는 평가를 현재 15%에서 40%로 높이는 것과 같은 목표를 세울 수 있다. 두 목표 다 구체적이고 계량적이고 측정가능하다.

목표과업법의 마지막 단계는 광고목표를 달성하기 위해서 필요한 지출 규모를 추정하여 예산을 편성하는 것이다. 폭스바겐은 브랜드인지도 제고, 기업이미지 제고, 궁극적으로는 폭스바겐 매출증대라는 도전적인 목표를 고려해서 약 1억 달러를 광고캠페인에 투자하기로 하였다(오창호 외 7인, 2008, pp. 152-153).

기업들이 보편적으로 많이 이용하고 있는 이러한 네 가지 광고예산의 책정방법들은 상호보완적인 성격을 띠고 있기 때문에 단일방식을 이용하는 것보다도 여러 가지 방법을 잘 결합해서 산출하는 것이 효과적이다(Kotler, 1991, pp.

581-583 ; Terpstra, 1978, pp. 417-420 ; Belch et al., 1993, pp. 298-307).

〈사례〉 기업들 신문광고예산 10% 늘린다

김연아, 이승훈, 모태범 등 한국 스포츠 스타들 활약이 빛나는 밴쿠버 동계올림픽과 남아프리카공화국 월드컵 등 스포츠 축제 덕분에 올해 광고시장이 사상 최대 성장을 기록할 전망이다.

24일 제일기획은 '2010년 총 광고비 전망치'를 발표하고 올해 광고시장 규모가 작년보다 최소 5.6%에서 최대 9.9% 성장한 7조 9,730억 원에 이를 것이라고 밝혔다.

2008년 광고시장은 7조 7,971억 원 규모로 전년 대비 2.1% 감소했고, 경기가 바닥을 친 지난해에는 7조 2,560억 원으로 6.9%나 축소돼 올해 시장 성장세는 3년 만의 일이다.

황학익 제일기획 수석은 "올해는 밴쿠버 동계올림픽과 남아공 월드컵, 광저우 아시안게임 등 대형 스포츠 이벤트와 전반적인 소비심리 개선으로 각 기업의 광고 마케팅 비용이 다소 증가할 것"이라고 전망했다.

이와 함께 월드컵 전후로 금융, 정보통신, 가전, 자동차, 항공, 서비스 업종을 포함한 주요 광고주들의 월드컵 특수 마케팅 활동이 변수가 될 것이라고 예상했다.

매체별 예상 광고규모를 살펴보면 TV광고는 국제적인 스포츠 이벤트와 가상광고 · 간접광고 허용, 민영 미디어렙 출범 전망 등이 수요를 자극해 작년보다 최대 11.6% 증가한 1조 8,650억 원 규모가 될 것이라고 제일기획은 추산했다.

신문광고는 소비 심리 회복으로 여행, 영화, 연극 등 문화 공연 관련 광고가 늘면서 작년보다 9.9% 증가한 1조 6,500억 원이 될 것으로 예상하고, 케이블TV는 7.8% 늘어난 8,400억 원이 될 것으로 내다봤다.

인터넷광고는 기업과 브랜드마케팅에서 검색의 중요성에 대한 인식이 확산되면서 성장세가 확대돼 작년보다 최대 15.8% 증가한 1조 4,400억 원에 달할 것으로 전망했다.

업종별로는 작년 불경기에도 성장세를 이어온 식품과 화장품, 유통업종과 올해 TV광고 규제가 완화될 것으로 예상되는 헬스케어, 제약광고가 활발해질 것이라고 보고서는 관측했다.

자료원 : 매일경제, 2010. 2. 24.

제 2 절 국제광고대행사의 선정

1. 국제광고대행사선정의 중요성

마케팅기능 중 많은 기능이 기업 내에서 직원들에 의해 수행된다. 그러나 국제광고는 전문성의 문제 때문에 대개 광고대행사의 형태로 외부전문가에 크게 의존하고 있다. 따라서 해외시장을 대상으로 국제광고를 효과적으로 실시하려면 적절한 광고대행사를 선정하는 것이 아주 중요한 의사결정사항의 하나라 할 수 있다.

기업이 왜 광고대행사를 이용하는지를 이해하려면 먼저 이들이 법률가, 재무자문가, 경영컨설턴트, 그리고 세무사 등의 외부전문가들을 고용하고 있다는 사실을 아는 것이 필요하다. 이들 외부 전문가들은 기업 내부에 갖고 있지 않은 지식, 전문성 및 효율성을 회사에 가져다준다.

광고대행사도 수익을 창출하는 아주 효과적인 광고캠페인을 개발함으로써 광고주에게 엄청난 가치를 제공해준다. 광고대행사와 광고주 간의 관계는 때로는 수십 년간 지속되기도 한다. 물론 광고주가 광고대행사를 브랜드자산 강화와 시장점유율 증대에 실패하였다고 평가하는 경우에는 광고주와 광고대행사 간의 관계가 단명으로 끝날 수도 있다.

이러한 광고대행사의 유형으로는 일반적으로 전세계에 걸쳐 자회사를 가지고 있는 국제광고대행사와 각 시장국의 현지광고대행사, 그리고 본국의 광고대행사가 있다.

여기에서 국제광고대행사란 광고주체를 대신하여 광고물을 기획 · 제작하고 광고매체의 지면과 시간을 구매하여 광고객체에게 전달하는 광고업무를 전문적으로 취급하는 독립적 기업조직체이다.

광고대행사는 광고주체와 광고매체의 중간에서 단순히 광고활동만을 대행하거나 중개하는 역할을 넘어서 마케팅대행까지 해주는 것으로 범위가 확대되어 가고 있다. 이와 같이 업무가 다양해지고 확대되어 감에 따라 최근에는 광고대행사라고 부르기보다는 기업형태를 띠고 있어 광고회사 또는 광고기업이라고 부르는 경향이 많아지고 있다.

광고대행사는 광고물의 제작과 대행이라는 고유업무를 넘어 시장조사, PR, 그리고 기획업무 등의 전문업무도 비중 있게 다루고 있다. 또한 광고대행사는 지역적으로 국내뿐만 아니라, 해외로 영역을 확대하여 국제광고대행사로 그 세력을 팽창하고 있다. 즉 광고대행사는 단일기업조직체의 범위를 넘어 자회사, 제휴사, 합작사 등으로 기업군을 형성하고 있으며, 해외시장의 많은 국가에서 광고활동을 하고 있는 다국적화로 다국적광고기업을 형성하고 있는 추세에 있다. 이들 다국적광고회사들이 취급하는 대행액도 거액화하고 있으며 매년 증가추세에 있다.

참고로 세계 10대 광고대행사들의 광고대행 취급액을 살펴보면 〈표 5-1〉과 같다.

〈표 5-1〉 세계 10대 광고대행사의 실적(2004)

순위	광고대행사	국가	광고수익(백만 달러)
1	Omnocom Group	미국	9,747.2
2	WPP Group	영국	9,370.1
3	Interpublic Group of Cos.	미국	6,200.6
4	Publicis Groupe	프랑스	4,777.3
5	Dentsu	일본	2,851.0
6	Havas	프랑스	1,866.0
7	Aegis Group	영국	1,373.6
8	Hakuhodo DY Holdings	일본	1,372.4
9	Asatsu-DK	일본	473.3
10	Carison Marketing Group	미국	346.9
17	Cheil Communications	한국	185.9

자료원 : M. R. Czinkota and I. A. Ronkainen, *International Marketing*, Thomson, 2007, p. 591.

한편, 2009년도 10대 국내광고회사들의 취급액은 5조 9,629억 원으로 총광고비의 약 74.2%를 차지했다. 이는 2008년도 대비 약 6% 성장했으며, 이러한 성장은 해외취급액의 증가가 결정적인 역할을 한 것으로 보여진다(〈표 5-2〉 참조).

〈표 5-2〉 2009년 국내 10대 광고회사 취급액 현황

순위	작년 순위	회사명	총 취급액	작년대비 성장률(%)	총 취급액 중 해외 취급액
1	1	제일기획	2,202,200	-18	1,299,400
2	2	이노션	1,725,143	105	1,288,413
3	3	HS애드	510,413	-4	156,567
4	4	대홍기획	414,477	8	15,484
5	9	SK마케팅앤컴퍼니	302,524	98	-
6	5	TBWA KOREA	252,749	-34	-
7	6	웰콤	163,450	-12	-
8	8	한컴	151,859	-7	-
9	7	오리콤	132,037	-22	4,431
10	12	맥켄에릭슨&유니버설맥켄코리아	108,096	-2	-
소계(1~10위)			5,962,948	6	2,764,295

또한 10위권 국내광고회사들의 해외광고취급액은 전년대비 25%가 증가한 2조 7,643억 원을 기록했으며, 이는 상위 10개회사 광고취급액 전체의 46%에 해당된다. [그림 5-3]의 연도별 비교에서 알 수 있듯이 해외광고 취급액은 최근 2년간 급격히 증가하고 있다.

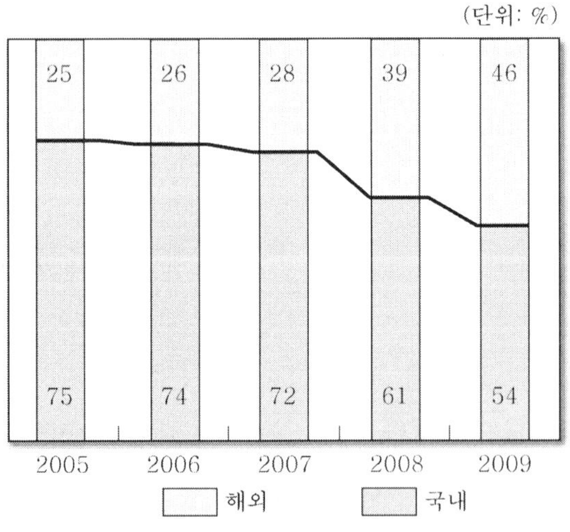

[그림 5-3] 연도별 10대 광고회사 국내 vs 해외광고 취급액 비율

2. 국제광고대행사의 선정기준

국제광고대행사를 선정하는데 있어서 가장 중요한 기준은 특정 광고대행사들이 기업목표달성에 얼마나 기여할 수 있는가의 여부가 되겠지만, 실제로는 이렇게 단순한 기준을 적용하기가 어려운 경우가 많다. 따라서 국제광고대행사를 선정하기 위해서는 다음과 같은 조건을 얼마나 충족시킬 수 있는지를 파악해 보아야 한다.

① 광고대행사가 제공할 수 있는 시장의 범위

- 광고대행사가 기업이 진출하고자 하는 해외시장에서 광고업무를 수행한 경험이 있느냐의 여부, 그리고 그 시장에 지점을 가지고 있는가의 여부는 광고대행사 선정에 중요한 영향을 미치게 된다.

② 광고대행사가 제공할 수 있는 업무의 질

- 지리적인 시장커버리지가 가능하다면, 광고대행사의 광고제작능력과 매체구매능력은 가장 중요한 고려요인이 된다. 기업은 목표 해외시장에서 수행하고 있는 광고관련 업무의 질이 양호한 광고대행사를 선호하게 된다.

③ 시장조사, PR, 기타 마케팅서비스의 수행가능여부

- 기업이 광고제작능력과 매체구매능력 이외에도 시장조사, PR, 마케팅정보수집 등과 같은 지원서비스를 필요로 한다면 그런 서비스를 적절히 제공할 수 있는 광고대행사를 선호하는 경향이 있다.

④ 기업의 광고부서와 광고대행사간의 상호보완역할

- 기업은 자사가 보유하지 못한 전문성을 광고대행사를 통해 어느 정도 활용할 수 있는지, 그리고 양사는 적절하게 업무를 배분하고 조화시킬 수 있는지를 고려하여 광고대행사를 선정하는 경향이 있다.

⑤ 기업의 국제적 사업규모

- 현재 및 미래의 국제사업규모가 국내규모를 크게 상회한다면 국제광고대행사나 현지광고대행사를 활용하는 것이 바람직하다.

⑥ 기업이 추구하는 기업이미지

- 기업이 추구하는 이미지가 현지기업이라면 현지광고대행사를 활용하고, 추구하는 기업이미지가 국제기업이라면 국제광고대행사를 활용하는 것이 바람직하다.

⑦ 기업의 조직형태

- 기업이 집권화된 조직을 보유할수록 광고대행사의 선정은 국제광고대행사를 선호하는 경향이 있으며, 분권화된 조직을 보유할수록 광고대행사의 선정은 현지 자회사에 위임하므로 현지광고대행사를 선호하는 경향이 있다.

⑧ 기업의 해외시장 진출방식

- 기업이 합작투자를 통하여 해외시장에 진출하거나 이익센터형 현지자회사를 통하여 해외시장에 진출하였다면 현지광고대행사를 선호할 가능성이 크다.

⑨ 경쟁사의 이용여부

- 광고대행사가 자사의 경쟁사를 위해 일을 하고 있는가의 여부도 광고대행사 선정의 중요한 고려요인이다. 만약 광고대행사가 자사의 경쟁사를 위하여 일을 하고 있다면 자사의 기업비밀이 누출될 위험이 있고, 경쟁사를 위하여 더 우수한 인력을 배치할 우려가 있기 때문에 이러한 광고대행사는 배제하는 경향이 있다.

⑩ 광고대행사와의 커뮤니케이션 또는 통제정도

- 기업이 광고대행사와 원활한 의사소통을 하면서 광고대행사가 수행하는 광고활동을 통제하기를 원한다면 해외지점을 가지고 있는 국내에 있는 광고대행사와 업무 관계를 유지하는 것이 바람직하다.

⑪ 국제광고 표준화와 적응화의 여부

- 기업이 광고활동을 세계적으로 표준화하고 조정하기를 희망한다면 국제광고대행사를 활용하는 것이 바람직하다. 반면에 현지시장에 적응화된 광고활동을 희망한다면 현지광고대행사를 활용하는 것이 바람직하다.

3. 국제광고대행사와 현지광고대행사의 이점

1) 국제광고대행사의 이점

오늘날 자국 내에 사무소를 두고 있는 국제적 광고대행사를 이용하는 기업들이 갈수록 늘어나고 있는데, 이는 다음과 같은 이점이 있기 때문이다.

① 광고활동과 관련된 시장조사 및 제작활동의 중복을 방지함으로써 비용의 절감을 꾀할 수 있다.

② 광고의 집중적인 통제가 요구되는 경우 국제적 조직구조를 지닌 단일의 광고대행사와 거래하면 매우 편리하다.

③ 세계 어느 시장에서든지 동일한 광고대행사를 사용하면 국제광고활동의 조정이 용이하고 전 세계시장에 동일한 이미지를 심어주기에 훨씬 쉽다.

특히 산업용품의 광고소구는 각국마다 상당한 공통점이 있으며, 광고예산도 비교적 적기 때문에 단일의 국제광고대행사의 선정이 보편화되고 있는 현상이다. 일부 소비재의 마케팅에 있어서도 비슷한 광고소구가 여러 시장에서 활용될 수 있음에 착안하여 국제적인 광고대행사를 선호하고 있다. 펩시콜라와 코카콜라, 그리고 말보로의 제조회사인 필립 모리스(Philip Morris) 등은 국제적 광고대행사를 통해 세계 전역에 표준화된 이미지를 뿌리내리는 데 성공한 대표적 사례들이다.

다국적 광고대행사들의 끊임없는 성장은 특정 시장국의 고객만을 위해 일하고 있는 소규모 현지광고대행사들에게는 커다란 위협이 되고 있다. 심지어 최근에는 전 세계적인 광고활동의 조정을 위해 국내시장에서의 광고까지 다국적광고대행사에게 맡기는 기업도 적지 않다.

2) 현지광고대행사의 이점

국제광고대행사의 증가추세에도 불구하고 국제기업들이 현지국의 광고대행사를 이용하는 이유는 다음과 같다.

(1) 현지광고대행사의 특별서비스

현지시장 및 고객정보를 기반으로 현지광고대행사가 차별적인 서비스를 제공함으로써 당해 시장에서 최고의 대행사인 경우 국제기업은 국제광고대행사의 이점에도 불구하고 현지광고대행사를 선택할 수 있다.

(2) 현지기업이미지

현지광고대행사를 이용함으로써 선량한 현지기업으로서의 이미지를 높일 수 있고 현지자회사로 하여금 촉진활동에 대해 책임을 지도록 한다.

(3) 국제광고대행사의 조정역할 미흡

국제기업의 촉진프로그램을 국제적으로 조정하는 역할을 국제광고대행사가 효과적으로 수행하지 못할 수가 있으며 때로는 이러한 조정이 필요 없는 경우가 있다(이장로, 2003, pp. 401-402).

4. 국제광고대행사의 보상방식

광고주가 제공하는 서비스에 대해 광고대행사가 보상을 받는 방식은 기본적으로 다음과 같은 3가지 방식이 있다.

1) 수수료중심의 보상방식

광고대행사가 광고주를 대신하여 집행한 광고물에 대해 매체사로부터 받는 수수료가 과거에는 대행사보상의 주요한 방식이었다. 전통적으로 미국 광고대행사들은 총광고비의 15%를 표준수수료로 받았다. 예를 들어 어느 광고대행사가 그 회사의 광고주를 위해 어떤 잡지광고지면을 20만 달러에 구매했다고 가정해 보자. 이 광고지면에 대한 청구를 할 때 광고대행사는 광고주에게 20만 달러를 청구하고 잡지사에게는 17만 달러(20만 달러에서 대행사의 15%수수료를 제외한 금액)를 지불함으로써 3만 달러를 서비스 수입으로 한다. 광고대행사의 3만 달러 수입은 광고주를 대신하여 광고대행사가 크리에이티브 전문성, 매체구매의 통찰력 및 그 밖의 필요한 지원기능을 수행한 대가로 지불받는 정당한 보상으로 간주되어 왔다.

15% 수수료시스템은 광고주와 광고대행사간에 논쟁거리가 되기도 하였다. 가장 큰 의견불일치는 광고주 입장에서는 15% 보상이 너무 많다고 생각하고 있고, 광고대행사 입장에서는 너무 적다고 생각한다는 점이다. 이러한 문제로 인해 이를 대신하는 새로운 보상시스템이 생겨나게 되었다. 실제로 오늘날 15%의 수수료를 지불하는 광고주는 이제 일부에 불과하다. 광고수수료 시스템을 대체하는 다른 보상시스템이 있을지라도, 아마도 이 시스템이 완전히 사라질 것 같지는 않다. 현실적으로는 15% 이하의 낮은 보수로 광고대행사가 보상받는 인하된 수수료시스템이 점차 늘어나고 있다.

2) 서비스시간중심의 보상방식

오늘날 가장 일반적인 보상방법은 서비스시간을 기준으로 한 보수시스템인데, 이 방법은 마치 변호사나 세무나 또는 경영컨설턴트와 마찬가지로 광고대행사가 광고주를 위해 투입한 시간을 정확하게 산정하여 시간당 보수를 광고주에게 청구하는 방식이다. 이러한 시스템에서는 광고대행사가 제공하는 서비스의 가치에 대한 상호간의 동의를 기초로 광고주와 광고대행사 간에 보수수준협상을 진행하여 실제 보수요율이 정해진다.

3) 성과중심의 보상방식

이 방식은 가장 최근에 도입되기 시작한 광고대행사의 보상방식이다. 예를 들어 포드자동차는 우선 대행사의 서비스 기본비용을 보상하는 기본 보수를 협상하여 결정하고, 그리고 추가적인 보상은 매출목표와 같은 브랜드성과 목표와 연계하여 인센티브보수 형태로 제공하는 보상시스템을 사용하고 있다. P&G도 매출기반 보상모델을 채택하고 있는데, 광고대행사는 P&G 브랜드가 획득한 매출의 일정한 비율로 보상을 받게 된다. 이러한 인센티브중심의 보상시스템은 광고대행사로 하여금 브랜드 매출을 올리는데 필요한 것이면 어떤 IMC라도 다 동원하도륵 요구하고 있다. 매출과 시장점유율 증대라는 P&G 최대의 관심거리와 보수 증가라는 대행사의 최대 관심사항이 이 보상시스템으로 서로 유기적으로 결합된 것이다. 이들 외에도 많은 기업들이 전통적인 수수료 중심의 시스템에서 벗어나 어떤 형태로든지 성과중심의 보상시스템을 지향하고 있다. 성과중심의 시스템의 성공여부는 광고대행사가 주도한 광고와 여타 마케팅커뮤니케이션활동이 정말로 브랜드성과를 향상시켰음을 입증하는 데 달려 있다(오창호 외 7인, 2008, pp. 243-244).

5. 국제광고대행사의 영향

국제광고대행사들의 확장과 팽창을 거듭함에 따라 그것이 미치는 영향력과 파급효과는 대단히 큰 것이다. 국제광고대행사들의 국제적인 매수합병은 이것이 미치는 효과가 의식적이든 무의식적이든, 이념적이든 비이념적이든, 본국이든 현지국이든, 개발국이든 개도국이든간에 큰 것이다. 국제광고의 팽창은 상대국민의 의식구조에 영향을 주고, 특정국가의 이념을 전파하기도 하며, 본국과 현지국에 긍정적 영향과 부정적 영향을 미치기도 한다.

1) 본국과 현지국에 미치는 영향

국제광고대행사의 해외진출은 현지 국가와의 상호주의보다는 일방주의가 우세하게 작용하고 있다는 점에서 환영보다는 우려의 목소리가 높다. 다국적기업들은 자체이익과 본국 이익증진 추구에만 관심을 두고 현지국의 이익증진에는 외면하거나 소극적이라는 것이다. 특히 개도국의 경우는 더욱 국제광고의 상호주의나 상호작용력이 빈약하여 동반자관계가 되기 어려운 처지에 있다.

국가간에, 또는 기업간에 주고받는 상호균형적 관계가 유지되어야 갈등과 마찰이 없다. 국제광고로 혜택을 받지도 못하고 불이익만 받는다면 당연히 비판과 배척을 당한다. 양당사국간에 호혜적인 상호교류가 이루어질 때 상호이익을 도모할 수 있다.

(1) 본국에 미치는 영향

국제광고대행사의 활동이 본국에 미치는 영향을 살펴보면 다음과 같다.

① 해외자회사로부터 과실송금(이익, 이익배당, 이자)과 로열티 수입, 조사활동 수입 등으로 본국의 수익성을 높이고 국민소득을 제고시킨다.

② 해외수입증대에 따라 본국의 국제수지 향상과 개선에 기여한다.

③ 해외소득에 대한 과세로 본국의 정부세수를 증대시킨다.

④ 국제이미지 제고와 국제홍보로 본국의 지위향상에 기여한다.

국제광고대행사와 본국의 상호작용관계를 보면 다음과 같이 지적할 수 있다.

① 국제기업과 본국의 이해는 대부분 일치하고 대립적 성격보다는 협조적 성격을 많이 띠고 있다.

② 이념적으로는 현지국의 민족주의를 고려하기보다는 본국의 국가주의에 우선 충실하여 본사의 국가 이익에 중점을 둔다.

③ 기업들의 해외시장개척과 확보에 기여하고 도움을 준다.

④ 본국은 국제기업의 통제력이 국내기업보다 약하여 해외자회사들의 제품생산과 노하우 수출을 통제할 수 없을 때가 있다.

⑤ 국제기업이 막대한 이익을 본국에 송금하지 않고 제3국에 입금할 경우는 과세할 수 없게 된다.

⑥ 국제기업들이 기술이전을 할 경우 본국의 기술독점권을 손상시켜 국익을 해칠 수 있다.

⑦ 국제기업들이 현지국에서 부당한 비윤리적 행위를 할 경우 규제해야 하며 행동강령을 준수토록 해야 한다.

(2) 현지국에 미치는 영향

국제광고대행사가 현지국에 미치는 영향은 선진국이냐 후진국이냐 따라 다를 수 있으나 대략 그 영향을 살펴보면 다음과 같다.

① 국제기업은 현지국에 자본, 기술, 노하우 등을 제공하여 현지국 광고산업의 질적, 양적 성장에 기여한다.

② 현지국 광고행사들은 국제광고대행사의 경쟁력에 대응하여 운영개선과 기술혁신에 박차를 가하게 되고 자력개발에 힘쓰는 계기가 된다.

③ 외국기술이나 노하우를 이전받아 기술습득을 하고 앞으로 독자적 발전에 기반을 형성한다.

④ 국제광고대행사들이 진출하여 현지국광고업을 독점하거나 합병으로 발전하면, 현지국의 광고업을 위축시켜 현지 광고업을 종속시킬 우려가 있다.

⑤ 현지국의 민족감정과 자존심을 자극하여 국제광고를 배척하거나 광고저항을 초래할 가능성이 많다.

국제광고대행사와 현지국의 상호작용 관계를 살펴보면 다음과 같이 지적할 수 있다.

① 국제광고대행사와 현지국은 긍정과 부정의 모순관계에 있다. 한편으로는 국가의 기업과 산업발전에 기여해 주길 바라며, 다른 한편으로는 기업과 산업을 지배할 것을 두려워하고 있다.

② 현지국의 시장점유율을 높여 광고시장을 교란하고 광고체계와 질서의 혼란을 우려하고 있다.

③ 현지국의 광고대행사는 현지국정부의 정책에 순응하고 협조하지만, 국제광고대행사들은 범세계적 목표에 중점을 두기 때문에 목표상의 차이로 현지국과의 갈등과 긴장이 제기된다.

④ 국제광고대행사는 현지국의 법과 실행을 준수해야 한다. 이것을 이탈하면 엄격한 규제와 처벌을 받는다.

⑤ 특수한 경우 국제광고대행사를 국유화할 가능성이 있기 때문에 정치 불안 상황을 주시해야 한다.

2) 현지국정부의 규제영향

현지국정부는 국제광고대행사 활동이 현지국에 긍정적 영향도 미치지만 부정적 영향도 많이 미치고 있기 때문에 국익, 주권, 민족주의 등을 보호 증진하기 위하여 국제기업에 대하여 적절한 대응책을 강구한다.

① 외국인의 광고단독투자를 원칙적으로 금지하고 현지인과 합작투자를 요구하는 경향이 많다. 합작투자도 일정한 비율이하로 제한하는 사례가 많다.

② 국제광고대행사의 수익, 이자, 로열티수입 등의 해외송금과 상환을 제한하는 경우가 있다.

③ 강제수용과 국유화 등 강력한 조치를 취할 경우가 있다. 국제법하에서 현지국은 국익의 보호 증진을 목적으로 외국인기업을 몰수할 권한을 갖고 있으며 그 실례가 많이 있다.

④ 외국인기업에게 지금까지 준수한 행동요강을 보상해 주고 국유화한 예도 있다. 행동요강은 대체로 국제광고대행사들이 현지국에서 지킬 권리나 법률 등을 규정하고 경제적·사회적 발전에 기여하고, 선량한 기업시민으로서 사회적 책임을 다해야 한다는 행동지침이다.

⑤ 국제광고대행사는 현지국정부가 불리한 정책수단을 발동하지 않도록 하고 선량한 기업시민이 되도록 기업활동을 해야 한다.

⑥ 국제광고대행사는 현지인의 고용증대, 현지물품 도입, 지역사회사업 참여, 현지산업의 고도화 등에 기여하도록 노력해야 한다.

⑦ 국제광고대행사는 어디까지나 현지국과 공동이익을 추구하고 자기이익에 앞서 상호이익을 고려하는 상호주의 정신이 요구된다.

이렇게 함으로써 현지국과 국제기업 사이에서 일어나는 긴장과 갈등을 해소하고, 또한 현지국정부의 가혹한 정책수단이나 행동지침이 발동되지 않고, 나아가서는 국제협력을 하는 공생공영의 관계가 정립되도록 노력하여야 한다(정수경,

1996, pp. 161-164).

〈사례 1〉 국내기업의 해외진출을 위한 다국적대행사 활용방안

해외시장진출의 필요성과 난제

한 기업이 자국 시장의 울타리를 벗어나 국경을 넘어 다른 나라 시장으로 진출하는 것은 어떤 경우이든 상당한 위험을 감수해야 하는 일이다. 생소한 시장환경과 소비자 취향, 서로 다른 법규와 상거래 관행, 환율 관리의 문제, 언어적 문화적 커뮤니케이션상의 곤란 등등 자국 시장 내에서 자국 소비자들만을 대상으로 하는 경우에는 고민할 필요가 없는 숱한 난제들이 산재해 있으며 이들 각각은 전혀 예상치 못한 큰 손실을 초래할 수도 있는 잠재적 위험성을 내포하고 있어 해외 시장 진출을 희망하는 기업들을 위축시킨다.

기업의 입장에서는 '감당할 수 있는 위험'의 정도와 '기대되는 이익'의 균형점을 찾아 일반적으로 위험 부담이 가장 적은 것으로 여겨지는 'OEM(주문자상표부착생산)방식'으로부터 위험 부담이 가장 큰 '자체브랜드를 통한 직접판매'에 이르기까지 다양한 선택 대안 중 하나를 찾게 된다.

기술과 자본, 경험의 축적이 부족한 개발도상국의 기업들은 풍부한 노동력과 낮은 인건비를 경쟁력의 원천으로 삼아 당장 착수하기에 용이하고 고용 효과가 높은 반면 즉각적인 위험 부담은 적은 OEM 방식을 선호하며, 이는 우리의 경우에도 예외가 아니었다.

그러나 이러한 OEM 방식은 장기적인 관점에서는 오히려 심각한 위기 요인을 내포하고 있다. 즉, 브랜드 자체로부터 유통과 가격책정, 광고와 홍보 등 최종 소비자에게 도달되는 일체의 과정을 발주자에게 의존함으로써 발주자가 거래선을 변경할 경우 순식간에 사업 기반을 상실해 버릴 수 있는 위험이 상존하고 있는 것이다. 한때 세계 최대의 스포츠화 생산 기지로서 호황을 구가하던 부산지역 신발공단이 순식간에 붕괴되어 버린 사례가 이를 입증하고 있다.

이제 OECD 회원국으로서 국제무대에서 '성숙한' 경제대국으로 취급 받는 우리의 입장으로서는 더 이상 저렴한 인건비를 무기로 후발 개도국과 경쟁을 벌이며 OEM수출에 매달릴 때는 지난 것으로 믿어진다.

어렵고 힘들더라도 강력한 자체브랜드를 육성하여 국내시장에서의 지위를 확보하고 해외 시장에서 경쟁을 벌여 이겨내는 길을 찾아야만 할 때이다. 점차 강도를 높여가는 시장개방 압력과 경쟁의 글로벌화 추세 속에서 손쉽고 당장의 위험 부담이 적은 방식에만 안주하고자 한다면 개별기업으로서나 우리나라의 국가경제 차원에서나 미래의 희망을 갖기 어려울 것이다.

절대적 자원 빈국으로서 기초적인 생존자원으로부터 제품생산에 필수적인 원료자원에 이르기까지 그 대부분을 수입에 의존할 수밖에 없는 우리로서는 이를 감당할 수 있을 정도 이상의 외화 획득이 경제적 생존을 위한 필수 조건이며 그 방식에 있어서도 자체브랜드 육성을 통한 해외 시장개척 이상의 대안은 찾기 힘들 것으로 믿는다. 이는 우리 기업들에게 있어서 더 이상 '성장을 위한 선택' 사항이 아니라 '생존을 위한 필수' 사항이 되고 있다. 이제는 어렵더라도 좁은 문으로 들어서야만 할 때이다.

특정의 수입업자만을 상대하면 되는 OEM방식의 수출은 말할 것도 없고, 제한된 소수의 수입업자들만을 대상으로 거래하면 충분한 직접수출 등에 비해 해외시장에서 불특정 다수의 일반 소비자를 대상으로 자기 책임 하에 마케팅 활동을 벌인다는 것은 엄청난 위험을 감수해야 하는 모험이라 할 수 있다. 낯선 외국시장에서 다양한 소비자들의 요구를 파악하고 수요량을 예측하며 유통망과 애프터서비스 망을 구축하고 갖가지 법률적인 문제와 거래 관행 상에 잠복된 문제점들을 해결해 가면서 광고를 비롯한 다양한 마케팅 커뮤니케이션활동을 통해 하나의 브랜드를 성숙시켜 나가는 과정은 결코 쉬운 일이 아니다.

우리 기업들이 자체브랜드를 가지고 해외시장에서 일반 소비자를 대상으로 직접적인 마케팅활동을 벌이고자 할 경우에 마주치게 되는 여러 가지 문제점들에 대해 가장 현실적이고도 구체적인 해결 대안으로서 다국적광고대행사를 활용하는 방안에 대해 생각해 보고자 한다.

다국적광고대행사의 특성과 강점

지난 80년대 말 올림픽 개최를 전후해서 다국적광고대행사의 국내시장 진입에 대한 규제가 대폭 완화되면서 다국적광고대행사들의 본격적인 진입이 이루어져 현재는 대부분의 주요 다국적광고대행사들이 우리 시장 내에서 단독 또는 합작투자 등의 형태로 활발한 활동을 벌이고 있다.

일정 수준 이상의 위상을 확보한 다국적대행사들의 경우 공통적으로 발견되는 강점이라면 우선 전 세계적으로 펼쳐져 고도로 활성화된 네트워크와 다양한 업종에 걸쳐 수많은 사례를 치러내면서 얻어진 풍부한 경험 및 국제적 광고업무 수행을 위해 철저히 훈련된 인력 등을 들 수 있겠다.

그러나 이보다 오히려 더욱 중요한 것은 빈틈없는 토털 마케팅 커뮤니케이션을 제공할 수 있는 그룹 차원에서의 시너지에 있다. 우리에게 익숙한 대부분의 주요 다국적광고대행사들은 단독적인 형태보다는 활발한 M&A를 통해 다국적 종합 커뮤니케이션 그룹의 일원으로서 활동하고 있다.

세계 최대의 커뮤니케이션 그룹인 WPP Group을 예로 들어 설명해 보자. WPP Group은 현재 전 세계 92개국에 1,300여 개의 Office를 개설하고 55,000여 명의 임직원들이 Advertising, Media Planning-Buying & Research, Information & Consultancy, Public Relations and Public Affairs, Specialist Communications 등 각 부분에 걸쳐 활동하고 있다. 우선 Advertising 부문에는 J. Walter

Thompson, Ogilvy & Mather, Young & Rubicam, Asatsu DK, Conquest 등을 거느리고 있으며, Media 부문으로는 MindShare, Maximize, Media Edge 등을 거느리고 있고, PR 부문의 Hill & Knowlton 및 Information & Consultancy 부문의 Kantar, Milward Brown, BMRB 등을 거느리고 있다.

한 마디로 소비자조사와 매체조사로부터 브랜드네이밍, 매스미디어 광고로부터 PR과 Event, 매체 전문관리, 나아가 New Media를 활용하는 입체적 마케팅활동에 이르기까지 전 세계 어느 시장에서 어느 광고주에 대해서도 마케팅 커뮤니케이션 전반에 걸친 총괄적인 서비스를 제공할 수 있는 충분한 기반을 구축하고 있으며, 인터넷, 전자 상거래, Pan-Regional Media 등의 새로운 환경변화에 따라 능동적으로 사업영역을 확대하고 재구축해 나가고 있다. 이에 덧붙여 진출하고자 하는 대상 국가의 법률적, 경제적, 문화적 환경에 관한 풍부한 이해와 경험 및 통찰력을 바탕으로 종합적인 마케팅 컨설팅 서비스를 제공할 수 있는 역량을 갖추고 있다.

여기서는 WPP Group에 대해서만 예를 들어 설명했으나, Interpublic Group, Omnicom Group 등 Global Communication Group들의 형태나 구조 및 사업 특성 등은 대체로 유사하다고 보아도 좋을 것이다.

이러한 Global Communication Group들이 이미 우리 시장에 진입해서 활발한 활동을 벌이고 있다는 사실은 우리 기업들에게는 기회와 위기로서 동시에 작용할 수 있다고 본다.

즉 다국적기업들이 우리 시장에 진입하여 기존의 국내기업들과 경쟁을 벌임에 있어 이들 다국적광고대행사들이 첨병 역할을 제공하고 있다는 점에서는 위기요인일 수 있겠으나, 반대로 우리 기업들이 해외시장에 진출하고자 하는 경우 이들 다국적광고대행사들은 훌륭한 안내자 내지는 파트너로서 우리 기업들이 가장 필요로 하는 서비스를 제공할 수 있는 준비를 갖추고 있다는 점에 주목해야 할 것이다.

다국적광고대행사 활용 방법

우리 기업들이 다국적광고대행사들을 활용함에 있어 걸림돌이 되는 것은 전혀 없다. 기본적으로 광고주가 대행사를 선정하고 업무를 위임하는 기본적 구조는 국내대행사와의 경우에나 다국적대행사와의 경우에나 동일하다고 본다.

그러나 다국적광고대행사를 보다 적절히 활용하기 위해서는 기본적으로 다음과 같은 몇 가지 사항들에 대해 보다 신중히 고려할 필요가 있겠다.

현지화와 집중화

A라는 기업이 서로 다른 10개의 외국 시장에 진출해서 마케팅활동을 벌이고자 하는 경우를 생각해 보자. 만일, A기업이 10개국 각각에서 서로 다른 대행사를

선정하고 이를 직접 조정, 통제, 관리하고자 할 경우 감당해야 할 업무의 양이나 질은 엄청날 것이며 이를 위해 추가 되어야 할 인적, 물적 부담은 말할 것도 없고 경험 부족에 따른 시행 착오와 비용은 큰 부담이 될 것이다.

만일 A 기업이 목표로 하는 10개국을 포괄할 수 있는 다국적광고대행사를 선정하고, 해당 대행사의 한국 지사를 '본부 대행사'로 지정해서 접촉점을 단순화시킬 경우 A기업은 마치 한국시장 내에서 국내대행사를 상대하는 것과 비슷한 업무 흐름으로 한국 지사만을 상대하는 것으로서 충분하다. 실제로 10개국에서 전개되는 광고활동의 대부분은 해당 다국적대행사의 한국 지사(본부 대행사) 책임하에 계획되고 전개되며 조정되고 통합 요약되어 광고주에게 보고되고 광고주의 지시 사항은 본부 대행사를 통해 10개국 지사에 전달되어 일사불란한 업무진행이 가능해진다.

이 때 중요한 점은, 이렇게 본부 대행사 제도를 활용하는 경우의 숱한 이점에도 불구하고 광고주의 입장에서 추가로 부담해야 할 비용은 없다는 것이다. 본부 대행사와 각국 지사 간에서 대행 수수료를 분할하는 형태로서 광고주에게 추가 부담 없이 고도의 서비스를 제공할 수 있다는 것이 매력적이라 하겠다.

단일 대행사 활용과 복수 대행사 활용

기업이 진출하고자 하는 해외시장의 수가 늘어나고 마케팅하고자 하는 브랜드의 수효가 증가할 경우 단일 대행사에 전부를 위임할 것인가 각 브랜드별로 별도의 대행사를 활용할 것인가를 결정해야 한다.

Unilever나 P&G, Ford 등 다양한 브랜드들을 동시에 마케팅하는 다국적기업들의 경우에는 브랜드들의 종류와 특성에 따라 별도의 대행사를 선정하여 활용하는 것이 일반적이다. 진출하는 각 나라별로 가장 유력한 대행사를 선별하여 활용하는 방법 역시 드물지 않다.

또한 업무 성격에 따라 별도의 대행사를 활용하는 경우도 있다. 즉 Creative와 Media를 분리하여 별도의 대행사에게 위임하는 것이다. 이 중 어떤 경우이든 단일 대행사에게 집중해서 업무를 위임하는 경우에 비해 복수의 대행사를 활용하는 경우 각 대행사의 장점을 극대화하고 대행사간의 경쟁을 유발시켜 더 나은 서비스를 기대할 수 있다는 장점이 있는 반면 광고주의 관리와 조정 능력이 부족한 경우에는 심각한 혼란을 초래할 수도 있다.

다국적광고대행사 활용시의 고려사항

국내기업들이 다국적광고대행사를 활용하고자 할 경우보다 신중히 고려해야 할 점은 계약 체결과 약속 이행에 관한 문제라고 본다. 국내시장에서 국내대행사를 활용하는 경우 사소한 것으로 양해될 수 있는 계약 위반이라도 때로는 상당히 심각한 문제를 야기할 수도 있으며 악의 없는 다소의 과장이 정직하지 못한 태도로 받아들여져 광고주와 대행사간의 동반자 관계를 악화시킬 수도 있다. 계약 기간이 종료되기 전에 대행사를 교체하고자 한다거나 연간 광고예산으로 100억 원을 제시한 후 실제로는 30억 원 수준에서 그치는 경우 등이 그 예가 될 것이다.

국내시장에서와는 달리 매체의 광고지면이나 시간을 예약한 후 취소할 때는 광고주에게 상당한 정도의 벌금을 물리는 것이 일반적인 해외시장에서의 매체 운영 관행에 익숙치 못한 나머지 광고주와 대행사, 매체사 간에 불필요한 충돌이 일어나게 되는 것 또한 주의해야 할 일이다. 광고주 입장에서도 다국적대행사의 태도가 지나치게 노골적이고 이기적인 것으로 받아들여질 수도 있다.

광고예산은 적은 반면 대행사가 제공해야 할 업무량은 많은 경우 다국적대행사는 광고주에 대해 추가적인 보상을 요구하는 것을 당연한 것으로 생각하며 다국적기업 광고주 역시 이를 합리적인 것으로 받아들인다. 그러나 광고대행을 맡기는 대신 제작비용이나 조사비용 등은 대행사가 서비스하는 등의 관행에 익숙해져 온 일부 국내기업들로서는 이러한 대행사의 요구가 받아들이기 어려운 '건방진' 태도로 생각될 수도 있을 것이다. 상호 신뢰와 적절한 보상이 전제되지 않고는 대행사와 광고주 간에 장기적이고 건강한 파트너십은 기대하기 어렵다.

한국시장에 진입한 다국적대행사의 입장으로서는 한국에 진입하는 다국적기업들을 위한 서비스 못지않게 해외시장으로 진출하고자 하는 한국기업들을 고객으로 모시고 성공사례를 만들어 내고자 노력하고 있다.

또한 다국적대행사의 본사로서도 한국시장은 특별한 관심 대상으로서 상당한 배려를 기대할 수 있는 상황이다. 아울러 다국적대행사의 한국 지사에는 이중 문화와 이중 언어에 익숙하며 다국적광고업무에 숙달된 전문인력들이 충분히 확보되어 있다. 우리 경제의 현재와 미래를 위해서 국내기업들과 다국적대행사들 간의 건설적이고 생산적인 관계를 구축해 나가야 할 때이다.

자료원 : http://ad.joins.com/article.asp?key=2001022216313840004800

〈사례 2〉 국가대표 기업 뒤엔 국가대표 대행사가 있다

세계 경제 불황의 한가운데인 2009년 맥도날드, 월마트, 레고, 아마존 등 대표적 글로벌 기업을 제치고 애드버타이징 에이지(Advertising Age)가 선정한 '올해의 마케터(Marketer of the Year 2009)'로 우리나라기업 '현대자동차'가 선정된 바 있다.

2009년 최악의위기 속에서도 10% 이상의 글로벌 성장을 기록한 현대자동차의 선전 뒤에는 현대차의 글로벌 마케팅 파트너로 함께한 이노션 월드와이드가 있었다.

현대자동차라는 국가대표 기업과 함께하기 때문에 글로벌 성장의 더 많은 기회를 갖고 있음에는 틀림없으나 이노션 인도법인과 이노션 상해법인에서 보여준비계열 광고주 영입 등의 성과를 보았을 때 이노션의 글로벌 성장은 지금부터라고 해도 과언이 아니다.

Innocean Worldwide Americas

이노션은 2005년 회사를 설립한 이래 인도를 시작으로 미국, 독일, 영국, 이탈리아, 베이징, 상하이, 호주에 이어 작년 러시아, 스페인, 프랑스, 올해 캐나다까지 총 12개의 해외법인을 진출시켰다. 특히 세계 최대의 자동차 시장인 미국에서 2009년 5월부터 광고대행을 시작한 이노션은 2010년 슈퍼볼 광고를 제작하는 등 활발한 활동을 보이고 있다.

이노션 미국법인은 2009년 미국에서 처음 제시된 Assurance 캠페인을 통해 현대차 구매자가 구매 후 1년 이내에 실직할 경우 무상으로 자동차를 반납할 수 있다는 파격적인 제안을 한 바 있다. 이 캠페인은 작년 초 차가운 불황 한파 속에서 실직의 두려움을 가지고 있는 소비자들로부터 따뜻한 공감대를 얻어내는데 중요한 역할을 했다.

이에 이어 7~8월 Summer Sales Event로 집행된 'Gas Lock'편 광고는 여름 휴가 기간 치솟는 기름값을 염려하는 소비자의 걱정을 덜기 위해, 기름값을 절약할 수 있는 프로모션 아이디어를 소재로 한 것이다.

이 캠페인은 TV뿐만 아니라, 라디오, 인터넷, 체험 이벤트, 구매시점광고 등을 적극 활용한 통합 마케팅커뮤니케이션(Integrated Marketing Communication) 전략을 효과적이면서, 효율적으로 구사하여 소비자의 흥미와 관심을 불러 일으켰다.

이어 2010년에는 '10년 10만 마일 무상보증프로그램'이라는 획기적인 마케팅전략을 선보이며 화제를 이어가고 있다. 1억 명이 시청하고 초당 광고비가 1억이 넘는다는 미국 슈퍼볼 광고에 이노션은 국내 광고대행사로는 처음으로 8편의 광고를 만들어 내보내면서 2010년 공격적인 마케팅의 신호탄을 올렸다.

현대차는 올해로 3년째 국내 기업으로는 유일하게 슈퍼볼 광고를 내보내고 있다. 이번 슈퍼볼에는 쏘나타, 투싼 등의 제품광고와 함께 '전설적인 쿼터백 브렛 파브(Brett Favre)를 기용, 그의 은퇴 번복 해프닝을 패러디해 2020년 수퍼볼에서 MVP 트로피를 받는 모습을 연출하며 10년간 10만 마일 보장(Hyundai 10-year, 100,000-mile warranty)'을 알리는 내용의 광고를 제작했다.

올해 슈퍼볼 광고 중 미네소타 바이킹스의 쿼터 백브렛 파브를 등장시킨 현대자동차의 패러디 광고. 10년 뒤 최우수 선수상을 받은 파브가 여전히 은퇴를 번복하는 불확실성과 대조해 현대차의 '10년 10만 마일 무상보증프로그램'이라는 변함없는 품질과 품질보증기간을 유머러스하게 부각시켰다.

해외매체업무의 통합적 관리

이노션은 글로벌마케팅 예산 중 가장 큰 비중을 차지하는 매체부문의 운영에 있어서도 2010년 혁신적인 변화를 꾀할 예정이다. 기존 해외매체업무는 브랜드별, 지역별로 다양한 미디어대행사를 활용하여 효율 측면에서 개선의 여지가 있어 왔다. 근년 들어 매체업무의 통합 관리/운영은 이미 여러 글로벌기업들이 채택하고 있는 트렌드이다.

이노션은 2006년 현대차 해외매체업무를 필두로 2008년에는 현대/기아 미국광고의 매체업무를 통합 운영하였으며 2009년에는 현대/기아 두 브랜드의 전세계 해외매체업무를 통합/운영하였다. 이로 인해 매체예산의 효율적인 운영 및 글로벌 매체운영의 선진화라는 장기적인 목표를 달성하는데 한 발 자국 더 가까이 나아가게 되었다.

유수의 해외대행사 그룹들이 모두 참여한 파트너사 선정 과정은 이노션과 광고주 실무팀으로 구성된 심사단이 2009년 7월부터 10월까지 2차에 걸쳐 유럽, 인도, 러시아 등 주요 지역을 순회하며 프레젠테이션을 하는 방법으로 진행하였다.

스포츠 이벤트를 활용한 전방위 마케팅 활동

현대차와 삼성전자 등 대표 국가대표 기업의 해외마케팅 사례를 말할 때 꼭 나오는 단어는 월드컵과 올림픽이다. 두 브랜드 모두 월드컵과 올림픽이라는 글로벌 메가 컨텐츠를 바탕으로 해외마케팅을 전개함으로써 고질적인 문제가 되어 왔던 소비자의 실제보다 낮은 품질인식을 뛰어넘을 수 있었던 것이다.

이노션은 2010년 남아공 월드컵을 통해 다양하고 새로워진 후원프로그램을 선보일 예정이다. 국제축구연맹(FIFA)과 함께 '현대 베스트 영플레이어 어워드(The Hyundai BestYoung Player Award)'를 신설, 월드컵 기간 중 최고의 활약을 펼친 젊은 선수에게 현대 로고가 새겨진 트로피를 수여할 예정이며 매 대회 때마다 참가국 팬들의 응원 메시지를 대형 축구공에 모아 월드컵 기간동안 개최국에 전시하는 굿윌 볼 (Goodwill Ball)도 그 규모를 키웠다.

특히 2002년 한일 월드컵에서 전세계를 놀라게 했던 길거리 응원을 2010년에는 본격적으로 확대채택, 본선 진출국 중 전략시장과 겹치는 글로벌 주요시장에서 적극적으로 실시할 계획도 가지고 있다.

글로벌 인재의 육성

이노션은 2009년 전세계 해외법인의 현지 직원들을 본사로 초청하여 본사와, 본사가 속한 나라에 대한 이해와 체험을 하도록 한 'DISCOVERY PROGRAM'을 실시한 바 있다.

글로벌 경쟁력 강화를 위해 처음 신설된 이 프로그램은 9개 법인, 20여명의 직원이 참가하여 남대문, 인사동등을 돌며 진행되었는데, 프로그램이 수료한 현지 직원들의 폭발적인 반응으로 2010년에는 더욱 강화될 예정이다.

이노션은 이외에도 글로벌 인재 육성에 대한 투자를 위해 국내 인턴제와 별도로 해외 인턴십을 운영하고 있으며, 본사와 해외법인간의 교환근무 프로그램, 2주간 해외 문화체험을 통해 새로운 크리에이티브의 자극을 받을 수 있는 기회를 제공하는 '크리에이티브 어드벤처' 프로그램을 실시하고 있다.

자료원 : 애드와플, 2010. 3. 17.

주요용어

1. 한계분석법(marginal analysis)
2. 한계수익(marginal revenue)
3. 한계비용(marginal cost)
4. 판매반응함수(sales response function)
5. 매출액비율법(percentage of sales method)
6. 가용예산활용법(all-you-can-afford method)
7. 경쟁사기준법(competitive parity method)
8. 목표과업법(objective and task method)
9. 국제광고대행사(international advertising agency)

연 습 문 제

1. 국제광고예산결정의 중요성에 대하여 설명하시오.
2. 국제광고예산을 결정하는데 영향을 미칠 수 있는 요인에 대하여 설명하시오.
3. 이론적 측면에서의 광고예산결정방법에 대하여 설명하시오.
4. 광고예산책정의 한 방법인 한계분석법에 대하여 설명하시오.
5. 광고예산책정의 한 방법인 판매반응함수에 대하여 설명하시오.
6. 실용적 측면에서의 광고예산결정방법에 대하여 설명하시오.
7. 매출액비율법과 가용예산활용법에 대하여 설명하시오.
8. 경쟁사기준법과 목표과업법에 대하여 설명하시오.
9. 국제광고대행사선정의 중요성에 대하여 설명하시오.
10. 국제광고대행사의 선정기준에 대하여 설명하시오.
11. 국제광고대행사와 현지광고대행사의 이점에 대하여 설명하시오.
12. 국제광고대행사의 보상방식에 대하여 설명하시오.
13. 국제광고대행사가 본국과 현지국에 미치는 영향에 대하여 논하시오.

참고문헌

1. 김동기 · 한선민, 『국제마케팅론』, 박영사, 1998.
2. 김철 · 박주욱, 『국제마케팅론』, 신영사, 1998.
3. 김혜성, 『광고 · 마케팅』, 서울미디어, 1996.
4. 김희철, 『글로벌시대의 국제마케팅』, 두남, 2007.
5. 박기안, 『국제마케팅』, 무역경영사, 2002.
6. 반병길 · 이인세, 『글로벌마케팅』, 박영사, 2008.
7. 안광호 · 이유재 · 유창조, 『광고관리』, 학현사, 2010.
8. 안광호 · 하영원 · 박흥수, 『마케팅원론』, 학현사, 2002.
9. 오세영 · 이진희, 『국제광고론』, 신론사, 2006.
10. 오창호 외 7인, 『광고와 프로모션』, 한경사, 2008.
11. 이장로, 『국제마케팅』, 무역경영사, 2003.
12. 이차옥 · 이성근, 『프로모션 에센스』, 무역경영사, 2000.
13. 정수경, 『국제광고론』, 진리탐구, 1996.
14. 한국광고단체연합회, "광고회사 현황조사," 광고계동향, Vol. 228, 2010, 3.
15. 홍성헌, 『국제마케팅』, 우용출판사, 2008.
16. Aaker, D. A. et al., *Advertising Management*, 4th, Prentice-Hall International Inc., 1992.
17. Belch, G. E. and Belch, M. A., *Introduction to Advertising and Promotion : An Integrated Marketing Communications Perspective*, 2nd ed., Burr Ridge, Ill. : Richard D. Irwin, Inc., 1993.
18. Czinkota, M. R. and Ronkainen, I. A., *International Marketing*, Thomson, 2007.
19. Gilligan, C. and Hird, M., *International Marketing ; Strategy and management*, Crom Helm, Ltd., 1986.
20. Kinnear, T. C. and Bernhardt, K. L., *Principles of Marketing*, 2nd ed., Glenview, Ill. : Scott, Foresman and Company, 1986.
21. Kotler, P., *Marketing Management : Analysis, Planning, Implementation, and Control*, 7th ed., Englewood Cliffs, N. J. : Prentice-Hall Inc., 1991.
22. Terpstra, V., *International Marketing*, 3rd ed., Chicago : The Dryden Press, 1983.

제 6 장

국제광고메시지전략

제 1 절 국제광고메시지선정의 중요성 및 고려요인

1. 국제광고메시지선정의 중요성

광고의 목표가 설정되고, 광고예산이 책정되면 광고담당자는 어떤 메시지(message)를 선정하여 어떻게 전달할 것인가를 결정해야 한다. 광고담당자가 광고메시지를 결정한 때에는 먼저 메시지에 관한 여러 가지 아이디어를 수집한 후에 그 메시지를 평가해서 가장 적합한 것을 채택해야 한다. 그런 다음 목표고객들의 관심과 흥미를 끌 수 있도록 메시지를 전달해야 하는 과업을 수행해야 한다.

국제광고담당자의 주요 의사결정사항중의 하나가 각 시장에 적합한 광고소구(advertising appeals)를 결정하는 일이라고 할 수 있다. 각 시장은 서로 이질적인 특성을 가지고 있기 때문에 각 시장에 적합한 광고소구를 개발할 필요가 있는 것이다. 비록 사람들의 기본적인 필요와 욕구가 전세계적으로 동일하다고 할지라고 이러한 욕구를 만족시키는 방식은 나라마다 차이가 있을 수도 있기 때문에 광고소구는 그 시장조건에 적합해야 한다(Terpstra, 1978, p. 403). 왜냐하면 각 시장에 따라 제품라이프사이클(product life cycle)의 단계가 서로가 다른 경우가 많이 있고, 시장에 존재하는 여러 가지 환경, 즉 문화, 사회, 경제적인 환경 등이 서로 다르기 때문에 제품을 가장 효과적으로 소구하기 위해서는 각 시장별로 그 시장의 여러 가지 환경에 맞게끔 다양한 소구를 해야 한다.

여기에서 국제마케팅관리자는 광고소구를 세계적으로 표준화시킬 것인가, 그렇지 않으면 적응화할 것이냐 하는 문제에 직면하게 된다(Albaum et al., 1990, p. 336). 다시 말하면 국내에서 사용해 왔던 소구수단이라든지 광고문안 등을 그대로 해외시장에 확장시켜 적용할 것인가, 그렇지 않으면 수정하여 거기에 맞게끔 적응할 것인가, 또는 새로이 창안할 것인가를 결정해야 한다. 왜냐하면 전술한 바와 같이 해외시장을 둘러싸고 있는 경제, 사회, 문화적 환경이 서로 근본적으로 다르기 때문에 그러한 결정을 해야 하는 것이다(Keegan, 1989, pp. 495-496).

2. 국제광고메시지 선정시 고려요인

1) 구매행위의 유사성

소비자가 제품을 구매하는 동기가 시장국마다 유사하다면 시장국은 달라도 광고메시지의 소구내용은 비슷할 것이나, 시장국마다 소비자의 구매동기가 상이하다면 시장별로 광고의 소구점은 달라져야 한다. 예를 들면, 캠벨수프(Campbell Soup Company)의 광고메시지는 시간을 아끼고 레저를 즐기는 미국에서는 인스턴트제품의 간편성과 시간절약성을 강조하지만, 주부의 역할을 중요시하는 남미와 프랑스에서는 제품의 영양가를 강조한다.

2) 언어의 다양성

영어와 같이 세계적으로 공용되는 언어는 국제광고메시지의 표준화를 가능하게 하지만, 세계 각국의 언어의 다양성은 번역상의 문제점 때문에 표준화된 광고소구의 활용에 커다란 장애가 되고 있다.

예컨대 우리나라 말이나 영어로 작성된 광고메시지를 다른 언어로 번역할 때에는 각별히 유의하지 않고는 치명적인 과오를 범할 수도 있다. 이를 피하기 위하여는 광고카피(copy)는 가능한 한 짧은 것이 좋으며, 그림과 같은 시각적 표현을 적절히 포함시키는 것이 바람직하다. 특히 시각적인 표현방식은 문맹률이 높은 나라에서 대단히 유용한 커뮤니케이션방법이다(이장로, 2003, p. 404).

3) 시장별 포지셔닝의 다양성

자사제품의 시장별 포지셔닝이 상이하다면 제품에 대한 광고메시지도 상이하게 작성하는 것이 바람직하다. 예를 들면, 한국에서 현대자동차의 그랜저는 고급자동차로 포지셔닝되어 있고 광고메시지도 품격있는 고급차임을 강조한다. 그러나 미국시장에서 현대의 그랜저는 중형자동차로 포지셔닝되어 있고 광고메시지도 안전하고 품질이 좋은 중형차에 초점을 두고 있다.

4) 기타 요인

해외시장별로 메시지내용에 영향을 주는 기타 요인으로는 시장별 경제발전단계, 문화, 라이프스타일 등이 있다. 예를 들면, 유럽산 향수를 사우디아라비아로 수출하는 마케터는 유럽에서 사용하는 광고캠페인보다는 현지의 도덕적 기준에 부합하도록 노출부위를 줄이고 신체적 접촉을 완화한 광고표현을 사용하기도 하였다(반병길 · 이인세, 2008, p. 278).

제 2 절 국제광고메시지전략의 유형

1. 국제광고메시지의 표준화전략

국제광고메시지의 표준화전략이란 광고주제나 광고문안을 변경하지 않고 국제적으로 그대로 사용하는 것을 말한다. 이를테면, 한국에서 만든 제품이나 광고메시지의 표현이 때로는 문화권이 다른 시장에 근본적인 변경없이 진출, 전용되었다면 그것은 "표준화되었다"고 말할 수 있다.

국제광고의 표준화 옹호론자들은 통신수단의 급속한 발달로 인해서 예술, 문학, 매체이용, 기호, 사고방식, 종교, 문화, 생활수준, 언어 등이 동질화되어 간다는 가정하에 국제광고도 표준화하는 것이 바람직하다고 주장한다. 즉 이러한 견해는 각국 소비자들의 특성이 서로 차이가 있다 하더라고 그들의 기본적인 생리적 및 심리적 욕구는 동일하다고 보았기 때문에 표준화 광고전략이 가능하다는 것이다(Onkvisit and Shaw, 1987, p. 44).

결국 표준화전략을 주장하는 사람들은 세계 어느 곳의 소비자들이든지간에 기본적인 필요와 욕구가 동일하기 때문에 보편적 소구(universal appeals)로 소비자들을 설득할 수 있다고 강조하고 있다(Kanso, 1992, p. 10)

국제광고메시지의 표준화전략을 지지하는 연구는 1960년대초 Elinder에 의해 제기된 이후 오랫동안 학계와 업계의 주된 관심사가 되어 왔다. 이외에 표준화전략을 지지하고 있는 대표적인 사람들로 Fatt, Levitt, Lorimer와 Dunn 등을 들 수 있다.

Elinder는 스웨덴은행의 판촉활동이 스칸디나비아반도 전역에서 성공적으로 사용되었다는 사실을 제시하면서 유럽전역 어디서나 이와 동일한 판촉전략을 사용하는 것이 가능하기 때문에 각 국가마다 서로 다른 적응화된 촉진활동을 수행하는 것은 돈과 시간의 낭비라고 지적하였다. 결국 Elinder의 주장은 국가간의 소비자특성이 보다 유사해지고 있기 때문에 국제광고도 표준화접근법을 통해서 상당한 효과를 얻을 수 있다는 점을 역설하고 있다(Elinder, 1965, pp. 7-11).

또 다른 표준화전략의 지지자인 Fatt는 마케팅 개념이 전세계적으로 확산되고 있고, 많은 나라에서 신제품이 소개되고 있을 뿐만 아니라, 특히 TV와 같은 국제적매체의 발달 등이 표준화광고의 사용을 촉진시키는 요인이 된다고 주장했다. 또한 그는 각국의 언어나 문화적인 측면에서의 차이에도 불구하고 누구나 아름다움과 건강을 추구하고 고통을 싫어하는 인간의 기본적인 욕구는 세계 어디서든지 동일하기 때문에 보편적인 소구방식으로 국제광고를 수행하는 것이 더욱 효율적이라고 주장함으로써 표준화전략의 당위성을 역설했다(Fatt, 1967, pp. 60-62).

한편 Levitt가 말한 "지구촌"(global village)이라는 개념이 광고캠페인의 표준화에 새로운 관심을 가지게 하는 계기가 되었다. 범세계적인 표준화접근법을 강력하게 지지했던 Levitt는 1983년 발표한 "시장의 세계화"(The Globalization of Markets)라는 그의 논문에서 오늘날 기술의 발달로 인하여 전세계 소비자들의 기호나 욕구 등이 지리적, 국가적, 문화적인 영역을 초월하여 동질화되고 있기 때문에 표준화광고를 하는 것이 가능하다고 주장하였다. 즉 그는 "세계를 하나의 시장으로 동질화시켜 가는 강력한 힘이 존재하는데 그것은 바로 기술이며, 이로 인해 통신과 교통수단이 발달하고 해외여행의 증가로 인하여 시장의 범세계화가 이루어지고 있으며, 이와 같이 세계시장이 점점 동질화되어 가는 경향을 보이고 있기 때문에 해외시장 소비자들의 다양한 욕구를 충족시키기 위해 적응화전략을 택하는 다국적기업(multinational corporation)의 시대는 쇠퇴할 것이고 전세계적으로 표준화된 전략을 수행하는 범세계적기업(global corporation)은 성공할 것이다"라는 견해를 제시하였다(Levitt, 1983, pp. 92-102).

Miracle은 "광고는 소비자들에게 효과적으로 정보를 전달하고, 또한 소비자들을 설득하는 것으로 국내뿐만 아니라 해외에서도 동일한 과업을 수행하게 된다. 효과적인 커뮤니케이션을 하기 위한 요구 사항들은 변하지 않기 때문에 비록 시간과 공간적인 환경이 다르다 하더라도 광고메시지나 매체의 선택에 있어서 표준화된 접근법을 전세계적으로 사용하는 것이 가능하다"는 견해를 밝혔다(Miracle, 1968, p. 29).

또한 Dichter 역시 "각국 소비자들은 국경을 초월한 세계고객(World Customer)으로 점차 발전하고 있다. 인간의 욕구는 세계적으로 아주 유사해지는 경향을 보이고 있다"고 주장하면서 표준화된 광고전략을 사용하는 것이 효율적이라는 견해를 밝혔다(Dichter, 1962, pp. 113-122).

또 다른 표준화전략의 주요 지지자인 Ohmae는 미국, 서유럽, 그리고 일본 등 세 지역이 세계시장의 대부분을 차지하고 있다는 사실을 주목하면서, 이들 시장의 소비자들은 높은 수준의 동질화가 되어 가고 있기 때문에 표준화를 실행하는 것이 가능하다고 보았다(Ohmae, 1985, pp. 2-25).

그 이외에도 Lorimer와 Dunn은 해외시장에 성공적으로 광고를 이전할 수 있고 표준화된 광고메시지는 전세계적으로 일관성있는 기업이미지라든지 브랜드이미지를 심어줄 수 있다고 주장하였으며(Lorimer와 Dunn, 1968-1969, pp. 679-687), Mueller는 전세계의 인간은 동일한 기호와 욕구를 가지고 있기 때문에 표준화된 제품을 전세계적으로 동일한 혹은 유사한 촉진소구를 이용하여 팔 수 있다고 주장하였고(Mueller, 1987, p. 51), Douglas와 Urban도 인간의 기본적인 욕구는 세계 어디서나 같고, 유사한 가치관과 태도, 구매관습을 가지고 있기 때문에 표준화전략이 가능하다는 견해를 제시했다(Douglas and Urban, 1977, p. 46).

국제광고의 표준화전략을 주장하고 있는 사람들은 세계시장의 동질화 경향과 표준화에 따른 비용절감의 이점을 강조하고 있다. 즉 이들은 기술의 발달로 인해 세계시장의 수요패턴이 동질화되어 가고 있으며, 또한 기업이 동질화된 세계시장에서 효과적인 경쟁을 하기 위해서는 표준화를 통한 비용절감이 필수적임을 역설하고 있다 하겠다.

국제광고의 표준화 옹호론자들은 표준화접근법을 사용할 경우 여러 가지 이점을 얻을 수 있다고 주장한다.

Buzzell은 표준화전략을 사용함으로써 얻을 수 있는 이점으로 ① 비용절감, ② 국제적으로 통일된 이미지의 전달, ③ 광고계획과 통제의 개선, ④ 창조적인 아이디어의 전세계적인 이전 등 네 가지를 들었다. 그는 광고를 표준화하게 되면 광고비용을 절감할 수 있고, 수익성을 높일 수 있다는 점에서 규모의 경제성 실현이 가능하다고 주장하였다(Buzzell, 1968, pp. 102-113). 광고에서 규모의 경제로 인한 비용절감은 표준화된 광고메시지의 집행을 통해 실현될 수 있다. 즉 각 시장마다 별도로 광고캠페인을 개발하는 것보다도 여러 시장을 위한 통일된 하나의 광고캠페인을 개발하여 실시하는 것이 그 비용을 훨씬 절감시킬 수 있다. 이와 마찬가지로 광고제작비용의 경우에도 각 시장마다 서로 다르게 광고를 제작하는 것보다도 여러 시장에 사용할 수 있는 하나의 표준화된 광고를 제작하면 비용을 상당히 절감시킬 수 있는 이점이 생기게 된다.

Sorenson과 Weichman도 표준화된 광고를 실시하면 각 시장별로 서로 다른 광고주제, 문안, 그리고 도안을 준비하는데 따른 비용을 절감할 수 있다고 주장하였다(Sorenson and Weichman, 1975, pp. 38-45). 국제기업이 표준화광고를 실시하는데 있어서 가장 큰 관심을 보이는 대상이 바로 이러한 광고제작비용이라고 할 수 있다.

이와 같이 광고를 표준화하면 광고제작에 직접 들어가는 비용을 절감할 수 있을 뿐만 아니라, 기업이 다른 마케팅활동에 전념할 수 있기 때문에 시간을 절약할 수 있는 간접적인 비용의 절감까지 감안한다면 실제로 훨씬 많은 광고비용을 절감할 수 있게 된다.

예를 들어, 국제광고의 표준화전략을 전세계적으로 실시하여 성공한 대표적인 기업인 Coca-Cola와 Pepsi-Cola는 광고를 표준화함으로써 상당히 많은 제작비용을 절감해 왔는데, 특히 Pepsi-Cola의 경우 각 시장마다 서로 다른 광고를 제작하지 않음으로써 매년 1,000만 달러의 비용절감을 가져 왔다.

Terpstra 역시 표준화를 통해서 여러 가지 비용을 절감시킬 수 있는 가능성이 있다는 점에서 국제기업이 표준화전략을 선택하는데 관심을 가지게 하는 하나의 요인이 된다고 주장하였다(Terpstra, 1978, p. 229). 또한 제품이미지에 관한 문제는 국가간의 여행이 증가하고 국제적인 매체가 개발됨에 따라 중요하게 되었다. 표준화접근법을 지지하는 사람들은 이러한 국제적인 매체로 인해 각국의 소비자들이 외국으로부터 들어오는 광고메시지에 그대로 노출되기 때문에 각 시장마다 서로 다른 광고를 할 경우 제품이미지에 혼란을 가져오게 된다고 주장한다.

따라서 표준화된 광고전략을 실시하게 되면 소비자들에게 올 수 있는 이러한 혼란을 제거할 수 있을 뿐만 아니라, 국가별로 서로 다른 광고 메시지를 창출할 필요가 없기 때문에 국제적으로 통일된 이미지를 확립할 수가 있다(Jain, 1990, p. 534).

또한 Elinder, Fatt, Lorimer와 Dunn, 그리고 Levitt 등 일찍이 국제광고의 표준화를 지지했던 사람들도 기업의 광고캠페인을 성공적으로 이전할 수 있고, 표준화된 광고테마는 전세계적으로 통일된 기업이미지라든지 브랜드이미지를 심어줄 수 있다고 주장하였다.

광고계획과 통제는 의사결정이 집권화될 수밖에 없는 표준화전략을 사용함으로써 용이해진다. 즉 표준화된 광고를 하게 되면 전시장에 걸쳐 광고계획과 집행에 대한 통제를 보다 효과적으로 수행할 수 있게 되는 것이다. 따라서 이와 같이 광고의사결정을 본사에 집권화함으로써 얻을 수 있는 최대 이점의 하나는 조정과 통제를 보다 개선할 수 있다는 점이다.

마지막으로 훌륭한 광고아이디어는 일반적으로 입수하기가 어렵기 때문에 가능한 한 다른 나라로 이전하여 널리 활용되어야 한다. 즉 범세계적인 표준화전략을 수행하게 되면 전세계의 소비자들에게 통일된 브랜드 이미지를 심어줄 수 있는 이점뿐만 아니라, 제품과 촉진전략에 대한 훌륭한 아이디어를 다른 나라로 이전할 수 있는 기회가 생기게 된다. 예를 들어, 한 나라에서 개발된 신제품이나 촉진전략을 다른 나라로 이전시켜 효과적으로 활용할 수 있게 된다.

이와 같이 표준화광고전략은 비용절감, 광고실시의 용이함 등 여러 가지 이점을 얻을 수 있기 때문에 전세계 소비자들의 동질성을 기본 가정으로 하고 있는 경영자 관점에서 보면 아주 중요한 요인이라고 할 수 있다.

한편 많은 국제기업들이 표준화된 광고전략을 사용하여 큰 성공을 거두었는데, 성공한 대표적인 기업들의 사례를 살펴보면 다음과 같다.

① Coca-Cola는 자사의 지속적인 이미지와 포지션(position)을 유지하기 위해 전세계에 걸쳐 기본적으로 동일한 광고주제를 사용하고 있다. 대표적인 한 예로서

Coca-Cola는 세계적 광고대행사인 McCann-Erickson이 미국시장을 대상으로 개발한 "little boy gives Coke to sports hero"라는 광고메시지를 전 세계의 모든 국가에 성공적으로 활용하였다.

② 과자 제조업체인 M&M Mars는 유럽과 미국시장이 서로 유사성이 있다는 확신을 가지고 유럽에서의 포지셔닝(positioning)에 근거하여, 어떠한 사전테스트도 없이 유럽시장에서 판매되고 있던 "Bounty"와 "Balisto" 두 브랜드에 대한 포장과 광고를 표준화하여 미국시장에 그대로 전용하였다. 이 회사는 특히 "melts in your mouth, not in your hand"라는 광고메시지로 큰 성공을 거두었으며, 이후 멕시코에 M&M 캔디를 판매할 때에도 이와 동일한 메시지를 사용했다(Yip, 1992, pp. 146-147).

③ 세계적인 소비재 생산업체인 Unilever는 해외시장에 직물유화제(fabric softner)를 판매하는데 있어서 브랜드는 국가별로 차이를 두는 전략을 실시하였으나, 광고의 경우 전 세계적으로 표준화된 광고주제를 사용하여 큰 성공을 거두었다.

④ 미국에 본사를 두고 있는 수 도구(hand tool) 제조업체인 Black & Decker는 한때, 표준화된 낮은 원가의 제품을 판매하여 세계시장에서 꾸준히 시장점유율을 높이고 있었던 강력한 일본 경쟁자인 Makita사의 위협을 받아 많은 손실을 입었던 적이 있었다. Black & Decker는 이러한 경쟁압력에 대응하여 표준화된 제품을 개발하고 광고도 두 개의 주요 광고대행사를 통해 표준화하여 전세계적으로 일관성있는 이미지를 심어줌으로써 매출액을 30% 이상 증대시키는 성공적인 결과를 가져 왔다.

⑤ British Airways는 막대한 비용을 투입하여 광고대행사 Saatchi & Saatchi가 개발한 "맨해튼 착륙"(Manhattan Landing)이라는 TV 광고물을 세계시장에 표준화하여 사용함으로써 대단한 성공을 거두었다. 실제로 TV광고를 해외시장으로 내보낸 후에 광고효과를 조사한 결과를 보면, 이 광고를 사용한 20여개의 모든 나라, 특히 미국의 경우 이전에 비해 British Airways에 대한 인지도가 크게 증가한 것으로 나타났다.

⑥ Exxon은 휘발유를 각국의 기후조건에 따라 다양하게 개발하여 판매하는 적응화된 제품전략을 사용했으나, 광고는 "Put a Tiger in Your Tank"라는 표준화된 광고메시지로 태국을 제외한 대부분의 시장에서 대단히 성공적으로 사용되

었다. 다만 태국의 경우 호랑이는 강한 힘을 상징하는 것이 아니라 정글의 위험한 동물로만 생각하기 때문에 좋은 반응을 얻지 못했다.

⑦ Colgate는 치약을 세계시장에 판매하는데 있어 상표와 포장뿐만 아니라 광고도 표준화된 접근법을 사용함으로써 오랫동안 시장점유율의 선두자리를 고수할 수 있었다(Yip et al., 1988, p. 43).

결국 국제광고의 표준화전략을 지지하는 학자들은 교통과 통신수단의 발달로 인해 전세계의 소비자들이 점차적으로 동질화되고 있기 때문에 동일한 광고메시지로 그들을 만족시킬 수 있다는 견해를 표명한 것으로 요약할 수 있다.

2. 국제광고메시지의 적응화전략

국제광고메시지의 적응화란 각국의 이질적인 환경적 특성에 따라 광고메시지를 변경하여 국제적으로 이전시키는 것을 말한다.

국제광고담당자들은 이와 같이 여러 가지 환경이 이질적인 해외시장에서 광고를 실행하기에 앞서 광고를 어느 정도로, 어떤 방법으로 적응시키고 변경시켜야 할 것인가 하는 문제에 자주 직면하게 된다. 즉 이들은 경제발전, 소비자욕구, 매체이용 가능성, 그리고 법적규제 등이 시장마다 차이가 있기 때문에 표준화된 광고전략을 효과적으로 사용할 수 없게 한다고 주장한다. 강력한 표준화 옹호론자 중의 한 사람인 Levitt가 밝힌 "세계시장이 동질화되고 있기 때문에 표준화된 광고전략을 사용하는 것이 효과적이다"라는 주장에 대해 몇몇 학자들은 이에 정반대되는 견해를 제시하였다.

국제광고의 적응화전략을 지지하는 학자들은 제품이나 광고메시지를 각국의 이질적인 소비자 욕구에 맞추어 변경시켜야 한다고 주장한다. 특히 광고부문에 있어서는 더욱 그렇다(Reinhard and Phillips, 1988, p. 47).

국제광고의 적응화를 주장하는 광고전문가들도 표준화하는데 가장 어려운 마케팅 요소 중의 하나가 광고라고 지적하면서, 광고문안의 변경을 요구한다든지 또는 특정매체를 이용할 수 없는 법적규제 때문에, 특히 문화적 차이 때문에 광고메시지를 적응화해야 한다고 주장하고 있다. 또한 이들은 인간들의 기본적인 필요나 욕구가 전세계에 걸쳐 동일하다고 할지라도 이러한 욕구들을 만족시키는 방식은 국가마다 다를 수 있기 때문에 광고소구를 각국의 실정에 맞추어야 한다고 지적하고 있다.

본질적으로 표준화전략을 지지하는 사람들은 인간들의 필요와 욕구가 전세계적으로 보편적이라는 데에 그 논거를 두고 있으며, 이와 반면에 적응화전략을 지지하는 사람들은 각국마다 소비자들의 욕구가 서로 다르기 때문에 광고를 소비자의 특성에 맞추어 적절히 변경시켜야 한다는 점을 강조하고 있다. 국제광고의 적응화전략을 주장하고 있는 대표적인 사람들은 Lenormand, Reed, Sutton, 그리고 Simmonds 등을 들 수 있다.

표준화광고에 대해 강력히 반대하고 있는 대표적인 사람중의 하나인 프랑스의 유명한 광고관리자 Lenormand는 "국제광고를 표준화하기 위해서는 각국 소비자들간에 동일한 공통분모(common denominator)가 반드시 존재해야 하는데, 그러나 이러한 공통분모가 아직까지 발견되지 않았다"고하여 국제광고의 표준화전략에 강력히 반대하는 입장을 표명했다. 즉 각국간에 소비자의 심리적 특성, 종교적 신념, 관습, 생활수준, 법률, 광고매체 및 광고대행사조직 등의 차이로 인하여 표준화광고를 실행하는 것이 불가능하다고 주장했다(Lenormand, 1964, p. 14).

Reed는 모든 사람들은 기본적으로 동일한 본능, 감각, 애정, 그리고 열정과 열망을 가지고 있지만 그것을 표현하는 방식은 서로 차이가 있기 때문에 적응화된 광고전략을 수행하는 것이 바람직하다는 견해를 밝혔다(Reed, 1967, pp. 586-600).

Parameswaran과 Yaprak도 해외시장을 대상으로 활동하고 있는 국제기업은 각국 소비자들의 태도나 행동의 차이가 있기 때문에 표준화전략을 수행하는 것이 어렵다고 지적하였다(Parameswaran and Yaprak, 1987, pp. 35-49).

Simmonds 역시 국제기업이 치열한 국제경쟁에서 생존하기 위해서는 각국의 소비자 특성에 맞는 적응화전략을 수행해야 한다고 주장하였다(Simmonds, 1985, pp. 8-17).

Sutton은 단순히 "모든 사람들은 동질적이다"라는 가정에 그 논거를 두고 있는 표준화 옹호론자들의 이론은 너무 위험한 생각이라고 경고하면서, 국제적으로 표준화된 광고는 앞으로 그 가치가 떨어질 것이며, 현지실정에 알맞은 적응화된 광고를 수행하는 것이 훨씬 더 바람직하다는 견해를 밝혔다(Sutton, 1974, pp. 30-31).

Kotler와 Kashani 역시 국제기업 매니저들이 표준화전략을 맹목적으로 사용하는 것은 위험하다고 경고하였다(Kotler, 1986, pp. 13-15 ; Kashani, 1989, pp.

91-98).

또한 Sheth는 시장의 욕구(market needs)와 시장의 자원(market resources)이라는 요인에 초점을 맞추어 범세계적인 시장(global markets)에 대한 연구모형을 제시하였다. 그는 여기에서 국가간에 시장의 욕구와 자원이 유사할 경우에만 범세계적인 시장이 존재하게 되고 표준화된 전략을 적용하는 것이 가능하지만, 그 이외의 경우에는 어떠한 형태로든지 적응화전략을 실행하는 것이 효과적이라고 주장하였다(Sheth, 1986, pp. 9-11).

Caffyn과 Rogers는 영국과 미국광고에 대한 영국 소비자들의 반응을 조사한 결과 상당한 차이가 있다는 것을 발견하였으며, 또한 양국간에 사회 및 문화적인 환경의 차이가 크기 때문에 표준화전략이 다른 나라에서 성공하기가 힘들다고 주장하였다(Caffyn and Rogers, 1970, pp. 21-27).

Boddewyn, Soehl, 그리고 Picard는 비록 표준화가 범세계적인 추세이기는 하지만, 제품이나 브랜드에 비해 광고를 전세계적으로 표준화하는 기업은 그다지 많지 않은 편이라고 지적하면서 Levitt가 주장한 표준화전략에 대해 회의적인 견해를 보였다(Boddewyn et al., 1986, pp. 69-75).

Harris 역시 제품을 세계적으로 표준화하는 것은 가능할지 몰라도 광고의 경우에는 각국의 문화적인 차이 때문에 세계적인 표준화는 어렵다는 견해를 피력하였다(Harris, 1984, pp. 223-234).

결국 적응화 옹호론자들은 표준화 옹호론자들과는 달리 인간의 기본적인 욕구와 동기는 전세계적으로 큰 차이가 있기 때문에 각국의 상황이나 소비자들의 특성에 따라 현지시장에 알맞은 적응화된 광고전략이 필요하다는 점을 강조하고 있다고 볼 수 있다.

제 3 절 국제광고메시지의 결정모형

1. Onkvisit와 Shaw의 의사결정모형

Onkvisit와 Shaw는 완전한 표준화를 달성한다는 것은 거의 불가능한 일이기 때문에 실질적인 문제는 표준화된 광고전략의 사용여부보다도 표준화광고를 어느 정도, 또한 어떤 조건하에서 사용하느냐 하는 것이라고 주장했다. 이러한 문제에 대한 해답은 표준화전략과 시장세분화간의 상충된 관계를 해결함으로써 얻을 수 있다.

시장세분화개념은 학자들과 광고관리자들 사이에 논란이 되고 있는 표준화광고에 대한 논쟁을 해결하는데 도움을 줄 수 있는데, Onkvisit와 Shaw는 이러한 시장세분화개념을 이용하여 표준화광고의 의사결정모형을 [그림 6-1]과 같이 제시하였다.

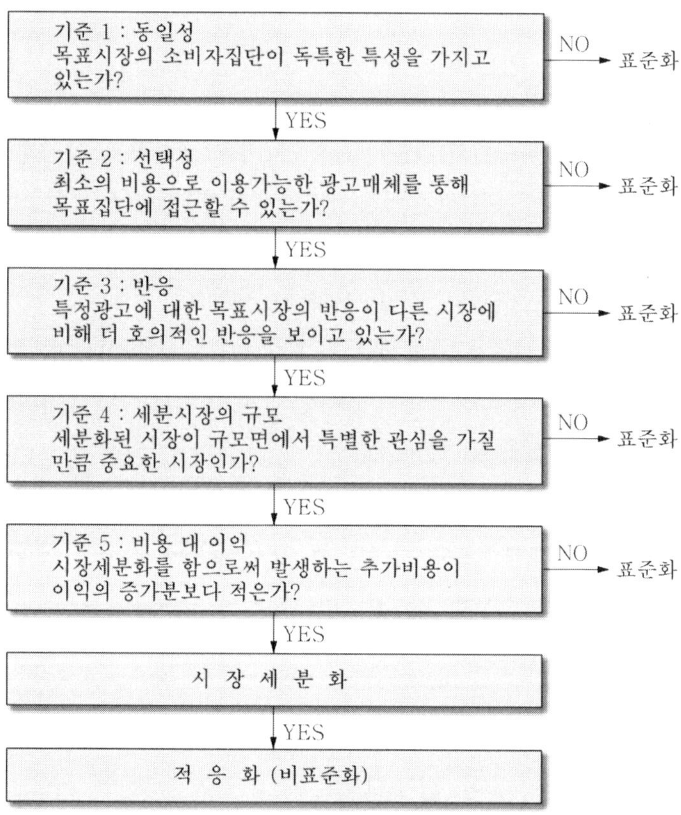

자료원 : S. Onkvisit and J. J. Shaw, "Standardized International Advertising : A Review and Critical Evaluation of the Theoretical and Empirical Evidence," *Columbia Journal of World Business*, Fall 1987, p. 53.

[그림 6-1] Onkvisit와 Shaw의 의사결정모형

일반적으로 시장세분화는 동일성(identification), 선택성(selectivity), 반응

(response), 세분시장의 규모(segment size), 비용 대 이익(cost/profit) 등의 5가지 기준에 따라 결정된다.

이상에서 언급한 기준들은 국제광고의 표준화정도에 영향을 미치는 요인들과 밀접한 관련이 있다. 즉 동일성기준은 주로 한 국가내의 소비자들뿐만 아니라 각국 소비자들간의 인구통계학적 동질성과 관련이 있다.

두번째 기준인 선택성은 광고매체의 비용과 이용가능성에 관한 문제와 관련이 있으며, 반응은 인구통계학적 차원이 아닌 소비자의 태도적 동질성과 관련이 있다. 시장규모는 세분화된 특정시장의 중요성을 결정하는데 있어서 실질적인 기준이 되고 있다. 마지막으로 비용 대 이익기준은 경영자의 최대관심사인 비용절감의 정도와 이익증가분 사이의 관계를 나타내 주고 있다.

Onkvisit와 Shaw는 국제광고의 적응화전략을 효과적으로 수행하기 위해서는 이상과 같은 5가지의 시장세분화기준들이 모두 충족되어야만 하고, 그렇지 않으면 표준화된 광고전략을 사용하는 것이 바람직하다고 주장했다(Onkvisit and Shaw, 1987, pp. 52-53).

2. Rau와 Preble의 연구모형

Rau와 Preble은 다국적기업의 국제마케팅 표준화전략에 대한 이론적 연구에서 국제마케팅분야에서 다국적기업이 표준화정도를 결정하는데 영향을 미치는 요인과 마케팅기법의 국가간 이전가능성에 대해서 비교적 구체적으로 제시하였다. 특히 이들은 산업 및 기업특유의 우위요인에 해당하는 기업의 전략이 달성된 표준화의 정도에 크게 영향을 줄 것이라는 점과 기업이 직면하고 있는 경쟁상황, 국제마케팅활동을 전개하고 있는 기업의 필요성, 그리고 국제경영에서 요구되는 자회사에 대한 통제정도 역시 표준화의 정도에 적지 않은 영향을 미친다는 점을 강조하였다.

또한 Rau와 Preble은 다국적기업의 해외직접투자요인에 관심을 두고 연구를 전개한 McManus와 Hennart의 아이디어를 마케팅기법의 국가간 이전가능성에 적용하여 요인간의 관계에서 표준화의 정도를 결정할 수 있는 매트릭스(matrix)를 제시하였다(Rau and Preble, 1987, pp. 18-28).

그러나 이들의 연구는 모델에서 요인간의 인과관계를 시사해 주고 있지만 이론적 분석으로는 관계를 명확히 단정할 수 없다는 한계가 있다. Rau와 Preble의 연구모형은 [그림 6-2]와 같다.

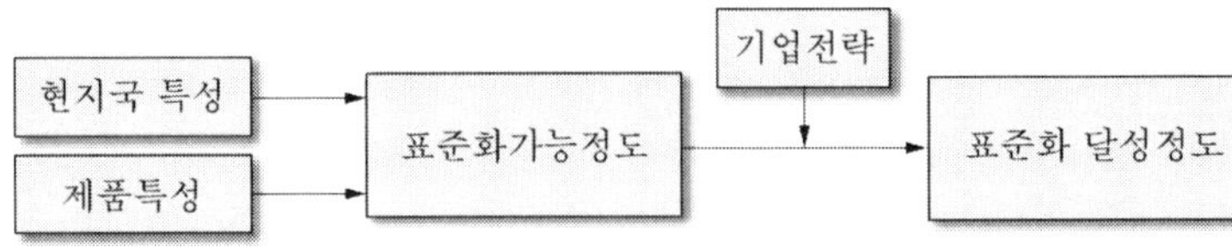

현지국특성요인	제품특성요인	기업전략요인
1. 현지국 시장규모 2. 다른 시장과의 연관성 3. 다국적기업에 대한 규제정책 4. 사회간접시설의 발달	1. 부가가치의 크기 2. 상표명의 정립정도 3. 본국과 현지국에서의 제품수명주기단계 4. 생산라인에서 차지하는 제품포지션	1. 조직구조의 유형 2. 본사와 자회사간의 통제정도 3. 본국시장의 규모 4. 본사와 자회사간의 커뮤니케이션과 협조정도

자료원 : P. A. Rau and J. F. Preble, "Standardization of Marketing Strategy by Multinationals," *International Marketing Review*, Autumn 1987, p. 22.

[그림 6-2] Rau와 Preble의 연구모형

3. Jain의 연구모형

Jain은 선행연구를 바탕으로 [그림 6-3]과 같이 국제마케팅 프로그램의 표준화 정도를 결정하는 연구모형을 제시하였다.

Jain 역시 완전한 표준화란 생각할 수 없는 일이며 표적시장, 시장포지션, 제품특성, 환경 및 기업조직과 같은 다양한 내외적인 요인에 따라 표준화와 적응화의 정도를 조절하는 것이 바람직하다는 견해를 밝혔다. 또한 그는 표준화의 정도가 특정요인에 의해 어떻게 결정되는가를 구체적으로 13개의 대안을 제시하여 설명하였다(Jain, 1989, pp. 70-79).

그러나 Jain의 연구 또한 이러한 대안이 국제마케팅매니저에게 객관화될 수 있는지에 대한 실증적인 분석이 결여된 이론적 연구라는 한계를 가지고 있다.

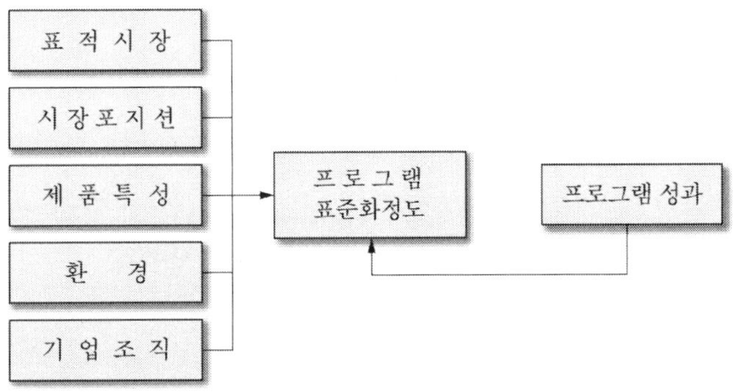

표 적 시 장
1. 지역
2. 경제적 변수

시장 포지션
1. 시장개발
2. 시장조건
3. 경 쟁

제 품 특 성
1. 제품유형
2. 제품 포지셔닝

환 경
1. 물리적 환경
2. 법적 환경
3. 정치적 환경
4. 마케팅 하부구조

기 업 조 직
1. 기업목표
2. 본사와 자회사와의 관계
3. 권한의 위임

자료원 : S. C. Jain(1989), "Standardization of International Marketing Strategy : Some Research Hypotheses," *Journal of Marketing*, January 1989, p. 72.

[그림 6-3] Jain의 연구모형

4. Harvey의 연구모형

Harvey는 국제시장에서 표준화가 적응화보다는 경제적으로나 관리적인 측면에서 유리하다는 지금까지의 논의를 인정하면서 표준화 및 적응화를 합리적으로 결정할 수 있는 분석도구가 없다는 점을 주장하고 국제마케팅 담당자들이 광고의 표준화와 적응화정도를 결정할 때 이용할 수 있는 표준화매트릭스를 제시하였다.

여기에서 그는 광고활동과 관련된 과정을 조사와 개발, 표현, 매체, 제작, 그리고 광고효과측정 등으로 분리하였다. 이와 같이 분리된 부문은 표준화에 영향을 미치는 제반요인들의 종합적인 평가에 따라서 표준화와 적응화를 결정하고 더 나아가 광고과정의 특정부문에서 어느 정도의 표준화와 적응화가 필요한지를 결정해야 한다는 것이다(Harvey, 1993, pp. 57-64).

광고의 표준화와 적응화에 영향을 미치는 요인은 [그림 6-4]에 제시되어 있다. 즉 제품관련변수, 경쟁환경변수, 조직 및 통제변수는 생산자영역과 관련된 변수들이며, 정부규제와 이용가능한 매체 등의 하부구조는 광고영역이다. 그리고 문화적 또는 사회적충격은 소비자와 관련된 변수이다.

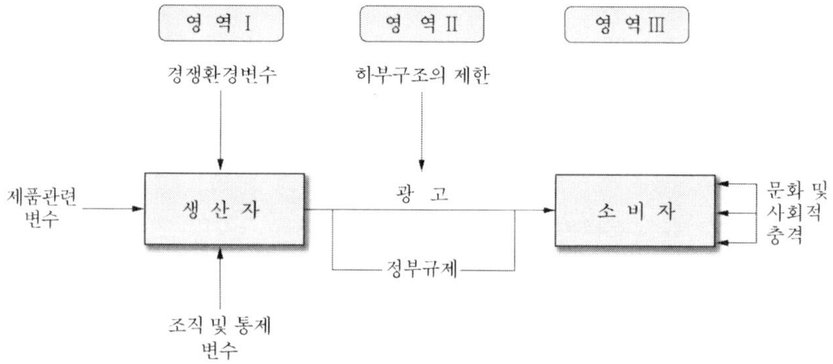

자료원 : M. G. Harvey, "A Model to Determine Standardization of the Advertising Process in International Markets," *Journal of Advertising Research*, July 1993, p. 58.

[그림 6-4] Harvey의 연구모형

연구모형에서는 광고표준화와 적응화에 영향을 미치는 변수들이 각기 다른 분야에 영향을 미치는 변수들의 점수를 동일하게 평가하여 광고의 표준화와 적응화의 정도를 결정함으로써 연구모형의 내용을 충실히 반영해 주지 못하고 있다. 또한 어떤 요인이 광고활동과 관련된 특정과정에 어떠한 영향을 미치고 있는가라는 질문에 대해서도 검증되지 않았다는 한계가 있다.

5. Cavusgil, Zou와 Naidu의 연구모형

Cavusgil, Zou와 Naidu등은 Jain, Walters, Buzzell, 그리고 Rau와 Preble 등의 선행연구의 모델에서 주장하고 있는 제품 및 촉진적응화와 기업, 제품, 및 산업, 그리고 수출시장의 특성간의 상호관련성에 대하여 이들의 주장은 개념상으로는 문헌연구의 결과와 일치하지만 너무나 개략적이어서 실증분석을 할 수 없다고 지적하고 선행연구의 연구모델을 분석가능한 형태로 구체화시켜서 제시한 후 이를 실증분석하였다.

연구결과, 제품적응화(진입시와 진입후) 및 촉진적응화(포지셔닝, 포장/표찰, 그리고 촉진방법)는 기존의 이론적 연구에서 제시하고 있는 기업, 제품/산업, 그리고 수출시장의 특성에 의해서 상당한 영향을 받고 있다는 것이 입증되었다(Cavusgil et al., 1993, 479-506).

이들이 실증분석에 이용한 연구모형을 제시하면 [그림 6-5]와 같다.

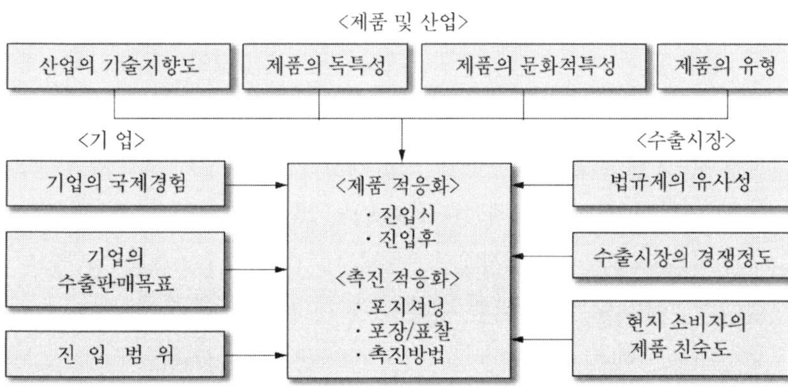

자료원 : S. T. Cavusgil et al., "Product and Promotion Adaptation in Export Ventures : An Empirical Investigation," *Journal of International Business Studies*, Vol. 24, 1993, p. 485.

[그림 6-5] Cavusgil, Zou와 Naidu의 연구모형

제 4 절 국제광고메시지전략에 대한 실증적 연구

여기에서는 국제광고메시지의 표준화와 적응화전략이 해외시장에서 실제로 어느 정도 실행되고 있는지에 대한 실증적인 연구결과를 경영자와 소비자관점으로 구분하여 살펴보기로 한다. 즉 경영자와 소비자가 국제광고전략에 대해 어떠한 반응을 보이고 있는지를 분석한 연구결과는 다음과 같다.

1. 경영자 반응

Killough는 광고의 구매제안(buying proposal)과 크리에이티브 제시(creative presentation)가 국제적으로 이전가능한지를 알아보기 위해, 다국적기업과 다국적 광고대행사의 최고경영자와 마케팅 담당자 65명을 대상으로 조사한 결과, 크리에이티브 제시에 비해 구매제안이 표준화를 실행하는데 더 적합하다는 사실을 밝혀냈다. 즉 응답자중 50% 이상이 해외시장 소비자들의 구매동기가 유사한 경향이 많이 있기 때문에 구매제안의 경우 큰 변경없이 그대로 국제적으로 이전하는 것이 가능하다고 보았다. 이와 반면에 해외시장의 문화 및 법적환경의 차이, 실행상의 문제점 등으로 인해 크리에이티브 제시를 표준화한다는 비율은 불과 30% 미만인 것으로 나타났다(Killough, 1978, pp. 102-110).

또한 Mindak는 해외시장의 광고물에 관한 내용분석을 한 결과, 미국형소구와 광고전술이 널리 사용되고 있는 것을 발견했을 뿐만 아니라 국가간에 표준화된 광고주제가 많이 사용되고 있다는 것을 밝혔다(Mindak, 1975, pp. 29-32).

Kaynak와 Mitchell은 캐나다, 영국 및 터키의 국제광고활동을 비교연구한 결과, 국제광고전략을 선택하는데 있어서 경제발전단계와 광고매체비용, 셀프서비스 판매의 중요성과 같은 환경변수가 영향을 미치는 것으로 나타났다. 또한 터키에서 가장 중요시하는 커뮤니케이션 방법으로는 구전(word-of-mouth), 인적판매(personal selling), 신문 및 라디오였으며, 이러한 커뮤니케이션 방법으로서 소비자 설득을 위한 기술적 정보(technical information)는 거의 중요시하지 않은 것으로 나타났다(Kaynak and Mitchell, 1981, pp. 25-32).

이와 반면에 선진국인 캐나다와 영국에서는 인쇄물과 TV를 많이 이용하였으며, 기술적 정보도 중요시한 것으로 나타났다. 이러한 결과는 경영자가 국제광고 이전에 대한 의사결정을 할 때에 특정환경요인을 고려한다는 사실을 밝힌 Dunn의 연구결과를 뒷받침해 주고 있다.

Dunn은 유럽시장에서 국제마케팅활동을 하고 있는 30개 다국적기업들의 경영자 78명을 대상으로 조사한 결과, 표준화된 광고전략을 수행하는 기업이 1964년보다 1973년에 더 낮은 것으로 나타났는데 이러한 결과는 상대적으로 적응화된 광고전략을 수행하는 기업의 수가 점차적으로 늘어나고 있다는 사실을 의미한다.

Dunn은 그 이유로써 유럽 각국시장의 민족주의나 국가특성, 광고에 대한 법적규제의 증가 등을 들고 있으며, 이러한 여러 가지 환경변화에 적응한 광고전략을 실시하는 국제기업만이 성공을 거둘 수 있다고 하였다(Dunn, 1976, pp. 50-57).

Boddewyn과 Soehl, 그리고 Picard는 서유럽지역에서의 미국 국제기업의 마케팅활동을 분석해 본 결과, 전반적으로 표준화가 증가하는 추세에 있다는 것을 확인하였다. 그러나 구체적으로 제품, 상표, 그리고 광고의 표준화정도는 차이가 있는 것으로 드러났으며, 그 중에서도 광고의 경우에는 제품이나 상표에 비해 표준화에 대한 저항이 더 큰 것으로 나타났다. 즉 미국 국제기업의 경영자 70명중 단지 20%만이 서유럽에서 표준화된 광고를 사용하고 있었으며, 반면에 39%가 적응화된 광고를 실시하고 있다는 사실을 밝혀냈다(Boddewyn et al., 1986, pp. 69-75).

이와 비슷한 연구로서, Hite와 Fraser도 해외시장에서 국제광고를 하고 있는 미국의 99개 다국적기업들을 대상으로 조사를 하였다. 그 결과 조사대상의 56%에 해당하는 기업들이 표준화와 적응화전략을 혼합하여 실시하고 있는 것으로 밝혀졌다(Hite and Fraser, 1988, pp. 9-17).

Ryans와 Ratz는 다국적기업들이 표준화된 광고접근법을 어느 정도 사용하고 있는지를 알아보기 위해 미국에 본사를 둔 34개 다국적기업의 국제광고 경영자를 대상으로 조사한 결과, 해외시장의 60% 이상에서 표준화된 광고주제를 사용한다는 기업은 조사대상기업의 62%로서 가장 높은 표준화비율을 보이고 있으며, 반면에 가장 낮은 표준화가 이루어지고 있는 광고변수는 크리에이티브 표현으로서 조사대상기업의 26%로 나타났다(Ryans and Ratz, 1987, pp. 145-158).

Ryans와 Donnelly는 해외시장에서 국제광고를 하고 있는 미국의 70개 비내구성 소비재 제조업체의 국제광고 경영자들을 대상으로 표준화된 접근방법을 어떻게 평가하고 있으며, 또한 그들이 이런 방법을 어느 정도 사용하고 있는지를 측정하였다. 조사결과, 대부분의 기업들이 국제광고를 지역에 따라 적응화하고 있는 것으로 나타났으며, 표준화된 광고를 사용하는 빈도가 50% 이상인 기업은 단지 17%에 불과한 것으로 평가되었다(Ryans and Donnelly, 1969, pp. 57-60).

또한 Donnelly는 국제광고를 하고 있는 미국의 주요 비내구성 소비재 제조업체의 국제광고 경영자들을 대상으로 문화적 차이에 대한 국제광고 경영자의 태도와 그들의 국제광고전략간에 어떠한 관련이 있는가를 알아보기 위해 조사한 결과, 문화적 차이를 인정하는 경영자들은 분권화된 광고계획과 현지광고대행사를 이용하고 있는 반면에, 주요 광고의사결정권이 집권화되어 있는 기업의 경영자들은 표준화된 국제광고전략을 많이 사용하고 있는 것으로 나타났다(Donnelly, 1970, pp. 60-68).

Kanso는 미국기업의 국제광고 경영자들이 해외시장에서 광고메시지를 어느 정도 표준화하여 사용하고 있는지를 확인하기 위하여, 미국 Fortune지에 실린 500개 대기업 중에서 해외시장에 개입하고 있는 내구성 소비재 제조업체 118개 기업을 대상으로 조사하였다. 이 연구결과에 의하면 대상기업의 대부분이 표준화보다는 적응화광고 접근법을 사용하고 있는 것으로 나타났다.

즉 조사대상기업중 해외시장에서 광고메시지를 전부 표준화하거나, 표준화비율이 50%이상인 기업은 25%에 불과하였으며, 75%에 해당하는 기업들이 표준화된 광고메시지를 전혀 사용하지 않거나, 광고메시지를 표준화하더라도 그 비율이 50% 미만인 것으로 나타났다(Kanso, 1992, pp. 10-14).

2. 소비자 반응

지금까지 경영자의 입장에서 본 국제광고전략을 살펴보았는데. 이와 같은 경영자의 국제광고에 대한 관점은 주로 메시지 전달자의 입장이나 또는 광고주의 입장에 편향되어 실제로 광고를 접하는 소비자의 입장과는 다를 가능성이 크다. 따라서 소비자의 국제광고메시지에 대한 반응의 분석이 없이는 국제광고메시지의 표준화와 적응화전략에 대한 논쟁의 실질적인 해결책을 찾을 수 없다.

그러면 이러한 문제점의 인식하에 각국 소비자들이 표준화 또는 적응화된 국제광고에 대해 어떻게 반응하는지를 살펴보기로 한다.

Schleifer와 Dunn은 특정국가에 대한 태도가 소비자들의 광고수용에 어떠한 영향을 미치는가를 조사하였다. 그들은 청량음료, 화장품, 담배, 그리고 손목시계 등의 4개 소비재에 대한 잡지광고를 미국과 이집트양식으로 만들어 마케팅과 커뮤니케이션 관련학생 152명을 대상으로 조사한 결과, 광고모델의 국적이 소비자들의 광고수용에 영향을 미치는 것으로 나타났다. 또한 소비자들이 특정국가에 대해 호의적인 태도를 보이는 국가의 모델을 사용하는 경우 표준화된 국제광고전략이 보다 효과적이라는 사실을 밝혀냈다(Schleifer and Dunn, 1968, pp.

296-298).

Caffyn과 Rogers는 미국과 영국의 TV 광고를 이용하여 영국 소비자들이 동일한 또한 유사한 제품을 위한 서로 다른 광고메시지에 대해 어떻게 반응하는지를 조사하였다.

그 결과 영국 소비자들은 영국과 미국광고에 대해 서로 다른 반응을 보였다. 즉 영국 소비자들은 미국광고가 오락적인 요소를 지니고 있기 때문에 영국광고보다 더 재미있다고 느꼈지만, 설득력에 있어서는 전반적으로 영국광고가 더 효과가 있다는 반응을 보였다. 또한 이들 연구자들은 영국과 미국이 같은 언어를 사용하고 있음에도 불구하고 양국간의 사회, 문화 및 마케팅환경의 차이가 크다 보니까 한 국가에서 성공한 광고가 다른 국가에서도 성공하기란 쉬운 일이 아니라는 견해를 밝혔다(Caffyn and Rogers, 1970, pp. 21-27).

Caffyn과 Rogers 연구의 경우에는 한 국가의 소비자집단을 대상으로 서로 다른 광고를 보여 주고 소비자들의 반응이 어떠한지를 살펴보았는데, 이와는 반대로 서로 다른 여러 국가의 소비자집단을 대상으로 동일한 광고를 사용하여 소비자들의 반응이 어떻게 나타나는지를 조사한 연구도 있다.

즉 Onkvisit와 Shaw는 인쇄물매체를 이용하여 손목시계와 비누제품을 위한 동일한 2개 광고에 대한 미국과 외국학생들의 반응을 비교분석한 결과, 광고에 대한 인식과 해석이 양국 소비자들간에 일치하지 않은 것으로 나타났다(Onkvisit and Shaw, 1983, pp. 43-57).

또한 Hornik은 이스라엘에서 판매되고 있는 동일한 미국제품을 위해 세 가지 형태의 광고를 이용하여 현지소비자가 어떠한 반응을 보이는지를 조사하였다. 즉 이스라엘 주부를 대상으로 미국에서 실시되고 있는 광고를 변경하지 않고 이스라엘시장에 그대로 이전한 형태의 광고, 이스라엘 현지광고대행사에서 제작한 형태의 광고, 그리고 이들 광고와는 성격이 다른 중립적인 형태의 광고를 병행해서 실시하였다. 그 결과 국제적인 소구나 전세계적인 기업이미지가 이스라엘 소비자들에게 보편적으로 수용되는 경우를 제외하고는 대부분 이들 광고에 대한 소비자들의 태도나 인식이 서로 다르게 나타나 표준화보다는 적응화된 국제광고전략이 효과적이라는 사실을 입증해 주고 있다(Hornik, 1980, pp. 36-45).

Lorimer와 Dunn은 유럽과 중동지역으로 광고를 이전하는 것이 가능한지를 알아보기 위해 프랑스와 이집트의 중상류층 소비자 200명을 대상으로 조사하였는데, 그 결과 미국에서 성공한 인쇄물 광고메시지가 유럽과 중동에서도 성공적인 것으로 나타났다. 즉 불어와 아랍어로 번역한 미국광고를 각기 파리와 카이로에서 실험을 한 결과 현지에서 제작한 광고 이상으로 큰 효과를 거두었다(Lorimer and Dunn, 1967, pp. 10-13)

Green과 Langeard는 미국과 프랑스의 혁신자집단간의 소비특성을 비교하기 위해 텍사스(Texas)에 거주하고 있는 미국여성 193명과 프로방스(Provence)에 거주하고 있는 프랑스여성 226명을 대상으로 실증분석을 하였다. 이 연구결과에 의하면 양국간의 환경적인 요인 때문에 제품과 서비스의 구매시 양국 소비자들의 특성과 행동이 여러 면으로 큰 차이가 있는 것으로 나타났다(Green and Langeard, 1975, pp. 34-41).

이와 유사한 연구로서 Anderson과 Engledow 역시 주요 내구성 소비재를 구매하는 미국(402명)과 독일(460명)의 정보추구자(information seekers)를 대상으로 비교분석한 결과, 제품구매시 양국 소비자들의 태도와 행동에 차이가 있다는 사실을 밝혀냈다(Anderson and Engledow, 1977, pp. 185-196).

Boote는 유럽시장 소비자들의 동질성과 이질성을 측정하여 표준화된 국제광고전략의 적용가능성을 파악하기 위해 독일, 영국, 프랑스의 여성 소비자들을 대상으로 29개의 가치항목에 대해 조사하였다. 연구결과에 의하면 이들 세 국가 소비자들의 가치구조는 서로 차이가 있는 것으로 나타나 표준화된 국제광고전략이 비효과적이라는 사실을 보여주고 있다(Boote, 1983, pp. 19-25).

한편 지금까지 검토한 국제광고메시지의 표준화와 적응화전략에 대한 실증적 연구들을 살펴보면, 국제기업이 해외시장을 대상으로 표준화된 광고메시지전략을 광범위하게 사용하고 있는 것 같지만 일반적으로 각국의 환경적 요인과 시장의 동질성정도에 따라 표준화전략을 조절하고 있는 것으로 나타났다.

광고경영자가 이러한 변수들을 어떻게 인식하고 있느냐에 따라 국제광고메시지의 표준화전략을 실행하는데 많은 영향을 받게 되지만, 실제로 실증적 연구의 결과를 살펴보면 시장의 동질성이 많이 없는 것으로 나타났다. 국제광고메시지의 표준화와 적응화논쟁을 해결하기 위해서는 앞으로도 이러한 실증적인 연구들이 많이 나와야 할 것이다. 이와 같은 목적을 위해 앞으로는 서로 다른 경제발전단계를 가지고 있는 소비자들을 대상으로 한 연구가 많이 다루어져야 할 것이다.

그리고 연령, 소득, 교육수준 및 직업과 같은 서로 다른 인구통계학적 변수를 가지고 있는 소비자들을 대상으로 한 실증적 연구 역시 많이 이루어져야 할 것이다. 왜냐하면 이러한 변수들이 어떻게 영향을 미치느냐에 따라 국제광고의 표준화정도를 결정할 수 있기 때문이다.

국제광고메시지의 표준화전략을 연구하는데 있어서 해명되어야 할 또 하나의 분야는 표준화 그 자체에 대한 개념이 정립되어야 할 것이다. 엄밀히 말해서 표준화광고란 번역이 필요한 경우를 제외하고는 국내시장에서 사용하고 있는 광고주제(theme), 광고카피(copy), 그리고 일러스트레이션(illustration)을 변경하지 않은 채 해외시장에 그대로 사용하는 광고를 말한다. 그러나 최근에 광고카피나 일러스트레이션이 변경된다 하더라도 동일한 광고주제가 해외시장에 그대로 사용되는 한, 표준화된 광고로 간주해야 한다는 새로운 견해들이 나오고 있다.

이와 같이 표준화광고에 대한 개념이 새로워지고 확대되다 보니, 과거에 비표준화된 것으로 보았던 광고를 이제는 표준화된 광고로 인정해야 하기 때문에 표준화논쟁 그 자체가 혼란에 빠져들게 되었다. 따라서 표준화광고에 대한 보다 정확한 개념이 정립되어야만 표준화논쟁과정에서 나온 이러한 혼란을 없애는데 큰 효과를 보게 될 것이다(Onkvisit and Shaw, 1987, p. 50).

주요용어

1. 광고소구(advertising appeals)
2. 광고카피(copy)
3. 보편적 소구(universal appeals)
4. 다국적기업(multinational corporation)
5. 범세계적기업(global corporation)
6. 표준화광고전략(standardizational advertising strategy)
7. 적응화광고전략(adapational advertising strategy)
8. 구전(word-of-mouth)
9. 기술적 정보(technical information)
10. 일러스트레이션(illustration)

연 습 문 제

1. 국제광고메시지선정의 중요성에 대하여 설명하시오.
2. 국제광고메시지선정시의 고려요인에 대하여 설명하시오.
3. 국제광고메시지의 표준화전략을 주장하는 학자들의 이론적인 근거에 대하여 논하시오.
4. 국제광고메시지의 적응화전략을 주장하는 학자들의 이론적인 근거에 대하여 논하시오.
5. 국제광고메시지에 대한 Onkvisit와 Shaw의 의사결정모형에 대하여 설명하시오.
6. 국제광고메시지에 대한 Rau와 Preble의 연구모형에 대하여 설명하시오.

참고문헌

1. 반병길 · 이인세, 『글로벌마케팅』, 박영사, 2008.
2. 이장로, 『국제마케팅』, 무역경영사, 2003.
3. Albaum, G. et al., *International Marketing and Export Management*, Reading, Mass. : Addison - Wesley Publishing Company, 1990.
4. Anderson, R. and Engledow, J., "A Factor Analytic Comparison of U. S. and German Information Seekers," *Journal of Consumer Research*, March 1977.
5. Boddewyn, J. J. et al., "Standardization of International Marketing : Is Ted Levitt in Fact Right?", *Business Horizons*, November-December 1986.
6. Buzzell, R. D., "Can you Standardize International Marketing," *Harvard Business Review*, November-December 1968.
7. Boote, A. S., "Psychographic Segmentation in Europe" *Journal of Advertising Research*, December 1982-January 1983.
8. Caffyn, J. and Rogers, N., "British Reactions to TV Commercials," *Journal of Advertising Research*, June 1970.
9. Cavusgil, S. T. et al., "Product and Promotion Adaptation in Export Ventures : An Empirical Investigation," *Journal of International Business Studies*, Vol. 24, 1993.
10. Dichter, E., "The World Customer," *Harvard Business Review*, July- August 1962.
11. Donnelly, J. H. Jr., "Attitudes Toward Culture and Approah to International Advertising," *Journal of Marketing*, July 1970.
12. Douglas, S. P. and Urban, C. D., "Life-Style Analysis to Profile Women in International Markets," *Journal of Marketing*, July 1977.
13. Dunn, S. W., "Effect of National Identity of Multinational Promotional Strategy in Europe," *Journal of Marketing*, October 1976.
14. Elinder, E., "How International Can European Advertising Be," *Journal of Marketing*, April 1965.
15. Fatt, A. C., "The Danger of 'Local' International Advertising"*Journal of Marketing*, January 1967.
16. Green, R. T. and Langeard, E., "A Cross-National Comparison of Consumer Habits and Innovator Characteristics," *Journal of Marketing*, July 1975.
17. Harris, G., "The Globalization of Advertising," *International Journal of Advertising*, Vol. 3, 1984.
18. Harvey, M. G., "A Model to Determine Standardization of the Advertising Process in International Markets," *Journal of Advertising Research*, July 1993.
19. Hite, R. E. and Fraser, C., "International Advertising Strategies of Multinational Corporations," *Journal of Advertising Research*, August- September 1988.

20. Hornik, J., "Comparative Evaluation of International vs. National Advertising Strategies," *Columbia Journal of World Business*, Spring 1980.
21. Jain, S. C., *International Marketing Management,* 3rd ed., Boston : PWS-KENT Publishing Company, 1990.
22. Jain, S. C., "Standardization of International Marketing Strategy : Some Research Hypotheses," *Journal of Marketing*, January 1989.
23. Kanso, A., "International Advertising Strategies," *Journal of Advertising Research*, January-February 1992.
24. Kashani, K., "Beware the Pitfalls of Global Marketing," *Harvard Business Review*, September-October 1989.
25. Kaynak, E. and Mitchell, L. A., "Analysis of Marketing Strategies Used in Diverse Culturse," *Journal of Advertising Research*, June 1981.
26. Keegan, W. J., *Global Marketing Management*, 4th ed., Englewood Cliffs, N. J. : Prentice-Hall Inc., 1989.
27. Killough, J., "Improved Payoffs from Transnational Advertising," *Harvard Business Review*, July-August 1978.
28. Kotler, P., "Global Standardization : Courting Dangers," *Journal of Consumer Marketing*, Spring 1986.
29. Lenormand, J. M., "Is Europe Ripe for the Integration of Advetising?", *International Advertiser*, March 1964.
30. Levitt, T., "The Globalization of Markets," *Harvard Business Review*, May-June 1983.
31. Lorimor, E. S. and Dunn, S. W., "Four Measures of Cross-Cultural Advertising Effectiveness," *Journal of Advertising Research*, December 1967.
32. Lorimor, E. S. and Dunn, S. W., "Use of the Mass Media in France and Egypt," *Public Opinion Quarterly*, Winter 1968-1969.
33. Mindak, W. A., "How Close Are We to Universal Advertising Standards?," In *Making Advertising Relevant*, Proceedings of the 1975 American Academy of Advertising.
34. Miracle, G. E., "International Advertising Principles and Strategies", *MSU Business Topics*, Autumn 1968.
35. Muller, B., "Reflections of Culture : An Analysis of Japanese and American Advertising Appeals," *Journal of Advertising Research*, June-July 1987.
36. Ohmae, K., "Becoming a Triad Power : The New Global Corporation." *The Mckinsey Quarterly*, Spring 1985.
37. Onkvisit, S. and Shaw, J. J., "Identifying Marketing Attributes Necessary for Standardized International Advertising," *Mid-Atlantic Journal of Business*, Winter 1983.
38. Onkvisit, S. and Shaw, J. J., "Standardized International Advertising : A Review and Critical Evaluation of the Theoretical and Empirical Evidence," *Columbia*

Journal of World Business, Fall 1987.

39. Parameswaran, R. and Yaprak, A., "A Cross-National Comparison of Consumer Research Measures," *Journal of International Business Studies*, Spring 1987.
40. Rau, P. A. and Preble, J. F., "Standardization of Marketing Strategy by Multinationals," *International Marketing Review*, Autumn 1987.
41. Reed, V. D., "The International Consumer," in Kelly, E. J. and Lazer, W. eds., *Managerial Marketing*, 3rd ed., Homewood, Ill. : Richard D. Irwin, 1967.
42. Reinhard, K. and Phillips, W. E., "Global Marketing : Experts Look at Both Siders," *Advertising Age*, April 15, 1988.
43. Ryans, J. K., Jr. and Ratz, D. G., "Advertising Standardization," *International Journal of Advertising*, Vol. 6, 1987.
44. Schleifer, S. and Dunn, S. W., "Relative Effectiveness of Advertisements of Foreign and Domestic Orign," *Journal of Marketing Research*, August 1968.
45. Sheth, J. N., "Global Markets or Global Competition," *Journal of Consumer Marketing*, Spring 1986.
46. Simmonds, K., "Global Strategy : Achieving the Geocentric Ideal," *International Marketing Review*, Spring 1985.
47. Sorenson, R. Z. and Wiechmann, U. E., "How Multinationals View Marketing Standardization," *Harvard Business Review*, May June 1975.
48. Terpstra, V., *International Marketing*, 2nd ed., Hinsdale, Ill. : The Dryden Press, 1978.
49. Sutton, T., "Advertising at the Crossroads," *Advertising*, July 18, 1974.
50. Yip, G. S. et al., "How to Take Your Company to the Global Market," *Columbia Journal of World Business*, Winter 1988.
51. Yip, G. S., *Total Global Strategy : Managing for Worldwide Competitive Advantage*, Englewood Cliffs, N. J. : Prentice-Hall Inc., 1992.

제 7 장

국제광고매체전략

제 1 절 국제광고매체선정의 중요성 및 고려요인

1. 국제광고매체선정의 중요성

국제광고매체(international advertising media)란 광고소구의 대상인 해외시장의 목표집단에게 광고물과 광고메시지를 전달하는 매개물 또는 수단을 말하는 것으로서 국제광고에 있어서 어떤 종류의 매체를 사용할 것인가 하는 문제는 광고활동의 영역이 넓은 관계로 비용과 광고효과의 측면을 감안해서 국내광고 매체선정 때보다는 훨씬 더 신사숙고할 필요가 있다. 왜냐하면 광고예산의 대부분은 매체의 공간이나 시간을 구입하는 데 쓰게 되며 매체선정은 예산범위 내에서 목표집단에 가장 효과적으로 소구할 수 있는 관점에서 이루어져야 하는 까닭이다(박기안, 2002, p. 444).

광고목표와 예산책정, 광고메시지를 결정한 후에는 메시지를 전달할 광고매체를 선정해야 한다. 국제광고매체는 신문, 잡지, 라디오, TV 등 여러 가지 매체가 있지만 이들 매체는 독특한 특징과 효과가 있기 때문에 어느 매체를 사용하여 광고를 할 것인가 하는 매체선정의 문제가 대두된다.

훌륭한 광고메시지를 작성했다고 하더라도 표적시장(target market)에 메시지를 전달해 주는 매체가 잘못 선정된다면 소기의 광고효과를 달성할 수가 없다.

따라서 매체선정은 광고효과와 광고비에 결정적인 영향을 미치기 때문에 가장 적합한 광고매체를 선정하는 일은 광고캠페인을 성공적으로 이끌 수 있는 필수적인 요건이라고 할 수 있다.

국제광고에 있어서 어떤 종류의 매체를 사용할 것인가 하는 문제는 광고활동의 범위가 넓기 때문에 광고비용과 광고효과의 측면을 감안해서 국내광고의 매체선정 때보다도 훨씬 더 심사숙고할 필요가 있다(Terpstra, 1978, p. 411).

일반적으로 광고매체를 선정할 때의 원칙은 어디서나 같다고 하겠으나, 그 원칙을 실제로 적용하는 것은 시장국별로 다를 수 있다. 가장 바람직한 광고매체란 목표시장을 가장 효과적이고 능률적으로 커버할 수 있는 매체를 뜻한다. 그러나 그러한 광고매체선정의 일반원칙을 실제로 적용할 때 당면하게 되는 문제의 하나는 광고매체의 가용성(availability)이 시장국별로 상당히 다를 수 있다는 사실이다.

따라서 국제광고주는 이와 같은 광고매체를 선정하는 경우에는 다음과 같은 몇 가지 사항에 기초를 두고 결정하지 않으면 안된다.

첫째, 특정매체가 지니고 있는 양적 가치(즉 매체의 도달 범위, 시청자수, 독자수 등)

둘째, 경제적 가치(즉 광고비 내지 제작비)

셋째, 질적 가치(즉 독자층, 매체가 가지고 있는 전달력, 설득력, 심리적 효과 등)

이와 같은 사항을 광고매체의 선정기준으로 충분히 인식하여 사전에 그것들에 대하여 조사하고 나아가서는 매체와 대상시장, 취급상품의 성질과의 적합성, 판매방법과의 조화 등에 대해서도 고려하여 가능한 한 과학적으로 매체를 선정하지 않으면 안된다.

2. 국제광고매체선정시 고려요인

비록 거의 모든 국가가 동일한 종류의 광고매체를 보유하고 있을지라도 국가별로 당면하게 되는 많은 특유한 고려사항, 문제점 및 차이가 있다. 국제광고에서 광고주가 고려해야 하는 주요한 요인은 광고매체의 활용가능성(availability), 비용(cost) 및 커버리지(coverage)이다(Cateora et al., 2009, pp. 485-487 ; Jain, 1990, pp. 556-557 ; Omar, 2009, pp. 377-378).

1) 광고매체의 활용가능성

몇몇 국가들은 너무 적은 광고매체를 갖고 있는 한편, 몇몇 국가들은 너무 많은 매체를 갖고 있는 경우가 있다. 그리고 몇몇 국가에서는 정부에 의하여 일정한 매체에 의한 광고활동이 금지되기도 한다. 그러한 제약은 라디오 및 TV방송의 경우에 가장 보편화되어 있다.

스위스와 같은 선진국에서도 상업광고방송은 일정한 시간 동안만 허용된다. 그리고 많은 국가들이 일정한 제품의 광고를 금지하기도 한다. 예컨대, 베네수엘라는 외국산 담배 및 주류의 광고를 금지하고 있다.

2) 광고매체의 비용

대부분의 국가에서 매체가격은 협상으로 결정할 수 있다. 따라서 그 비용은 자회사관리자의 협상능력에 의하여 영향을 받는다. 그러나 몇몇 국가에서는 매체요금은 일방적으로 결정되며, 이것은 매체가 정부에 의하여 관리되고 운영에 광고수입에만 의존하지 않는 국가에서 흔히 발생한다. 더욱이 저개발국가에서는 매체요금이 선진국에 비하여 비교적 높다. 신문광고의 경우 개발도상국이 발행부수의 비율로는 광고요금이 대단히 높다. 그리고 광고메시지로 잠재고객에게 도달하는 실질비용이 또한 높을 수 있다. 그 이유는 매체가 쉽게 이용할 수 없고 많은 사람들이 시골지역에 분산되어 있기 때문이다.

3) 광고매체의 커버리지

이것은 비용문제와 밀접히 관련되며, 두 가지 점이 특히 중시되고 있다. 첫째는 인구의 어떤 부문에는 광고로 도달하기가 어렵다는 것이며, 둘째는 커버리지에 관한 정보가 결여되는 경우가 있다는 것이다. 고객의 대다수에 도달하기 위하여는 여러 가지 매체가 사용되어야 하지만, 몇몇 국가에서는 개별적인 매체의 수가 많기 때문에 시장을 비경제적인 광고세그멘트로 분류하는 경우도 발생한다. 저개발국의 현지인들 중 대다수는 광고매체로 쉽게 도달될 수 없다.

커버리지통계의 유용성과 관련하여 많은 국가에서는 그러한 정보의 원천은 정부이며, 그러한 숫사는 무계획적으로 수집되고 구식화되는 것 외에 정치적인 이유로 과장되는 수도 있다. 그 밖의 국가에서는 관청의 추측 외에는 상이한 매체의 커버리지에 관하여 어떠한 정보도 이용할 수 없는 경우도 있다. 따라서 자회사관리자는 적합한 광고매체를 선정하기 위하여 가능한 한 매체커버리지에 관하여 많은 정보를 수집해야 한다.

제 2 절 국제광고매체계획의 수립

1. 국제광고매체계획의 개념

국제광고매체계획(international advertising media planning)이란 해외시장의 예상 구매고객에게 광고주의 메시지를 전달하는데 있어서 가장 효과적인 매체를 선정하기 위한 계획을 말한다.

매체계획과 관련된 자료에는 생소한 용어들이 많이 등장한다. 매체군, 매체비클, 도달범위, 도달횟수 등은 매체계획과 관련되어 자주 언급되는 기본적 용어들이다.

여기에서 매체군(medium)이란 메시지를 전달하기 위하여 사용되는 모든 매체를 말한다. TV, 라디오, 신문, 잡지, 교통광고, 옥외광고, 케이블TV, 인터넷 등이 대표적인 매체군이다.

매체비클(medium vehicle)은 매체군에 속하는 구체적인 매체수단을 의미한다. 예를 들어 US투데이, 런던타임즈, 경향신문, 스포츠칸 등 광고물이 실리는 구체적인 신문명이나 이코노미스트지, 뉴스위크지, 월간조선, 여성동아 등의 잡지명, 또는 KBS 해피선데이, MBC 뉴스데스크 등 광고가 방영 또는 방송되는 낱개의 프로그램을 의미한다(김성환, 2001, p. 211).

도달범위(reach)는 주어진 기간 동안에 광고에 적어도 한 번 이상 노출된 청중의 수 또는 비율을 말한다. 도달횟수(frequency)는 표적청중이 일정 기간 동안 특정 광고에 노출된 횟수를 의미한다. 어떤 광고가 한달 동안 TV에 나왔을 때 특정 소비자가 그 광고를 5번 보았다면 도달횟수는 5회이다. 매체계획을 이야기할 때 70%의 도달범위와 10회의 도달횟수를 목표로 한다고 하면, 이것은 전체 표적청중 중에서 70%의 표적청중에게 평균 10회를 노출시키겠다는 의미이다.

2. 국제광고매체계획의 수립과정

1) 매체계획의 준비단계

매체계획의 준비단계는 계획수립에 필요한 자료를 준비하는 단계이다. 매체계획수립의 기본전제의 하나는 매체계획이 마케팅에 부합하여 수립되어야 하고 실행되어야 한다는 것이다. 이 단계는 상품 및 상표특성, 마케팅목표와 전략, 광고목표와 전략, 표적시장, 캠페인 기간 등을 확인하고 이해하기 위하여 준비하는 단계이다. 표적시장의 이해에는 표적소비자가 누구인가와 상표의 현황을 이해하는 것도 포함된다.

매체계획은 바람직한 소비자 반응을 도출할 수 있도록 계획·실행되어야 한다. 시장특성자료는 바람직한 소비자 반응을 유도하기 위하여 경쟁사와 소비자를 바로 이해할 수 있도록 준비되는 자료이다. 이 자료에는 광고를 하면 소비자에게 어느 정도 노출되는지, 소비자의 광고 노출수준과 반응과의 관계는 어떻게 나타나는지, 이들의 구매력은 어느 정도가 되는지 등에 관한 소비자자료와 경쟁사의 광고전략과 집행현황자료가 포함된다.

2) 매체목표의 수립단계

매체계획을 수립하기 위해서는 목표를 설정해야 한다. 그리고 이 목표는 가능한 한 상세히 설정되어야 하고 또한 이를 실행한 다음 결과가 측정될 수 있어야 한다.

매체목표는 다양한 개념을 가지고 표현할 수 있지만 실무계에서 가장 일반적으로 사용되는 기준은 앞서 언급한 도달범위(reach)와 도달빈도(frequency)이다. 따라서 매체목표에는 구체적으로 어떤 표적 소비자에게 광고를 어느 정도의 도달범위와 도달빈도로 전달하려는지가 천명되어야 한다.

세분시장별 광고의 도달범위와 도달빈도 비중의 결정은 보통 객관적으로 조사한 판매의 잠재력을 바탕으로 한다. 그러나 잠재력이 상대적으로 작아도 상징성 때문에 또는 다른 전략적 이유 때문에 큰 비중을 차지하는 경우도 있다. 정해진 총 광고예산의 제약소건 아래에서 도달범위와 도달빈도는 일반적으로 한쪽의 효과를 강조하면 다른 효과는 어느 정도 희생된다. 그러므로 광고목표 및 전략에 따라서 어느 세분시장을 강조하고, 각 세분시장에서 어느 효과를 더 강조할지와 관련된 의사결정을 하여야 한다(장대련 · 한민희, 2008, pp. 319-320).

3) 매체전략의 수립단계

매체목표가 설정되면 다음 단계는 그 목표를 달성하기 위한 전략을 수립하는 것이다. 매체전략의 수립과정은 [그림 7-1]과 같이 크게 다섯 단계로 구성된다. 즉, 매체전략에서 이루어지는 주요 의사결정은 주어진 광고예산의 범위 안에서 어떤 매체군을 이용하고, 각 매체군 내에서 어떤 매체비클에 광고를 게재하고, 매체비클별로 어떤 구체적 옵션을 선택하며, 어느 시기에 어떤 일정으로 광고예산을 집행할 것인가 등에 관한 것이다.

[그림 7-1] 매체전략의 수립단계

매체전략수립의 첫 번째 단계는 각 매체의 특징을 고려하여 광고가 집행될 매체유형(매체군)을 설정하고, 총 광고예산을 각 매체유형별로 어떻게 할당할 것인가를 결정하는 것이다.

매체군별 예산이 배정되면, 매체관리자는 각 매체군 내에서 어떤 비클을 사용해야 할 것인가를 결정해야 한다. 매체비클은 비용의 효율성에 따라 비교적 용이하게 선정될 수 있다.

매체유형과 매체비클을 결정하면, 매체관리자는 각 매체비클별로 구체적 옵션을 결정해야 한다. 일반적으로 매체별 옵션에 대한 결정에는 광고물의 길이(혹은 크기), 위치, 색상 등을 고려해야 한다.

매체유형별 예산의 분배, 매체비클과 옵션에 대한 구체적인 결정이 이루어지면, 다음 단계로 광고집행메 관한 스케줄이 결정되어야 한다. 광고의 스케줄링의 선택에는 다음과 같은 요인들이 고려된다.

첫째, 대부분 제품들은 계절에 따라 수요의 불균형을 보이므로 그에 따라 집행시기가 선정되어야 한다. 예를 들어 초콜릿, 카드, 꽃, 발렌타인데이 등과 같은 특정 이벤트에 의해 초콜릿 수요는 급격히 증가될 수 있다.

둘째, 광고의 타이밍은 시간의 경과에 따른 광고효과에 영향을 미친다는 것이다.

셋째, 제품의 마케팅 및 광고전략이 광고스케줄링에 영향을 미칠 수 있다. 신시장에서 경쟁상표들과의 시장경쟁이 치열한 경우 초기에 광고를 집중하여 소비자 반응을 극대화하는 것이 바람직할 수 있다. 각 통신업체는 경쟁우위의 선점을 위해 pcs시장의 도입기에 광고비를 집중적으로 투입한 바 있다.

마지막으로 광고효과의 비대칭성이 감안되어야 한다. 광고량을 증가시키는 경우 그 효과는 비교적 즉각적으로 나타나는 반면, 광고량을 감소하는 경우는 그 효과는 비교적 서서히 나타나는 것으로 보고되고 있다.

매체유형, 매체비클 및 스케줄링이 결정되면, 매체관리자는 광고가 집행될 매체별로 일정기간 동안의 광고 집행예정표를 작성한다. 이러한 매체별 집행예정표는 연간 또는 특정기간의 매체별 사용일정표를 일목요연하게 보여주게 된다(안광호, 2010, p. 456).

4) 매체계획의 집행 및 평가단계

매체목표가 정해지고 구체적인 매체전략이 수립되면 이를 실행에 옮겨야 한다. 매체관리자는 매체전략에 따라 해당 매체비클로부터 원하는 시기에 원하는 위치의 광고지면을 확보하여야 한다. 특히 TV광고의 경우 사전심의를 거쳐야 하므로 광고제작물은 광고를 집행하기 한 달 전에는 완성되어야 한다. 또한 TV광고는 공급량이 부족하기 때문에 원하는 프로그램에 광고를 집행하기가 어려운 경우도 있으므로 사전에 광고집행의 가능여부를 확인하여야 한다.

또한 전략적인 매체계획은 매체목표를 달성하기 위한 매체전략을 수립·실행한 다음 사후평가를 통해 새로운 매체전략의 수립에 그 결과를 반영하는 것으로 마무리된다. 매체계획에 대한 성과의 측정은 설정된 매체목표가 어느 정도 달성되었는가를 조사하는 것이다. 원하는 목표가 달성되었으면, 매체전략의 어떤 요소가 목표달성에 기여하였는지를 평가하여야 하고, 원하는 목표가 달성되지 못하였다면 어떤 요인에서 비롯되었는가를 분석해야 한다. 이러한 평가 결과들은 다음 매체계획을 수립할 때에 반영된다. 따라서 매체계획 담당자는 매체계획의 집행을 지속적으로 평가하고, 이러한 평가를 축적하여 과학적인 매체계획을 수립할 수 있도록 노력해야 할 것이다(배병렬·이민우, 2000, p. 195).

〈사례〉 해외미디어 플래너 이재강씨 "칠레 강진땐 광고판 걱정에 잠 못 자"

전 세계 180여개국에서 1억여명이 시청하는 미국 프로풋볼(NFL) 챔피언 결정전(슈퍼볼). 세계적인 광고대행사들이 자존심을 걸고 경쟁하는 경연장으로, 올해는 50여개 글로벌기업들이 광고를 선보였다. 현대자동차는 지난달 CBS의 '슈퍼볼' 중계방송에 30초짜리 광고 8편을 내보냈다. 광고비로 지불한 금액은 1,000만 달러 이상. 하지만 '슈퍼볼' 광고로 얻게 될 브랜드이미지 제고 등 무형의 수익은 그보다 훨씬 클 것으로 예상된다.

국내기업들이 해외 유수의 신문이나 방송 등에 광고를 내보내려면 어떻게 해야 할까. 통상 '미디어 플래너'를 거쳐야 한다. 미디어 플래너는 광고대행사에 소속돼 매체계획을 세워주는 사람이다. 시청률이나 발행 부수, 열독률, 소비자 조사자료 등을 근거로 매체를 선정하고 광고계획을 세운다.

광고대행사 이노션월드와이드의 이재강 차장(35)은 '해외미디어 플래너'다. 그는 '슈퍼볼' 광고처럼 해외매체에 국내기업의 광고를 집행한다. 전 세계 수십 개국의 수많은 매체를 관리하며 매체비용으로 3억 달러를 주무르는 '큰손'인 이 차장을 지난 4일 오후 서울 역삼동 사무실에서 만났다.

▼해외미디어 플래너라는 직업이 생소한데요.

"아직 국내에 있는 해외미디어 플래너의 숫자가 적어서 그럴 겁니다. 이노션과 제일기획, HS애드 정도에만 있거든요. 이노션은 해외에 진출한 현대차그룹을, 제일기획은 삼성을, HS애드는 LG 등의 해외매체 광고업무를 맡고 있어요. 최근에는 다른 기업들과 정부, 공기업 등도 해외시장으로 눈을 돌리면서 저희를 찾고 있죠."

▼그럼 주로 현대차를 담당하겠네요.

"그렇죠. 저는 EU, 동유럽, 중동, 아프리카, 아시아 · 태평양, 중남미 등 세계 6개 지역 60여 개 국의 수많은 매체에 현대차광고를 내보내고 관리합니다. 미주지역과 호주, 인도, 중국에는 이노션의 해외법인이 직접 관할하고요."

▼얼마나 많은 매체를 관리합니까.

"사실 저도 정확한 숫자를 잘 몰라요. 방송과 신문뿐만 아니라 잡지, 옥외광고 등 다양한 매체가 있거든요. 이를테면 한 국가에 방송사 5개, 신문 10개, 잡지 30개 정도 있다고 치고 여기에 옥외 · 인쇄광고까지 더한다면…. 옥외광고는 너무 많아서 헤아리기도 어려워요. 프랑스의 경우 현대 · 기아차의 옥외광고가 1만개를 넘습니다. 그래서 원활한 관리를 위해 중간에 별도의 대행사를 씁니다."

▼업무 강도가 높습니까.

"외국과의 시차 때문에 야근이 많습니다. 오전엔 주로 이메일을 처리하고 오후가 되면 각 나라들과 화상회의나 전화업무를 시작합니다. 오후 2시쯤이면 중동지역 국가의 출근시간이 되고, 5시께는 유럽, 9시가 넘으면 남미 쪽 국가들이 본격적으로 업무를 보거든요. 제가 회사에서 국제전화를 가장 많이 쓴 직원 1위로 꼽혔을 정도입니다."

▼영어를 많이 쓰겠네요.

"업무의 90%가량은 영어로 해요. 그래서 우리끼리 농담 삼아 '영어로 싸울 수 있어야 한다'고도 하죠. 사실 국내에 해외미디어 플래너의 숫자가 적은 것은 영어 때문이기도 합니다. 다행히 저는 아버지 덕에 학창시절 11년가량을 미국 등 해외에서 지내서 영어엔 큰 어려움이 없습니다."

▼어떤 계기로 해외미디어 플래너가 됐습니까.

"저는 대학(연세대)에서 기계공학을 전공했어요. 졸업 후 현대차에 입사해 해외부품개발팀에서 엔진 관련 부품을 개발했는데 생각보다 일이 재미없더라고요. 6개월 만에 회사를 그만두고 학교 취업정보실의 소개로 2001년 한 광고회사로 옮겨 미디어 플래너 일을 시작 했죠 .처음엔 국내매체를 담당하다 2005년 이노션으로 옮기면서 해외업무를 맡고 있습니다."

▼미디어 플래너들이 대개 광고나 신문방송학을 전공하는 것과는 다른데요.

"매체기획 업무가 꽤 과학적이에요. 보통 광고분야가 감성에 호소하는 측면이 있는 데 비해 미디어 플래닝은 계량화할 수 있는 유일한 분야라고 할 수 있죠. 시청률과 열독률, 발행 부수, 매체 선호도, 소비자 취향 등의 수치를 분석해서 광고집행의 필요성이나 타당성을 끌어내야 합니다. 경기가 나빠지면서 매체기획이 점점 중요해지는 추세예요. 광고예산의 90% 이상이 매체비용이니까요."

▼수많은 매체를 상대하다 보면 돌발상황도 생기겠군요.

"최근 칠레에서 강진이 발생했잖아요. 그럴 때면 저는 가슴이 철렁 내려앉습니다. 산티아고 지역에 세운 대형 옥외광고판이 무너질까봐, 그리고 야간 조명이 깨지지나 않을까 전전긍긍하는 거죠. 다행히도 별 일은 없었지만 해외매체기획을 하다 보면 전 세계 소식에 귀를 쫑긋하게 됩니다. 국가별로 어떤 이슈가 있는지, 천재지변이 끼치게 될 영향은 무엇인지 늘 뉴스를 체크해야 해요. 환율도 중요한 이슈입니다. 가령 베네수엘라에서 대통령 선거를 한다면 특집방송이 많이 편성될 테죠. 그러면 현대차 광고집행도 영향을 받거든요. 해외미디어 플래너는 아는 게 많고 똑똑해야 한다고 생각해요."

▼수많은 국가를 상대로 일하다 보면 재미있는 일도 많겠어요.

"대금청구서를 연필로 써서 가져 온 아프리카의 작은 나라가 있었어요. 내용이 잘못됐다고 지적하자 지우개로 지우더군요. 또 다른 나라에선 히브리어로 작성한 문건을 보내왔는데 상황이 워낙 긴박해서 제가 급히 히브리어책을 보면서 해석한 적도 있었어요. 이탈리아의 경우 로마와 밀라노 등엔 1000년도 넘은 옛 건물이 많아서 옥외광고판을 세우려면 일일이 문화재 당국의 승인을 받아야 합니다. 사우디아라비아는 사진을 찍는 게 불법이래요. 그래서 광고집행을 증명하는 사진을 찍을 땐 출장 간 직원이 목숨을 건다고 하더군요."

▼스트레스도 많이 받죠?

"저는 한국에서 일하니까 같은 시간대에 전 세계 매체에서 발생하는 일을 모두 알 수는 없어요. 그래서 돌발상황이 일어날 때마다 즉각 대처하지 못하는 아쉬움이 있습니다. 현지 대행사에서 관할하지만 제 눈으로 볼 수 없으니 답답하죠. 퇴근하고 집에 와서도 일을 손에서 놓을 수 없습니다. 아이를 보면서도 스마트폰으로 이메일을 체크해야 안심이 돼요."

▼올해는 월드컵 등 국제적인 이슈가 있는데요.

"미디어 플래너에겐 광고주를 알리기 위한 최고의 기회입니다. 현대차는 남아공 월드컵의 공식 후원사이기 때문에 다양한 광고와 이벤트를 준비하고 있어요. CNN, 내셔널지오그래픽, 메트로 등 해외 유수의 언론매체들과 멀티미디어 전략을 기반으로 다양한 프로그램을 마련해 전 세계 축구팬들을 공략할 예정입니다. 이 밖에도 현대차의 브랜드 인지도를 높일 수 있는 기업PR 영상을 전 세계에 내보낼 계획이에요. 올해는 지난해보다 광고집행 건수가 30% 이상 증가할 것 같습니다."

▼뿌듯함을 느낄 때는 언제인가요.

"제 손을 통해 전 세계 수많은 매체에 집행한 광고 덕분에 우리 기업의 세계적인 브랜드 이미지가 업그레이드됐다고 느낄 때죠. 광고주가 기술력과 품질을 갖춘 브랜드로 자리매김하고 해외 출장을 갈 때마다 거리에 현대차가 점점 많아지는 걸 보면 기분이 좋아집니다. 이게 바로 애국이 아닐까요."

자료원 : 한국경제, 2010. 3. 5.

제 3 절 국제광고매체의 종류

1. 4대매체

1) 신문

신문은 국제광고매체 중에서 가장 많이 이용되고 있고 보급되어 있는 광고매체라고 할 수 있다. 신문에는 일반지와 특수지가 있는가 하면, 일간지와 주간지가 있고, 또한 중앙지와 지방지가 있다. 그리고 세계적으로 넓은 독자층을 가지고 있는 세계지가 있다. 이러한 세계적으로 유명한 신문은 광고비가 아주 비싸고 광고를 하기 전에 예약을 해야 하는데 그 예약기간이 아주 길고, 지면부족 때문에 지속적·반복적으로 광고를 내기가 힘들어 광고의 수명이 단축된다는 단점을 가지고 있다. 그러나 이러한 세계지를 일단 선택하면 전세계적인 규모의 광고를 할 수 있기 때문에 목표표적시장에서의 광고효과를 보다 극대화할 수 있는 장점도 있다(원종근, 1988, p. 344).

국제광고매체로서 신문이 지니고 있는 특징을 살펴보면,

① 독자층과 배포지역이 광범위하며,
② 문맹률이 높은 국가에 비효과적인 매체이며,
③ 경쟁기업의 광고에 대한 반박광고에 효과적이며,
④ 인쇄의 질이 낮아 표현력이 떨어지고,
⑤ 전국적·지역적 광고가 가능하며,
⑥ 광고료가 싼 특징을 지니고 있다.

특히 신제품의 국제광고에는 최적이며 상품광고와 기업광고 어느 것을 막론하고 대중광고로서는 적절한 광고매체이기도 하다. 또한 업계신문일 경우에는 수입지의 취급상에게 배포하기에 적절하다 하겠다. 그러나 매체로서의 생명이 짧다든지 계층적 시장일 경우에는 광고비의 낭비가 생긴다는 약점도 있으나 신문은 여러 가지 특정상품의 판매를 촉진시키는데 좋은 수단이 되고 있다(Fayerweather, 1970, p. 87).

[그림 7-2] 신문광고

〈사례〉 "신문, 언론매체중 신뢰도 가장 높아"

소비자들이 언론매체 중 신문을 가장 신뢰하는 것으로 조사됐다.

국제컨설팅업체인 맥킨지는 지난 2006년과 2009년 영국에서 2천여 명의 뉴스 소비자를 상대로 설문조사를 벌인 결과, 이같은 결과를 얻었다고 7일 밝혔다.

특히 광고와 관련, 응답자의 66%(복수응답 허용)는 신문광고가 정보를 제공하고 신뢰감을 준다고 답했다.

TV광고는 44%, 라디오광고는 30%, 스폰서링크는 25%, 인터넷 배너광고나 팝업창은 12%만이 신뢰감을 준다는 답변을 얻은 것과 대조적이다.

필립 내터맨 맥킨지 런던 사무소장은 "광고도 신문광고가 가장 큰 신뢰감을 준다는 조사결과는 신문사 입장에서 단순히 뉴스 외에도 독자의 흥미와 광고수익을 동시에 붙잡을 수 있는 폭넓은 전략이 가능하다는 점을 시사한다"고 말했다.

또한 이 설문에서 조사대상자들의 뉴스 이용시간은 2006년에서 2009년까지 최근 3년 동안 20% 증가한 것으로 나타났다.

하루 평균 뉴스 이용시간은 72분으로 2006년의 60분보다 늘었다. 증가세를 주도한 것은 35세 미만 연령층이다. 18~24세의 뉴스 이용시간은 이 기간 33%, 25~34세는 37% 급증했다.

35세 미만 응답자의 40%가 남들보다 뉴스를 먼저 접하려는 욕구가 있다고 응답해 10%만이 이같은 욕구가 있다고 응답한 55~64세 그룹과 대조됐다.

젊은 연령층의 신속성에 대한 욕구는 매체 선택에서도 드러났다. 이들은 뉴스를 접하는 매체로 TV와 인터넷을 압도적으로 선호했다.

내터맨 소장은 "현재 신문사들은 온라인 뉴스 이용과 인터넷광고의 증가로 발행부수와 광고수입이 지속적으로 감소하는 난제를 안고 있다"면서 "일부 신문사는 온라인 콘텐츠를 이용한 혁신적 수익모델을 구상하고 있지만 결정적 해답이 되기는 어려워 보인다"고 말했다.

실제로 조사결과 신문사의 온라인 부문은 앞으로 수익증가 가능성이 있지만, 오프라인의 수익감소를 만회하기에는 충분치 않은 것으로 나타났다. 기존 신문과 잡지의 온라인판이 종이인쇄판보다 75% 할인된 가격에 제공되는 가상 시나리오를 전제한 경우에도 뉴스 이용자의 14%만이 온라인콘텐츠에 값을 지불하겠다고 응답했다.

맥킨지 서울사무소의 파트너(임원) 정영환씨는 "이번 조사는 신문처럼 전문적인 뉴스미디어가 오랫동안 쌓아온 신뢰를 통해 정보의 전달자로서 중추적인 역할을 지속할 수 있다는 것을 보여준 것"이라며 "디지털시대에 신문이 살아남기 위해서는 광고주 관리와 고객에 대한 이해에 있어 한 발짝 앞선 노하우의 개발이 필요하다"고 말했다.

자료원 : 연합뉴스, 2010. 7. 7.

2) 잡지

잡지는 배포되는 지역이 전국적이기는 하지만 잡지의 성격에 따라 일정계층 혹은 집단에 한정하게 되므로 대중소구성은 없지만 신문보다는 그 매체의 수명이 길다. 잡지에도 주간지, 월간지가 있는가 하면 또 일반잡지와 업계잡지가 있으므로 이들 가운데 어느 잡지를 이용하느냐 하는 문제도 그 당시의 여건과 환경에 따라 정할 성질의 것이다. 특히 잡지 가운데에서도 포춘(fortune)이나 타임즈(times), 뉴스위크(nesweek), 이코노미스트(economist) 등과 같은 세계지를 이용한다면 잡지의 권위가 광고가치에 부가되어 광고효과를 극대화할 수 있을 것이다.

국제광고매체로서 잡지가 지니고 있는 특징을 살펴보면,

① 충분한 제품설명이 가능하고,

② 매체의 생명이 길며,

③ 인쇄의 질이 좋아 신문에 비해 표현력이 좋으며,

④ 신문과 마찬가지로 문맹률이 높은 국가에 비효과적이며,

⑤ 전문잡지에 광고할 경우 특정 독자층에게 전달할 수 있는 특징을 지니고 있다.

그러나 신문에 비해 배포범위가 좁고, 비교적 지식층이 보는 경향이 크다는 단

점이 있다(Govoni et al., 1986, pp. 226-232).

[그림 7-3] 잡지광고

3) 라디오

전파매체로서 광고메시지를 청각을 통해 구매자 또는 소비자에게 전달하는 라디오는 신문과 같이 전국적·지역적 광고도 가능하며, 청각을 통해서 소구하게 되므로 소비자의 의사와 관계없이 소구할 수도 있다. 그러므로 라디오는 소비용품의 판매를 촉진하는데 큰 소구력을 보여주고 있으며, 특히 문맹률이 높은 국가에 효과적이다.

그러나 국가에 따라 라디오광고를 규제하고 있는 경우도 있다. 즉 유럽의 일부 국가에서는 라디오광고를 제한하고 있거나 금지하고 있기 때문에 이들 국가에 광고를 해야 할 경우에는 다른 매체를 이용해야 하는 문제가 생긴다(Albaum, 1990, p. 330).

국제광고매체로서 라디오가 지니고 있는 특징을 살펴보면,

① 신문과 잡지와 같은 인쇄매체보다 더 신속하게 전달할 수 있고,

② 광고문안속에 지방적인 것을 가미할 수 있고,

③ 선택한 프로그램의 시간과 내용에 따라서 특정청취자 계층을 대상으로 할 수도 있으며,

④ 음악을 사용함으로써 광고효과를 높일 수 있는 특징을 가지고 있다.

그러나 목표고객을 가려내는 선별성이 떨어지고, TV에 비해 청각에 의해서만 소구하므로 광고제작에 융통성이 많지 않아 소구력이 떨어진다는 단점이 있다(G. E. Belch and M. A. Belch, 1993, pp. 464-468).

4) TV

TV는 소비자들의 시각과 청각에 모두 소구할 수 있기 때문에 광고효과는 다른 어떠한 매체보다도 크다고 할 수 있다. 그러나 이 매체는 광고요금이 비싸며 지역적으로 그 이용도가 제한되고 있다는 단점도 가지고 있다. 즉 일부 국가의 경우 TV방송국이 상업방송방식이 아니기 때문에 공공기관에 의해 발표되는 공지사항을 제외하고는 일체 광고가 허용되지 않는 경우도 있다.

그리고 TV광고시간을 제한하고 있는 나라들이 있는가 하면, 광고내용을 규제하는 나라들도 있다(Terpstra, 1993, p. 177 ; Root, 1982, p. 217 ; Keegan, 1989, p. 497).

국제광고매체로서 TV가 지니고 있는 특징을 살펴보면,

① 소구지역을 전국적 또는 지역적으로 한정할 수가 있고,

② 시각과 청각에 소구할 수 있기 때문에 소비자들에게 강한 인상을 심어줄 수가 있으며,

③ 광고상품의 실물을 공개 전시할 수가 있고,

④ 정밀한 기계의 구조나 형상을 설명할 수가 있으며,

⑤ 음악을 이용한 쾌활한 오락적 요소를 가미할 수가 있기 때문에 광고가 재미있고 광고효과를 높일 수 있으며,

⑥ 광고효과가 큰 만큼 다른 매체에 비해 광고비가 비싸다는 점 등을 들 수 있다.

특히 이와 같은 TV광고를 할 경우 어떤 프로그램을 선택해서 광고할 것인가? 그리고 어느 시간대에 광고할 것인가를 고려해야 한다. 즉 보도, 스포츠, 드라마, 영화, 교양 등 여러 가지 프로그램이 있는데 이들 중 어떤 프로그램을 선택해서 광고할 것인가를 고려해야 하며, 또한 시청률이 가장 높은 시간을 중심으로 광고비가 차이가 있기 때문에 어느 시간대에 광고할 것인가를 고려해야 한다.

2. 기타 매체

1) 옥외매체

옥외매체(outdoor media)란 국제공항이라든지 선박출입이 빈번한 항만, 고속도로, 공원, 도시의 번화가, 운동장 등에서 광고간판이라든지 광고탑, 네온사인, 포스터 등을 이용해서 광고를 하는 방법이다.

이와 같은 옥외매체는 해외시장의 소비자라든지 일반대중에게 기업이나 제품에 대해서 친밀감을 주게 될 뿐만 아니라 좋은 이미지를 심어 주게 되고, 브랜드에 좋은 인상을 가지게 하는데 아주 효과적인 매체라 할 수 있다.

국제광고매체로서 옥외매체가 지니고 있는 특징을 살펴보면,

① 옥외매체는 고정된 위치에 설치되기 때문에 지속적이면서 반복적인 노출이 가능하며,

② 지역적 선택성이 매우 높으며,

③ 옥외매체는 새로운 소재 및 기술의 발달로 크리에이티브 측면에서 최대의 효과를 기대할 수 있을 뿐만 아니라 좋은 위치와 크기를 확보하면 소비자의 주목을 끌기에 적합하다는 특징을 가지고 있다(안광호, 2010, p. 413).

그러나 다른 매체를 사용하는 광고에 비해 옥외매체는 제작 초기에 투자되는 설치비용이 비교적 고가이다. 하지만 옥외광고는 한번 설치되면 오랜 기간 동안 노출이 가능하기 때문에 추가비용은 상대적으로 적은 편이다. 또한 옥외매체를 활용하여 메시지를 노출하는 경우 표적청중에게 많은 정보를 제공하기에는 부적합하다는 단점을 지니고 있다. 즉 옥외광고는 차량이나 도보통행자들이 그 장소를 지나가는 순간에 메시지의 전체 내용이 전달되어야 하기 때문이다. 그러므로 옥외광고의 메시지를 제작하는 경우에는 통행자가 지각할 수 있는 수준에서 기업의 로고나 브랜드명 등의 간단한 메시지만을 노출시켜야 하는 제한을 갖는다.

[그림 7-4] 뉴욕 맨해튼 타임스 스퀘어의 현대자동차 LED 옥외광고

[그림 7-5] 홍콩섬의 삼성전자 LED 옥외광고

〈사례〉 타임스 스퀘어의 옥외광고

미국의 겨울은 12월 21일부터 시작된다. 더 정확하게 말하면 동부시간 기준으로 오후 12시 47분부터다. 이날은 낮이 가장 짧은 동짓날(winter solstice)이다.

토요일인 지난 5일(현지시간) 뉴욕에 첫 눈이 내렸다. 날이 어두워지고 기온이 떨어지자 눈발이 제법 강했다. 눈이 쌓이지는 않았지만 겨울이 도래했음을 알리기에 충분했다.

오후 7시, 브로드웨이와 42번가가 교차하는 맨해튼 타임스 스퀘어(Times Square). 바람이 매섭게 불었지만 광장은 사람들로 넘쳐났다. 미국 안팎에서 찾아온 관광객들과 첫 눈을 즐기려는 뉴요커들이 광장을 가득 메웠다.

기자는 타임스 스퀘어 남쪽에서 낯익은 브랜드를 발견했다. 기아차였다. 불과 며칠 전만 해도 볼 수 없었는데, 신형 쏘렌토의 모습이 행인들의 시선을 끌고 있었다.

기아모터아메리카(KMA)의 홍보담당자와 통화를 했다. 연말 연초 인파가 크게 몰리는 시점에 맞춰 하루 전에 '원 타임스 스퀘어(One Times Square)' 건물에 옥외광고를 설치했다는 것이다. 광고판의 크기는 가로 12m, 세로 18m 남짓으로 생각보다 컸다.

두 달 전에는 그룹 계열사인 현대차가 광장 북쪽에 위치한 '투 타임스 스퀘어(Two Times Square)' 건물에 옥외광고를 내걸었다. 광장 앞뒤로 현대차와 기아차 광고판이 포진한 모양새였다.

이로써 타임스 스퀘어에서 만날 수 있는 한국기업의 광고판은 삼성, LG, 현대차, 기아차 등 모두 4곳으로 늘었다. 삼성은 현대차와 같은 건물에 자리잡고 있고, LG는 광장 동쪽에 위치하고 있다.

통계에 따르면 광장의 통행 인구는 연간으로 5억명을 크게 웃돈다. 더욱이 타임스 스퀘어는 뉴욕을 방문하는 관광객이라면 꼭 한번은 둘러보는 필수 코스다. 미국인 뿐만 아니라 전세계인을 대상으로 기업을 알릴 수 있는 명당중의 명당인 셈이다.

실제 타임스 스퀘어의 옥외광고는 세계적인 기업들이 대부분을 차지하고 있다. 삼성·LG에 이어 현대·기아차의 '광장 합류'가 반가웠던 것도 이 때문일 것이다.

삼성과 LG는 세계 전자제품 시장을 주도하고 있다. 현대·기아차 역시 세계적인 글로벌 메이커로 성장했다. 광장에서 만날 또 다른 한국기업을 기다려 본다.

자료원 : 이데일리, 2009. 12. 7.

2) CATV

CATV는 기존의 공중파 방송과 달리 방송국과 가입자 사이에 설치된 케이블을 통하여 정보를 수신하는 시스템을 의미하는데 케이블 전송기술의 발달로 쌍방향 통신이 가능해지면서 뉴 미디어 중 그 기능과 응용능력이 우수하다.

국제광고매체로서 CATV가 지니고 있는 특징을 살펴보면,

① 기존의 공중파에 의한 TV시청자에 비해 가계소득과 교육수준이 높고 전문직에 종사하는 젊은 층이 많기 때문에 라이프스타일이 구분되고 구매력이 높으며,

② 방송주제별로 채널 자체가 구분되어 있으므로 세분화되어진 다양한 소비자 계층의 욕구를 각기 다르게 충족시켜 줄 수 있어 매체비용을 효율적으로 집행할 수 있으며,

③ 전국적 및 지역적 광고가 가능하며,

④ 보다 많은 시간이 광고에 할애되고 중간광고도 허용되므로 설명형 광고인

인포머셜(informercial)광고, 구매의 가능성을 측정할 수 있는 직접반응광고, 협력광고 등을 시행하기에 적합하다는 특징을 가지고 있다.

그러나 케이블TV를 이용한 광고의 경우에는 공중파방송과 비교하여 채널이 너무 다양하기 때문에 시청자의 도달범위가 좁다는 단점을 지니고 있다(권오철 · 이종영, 2004, p. 187).

3) 인터넷

최근 들어 영향력이 크고 급속도로 확산되고 있는 매체가 인터넷이다. 인터넷은 쌍방향 커뮤니케이션을 가능하게 해주고 시 · 공간의 제약을 뛰어 넘을 수 있는 대중매체이기 때문에 온라인광고의 중요성과 사용빈도가 해마다 증가하고 있다.

국제광고매체로서 인터넷이 지니고 있는 특징을 살펴보면 다음과 같다.

① 인터넷매체는 기존의 매체에 비하여 가격이 매우 저렴하다. 기존의 대중매체는 불특정 다수를 대상으로 하기 때문에 광고비가 많이 드는 반면에, 인터넷매체는 표적소비자에 대한 선별성이 높기 때문에 적은 광고비로 높은 광고효과를 거둘 수 있다.

② 표적소비자층을 상대로 하여 맞춤광고를 가능하게 하고 있다. 기업은 사이트에 가입한 회원의 연령, 성별, 소득, 거주지역 직업, 취미 등에 관한 정보를 확보할 수 있으므로 그 사이트를 방문하는 고객의 특성에 맞게 맞춤광고를 할 수 있다.

③ 인터넷광고는 높은 유연성과 민첩성을 가지고 있다. TV나 신문을 통한 광고는 한번 만들면 상황이 변하여도 수정하기가 어렵다. 그러나 인터넷광고는 그 효과에 대한 분석결과에 따라 수시로 광고내용을 변경할 수 있다.

그러나 인터넷을 이용한 광고의 경우에는 웹에 찾아오는 고객에만 노출되므로 비교적 도달범위가 좁고, 인터넷메시지는 주로 영문으로 이루어지기 때문에 영어를 모르거나 문맹률이 높은 국가에서는 광고효과가 제한적일 뿐만 아니라 인터넷 보급률이 낮은 국가에서도 광고효과가 제한적이다. 그리고 제품을 직접 만져 보거나 확인하고 구입하는 것이 아니기 때문에 소비자는 구매 후에 인지부조화(cognitive dissonance)를 크게 느끼게 될 가능성이 높다는 단점을 지니고 있다(반병길 · 이인세, 2008, pp. 283-284).

4) DM(Direct Mail)

DM매체는 기업이 제품의 판매를 증가시킬 목적으로 현지의 해외지점이나 대리점을 통해서 예상수요자들에게 우편을 우송하여 선전하는 매체이다.

이와 같은 DM은 대기업에서 많이 이용하는 방법이며, 특히 생산재(설비기계 · 대형컴퓨터)와 같은 사용자가 한정된 제품의 광고에는 책자를 이용해서 시도해 볼만한 가치가 있다. 또한 오늘날 소비자정보를 분석하여 저장한 자료를 이용하는 데이터베이스 마케팅으로 인해 직접우편광고는 더욱 효율적으로 실시될 수 있다.

국제광고매체로서 DM이 지니고 있는 특징을 살펴보면,

① 해외시장의 소비자나 사용자에게 직접 전달되고 광고의 내용을 상세하게 설명할 수 있으며,

② 소비자 자신의 이름으로 오기 때문에 친밀감과 호감을 줌으로써 주의를 강하게 환기시킬 수 있으며,

③ 다른 매체는 경쟁사를 자극하고 기업활동을 노출시키지만, DM을 이용할 경우에는 소비자에게 직접 전달되기 때문에 경쟁사에게 그러한 노출을 피할 수 있으며,

④ 소비자들이 내용물을 볼 수 있도록 봉투의 모양이나 규격 등을 다양한 형태로 제작하여 전달할 수 있으며,

⑤ 다른 광고매체는 불특정 다수를 대상으로 하지만 DM은 지명된 고객에게 소구하고자 하는 것을 명확하게 전달할 수 있기 때문에 설득력이 강한 매체이며,

⑥ 응답엽서나 주문카드를 DM에 동봉함으로써 소비자들로부터 직접 주문을 받거나 설문을 받을 수 있기 때문에 소비자와 쌍방향 커뮤니케이션이 가능한 매체이다.

그러나 광고대상고객의 명단을 확보하기가 어렵고, 직접우편에 대한 소비자의 거부감 때문에 광고메시지가 소비자에게 노출되지도 못하고 폐기되는 단점도 있다.

〈사례〉 백화점 DM도 '3D' 시대

백화점이 고객들에게 마케팅용으로 발송하는 'DM(다이렉트 메일, 홍보용으로 직접 발송하는 책자)'에도 '3D' 화보가 등장해 눈길을 끌고 있다.

24일 유통업계에 따르면 롯데백화점은 여름 정기세일을 앞두고 백화점 VIP 고객군인 'MVG' 고객들에게 발송한 DM책자를 3D화보로 제작했다.

3D 화보를 즐기기 위해서 필수인 3D 안경도 동봉해 화보에 실린 의상과 구두, 액세서리, 와인 등을 입체적으로 감상할 수 있다.

일반적으로 3D 화보는 아동용 교육교재에 주로 활용되지만 백화점 마케팅책자에 사용된 것은 이번이 처음이어서 신선한 시도라는 평가다.

롯데백화점 관계자는 "DM 책자는 광고물이어서 주의 깊게 보지 않는 경우가 많은데 고객들의 관심을 끌고 또 최근 3D에 대한 관심이 높아 DM 책자를 입체화보로 제작하게 됐다"고 설명했다.

32페이지로 구성된 DM 책자는 주로 여름 패션을 제안하는 화보와 간단한 글이 수록됐으며 이 중 10페이지가 3D 안경을 쓰고 입체적으로 감상할 수 있는 3D 화보다. 특히 화장품 광고 페이지에는 일일이 직원들을 동원, 향수를 뿌려 후각 마케팅도 시도했다.

기존의 일반 DM 책자에 비해 제작비용이 50% 정도 더 들어 권당 가격이 3,600원에 달하고 제작도 통상 10일보다 훨씬 긴 30일이 소요됐다.

롯데백화점 관계자는 "두 가지 영상물을 찍어서 양쪽의 색이 다른 안경을 썼을 때 시각차에 의해 입체적으로 보이게끔 만드는 것이 3D 화보 제작 원리인데 보정 과정에서 생각보다 시간이 많이 걸렸다"면서 "젊은 고객들의 반응이 좋아 앞으로 활용도를 높일 지 검토할 계획"이라고 설명했다.

자료원 : 머니투데이, 2010. 6. 25.

5) 교통수단

교통광고는 택시, 버스, 지하철, 철도 등과 같은 교통수단을 통하여 선전하는 방식이다.

이러한 각각의 교통광고는 교통수단의 내부에 노출되는 차내광고, 차외광고 및 역 건물이나 터미널에 설치된 시설물 광고로 구분할 수 있다.

국제광고매체로서 교통수단이 지니고 있는 특징을 살펴보면,

① 교통수단이 지니고 있는 매체의 특성상 광고를 실시할 지역을 선정할 수 있으므로 지역적 선택성이 높으며,

② 교통광고는 장시간동안 표적청중에게 메시지를 노출시키려는 경우 효과적인 수단이 되며,

③ 교통수단을 이용하는 대부분의 사람들은 동일한 지역을 반복적으로 왕복하여 통과하기 때문에 광고메시지의 지속적인 반복소구가 가능하며,

④ 누구나 대중교통수단을 이용할 때 공통적으로 느끼는 것으로 차량 내에서 신문이나 책을 읽지 않은 한은 시선 둘 곳이 마땅한 곳이 없어 이러한 곤란함을 피하기 위하여 어쩔 수 없이 광고메시지에 시선을 주게 된다. 즉 표적청중의 비자발적 메시지 노출효과를 기대할 수 있다는 특징을 지니고 있다.

그러나 각 도시별로 운행되고 있는 대중교통수단의 수는 제한되어 있을 뿐만 아니라 모든 도시에 교통광고가 허용되는 것은 아니다. 또한 교통수단의 광고물이 훼손되면 브랜드나 기업이미지에 부정적인 영향을 미칠 수 있으며, 더욱이 광고물이 거리에 있기 때문에 광고되는 제품의 품질이 열악하다고 인식될 수 있다는 단점도 있다.

[그림 7-6] 택시광고

[그림 7-7] 버스광고

[그림 7-8] KTX 호차번호이용광고

[그림 7-9] 다양한 지하철광고

6) PPL(Product Placement)

최근 세계적으로 IMC 일환으로 많이 사용되고 있는 광고의 형태가 바로 PPL 광고이다. PPL은 실제 광고가 아닌 유사광고로써 영화나 TV프로그램에 브랜드를 삽입하는 형태를 말한다. 1945년 미국의 워너브라더스가 제작한 '밀드리드 피어스(Mildred Pierce)'에 버번 위스키(Bourbon Whiskey)가 등장한 것이 PPL의 시초이며, 1982년 영화 'E.T'에 주인공이 즐겨먹는 초콜릿으로 리스(Reese)의 m&m이 등장하면서 PPL이 본격화되기 시작하였다. 우리나라에서는 1991년 '결혼이야기'에 삼성전자의 혼수용 가전제품을 소품으로 사용하고, 대신 영화 입장권 5만장을 구입한 것으로 본격적인 PPL이 시작되었다. 이후 1999년 개봉한 '쉬리'를 계기로 관심을 끌기 시작하였는데, 이 영화에는 모토롤라, GS 칼텍스 정유, 아시아나 항공, 테크노마트 등 무려 30개가 넘는 협찬사의 제품들이 영화 곳곳에 삽입되었다. 최근에는 PPL 상품이 영화의 중요한 소재로 기획되어 제작되기도 한다. 몇 년 전 개봉했던 '가문의 영광'에 주인공이 벤처기업과 협약을 맺는 장면이 있었는데, 이 장면에서 프리젠테이션 슬라이드의 하나로 현대카드가 스크린 전체를 꽉 채우기도 하였으며, '말아톤'에서는 아예 초코파이 한 상자가 가득 쌓여 있는 장면으로 영화를 시작하기도 하였다.

15-30초의 짧은 순간에 메시지를 전달해야 하는 방송광고와는 달리 PPL은 영

화속 소품 또는 배경으로 자연스럽게 등장하기 때문에 소비자가 의식하지 못하는 사이 반복적으로 브랜드를 노출시킬 수 있다는 장점이 있다. 이러한 이유에서 최근에는 영화뿐만 아니라 드라마, 뮤직비디오, 그리고 온라인 게임에서까지도 PPL이 인기를 끌고 있다. 특히 드라마 PPL의 경우 비용대비 노출효과가 크고, 제작과정에서 노출 수위를 조절할 수 있기 때문에 많은 기업들이 선호하고 있지만 방송심의규정에서 직접적인 브랜드 노출을 제한하고 있다는 단점이 있다. PPL의 사용이 많아지면서 영화의 개봉에 앞서 거꾸로 광고에 영화를 삽입하거나 드라마 촬영 현장을 삽입하는 역PPL의 경우도 많이 볼 수 있다. 예를 들어 KT의 001 블루 광고는 영화 '태극기 휘날리며'의 촬영현장을 광고에 이용하였으며 이러한 역PPL은 광고에 대한 인지도를 올리면서 동시에 미개봉한 영화를 사전 홍보하는 이중적인 win-win효과를 가질 수 있다(장대련 · 한민희, 2008, pp. 132-133).

[그림 7-10] 007영화 속의 자동차 PPL광고

[그림 7-11] 삼성휴대폰(좌)과 LG휴대폰(우)의 PPL광고

〈사례 1〉 커피 한 잔 컷에 1,200만원, "PPL 쎄네"

드라마 '커피하우스'의 별난 작가, 강지환이 머그잔에 커피를 마신다. 머그잔에 또렷하게 찍혀있는 커피전문점 '카페베네' 로고가 유독 튄다. 몇 초 안 되는 이 한 장면의 제품간접광고(PPL) 비용은 약 1,200만원이다. 15초 CM(commercial message)광고와 같은 단가다.

지난해 제품 브랜드 노출이 허용되면서 드라마와 쇼 · 오락프로그램 등 공중파 TV에서 PPL이 봇물을 이루고 있다. 하지만 시청률 30%가 넘는 드라마가 PPL을 유치하지 못하고 시청률 10%대의 드라마는 쏟아지는 PPL에 광고 '완판'(100% 판매)까지 누리는 등 명암이 교차하고 있다.

유통업계에서 PPL에 가장 적극적인 기업은 커피프랜차이즈 카페베네. 런칭 2

년밖에 안됐지만 '지붕 뚫고 하이킥', '크리스마스에 눈이 온다면'에 이어 최근엔 '커피하우스'까지 연달아 PPL 협찬을 하며 인지도를 높였다. 현재 매장수가 220여 개에 달해 스타벅스 등 기존 커피전문점업계의 터줏대감을 위협하고 있다.

한 광고홍보업계 관계자는 "커피하우스에서 카페베네 매장이 그대로 방송되는 건 이제 시청자들에겐 익숙한 일"이라며 "PPL과 스타마케팅을 연계해 시너지를 높인 대표 기업"이라고 말했다.

PPL로 재미를 본 또 다른 기업이 막걸리업체 참살이탁주다. 드라마 '신데렐라 언니'에서 드라마 전개 상 뼈대를 이뤘던 게 술도가다. 잔잔한 여운을 남긴 스토리에 장인정신이 가미된 친환경 국산 쌀 막걸리라는 점이 녹여지면서 이미지 레벨업에 성공했다. 경쟁 막걸리업체 관계자는 "4억원을 넘는 협찬단가에 놀라 PPL 제안을 거절했는데 협찬을 하는 게 나을 뻔했다"고 말했다.

하지만 PPL 효과가 드라마 시청률과 비례하는 것은 아니라고 전문가들은 말한다. 시청률이 높아도 PPL효과가 미미할 수 있고 시청률이 낮아도 PPL효과는 클 수 있다는 설명이다. 지난달 종영된 드라마 '개인의 취향'이 대표적이다.

손예진과 이민호가 주인공으로 분한 이 드라마의 마지막회 시청률은 14.3%로 같은 시간대 경쟁 드라마 '검사 프린세스'와 큰 차이가 없었지만 PPL 효과는 압도적이었다. 주인공 이민호가 매회 입고 나온 남성복 '트루젠'은 해당 제품이 완판 행진을 기록해 이른 바 '개취룩'(개인의 취향 룩)이라는 조어까지 만들어냈다.

드라마에서 이민호가 입찰을 따내기 위해 사활을 걸었던 '담 예술관'의 실제모델은 명승건축그룹이 강촌에 짓고 있는 복합문화공간 '다암예술원'이다. 이 기업은 드라마 메인 제작협찬을 하면서 아직 완공도 되지 않은 다암예술원의 노출효과를 극대화했다.

반면 '제빵왕 김탁구'는 시청률이 30%를 넘으며 흥행돌풍을 일으키고 있음에도 이렇다 할 소비재업체의 PPL 협찬이 붙지 않고 있다. 제빵업계 1위인 SPC그룹 계열사 삼립식품과 협찬계약을 체결했다는 소문이 업계에 돌기도 했으나 사실무근으로 밝혀졌다. SPC그룹 관계자는 "시기적으로 월드컵 시즌과 겹쳐 협찬을 하지 않기로 했다"고 밝혔다.

한 업계 관계자는 "시대극의 경우 장소협찬도 쉽지 않고 노출할 수 있는 제품도 한정적이라 PPL이 붙기가 쉽지 않다"며 "광고주들이 단순히 시청률보다는 브랜드나 제품 호감도를 높일 수 있는 극중 설정, 타깃 수요층과 시청자의 일치도 등을 따져 CM광고보다 높은 효과를 기대할 수 있을 때 PPL을 선택하고 있다"고 말했다.

자료원 : 머니투데이, 2010. 7. 2.

〈사례 2〉 PPL 마케팅 경쟁 뜨겁다

MP3플레이어, 휴대용멀티미디어플레이어(PMP) 업계에 드라마, 영화, 뮤직비디오 등에 제품을 노출시키는 PPL(Product PLacement) 문화 마케팅 바람이 불고 있다.

지난해 MP3플레이어 업체들이 드라마 위주로 PPL 마케팅을 시작한 데 이어 올해는 영화, 뮤직비디오 등 분야가 더욱 다양해지고, 업체간의 PPL 경쟁도 한층 치열해지는 양상을 보이고 있다.

PMP 전문업체인 디지털큐브(대표 손국일)는 오는 3월 중순쯤 나올 것으로 보이는 인기가수 강타의 새 앨범 뮤직비디오에 자사 '아이스테이션PMP1000'을 소품으로 사용키로 했고, 영화제작사 필름지가 만들고 CJ엔터테인트먼트 배급하는 4월 개봉 예정작 '연애술사'에도 이 제품을 소품으로 노출시키기로 했다.

강타의 3집 타이틀곡 뮤직비디오는 연인과의 이별내용을 담고 있는데, 강타가 PMP에 담겨있는 떠나간 연인의 사진을 하나씩 보며 지우는 장면에 사용키로 했다. 회사측은 강타가 중국에서 인기가 높아 중국시장을 겨냥해 이같은 PPL 마케팅을 진행하게 됐다고 설명했다.

인기 탤런트 연정훈, 박진희 주연의 연애술사에는 과거 연인 사이였던 연과 박이 어느 날 과거 모텔에서 찍었던 '러브 동영상'이 인터넷에 나돌고 있다는 소식을 접하고, 이를 PMP로 확인하는 장면에 사용된다. 또 학생들이 PMP로 이 동영상을 돌려보는 장면에도 제품이 등장한다.

MP3플레이어 전문업체인 엠피오(대표 우중구)는 지난해 KBS 드라마 '풀하우스'에 플래시메모리형 MP3플레이어의 PPL을 진행한 데 이어 3월과 4월에 각각 시작하는 2개 TV드라마에 자사 신제품을 집중적으로 노출시킬 계획이다. 회사는 단순히 자사 MP3플레이어를 드라마 소품으로 활용하는 수준이 아니라 드라마의 주요 스토리 도구로 활용하는 PPL 기법을 준비하고 있다고 설명했다.

레인콤(대표 양덕준)은 지난해 MBC드라마 '불새'에 PPL광고를 진행한 데 이어 최근 가수 지누션의 뮤직비디오 '놀아보세'에 레이싱걸들이 목걸이형 MP3플레이어 'N10'을 착용하고 춤을 추는 형태의 PPL을 진행하고 있다.

거원시스템(대표 박남규)은 또 연초부터 가수 박기영의 5집 앨범 '나비' 뮤직비디오에 자사 제품 '아이오디오 U2'를, 상상밴드의 뮤직비디오 '버림'에 '아이오디오5'를 PPL로 등장시키는 마케팅을 진행하고 있다.

엠피오의 한지운 팀장은 "지난해 드라마 PPL로 브랜드인지도 상승과 마케팅 효과를 톡톡히 보는 사례가 알려지면서 관련업계에 PPL 마케팅기법이 확산하고 있다"며 "한국 드라마와 영화, 뮤직비디오 등이 아시아 각국에 인기리에 수출되면서 국내는 물론 해외시장에서까지 PPL 효과를 볼 수 있어 업계의 PPL에 대한 관심은 더욱 클 수밖에 없다"고 말했다.

자료원 : 디지털타임스, 2005. 3. 2.

〈사례 3〉 수입차 업계 PPL 마케팅 확대

국내 수입차 업체들이 드라마나 영화 등에 차량을 노출시키는 간접광고(PPL) 마케팅을 늘리고 있다.

수입차 업체들이 PPL을 강화하는 것은 적은 비용으로도 높은 홍보효과를 누릴 수 있기 때문이다. 또 수입차 주 구매계층인 30~40대들에게 드라마나 영화를 통해 자연스럽게 제품을 노출시킬 수 있고, 브랜드 친밀도를 높일 수 있다는 점에 PPL 마케팅 수위를 높이고 있다.

BMW코리아는 강지환, 소지섭 주연 영화 '영화는 영화다'에 6시리즈 컨버터블 차량을 지원했다. 회사는 긴박감 있는 장면을 촬영하기 위해 차량을 본사에서 직접 가져왔으며, 송승헌 주연 '에덴의 동쪽' 드라마에 뉴7시리즈를 제공했다.

재규어랜드로버코리아는 지난달 방영된 '타짜'에 스포츠카 XKR, XF 등을 PPL 했다. 회사는 이번 PPL을 통해 시청자 대상 브랜드 친밀도를 높였다고 평가하고 있다. 또 드라마는 지난해 12월 종영했지만 오는 24일부터 일본 방영이 예정돼 있어 PPL 효과를 높일 수 있을 것으로 예상하고 있다.

닛산코리아는 SBS 수목 미니시리즈 '스타의 연인'에 'G37쿠페', 'FX50S' 등 차량을 협찬하고 있다. 회사는 '환상의 커플', '쩐의 전쟁' 등 높은 시청률을 기록한 드라마에 PPL을 진행해 주목을 받은 바 있다.

아우디코리아는 드라마 '종합병원 2'에 PPL을 진행하고 있다. 이 드라마에 아우디 코리아는 A3, A4, A8, Q7 등의 다양한 차량을 등장시키고 있다.

이외에도 푸조는 드라마 '떼루와'에, 폭스바겐코리아는 드라마 '하얀 거짓말'에 PPL을 진행하고 있다.

인피니티 세일즈 마케팅 엄진환 이사는 "드라마내 PPL은 시청자에게 자연스럽게 차량을 보여줄 수 있어 훌륭한 마케팅 수단"이라며 "드라마를 보고 전시장으로 차량에 관한 문의를 하는 고객들도 늘어나고 있다"라고 말했다.

한편 일부에서는 수입차 PPL이 드라마 몰입도를 저해하며, 위화감을 조성한다는 비난의 여론도 있어 드라마 내용전개상 맞지 않는 의도적인 PPL은 자제해야 한다는 의견도 있다.

자료원 : 디지털타임스, 2009. 1. 12.

주요용어

1. 국제광고매체(international advertising media)
2. 국제광고매체계획(international advertising media planning)
3. 매체군(medium)
4. 매체비클(medium vehicle)
5. 도달범위(reach)
6. 도달횟수(frequency)
7. 옥외매체(outdoor media)
8. DM(Direct Mail)
9. PPL(Product Placement)

연 습 문 제

1. 국제광고매체선정의 중요성에 대하여 설명하시오.

2. 국제광고매체선정시 고려해야 할 요인에 대하여 설명하시오.

3. 국제광고매체계획의 개념 및 수립과정에 대하여 설명하시오.

4. 4대매체의 특징에 대하여 설명하시오.

5. 국제광고매체로서 옥외매체가 지니고 있는 특징에 대하여 설명하시오.

6. 국제광고매체로서 CATV가 지니고 있는 특징에 대하여 설명하시오.

7. 국제광고매체로서 인터넷이 지니고 있는 특징에 대하여 설명하시오.

참고문헌

1. 김동기 · 한선민, 『국제마케팅론』, 박영사, 1997.
2. 김성환, 『촉진관리론』, 두남, 2001.
3. 권오철 · 이종영, 『촉진마케팅전략』, 학문사, 2004.
4. 박기안, 『국제마케팅』, 무역경영사, 2002.
5. 박효식 · 양영종, 『현대사회 광고론』, 형설출판사, 1997.
6. 반병길 · 이인세, 『글로벌마케팅』, 박영사, 2008.
7. 배병렬 · 이민우, 『광고의 이해』, 대경, 2000.
8. 안광호 · 이유재 · 유창조, 『광고관리』, 학현사, 2010.
9. 원종근, 『국제마케팅론』, 법문사, 1988.
10. 장대련 · 한민희, 『광고론』, 학현사, 2008.
11. 한국광고단체연합회, 광고계동향, Vol. 206, 2008, 4.
12. 한국광고단체연합회, 광고계동향, Vol. 216, 2009, 3.
13. 홍성헌, 『국제마케팅』, 우용출판사, 2008.
14. Albaum, G. et al., *International Marketing and Export Management*, Reading, Mass. : Addison - Wesley Publishing Company, 1990.
15. Belch, G. E. and Belch, M. A., "*Introduction to Advertising and Promotion : An Integrated Marketing Communications Perspective*," 2nd., Burr Ridge, Ill. : Richard D. Irwin, Inc., 1993.
16. Cateora, P. R. et al., *International Marketing*, 14th ed., McGraw-Hill Irwin, 2009.
17. Fayerweather, J., *International Marketing*, Englewood Cliffs, N. J. : Prentice-Hall Inc., 1970.
18. Govoni, N. et al., *Promotional Management*, Englewood Cliffs, N. J. : Prentice-Hall International Inc., 1986.
19. http://canyon.tistroy.com
20. http://www.ad.or
21. http://www.publicad.kr
22. Jain, S. C., *International Marketing Management*, 3rd ed., Boston : PWS - KENT Publishing Company, 1990.
23. Keegan, W. J., *Global Marketing Management*, 4th ed., Englewood Cliffs, N. J. : Prentice-Hall Inc., 1989.
24. Omar, O., *International Marketing*, Palgrave Macmillan, 2009.
25. Root, F. R., *Foreign Market Entry Strategies*, New York : AMACOM, 1982.
26. Terpstra, V., *International Dimensions of Marketing*, Massachusetts : A Divison of Wardsworth Inc., 1982.
27. Terpstra, V., *International Marketing*, 2nd ed., Hinsdale, Ill. : Dryden Press, 1978.

제 8 장

국제판매촉진 · 국제인적판매 · 국제홍보

제 1 절 국제판매촉진

1. 국제판매촉진의 의의

국제판매촉진(international sales promotion)이란 해외소비자의 구매를 촉진시키고, 소매상이나 중간상의 효율성을 높이기 위한 촉진활동으로서 국제광고, 국제인적판매, 국제홍보활동에 속하지 않는 모든 마케팅활동을 의미한다(Cateora, 1990, p. 483).

국제판매촉진활동은 인적판매나 광고활동에 비해서는 그 중요성이 낮은 것이 사실이지만 특정제품이나 기업에 따라서는 아주 중요한 촉진수단이 되고 있다.

해외시장에서 국제기업의 판매촉진활동 역시 국내시장에서의 활동범위를 크게 벗어나지 않는다. 그러나 해외시장에서는 다음과 같은 특성들을 추가적으로 고려해야 한다.

첫째, 경제적인 측면에서 판매촉진은 일반적으로 후진국 시장일수록 효과가 크다. 그러나 미국과 같은 선진국에서도 효과를 발휘하기도 한다.

둘째, 법적인 측면에서 판매촉진활동을 규제하는 정부정책, 법률 등은 각국마다 많은 차이가 존재한다. 유럽 국가는 이러한 면에서 많은 제한이 있는데, 이는 판촉수단에 따라 은연중에 속임수가 많으며, 소비자를 현혹시키기가 쉽기 때문에 대부분의 국가들은 소비자를 보호하기 위해 광고보다 판매촉진활동에 대해 더욱 강력한 규제를 실시하고 있다.

셋째, 문화적인 측면에서 고객들은 자국의 문화적 배경에 따라 경품권, 프리미엄 등의 판촉수단을 달리 해석할 수 있기 때문에 신중을 기해야 한다.

넷째, 국제판매촉진활동을 하려면 해외시장의 소매상과 다른 중간상들을 개입시켜야 하기 때문에 이들의 능력도 고려하여야 한다.

전 세계적으로 국제판매촉진활동의 중요성은 점차 증가하고 있다. 판촉활동은 제품을 시장에 처음 도입할 때 아주 효과적이다. 판촉활동은 기존의 제품시장이 아주 경쟁적이며 표준화되어 있을 때, 특히 제품이 낮은 단가와 높은 판매고를 가지고 있을 경우 매우 효과적이다(원종근 · 현인규 · 지남웅, 1995, p. 419).

이처럼 시대가 변화함에 국제판매촉진활동이 점차 중요하게 된 이유를 소비자 관점과 기업관점에 비추어 살펴볼 수 있다. 먼저 소비자 입장에서 국제판매촉진이 중요하게 된 이유는 다음과 같다.

첫째, 국제판매촉진은 소비자가 살 수 있다고 생각했던 것보다 더 많이 구매할 수 있는 기회를 제공한다. 예를 들어 기업은 프리미엄을 실시하여 정상가격으로 구입할 수 있었던 양보다 더 많은 양을 구매할 수 있도록 하여 고객의 만족감을 증가시킬 수 있다.

둘째, 국제판매촉진은 소비자가 느끼는 구매에 따른 불확실성, 즉 위험(risk)을 감소시켜 준다. 예를 들어 신제품의 성능에 대해 느낄지도 모르는 불확실성을 무료견본을 제공함으로써 감소시켜 주거나 제거할 수 있다.

셋째, 국제판매촉진은 해외시장의 소비자에게 또 다른 구매를 할 수 있는 동기를 부여해 준다. 예를 들어 추가적인 가격할인이나 리베이트는 다른 제품을 구매했던 소비자에게 동질의 제품이라면 더 가격이 낮은 제품을 사야겠다는 직접적인 동기를 부여해 준다.

넷째, 국제판매촉진은 이미 소비자의 구매환경에 깊숙이 침투하여 소비자는 일정기간 후에 판매촉진이 실시될 것을 기다리고 있다.

이에 반해 기업관점에서 판매촉진이 중요하게 된 이유는 다음과 같다(안광호 · 김동훈 · 유창조, 2008, pp. 278-279).

첫째, 기술이 표준화되고 시장경쟁이 치열해지면서부터 소비자에게 동일한 만족을 줄 수 있는 유사제품이 늘어나고 있다. 이렇듯 여러 가지의 이유로 소비자의 선택폭은 더욱 다양해지고 있지만 제조업자는 자사의 제품을 차별화할 수 있는 기술을 단기간에 획득하기 어렵기 때문에 제조업자가 제품을 차별화한다는 것은 더욱 힘들어졌다. 따라서 기업들은 저마다 판매촉진을 실시하여 차별성을 부각하고 이것의 결과로 단기성장률의 증가를 꾀하게 되었다.

판매촉진을 실시함으로써 상품의 가치가 하락한다는 단점이 있지만 창고비용을 절감할 수 있을 뿐만 아니라 생산한 제품을 더 많이 판매함으로써 더 많은 제품을 생산하여 규모의 경제를 이룰 수 있게 되었다.

둘째, 컴퓨터 기술의 발달로 판매촉진에 대한 효과를 보다 정확하게 측정할 수 있게 되었다. 예를 들어 스캐너 기술의 발달은 판매촉진의 결과를 보다 빨리 정확하게 피드백할 수 있게 하였다.

셋째, 대중매체의 비효율성이 증가되었다. TV 광고비용은 꾸준히 증가하는 반면 소비자의 여가활동시간의 증가 및 새로운 매체의 등장 등으로 말미암아 광고의 시청률은 크게 하락하였다. 따라서 대중매체의 비효율성은 물론 그 효과마저도 의문시되었으며 기업은 소비자의 인지에 영향을 미치기 위한 대중매체를 이용한 커뮤니케이션 전략보다는 구매행동에 직접적으로 영향을 미치는 국제판매촉진이 더욱 중요하게 인식되었다.

넷째, 유통업자의 영향력이 증가되었다. 매스마케팅시대에는 제조업자의 영향력이 유통업자에 비해 우세하여 판매량을 일방적으로 할당하였다. 그러나 유통업자는 서로 담합하기 시작하였고 기술의 발달로 바코드 시스템이 도입되면서부터 유통업자는 소비자에 대한 보다 정확한 정보를 획득할 수 있게 되었다. 따라서 과거 제조업자가 일방적으로 제품판매량을 할당해 오던 관습에서 탈피하여 현재는 유통업자가 판매량에 따라 적정재고량을 유지하기 위해 최적량만을 주문할 수 있게 되었으며 각 지역별로 특성화된 고객정보를 제조업자에 비해 유통업자가 더 많이 획득하게 되었다.

2. 국제판매촉진의 장 · 단점

효과적인 국제판매촉진활동을 전개하기 위해서는 다른 촉진수단과 병행하여 보완적으로 활용할 필요가 있다. 국제판매촉진이 즉각적인 판매증대효과가 있나고 하더라도, 광고 등의 커뮤니케이션 효과가 축적되어 있지 않다면 그 효과를 발휘하기가 쉽지 않다. 그러나 국제판매촉진은 단기적인 판매효과를 목적으로 하기 때문에 조심스럽게 활용하지 않는다면 다른 촉진수단과의 시너지효과가 발생되지 않을 수도 있다. 따라서 국제판매촉진이라는 마케팅수단이 주는 기회와 위험을 파악하는 것이 중요하며 이를 위해서는 국제판매촉진의 장·단점을 살펴보는 것이 필요하다(반병길 · 이인세, 2008, pp. 298-300).

1) 국제판매촉진의 장점

첫째, 유통업자나 소비자에게 할인, 샘플, 사은품 등을 제공함으로써 유통업자나 소비자들이 구매위험을 감소시키면서 제품을 획득할 수 있는 기회를 제공하기 때문에 브랜드나 유통업체에 대한 우호적인 태도를 형성할 수 있다.

둘째, 고객에게 구매를 설득하는 효과가 있기 때문에 광고나 인적판매를 통해 형성된 설득효과에 더하여 부가적인 설득효과를 나타낼 수 있다.

셋째, 국제판매촉진이 제공하는 유인은 일반적으로 구매시점에서 이루어지므로 다른 촉진수단에 비하여 신속한 매출효과를 나타낼 수 있다.

넷째, 국제판매촉진은 다양한 형태의 유인수단을 사용할 수 있으므로 중간상이나 소비자의 요구에 적합한 촉진활동을 할 수 있는 여지가 많다. 또한 기대효과와 다른 상황이 나타날 경우에는 즉시 중단할 수 있는 융통성이 있다.

다섯째, 국제판매촉진은 제품시연, 샘플제공 등을 활용하여 소비자들로 하여금 신제품을 직접적으로 경험하게 함으로써 신제품의 빠른 확산을 유도할 수 있다.

2) 국제판매촉진의 단점

첫째, 국제판매촉진은 해외시장에 존재하는 유통경로의 지원을 받아야 한다. 만약 현지유통경로의 지원을 받지 못하거나 해외시장의 유통경로에 적극적으로 개입하지 못하고 있다면 국제판매촉진은 목표했던 효과를 거두기가 어렵다. 바꾸어 말한다면, 국제판매촉진은 해외시장의 유통경로에 적극적으로 개입하고 있는 기업에게 유리한 전략이다.

둘째, 판매촉진의 빈도가 높을 경우에는 브랜드이미지를 손상할 수 있다. 즉 판매촉진의 빈도가 많아지면 소비자들로 하여금 "비인기품목", "재고처리" 등과 같은 좋지 못한 이미지를 형성할 수 있다. 이러한 인식의 변화는 브랜드 자체에 대한 호의적인 이미지형성, 즉 브랜드자산구축을 방해하게 된다.

셋째, 소비자의 가격민감성이 높아진다. 따라서 국제판매촉진은 일반적으로 소득수준이 낮은 시장국에서 그 효과가 증대된다. 그러나 가격할인을 수반하는 판매촉진 기법들을 빈번하게 사용하는 경우에는 소비자들로 하여금 추가적인 인센티브를 토대로 제품을 구매하도록 만든다.. 따라서 소비자들이 판매촉진 기간에 맞추어 구매를 미루거나 앞당기는 구매선행 및 지연효과(lead and lag effect)가 나타날 수도 있다.

넷째, 국제판매촉진은 해외시장에서 고객 충성도를 확보하는 힘이 적다. 브랜드 충성도가 강한 소비자는 판매촉진에 의해 그들의 구매패턴을 변경할 가능성은 높지 않다. 판매촉진에 민감하게 반응하는 소비자는 특정기업이나 브랜드에 대해 충성심을 갖지 않는 유동형 고객층이 대부분이다. 판매촉진이 끝나면 자사제품에 대한 관심도 끝난다. 그러므로 판매촉진이 끝나면 매출이 감소하는 부작용이 나타난다.

다섯째, 국제기업의 판매촉진활동에 대해 많은 국가에서 규제를 가하고 있으며 판매촉진을 규제하는 정부정책, 법률 등은 각국마다 많은 차이가 있다. 판촉수단에 따라서는 은연중에 속임수가 내포되어 있을 가능성이 있으며 고객을 현혹시킬 가능성이 크기 때문이다.

3. 국제판매촉진의 일반적 유형

국제판매촉진의 유형은 국내판매촉진과 마찬가지로 판매점 판매촉진과 소비자 판매촉진으로 크게 두 가지로 나누어 볼 수 있다(G. E. Belch and M. A. Belch, 1993, pp. 589-618 ; Govoni, 1986, pp. 402-445).

1) 판매점 판매촉진

판매점 판매촉진이란 국제기업이 해외시장에서 해외판매점의 구매를 환기시키고 자극함으로써 기업의 매출액을 증대시키는데 목적을 두고 있는 방법으로서 다음과 같은 여러 가지 수단을 사용하고 있다.

(1) 리베이트(rebate)

국제기업이 해외시장에 있는 판매점과 일정기간에 걸쳐 거래계약을 체결하고, 일정기간이 경과한 후에 만약 판매액이 계약조건보다 상회하면 그 비율에 따라

지불금액의 일부를 환불해 주는 방법이다.

(2) 판매점 콘테스트(dealer contest)

해외시장에 있는 판매점끼리 서로 판매경쟁을 시켜 궁극적으로는 자사제품의 매출액을 증대시킬 목적으로 행하는 판매촉진활동이다.

(3) 판매점 지원(dealer helps)

자사제품을 취급하는 해외판매점이 제품을 용이하게 판매할 수 있도록 경영이나 판매에 대한 지도 및 지원, 원조를 해주는 등 여러 가지 수단을 제공하는 제도이다.

(4) 정보교환(house organ)

국제기업이 해외시장에 기업의 사명이나 특징, 기술의 발전과 고객에게 유용한 정보를 제공하기 위해 정기간행물을 통한 매출액 증진과 함께 제조업체와 판매점, 그리고 소비자와의 커뮤니케이션이 원활하게 이루어지도록 하는 촉진방법이다.

2) 소비자 판매촉진

소비자 판매촉진이란 해외시장에 있는 소비자를 대상으로 자사제품에 대한 인식을 좋게 하고 구매를 촉진시키는데 목적을 두고 있는 방법이다.

판매점을 대상으로 한 촉진활동이 훌륭히 이루어졌다 할지라도 소비자들이 자사제품을 구매하지 않으면 촉진활동의 의미가 없기 때문에 어떤 면으로는 판매점을 대상으로 한 촉진활동보다 소비자를 대상으로 한 촉진활동이 더 중요하다고 할 수 있다. 여기에는 견본, 경품, 쿠폰, 구매시점전시 등 여러 가지 수단을 사용하고 있다(Terpstra, 1978, p. 456).

(1) 견본(sample)

소비자에게 무료로 소량 소형의 표본제품을 제공하여 구매행위를 자극하는 방법이다. 즉 주로 신제품의 경우 소비자들이 시험삼아 사용해 볼 수 있을 만큼의 양을 따로 포장하여 소비자들에게 무료로 제공하는 것으로 기업의 입장에서 보면 비용의 부담이 큰 판매촉진수단의 하나이다. 그럼에도 불구하고 자주 이 방법을 사용하는 이유는 신제품을 소비자들에게 소개하는 방법으로 가장 좋은 수단이기 때문이다.

(2) 경품(premium)

특정한 제품의 구매를 유도하기 위해서 무료 또는 낮은 가격으로 별도의 제품이나 서비스를 소비자에게 제공하는 방법이다. 예를 들어 영화관에서의 선착순 몇 명에게 티셔츠를 제공한다거나, 백화점에서 일정 금액 이상을 구입하면 주는 사은품 등을 말한다.

(3) 쿠폰(coupon)

특정한 제품을 구매할 때 구매자에게 일정 금액을 할인해 주는 방식으로서 신문 전단지나 우편을 통하여 전달되어지기도 하고, 제품배달시에 포장에 부착되어 전달되기도 하며, 최근에는 인터넷을 통해서 소비자들에게 배포되기도 한다. 쿠폰은 성숙기 제품의 판매를 촉진하고 신제품에 대한 시험구매를 촉진하는데 사용된다.

(4) 구매시점전시(point-of-purchase display)

제품을 구매하는 시점에 소비자들에게 자극을 주기 위해 점두나 점내에서 소구하는 방법이다.

(5) 보너스 팩(bonus pack)

정상가격에 추가적인 제품을 소비자에게 제공하는 것으로 비사용자로 하여금 특정제품을 사용해 보도록 유인하거나, 매출이 많은 제품과 매출이 적은 제품을 연계하여 매출증대를 하기 위한 수단이다.

(6) 무료시용(free trial)

잠재고객들이 그 제품을 구매할 것이라는 기대 하에서 무료로 사용할 수 있도록 기회를 제공하는 것이다. 예를 들어 무료시음이나 무료시승 또는 시험운전의 경우 등이 해당된다(안운석 · 장형섭, 2003, p. 326).

〈사례 1〉 해태제과와 롯데제과, 샘플제공과 무료시식 등으로 판촉경쟁

롯데제과와 해태제과가 3,400억원 규모의 껌시장을 놓고 한판 승부를 펼친다. 이들은 자일리톨껌을 업그레이드한 신제품을 잇따라 출시하면서 '포스트 자일리톨' 껌시장 선점 경쟁에 불을 당겼다. 포스트 자일리톨 선점에 전력투구하는 곳은 해태제과. 해태제과는 '포스트 자일리톨' 자리를 차지하기 위해 지난 해부터 타깃별로 세분화된 제품개발에 나섰다. 실제 해태제과는 최근 어린이전용 껌 '베리베리 통통'과 '키즈톨'을 잇따라 선보였다. '포스트 자일리톨' 껌시장을 선점하기 위한 전략상품이다. 이중 '베리벨리 통통'은 월평균 10억원의 매출을 올리며 확실한 '포스트 자일리톨'로 주가를 올리고 있다. 해태제과는 이같은 여세를 몰아 이달 중순께 20~30대 여성전용 자일리톨껌 '석류美人'도 추가 출시했다.

'석류美人'은 피부미용을 생각하는 여성을 타깃 삼아 피부미용에 좋은 석류과즙과 비타민C, 장미꽃 추출분말 등을 사용한 게 특징이다. 롯데제과의 '포스트 자일리톨' 움직임도 만만치 않다.

롯데제과도 지난 5월 '쥬시후레쉬', '후레시민트', '스피아민트' 껌 3종을 34년만에 자일리톨껌으로 전격 교체했다. 3종껌은 지난 5월 5억 원 매출을 기록했고, 6월엔 10억 원을 유지하며 가파른 상승세를 타고 있다.

이 같은 추세라면 하반기엔 월평균 25억 원 매출을 기록, '포스트 자일리톨'의 자리를 꿰찰 것으로 롯데제과측은 확신했다. 롯데제과는 이에 앞서 입 냄새를 억제하는 '후라보노'도 자일리톨 껌으로 전격 교체했었다. 롯데제과 안성근 홍보팀장은 "껌 시장의 주도권을 해태제과에 내줄 수 없다"며 "다른 껌 브랜드를 자일리톨 껌으로 업그레이드하는 리뉴얼 신제품 출시도 계획중"이라고 말했다.

제과시장의 영원한 맞수인 롯데제과와 해태제과의 판촉활동에 한치의 양보가 없다. 해태제과는 최근 이마트를 비롯한 전국 할인점과 슈퍼마켓에서 '석류美人' 구매고객에게 미니용기 샘플을 증정하는 론칭행사를 최근 개시했다. 이우헌 껌 BM팀장은 "껌시장을 장악하기 위해 유명 연예인을 앞세운 광고판촉과 온라인 이벤트도 준비하는 등 판촉 수위를 점차 높여가겠다"고 강조했다.

이에 대해 롯데제과 안성근 홍보팀장도 "자일리톨 3종껌을 앞세운 TV광고와 온 · 오프라인 판촉이벤트를 통해 브랜드 파워를 높이겠다"며 "경쟁사의 판촉공세는 전국 영업망을 활용한 무료시식 등으로 맞불을 놓는 방법으로 점유율을 늘려갈 계획"이라고 밝혔다.

자료원 : 헤럴드경제, 2006. 6. 19.

〈사례 2〉 이통업계 '수능 마케팅' 돌입

이동통신업체들이 오는 12일 대학수학능력 시험을 앞두고 수험생을 대상으로 경품 등을 제공하는 등 이른바 '수능 마케팅'에 돌입했다.

9일 관련업계에 따르면 SK텔레콤, KT, LG텔레콤은 수능 수험생들에게 앞 다퉈 각종 경품, 할인혜택을 주거나 입시정보를 제공하고 있다.

SK텔레콤은 12일부터 18일까지 수능시험을 마친 수험생이 영상통화를 10분 이상 사용하고 휴대전화 '**35+네이트'로 접속해 이벤트에 응모할 경우 500명을 추첨해 영화 예매권(1인 2매)을 제공한다. 또 30일까지 멤버십 가맹점에서 'T 멤버십' 카드와 수능시험 수험표를 제시할 경우 여행, 식음료, 사진관 등의 제휴 매장에서 혜택이 대폭 확대된 멤버십 할인을 받을 수 있다.

KT는 오는 11일까지 쇼(SHOW)에서 입시정보를 확인(건당 500원)하는 수험생에게 추첨을 통해 영화예매권, 문화상품권 등 선물쿠폰을 증정하고, 오는 22일까지 수험생에게 응원을 글을 적어 이벤트 메뉴에 등록하면 100% 당첨되는 경품을 증정한다. 참여를 원하는 이는 휴대전화에서 '**555+쇼'를 누르면 된다. 아울러 오는 11일까지 쇼 무선인터넷을 접속한 뒤 뉴스를 클릭하면 수능 특집 뉴스 메뉴를 바로 활용할 수 있도록 했다.

LG텔레콤은 무선인터넷 오즈라이트 접속 후 전체메뉴 중에서 교육/어학에 접속하면 '내 수능성적 지원가능 대학', '수능 채점' 등 다양한 수능 관련 콘텐츠를 서비스한다.

내 수능성적지원가능 대학 서비스는 2010학년도 대학별 전형계획과 합격가능 점수를 알려주고, 수능채점 서비스는 수능 당일 휴대전화로 본인의 답안을 입력하면 수능 점수를 바로 확인할 수 있다. LGT는 또 메가스터디와 제휴를 맺고 집중력 향상 프로그램 '알파브레인', 전공적성 테스트 등의 서비스도 제공한다.

자료원 : 서울경제, 2009. 11. 9.

〈사례 3〉 옥션, 김장재료 15~30% 할인 쿠폰 발급

옥션(www.auction.co.kr)은 '김장 보너스' 행사를 열고 절임배추 등 김장재료를 15~30% 할인하는 쿠폰을 발급하는 한편 김치와 잘 어울리는 보쌈용 돼지고기를 경품으로 증정하는 행사를 연다.

쿠폰응모하기를 클릭해 응모한 고객 중 추첨을 통해 매일 김장보너스 3종 쿠폰을 증정한다. 이벤트 기간 1,000원 쿠폰 총 1만 5,000장, 2,000원 쿠폰 총 4,000장, 3,000원 쿠폰 총 1,000장을 배포하며 즉석에서 당첨여부를 확인할 수 있다.

생산지직송 절임배추와 김장재료의 선착순 할인행사도 진행한다. 절임배추, 천연양념, 김장도구 등을 알뜰 구매할 수 있는 할인쿠폰을 상품별로 최대 1,000장씩 선착순 한정수량으로 발급한다.

자료원 : 스포츠한국, 2009. 11. 16.

〈사례 4〉 쇼핑카트에서 맛있는 코카콜라 소리가 울린다?

대중 매체 광고를 이용해 제품을 알리는 기업들의 사례가 보편화되면서 보다 직접적으로 소비자의 마음을 움직일 수 있는 새로운 마케팅이 주목 받고 있다.

이에 따라 기업들은 독특한 마케팅 아이디어를 통해 소비자들에게 다가가려는 노력을 지속 하고 있다. 최근 기업들로부터 가장 주목을 받는 것은 소비자 구매시점광고(POP: point of purchase).

제품의 구매 직전에 제품의 기능과 컨셉을 잘 드러내는 광고물을 노출함으로써 효과를 극대화시킬 수 있다는 점과 구매를 직접적으로 유발할 수 있다는 장점이 있다.

이를 위해 일부 발 빠른 기업들은 실제 구매가 이루어지는 매장을 주요 거점으로 잡고 소비자들의 마음을 잡기 위해 분주히 노력하고 있다. 심지어는 음료라고 해서 단지 음료코너에서만 제품을 알리는 게 아니다.

제품 카테고리를 넘나들며 음료와 곁들이면 식품 · 시식코너는 물론, 쇼핑카트까지 동원하며 구매 시점에 마지막 소비자의 마음과 지갑을 열기 위해 노력을 쏟고 있는 것.

코카콜라는 대형 할인 마트에서 오감으로 체험할 수 있는 독특한 구매시점광고를 진행하며 소비자들로부터 좋은 반응을 얻고 있다. 코카콜라는 지난달부터 '맛있는 음식엔 코카-콜라'라는 컨셉으로 홈플러스를 중심으로 대형 할인마트에서 구매시점 마케팅활동을 펼치고 있다.

소비자들 사이에서 요리에 대한 관심이 높아지면서 '음식과 먹으면 더욱 맛있는 음료'를 매치 시키는 마케팅활동을 통해 음료 활용 범위를 넓히는 것이 목적이다.

이를 위해 기존에는 매장의 음료 카테고리를 중심으로 코카콜라 광고를 경험할 수 있었다면 최근에는 코카콜라와 어울리는 맛있는 식품이나 시식코너가 있는 곳까지 공략, 소비자의 동선까지 고려해 '음식과 코카콜라'를 연결하기 위한 다양한 아이디어를 총동원하고 있다.

그 중 가장 소비자의 주목을 끌고 있는 부분은 마트의 '쇼핑카트'를 활용해 소비자의 눈과 귀 등 오감을 자극하는 소비자 이색마케팅이다. 손잡이에 센서가 내장된 '코카콜라'모형의 조형물을 설치한 독특한 쇼핑카트는 '코카콜라'와 어울리는 음식이 있는 시식코너를 지나게 되면 밝고 경쾌한 음악에 맞춰 '맛있는 음식들이 코카-콜라를 부르네요.

지금 코카콜라를 잡으세요'라는 목소리와 함께 불빛이 깜빡거린다. 시식코너의 맛있는 음식을 보면서 함께 곁들이면 더욱 맛있는 콜라를 연상하고 구매를 촉진하기 위해 시식코너 천장에 부착된 센서와 카트 내에 장착된 센서가 작동돼 불빛과 음원이 나오는 것.

주요 홈플러스 매장에서 국내 최초로 시도한 오감만족형 쇼핑 카트는 실제 매장을 방문한 주부 및 소비자들의 큰 호응은 물론, 실제 코카콜라 제품 구입으로 이어지고 있다.

매장을 방문한 소비자들의 오감을 잡는 코카콜라의 마케팅은 이 뿐만이 아니다. 카트 손잡이는 지난 4월 손의 구조까지 고려해 인체공학적 디자인으로 새롭게 출시된 코카콜라 '어고 그립(Ergo Grip)'으로 소비자가 카트를 끌면서 제품 패키지의 장점을 체험할 수 있다.

쇼핑카트의 앞부분에는 보기만 해도 시원하게 느껴지는 코카콜라 광고물을 부착함으로써 이미 쇼핑카트에 담겨 있는 식료품들과 곁들여져 앞에서 바라보기만 해도 '맛있는 음식과 코카-콜라'가 자연스럽게 연상된다.

이외에도 식품매장으로 가는 에스컬레이터 벽면에는 불고기, 전골 등 보기만 해도 군침도는 음식과 함께 시원하게 곁들이는 코카콜라 광고를 설치했다.

이마트 40개 매장에서는 냉동식품, 정육, 제과 등 음식코너에 코카콜라를 이용한 요리책자까지 제공하고 있다. 음료코너뿐 아니라 코카콜라와 어울리는 음식코너에서도 톡 쏘는 코카콜라만의 즐겁고 상쾌함을 직접 오감으로 경험하게 하는 것.

이지연 코카콜라 브랜드 매니저는 "소비자 마음을 움직이기 위해서는 구매에 직접적인 영향을 미치는 구매 시점이 중요하다"며 "'맛있는 음식엔 코카-콜라'를 연결하는 다양한 마케팅을 통해 소비자가 구매시점에서 직접 브랜드의 독특한 경험을 경험함으로써 제품 구입으로 이어지게 하는 것이다. 코카-콜라를 맛있는 요리와 함께하는 대표 음료로 포지셔닝할 수 있도록 지속적인 아이디어 개발을 할 예정이다"라고 밝혔다.

자료원 : 헤럴드경제, 2007. 11. 16.

4. 국제판매촉진의 특수형태

1) 국제박람회

앞에서 살펴본 일반적인 국제판매촉진의 유형들은 국내 판촉활동에서도 사용되고 있는 것들이다. 이와는 달리 주로 국제마케팅에서만 찾아볼 수 있는 독특한 판촉의 형태로는 해외시장에 제품을 전시하는 국제박람회, 종합전시회, 견본시장 등이 있다. 이러한 판촉유형은 일반 정규광고나 팜플릿 등이 불충분할 때 효과적이며, 특히 직접적인 조사에 의해서만 제품의 품질을 판단할 수 있는 제품의 경우 매우 중요한 수단이 된다.

국제박람회, 전시회, 견본시장 등은 구체적 명칭에 따라 개최목적, 참가대상 및 규모, 관람대상, 행사기간 등이 조금씩 다르지만, 일반적으로 매년 1,000회 이상의 행사가 세계 각지에서 개최되고 있다. 이들 중에는 제품을 전시하는 것도 있고, 전시하고 즉석에서 판매하는 것도 있다. 또한 개최지별로 다른 특성을 보인다. 국제박람회를 예로 들면, 미국의 경우에는 사교적이며 파티의 분위기가 압도하고 있는 반면, 유럽의 경우에는 전체 마케팅 예산의 1/3을 책정할 정도로 세심한 주의와 관심을 가지고 준비한다.

기업이 국제박람회 등의 행사에 참가하는 목적은 해외기업의 경영자, 구매담당자, 엔지니어, 마케팅담당자 등에게 자기 회사와 제품을 널리 알림으로써 국제마케팅을 촉진시키기 위함이다. 이러한 형태의 국제판매촉진의 장점은 다음과 같다.

첫째, 국제박람회 등에는 세계 각지에서 많은 판매자와 구매자가 모여들기 때문에, 다른 방법으로는 몇 년이 걸려도 어려울 정도의 고객과의 접촉 및 상담이 단기간에 가능하다.

둘째, 본격적인 출하에 앞서 제품의 판매 가능성과 잠재적인 유통업자들의 반응을 측정할 수 있기 때문에 시장실험의 기회로 삼을 수 있다.

셋째, 행사에 참여하는 기업들은 저마다 홍보효과 또는 고객들의 관심을 얻기 위해 최고의 제품과 새로운 기술을 선보이기 때문에 경쟁업체에 대한 시장조사의 기회를 포착할 수 있다.

이러한 전략적 가치를 감안할 때, 국제마케팅관리자는 촉진전략을 수립할 때 국제박람회 등의 참가 여부를 여타 촉진믹스와의 조화를 고려하여 신중하게 결정할 필요가 있다. 특히 무분별한 국제전시회의 참가는 쓸데없는 비용의 낭비만 초래하기 쉬우므로 참가대상 전시회는 비용과 효과를 면밀히 분석하여 필요한 수준으로 제한하는 것이 바람직하다.

국제판매촉진의 특수형태를 명칭, 개최목적, 입장자격, 개최빈도, 개최기간 등으로 분류하여 요약 · 정리하면 〈표 8-1〉과 같다.

〈표 8-1〉 국제판매촉진의 특수형태

	국제박람회	종합전시회	전문견본시
유사명칭	exposition consumer show 세계박람회 사업박람회 국제전람회	exhibition consumer show 종합견색시 산업박람회 국제전람회	trade fair trade show 상업견색시 상업전시회 국제견색시
개최목적	개별기업의 출품 · 참가에 의한 직접적 상거래(즉석거래가 목적)	개별기업의 출품 · 참가에 의한 간접적 상거래(광고, 선전이 목적)	각국별 출품 · 참가에 의한 인류 상호간의 이해와 복지향상
입장자격	특정의 공통적 내지 관심을 갖는 입장자에 한정	일반대중(또는 일반대중의 특정인)에게 개방	무제한 개방
개최빈도	거의 매년 세계 각처에서 개최	거의 매년 세계 각처에서 개최	2~3년마다 1회 1개처에서 개최
개최기간	보통 1~2주간	보통 2~3주간	보통 6개월~1년간
PR, 광고선전	결상적인 PR, 광고선전 활동이 전개됨	대대적인 PR, 광고선전 활동이 전개됨(그 외에도 실연, 컨테스트, 캠페인 등이 동원됨)	일체의 광고 · 선전이 금지됨. 다만 각 국가별의 PR만 허용됨
판매촉진효과	단기적 · 즉석적 효과	중기적 · 즉석적 효과	장기적 · 종합적 효과
판매촉진의 이니셔티브	개별기업	개별기업 및 기업의 제단체	정책적 · 국가적

자료원 : 박기안, 『국제마케팅』, 법경사, 1994, p. 365.

〈사례 1〉 상하이 엑스포 국제박람회의 한국기업연합관

상하이 엑스포 박람회장은 상하이 도심을 가로지르는 강(황푸강)을 기준으로 동쪽인 푸둥, 서쪽인 푸시로 나뉘어 있다. 푸둥은 주(메인) 박람회장으로, 한국관을 비롯해 중국관 · 일본관 등 국가관과 엑스포 프레스센터가 자리잡고 있다. 푸둥 한국관을 둘러보고 우리나라 대기업 12개사가 출자한 한국기업연합관이 있는 푸시 박람회장으로 가려면 여객선을 타고 가야 했다. 5월 27일 오후 한국기업연합관을 찾았을 때 출자 기업의 하나인 포스코가 '포스코 주간' 행사를 하고 있었다. 참가 기업마다 행사 기간에 한 주를 맡아 기념행사를 하는 것이다.

한국기업연합관 3층으로 올라서자 다양한 내용물이 관객들을 반기고 있었다. 특히 3층에서 나와 2층으로 가는 회랑에서 볼 수 있는 '멀티미디어타워'가 일품이었다. 삼성전자가 엑스포 참가국 숫자를 반영해 총 192개의 LCD 모니터로 높이 6.5 탑을 만든 것이다. 지금까지 150개 모니터를 연결한 것이 세계 최고 기록일 정도로 어려운 기술이라는 게 베이징 무역대학 4학년에 재학 중인 유학생 안내원의 설명이다. 탑에는 한국과 중국의 젊은이들이 서로 우정을 나누는 영상(6분 20초 분량)이 흘러나오고 있었다. 다만 삼성전자는 직접적인 기업 광고를 할 수 없다는 엑스포 규칙에 따라 회사 간판을 달지 못해 아쉬워했다는 후문이다.

"퍄오량(아름답다는 뜻의 중국말)." 멀티미디어 타워를 바라본 30대 여성 관람객들이 자신도 모르게 감탄사를 연발했다.

이와 함께 SKT, 신세계 이마트, 롯데가 보여 주는 가상 쇼핑 체험이 관객들의 인기를 모으고 있었다. 연합관은 하루에 두 차례 3층 건물 옥상에서 인공눈을 뿌리고 있어 눈을 구경하지 못하는 상하이 시민들에게는 눈요깃감이 되고 있다.

한국기업관 김규식 관장은 "현재 푸시에 있는 전시회장 가운데 관람객 입장 순위 2위를 기록하고 있다"면서 "관객들의 인기가 높아 조만간 관람객 순위 1위를 기록할 것"이라고 말했다.

기업연합관은 국제적인 금융 위기로 기업 참여가 저조해 아예 참여조차 하지 못할 위기를 맞았다. 그러나 사공일 한국무역협회 회장이 대기업들을 상대로 "중국에서 열리는 엑스포가 경제 올림픽인 만큼 우리가 빠질 수는 없다"고 권유해 가까스로 성사된 것이다. 금액은 총 300억 원. 5대 기업이 대부분 비용을 부담하고 나머지 7개 기업은 비교적 적은 액수의 비용을 냈다. 무역협회 오영호 부회장은 "기업관 공사가 다른 곳보다 1년 늦게 착공하는 우여곡절은 겪었지만 막상 개막하고 난 뒤에는 포스코나 조선업체인 STX 같은 참여 기업들은 중국 관객들에게 회사를 직접 홍보할 수 있는 기회가 됐다면서 만족스러워 했다"고 전했다.

자료원 : 위클리경향, 2010. 6. 15.

〈사례 2〉 "상하이엑스포로 국가 브랜드의 힘, G20까지 잇자"

상하이엑스포는 올해 글로벌 경제 · 산업 이슈가 동아시아로 모아지는 첫 신호탄이다. 이번 대장정의 총결산 무대는 오는 11월 서울에서 개최되는 G20정상회의다. 우리나라가 상하이엑스포 참가를 계기로 얻으려는 국격 상승과 코리아 브랜드 확산, 지속 성장 에너지 확충의 정점도 바로 G20회의다.

지식경제부와 무역협회, KOTRA는 상하이엑스포가 열리는 10월 말까지 상하이 지역에서 우수 IT제품 및 산업 · 품목 전시회를 연쇄적으로 개최해 엑스포와 연계된 국가 산업 · 기술 역량을 극대화해 나간다는 전략이다.

7월 우리 업체 100개사와 해외업체 1,100개사가 참가하는 상하이 한국기계전을 기계산업진흥회 주관으로 개최한다. 최근 수년간 우리나라 기계산업이 중국을 포함한 개도국 수출을 확대하면 본격적인 확장 국면을 맞고 있는 데 따른 것이다. 또 9월에는 KOTRA 주관으로 우리 업체 50개사와 해외업체 150개가 참가하는 코리아 프리미엄 테크플라자(Korea Premium Tech Plaza)를 상하이에서 연다. KOTRA 주관 아래 중국에 진출한 글로벌 500대 유통기업 및 중국의 대형 유통기업을 초청, 한국투자기업과 대규모 아웃소싱 상담회가 10월 개최된다. KOTRA와 중소기업중앙회는 상하이엑스포 기간 동안 세계의 중심지가 될 상하이에서 열리는 각종 국제전시회에 우리 기업의 참가를 적극 지원한다는 계획이다. 지원 대상 전시회는 엑스포 기간 중에만 13개에 달한다. 한중 양국 정부는 한-광둥성 경제협력 포럼을 5월 25일 개최하고, 5월 26일 상하이엑스포 한국의 날을 맞아 양국 간 경제·산업협력의 내용과 범위를 더욱 확대한다는 계획이다.

또 27일에는 상하이엑스포를 중국자본의 국내유치 확대기회로 활용하기 위한 국내기업 및 기관들의 투자유치설명회(IR)도 현지에서 개최할 예정이다. 이 행사에는 중국의 주요 국영기업, 금융기관, 지역개발 투자가를 초청해 우리나라의 투자환경, 지역개발 프로젝트, 금융분야 투자협력 모델 등을 집중 소개할 예정이다.

이번 엑스포는 우리나라에서 2012년 열리는 여수엑스포를 알리는 글로벌 창구 역할도 하게 된다.

한국관 내에 설치된 '여수엑스포 홍보관'을 통해 차기 엑스포에 대한 관심과 이목을 유도하고, 상하이엑스포 기간 중 여수엑스포 홍보 특별공연 등을 통해 코리아 브랜드를 확산시켜나갈 계획이다.

조환익 KOTRA 사장은 "상하이엑스포는 G20정상회의 호스트 국가인 우리나라엔 아주 중요한 기회이자, 도약대가 될 것"이라며 "상하이엑스포로 전 세계 1억여명에게 전파된 코리아의 기술과 국력, 국민성, 문화 등이 G20의 성공적인 개최로 이어질 수 있도록 해야 한다"고 강조했다.

자료원 : 전자신문, 2010. 5. 3.

2) 스폰서십

스폰서십(sponsorship)의 주요 역할이라 함은 두 가지의 기능, 즉 매체(medium)로서의 기능과 메시지(message)로서의 기능을 통해서 브랜드 이미지를 형성한다는 데에 있다.

매체로서의 기능이라 함은 스포츠 및 각종 행사를 후원함으로써 보다 쉽게 청중(audience)들에게 접근할 수 있다는 것을 말한다. 스폰서십은 진통적인 커뮤니케이션 매체들을 가지고는 이용할 수 없는 특이한 속성, 즉 효율적 의사전달, 표적화, 차별화라는 점을 가지고 있다. 전통적 광고매체가 혼잡스러움으로 인해 메시지 전달이 어려울 수 있다는 점에 비해 스폰서십은 그들의 메시지를 분리 적용하는 것이 가능하다. 따라서 스폰서십은 표적집단에 대한 주목성을 높이고 커뮤니케이션과정에서의 비효율성을 최소화함으로써 메시지의 가시성을 증폭시키며 정확한 타깃을 겨냥할 수 있다는 장점이 있다. 한편, 스폰서십에서의 메시지로서의 기능이라 함은 다양한 종류의 스폰서 활동에 따라 개별 스폰서 활동이 담고 있는 메시지가 브랜드 이미지 가치로 이전되는 기능이라 할 수 있다. 즉 스폰서십은 개별적인 후원 행사가 담고 있는 메시지가 각각 상이하기 때문에 후원 행사 그 자체에서 후원하는 회사의 브랜드 이미지가 형성된다. 따라서 어떠한 이벤트를 후원하는지에 따라, 또는 어떠한 스폰서 활동을 하는지에 따라 그 브랜드 이미지가 다르게 생성된다(이장로, 2003, p. 419 ; Keegan and Green, 2008, pp. 493-495).

〈사례 1〉 "스포츠는 돈이다" 지구촌 빅3 이벤트 한국기업 마케팅戰

2010년 2월 캐나다 밴쿠버 동계올림픽. 밴쿠버 시내는 삼성전자의 휴대폰 광고 물결로 뒤덮였다. 삼성광고판을 달고 달리는 시내버스는 행인들의 눈길을 사로잡았고, 버스 정류장의 입간판도 대부분 삼성 차지였다. 사실상 밴쿠버가 삼성에 점령당한 것이었다.

#2 2010년 6월 남아공 월드컵. 전 세계인의 시선이 남아공으로 쏠린 가운데, 현대차의 마케팅 활동도 뜨거워지고 있다. 현대차는 2006년 독일 월드컵에서 최소 7조원 이상의 마케팅효과를 거뒀던 만큼 이번 대회에서도 '어게인 2006'을 노리고 있다.

#3. 2010년 10월 F1 코리아 그랑프리. 전남 영암에서 22일~24일 사흘간 열리는 F1은 월드컵 · 올림픽과 함께 3대 스포츠로 꼽힌다. 지난 해 F1 그랑프리 대회를 후원한 LG전자는 수천만 달러의 홍보 효과를 거둔 것으로 추산하고 있다. LG전자는 공격적인 마케팅으로 올해 열리는 3대 스포츠의 대미를 장식하겠다고 벼르고 있다.

오는 11일 남아공 월드컵 개막을 앞두고 월드컵 공식 후원사인 현대자동차의 스포츠 마케팅이 정점으로 치닫는 가운데 삼성전자 · 현대차 · LG전자 등 빅3와 올림픽 · 월드컵 · F1 그랑프리 등 세계 3대 스포츠 간 짝짓기가 눈길을 끌고 있다.

삼성전자(올림픽), 현대차(월드컵), LG전자(F1 그랑프리)가 세계적인 스포츠 이벤트의 스폰서로 활약하면서 기업 이미지 제고를 통한 글로벌 경쟁력을 한층 강화해 가고 있는 것이다.

변양규 한국경제연구원 연구위원은 "신제품이나 기술을 개별적으로 홍보하는 것보다는 스포츠 이벤트를 통해 기업이미지를 제고하는 것이 효과가 더 크다"면서 "유럽과 북미 등 글로벌시장에서 우리 기업들의 영향력을 강화하는데 견인차 역할을 하고 있다"고 강조했다.

월드컵 후원사인 현대차는 남아공 월드컵(6월 11~7월 12일)에 마케팅 역량을 집중한다는 복안이다. 2002년 한 · 일 월드컵에서는 60억달러(약 7조 300억원)의 광고 효과를 거뒀고, 2006년 독일 월드컵에서도 16강전까지 약 7조원의 마케팅 효과를 기록한 만큼 이번에도 큰 기대를 걸고 있다.

현대차 관계자는 "월드컵 이전 1% 안팎이었던 유럽 자동차 시장점유율이 2.4%로 성장한 것이나, 지난해 포브스지가 발표한 세계 2,000위 기업에서 도요타가 360위로 급락하는 동안 현대차가 188위로 약진한 것도 월드컵 후광 효과로 풀이된다"면서 "월드컵 이후 6개월 동안에만 브랜드인지도가 10% 가량 상승했다"고 말했다. 현대차는 기아차와 함께 '미니 월드컵'으로 통하는 유로축구대회를 2017년까지 공식 후원한다.

삼성전자는 올림픽 스폰서로 참여한 지난 10년간 회사 브랜드가치를 5배, 휴대폰 시장규모를 9배 이상 키웠다. 삼성은 코카콜라, 제너럴 일레트릭(GE), 맥도날드, 파나소닉 등과 함께 9개의 국제올림픽위원회(IOC) 공식 후원사에 속해 있다. IOC 규정에 따르면, 삼성은 올림픽 개최지에서 무선통신(휴대폰) 부문에서의 독점적인 광고 활동을 보장받는다.

지난 2월 최지성 삼성전자 사장은 "올림픽 후원을 통해 삼성 브랜드는 저가 이미지에서 탈피해 디지털 시대를 선도하는 최첨단 글로벌 브랜드로 거듭나는 도약의 발판을 마련했다"고 강조했다. 올림픽조직위원회(IOC) 내 인맥을 확보한 것도 큰 성과다. 존 펄롱 밴쿠버올림픽 조직위원회 위원장, 제라드 하이버그 IOC 마케팅위원회 위원장 등은 삼성과 막역한 관계다.

▲ 올 10월 F1 코리안 그랑프리가 전남 영암에서 개최된다.

LG전자는 오는 10월 전남 영암에서 열리는 F1 그랑프리의 타이밍 스폰서다. 타이밍 스폰서란 경기 순위 등 숫자와 관련된 결과에 자사 로고를 붙일 수 있는 후원사를 말한다. 특히 F1은 1년 동안 전 세계를 돌며 18번 경기가 열리는 만큼 노출 효과가 높다는 평가다.

LG전자 관계자는 "F1이 북미와 유럽 등에서 인기가 높아 이 지역에서 LG 브랜드제고에 도움이 된다"면서 "지난해 F1 스폰서를 통해 수천만 달러의 효과를 거둔 것으로 추산하고 있다"고 말했다.

F1은 구본무 LG그룹 회장도 깊은 관심을 갖고 있는 것으로 알려졌다. F1 그랑프리를 총괄하는 버니 에클레스톤 포뮬러 원 매니지먼트(FOM) 회장은 지난 4월 14~15일 이틀간 한국을 찾았을 때 구 회장을 만났다. 이 자리에서 구 회장은

F1 코리아 그랑프리의 성공적 개최를 위해 양측의 긴밀한 협력을 강조했던 것으로 전해졌다.

박찬혁 제일기획 박사는 "올림픽은 아마추어리즘이 강한 반면 월드컵과 F1은 프로 경기여서 국내 스폰서들의 마케팅 전술에도 차이가 있다"면서 "우리 기업들이 3대 스포츠를 후원함으로써 글로벌 경쟁력이 크게 강화될 것"이라고 말했다.

자료원 : 아시아경제, 2010. 6. 10.

〈사례 2〉 현대 · 기아차 스포츠 마케팅, 글로벌 브랜드 알리기 '효자'

오는 6월 11일부터 지구촌을 뜨겁게 달굴 월드컵. 이번에도 세계인들은 32개 국가의 대표팀들이 열전을 펼치는 남아프리카 전역의 스타디움에 자리한 '현대 · 기아차'의 선명한 로고를 보게 된다. 현대 · 기아차가 2010 남아공 월드컵에도 공식 후원사로 활동, 세계 시장을 무대로 한 스포츠 마케팅을 펼치기 때문이다.

현대 · 기아차의 스포츠마케팅은 월드컵만이 아니다. 유럽축구연맹(UEFA)은 물론 세계 각국 대표팀의 후원을 맡고 있다. 또 현대차는 피겨여제 김연아 선수 지원을, 기아차는 호주오픈과 데이비스컵 후원 등 그 영역을 피겨스케이팅과 테니스 등으로 넓혔다.

◇월드컵 마케팅으로 글로벌 인지도 제고=2002 한 · 일 월드컵부터 시작한 현대차의 월드컵 후원은 현대차의 글로벌 브랜드로서의 인지도와 가치를 크게 높였다.

지난 2006년 독일월드컵에서는 경기장 광고판을 통해 매 경기마다 30초 광고를 3회 실시하는 등 경기당 평균 15분 동안 브랜드를 노출 시켰다. 이와 함께 공식 차량 제공으로 현대차의 성능을 홍보했고, 이는 현대차의 브랜드 노출로 연결됐다.

현대 · 기아차는 남아공 월드컵에서도 다채로운 사전 마케팅을 펼치고 있다. 지난 2월에는 '현대자동차 2010 남아공 월드컵 마이크로사이트(fifaworldcup.hyundai.com)'을 개설해 월드컵 붐 조성에 나섰다. 또 현대차의 굿 윌 볼(Goodwill Ball)로드쇼는 FIFA가 인정한 현대차의 독점 마케팅 프로그램. 월드컵 로고와 해당국 국기, 현대차 로고가 새겨져 있는 지름 4미터의 대형 애드벌룬을 본선 진출 32개국으로 보내 로드쇼를 펼치며 자국팀의 승리 기원 메시지를 담는 행사다.

◇김연아 후원 등으로 마케팅 영역 확대=현대차는 이와 함께 세계적인 스타로 성장한 김연아 선수 후원으로 브랜드 이미지를 높이고 있다. 특히 김연아 선수가 지난 밴쿠버 동계올림픽에서 우승하면서 현대차 후원의 결실을 맺기도 했다.

현대차 관계자는 "동계스포츠 불모지인 우리나라에서 피겨 세계정상에 오른 김연아 선수의 이미지는 대한민국 대표기업이자 글로벌 초일류 자동차회사로 성장하고 있는 현대차의 기업이미지를 높이는 데 큰 도움을 줄 것"이라고 설명했다.

또 김연아 선수는 현대차의 기업 이미지 광고와 투싼ix 광고 등에 출연하면서 현대차 브랜드 인지도를 높이는 데 기여하기도 했다. 아울러 지난해 서울모터쇼와 올해 부산모터쇼에도 현대차 부스를 방문해 모터쇼장을 찾은 관람객들의 이목을 집중시킨 바 있다.

기아차는 해외에서 인기가 높은 테니스로도 스포츠마케팅의 대상을 확대했다. 세계 4대 그랜드슬램 중 하나인 호주 오픈을 2002년부터 7년간 후원해 온 기아차는 2013년까지 5년 장기 후원 재계약을 체결해 브랜드 이미지 제고에 한층 힘을 실었다.

기아차는 또 2008년 7월 윔블던 대회에서 테니스 황제로 등극한 라파엘 나달을 후원중이다. 오는 2011년까지 기아차 홍보대사로 활동하게 되는 나달은 모터쇼 및 각종 기아차 관련 행사에 참석해 기아차 브랜드를 전 세계에 알리는 역할을 하고 있다.

◇한국 양국에도 전폭적인 지원=현대 · 기아차의 스포츠 마케팅 중에서 빼 놓을 수 없는 것이 대한민국 양궁 후원이다.

정몽구 대한양궁협회 명예회장은 1985년 대한양궁협회장에 부임, 1999년까지 4번의 회장을 역임한 후 현재는 명예회장직을 맡고 있다. 한국 양궁이 세계 정상의 영광을 이룩하기까지 지난 20여 년간 양궁에 대한 순수한 열정으로 전폭적인 지원과 투자를 아끼지 않았다.

현재 대한양궁협회 회장과 아시아양궁연맹 회장을 동시에 맡고 있는 정의선 기아차 사장의 열정과 적극적인 지원 또한 대한민국을 부동의 양궁 최강국으로 유지하는데 크게 기여하고 있다.

정몽구 회장이 대한양궁협회장으로 부임한 이래 현대 · 기아차그룹이 지금까지 양궁협회에 지원한 예산은 200억 원에 이른다.

자료원 : 서울경제, 2010. 5. 27.

제 2 절 국제인적판매

1. 국제인적판매의 의의

국제인적판매(international personal selling)란 해외시장에서 판매를 목적으로 1인 또는 그 이상의 예상구매자와 접촉하여 구두로 제시하는 활동을 말하며 달리 판매원판매라고도 한다. 즉 국제인적판매는 대인관계를 통하여 1인 또는 그 이상의 예상고객과 회화에 의한 쌍방적 커뮤니케이션(two-way communication)을 통하여 구매결정을 직접 자극하는 형태이며, 이와 반면 비인적판매는 국제광고, 국제홍보, 국제판매촉진 등을 통하여 상품이나 서비스에 관한 정보를 제공하고 설득하는 일방적 커뮤니케이션(one-way communication)의 형태인 것이다.

국제인적판매는 비인적판매활동 중의 하나인 국제광고와 더불어 국제마케팅목적을 수행하는데 필수불가결한 핵심적인 촉진수단이라고 할 수 있는데, 국제인적판매가 촉진수단으로서 중요시되는 경우는 다음과 같다(최병룡, 1990, p. 566).

① 광고프로그램을 활용할만한 충분한 자금이 없을 때
② 소비자들이 지리적으로 집중되어 있을 때
③ 제품의 구매의욕이나 고객에게 자신감을 부여하기 위해서는 판매원의 노력이 필요할 때
④ 제품의 단가가 높을 때
⑤ 제품에 관한 인적설명이 필요할 때
⑥ 증권이나 보험과 같이 상품을 고객 개개인의 욕구에 적합시킬 필요가 있을 때
⑦ 교환판매가 요구될 때

그러나 국제인적판매는 국제마케팅관리자가 활용할 수 있는 가장 효과적인 촉진수단의 하나이지만 비용이 많이 소요된다. 왜냐하면 유능한 판매원들을 유지하는 데는 엄청난 비용이 들기 때문이다. 따라서 기업은 운영의 묘를 잘 살려 최소

의 비용으로 인적판매의 장점을 최대한으로 살리는 방향으로 판매원들을 관리해야 할 것이다.

즉 국제시장을 대상으로 하든, 국내시장을 대상으로 하든지간에 대상시장에서 판매효과를 극대화시키기 위해서는 판매원의 선발로부터, 훈련, 조직, 보수, 감독 등에 이르기까지 판매원관리를 효과적으로 수행해야 할 것이다(Albaum et al., 1990, p. 319).

한편, 국제인적판매는 다음과 같이 국제마케팅에서 중요한 역할을 한다.

첫째, 잠재고객과의 접촉을 통해 잠재된 욕구를 심층적으로 이해하고, 이를 충족시킬 수 있는 제품의 정보를 고객과 자신의 기업에 제공할 수 있다. 그러므로 고객마다 각기 다른 문제를 지니고 있고, 이를 해결할 수 있는 방법도 고객에 따라서 달라질 수밖에 없기 때문에 해외시장에서 국제인적판매는 중요한 역할을 한다. 이러한 이유로 대부분의 산업재들은 인적판매에 의존하고 있으며, 소비재 중에서도 보험이나 화장품 등은 인적판매에 대한 의존도가 높다. 이뿐 아니라, 제품의 종류에 관계없이 제조업자가 도매업자와 소매업자에 대해 마케팅활동을 할 때에는 인적판매에 대한 의존도가 높아진다.

둘째, 국제인적판매를 담당하는 판매원들은 해외시장의 소비자들에게 기업을 대표하고, 기업 안에서는 소비자를 대표하는 중요한 역할을 수행한다. 예로 소비자들이 눈으로 보지 못하는 보험과 같은 무형의 제품에서는 보험사의 판매원을 통해 그 기업에 대한 이미지를 형성하는 경우가 많다. 또한 판매원은 고객들로부터 수집한 정보를 기업내의 관련부서에 전달하고, 제품의 질을 개선하게 하는 역할도 한다.

셋째, 국제인적판매는 다른 촉진수단과 다르게 소비자 빈번한 대면접촉을 하게 되므로, 접촉을 통하여 친밀감과 신뢰감을 줄 수 있으므로 이를 토대로 장기적인 브랜드 이미지나 기업 이미지를 구축하는 데 최적의 수단이 될 수 있다(김성환, 2001, p. 316).

2. 국제판매인력의 유형

국제인적판매에 있어서 가장 어려운 과제 중의 하나는 우수한 판매인력의 확보이다. 이러한 국제적인 판매인력의 유형으로는 본사의 해외파견 판매원(expatriate salesperson), 현지인 판매원(foreign salesperson), 제 3국인 또는 범세계적 판매원(cosmopolitan salesperson)이 있다. 이를 구체적으로 살펴보면 다음과 같다.

1) 해외파견 판매원

세계무역량이 증가하고 마케팅 직위를 충족시켜 줄 만한 외국인을 확보할 수 있게 됨에 따라 본사의 해외파견 관매인의 중요성은 감소하고 있다. 그러나 기술수준이 높거나 판매시 많은 정보와 응용이 필요한 제품의 경우에는 해외파견 판매원이 적합하다.

본사판매원을 해외에 배치하는 이유는 첫째, 직위를 충족시키기 위하여 둘째, 관리적인 능력을 활용하기 위하여 셋째, 중역에게 국제적인 경험을 쌓게 하기 위하여 넷째, 본사와의 조정 및 통제를 촉진하기 위해서이다(Jain, 1990, p. 576).

해외파견 판매원의 이점으로는 높은 기술적 지식이 많고, 기업 및 제품라인에 관해 상세히 알고 있으며, 믿을 수 있고 효과적이라는 것을 들 수 있다. 반면에 불리점으로는 해외파견비용이 많이 들고 문화적 · 법적인 장벽이 존재하며, 해외에 장기간 거주하고자 하는 직원이 적고 현지시장에서 외국기업의 이미지를 강화시킬 수 있다는 것을 들 수 있다.

2) 현지인 판매원

최근 기업들은 본사 판매원을 해외로 파견하는 것보다는 점차 외국의 현지인 채용을 선호하고 있다. 기업들이 현지 판매원을 고용하는 이유는 첫째, 현지인 판매원들은 문화적·법적인 장벽이 없고 둘째, 적합한 현지 판매원을 더 많이 고용할 수 있게 되었으며 셋째, 해외파견 판매인보다 임금을 포함한 판매인비용이 적게 들어가고 넷째, 현지에서 외국기업의 이미지를 줄일 수 있기 때문이다. 하지만 현지인 판매원은 기업전체의 원활한 의사소통에 필수적으로 요구되는 본사국의 언어와 문화에 대한 이해가 부족하다는 단점이 있다. 따라서 현지인 판매원의 고용시 이러한 부문에 대한 교육 및 훈련이 필요하게 된다.

3) 제3국인 판매원 또는 범세계적 판매원

기업의 국제화가 진행되면서 제 3국인 판매원 또는 범세계적 판매원이 나타나고 있다. 이러한 경향은 다음 두 가지 이유에 기인한다. 첫째, 세계의 어떤 국가에서는 노동력이 남아도는 반면 어떤 국가에서는 적합한 노동력이 부족한 현상을 보인다. 예를 들어 사우디아라비아의 인구는 약 600만 명이며 현지기업이 급속히 발전할 경우 판매원이 부족하게 되며, 파키스탄, 인도, 한국 등으로부터 판매원을 받아들이게 된다. 둘째, 기업이 자회사를 위하여 일정한 필수적인 경험을 가진 판매원을 필요로 하는 경우가 많다(Dahringer and Muhlbacher, 1991, p. 496 ; 김철 · 박주욱, 1998, pp. 473-474).

〈사례 1〉 호랑이가 사자 무리에서 사는 법

국내 대기업이 글로벌 기업으로 성장하면서 '글로벌 인재'에 대한 수요가 늘고 있다. 대표적으로 삼성전자는 글로벌 기준으로 전체 인력의 45% 선인 해외인력 비중을 2020년까지 65%까지 끌어올리고, 국내에 근무하는 외국인 직원도 현재 850명에서 2,000명까지 늘릴 계획이다.

한화, 두산 등은 그룹 총수를 비롯해 최고 경영층이 해외 채용설명회에 직접 참가하기도 한다. 상시 채용도 늘리고 있다. SK그룹은 지난해 말부터 영어와 중국어 등 다국어가 지원되는 상시 채용 포털사이트를 개설해 관계사의 해외 법인들이 국적과 지역, 시기와 관계없이 글로벌 인재를 채용하고 있다.

글로벌 인재의 지원 편의를 위해 화상면접을 보는 곳도 늘고 있다. 그러나 이 같은 채용 트렌드는 한국의 일반적인 교육과정을 밟아 온 취업준비생에겐 반갑지만은 않은 일이다. 경쟁자의 범위가 넓어지는 동시에 외국어 회화 능력 등에서 경쟁력이 떨어질 수밖에 없기 때문이다.

최근 취업포털 잡코리아 조사에 따르면 대학생 10명 중 6명 이상이 취업을 위해 사교육을 받고 있으며 그 중 절반이 영어 말하기 사교육을 받고 있다. 글로벌 인재를 원하는 기업의 채용 트렌드에 따른 것이라 할 수 있다. 그러나 외국어 실력은 하나의 요소일 뿐 글로벌 인재 조건의 전부는 아니다.

글로벌 인재는 외국어 실력이 뛰어난 사람이나 해외 유학파를 가리키는 말이 아니다. 삼성전자는 글로벌 인재를 '국제적으로 의사소통이 가능하며 세계 각국의 다양한 문화를 이해하고 이를 자신의 것으로 소화하려는 인재'라고 정의 내리고 있다. 얼마 전 화제가 된 조성후(32) 삼성물산 대리가 좋은 예다.

그는 주재원 활동 중이 아니라 지역전문가라는 교육과정 중에 '일'을 냈다. 인도에서 태권도 사범을 하며 인맥을 쌓아간 이야기는 꼭 드라마 같다. 인도 대기업 총수의 자녀에게 태권도를 가르친 게 인연이 되어 남들보다 쉽게 인도 굴지의 기업과 네트워크를 쌓고 인도의 '장동건'이라 불리는 연예인 샤루칸(Shah Rukh Khan)에게 명예단증을 수여하고 한국 홍보대사로 임명하는 행사를 진행하기도 한 것이다.

지난해 태권도 저변 확대에 힘쓴 그의 공을 인정, 인도 태권도 협회에서는 삼성물산에 감사장과 감사패를 전달했다. 인도 상류층 문화로 자리 잡은 태권도에 주목한 그의 현지화 능력이 성공비결이었다.

아래 소개하는 사례 또한 비록 해외파는 아니지만 남다른 현지적응력으로 현지화에 성공한 이들의 이야기다. 취업을 꿈꾸거나 회사에서 글로벌 인재로 도약하고픈 이들이 참고할 만한 '현지화' 노하우를 정리해봤다.

◆가장 먼저 친해져야 할 사람은 = 우리은행의 권주수(51) 호찌민 지점장은 2006년께 우리은행에서 해외지점 직원 모집공고를 봤다. '영어가 꼭 유창하지 않아도 된다'는 조건을 보고 지원을 결심했다.

그만큼 어학능력이 출중한 편은 아니었다. 은행근무 25년, 대기업 지점 경력이라 영업력에는 자신 있었지만 2007년 12월 호찌민에 오기 전까지 해외 경험도 없었다.

그러나 결론만 놓고 보면 우리은행 호찌민 지점의 성과는 훌륭하다. 2008년엔 1,480만 달러, 2009년 1,200만 달러의 수익을 올려 조만간 초기 투자자본을 모두 회수할 수 있을 것으로 기대된다. 베트남에서의 영업환경이 만만치 않았음에도 이룬 성과다. 권 지점장은 이를 "현지 직원과 정감이 통한 덕분"이라고 설명했다.

둘째, 넷째 수요일마다 펀(fun)데이를 마련해 직원과 시간을 함께 보내며 외국계 회사에 대한 장벽을 허물었다. 베트남 직원들이 좋아하는 경주 황남빵을 먹으며 이야기하는 동안 오해를 풀고 신뢰를 쌓을 수 있었다. 또 베트남 직원에게 금융교육을 해 개인의 역량을 향상시키는 한편 이를 회사의 수익으로 연결했다.

이곳의 수익 절반은 베트남에 진출한 우리 기업이, 20%는 개발사업자들로부터 나온다. 그리고 나머지 30% 정도가 베트남 외환시장에 들어가 자금을 운용한 것에서 나온다. 이 딜링룸을 만든 것도, 딜링룸에 들어간 베트남 직원들을 가르친 것도 모두 권 지점장이다. 이 딜링룸을 통해 은행은 수익을 올리고 포트폴리오를 강화할 수 있었고 직원들은 새로운 희망을 보게 됐다.

권 지점장은 직접 영어강의를 준비하고 직원들의 정확한 이해를 위해 그림, 도표까지 그려갔다. 그 결과 보통 외국계 기업에 다니는 베트남인들은 5~6개월을 주기로 자주 직장을 옮기지만 이곳의 직원은 그렇게 하지 않는다. 이곳의 베트남 직원은 2년 전만 해도 15명이었으나 지금은 20명을 훌쩍 넘겼다. 이는 은행의 수익으로 자연스레 이어졌다.

권 지점장은 "좋은 아이디어가 생겨도 실천하지 못하면 무의미하다"며 "현지 직원을 신뢰하고 지지하는 회사 정책과 본인의 자신감 또한 현지화의 주요 성공 비결"이라고 덧붙였다.

◆언제 적 '무데뽀' 정신? = LG전자 김종훈(45) 이란 법인장은 여러 나라에서 잔뼈가 굵은 해외마케팅 전문가다. 10년간 영국, 터키, 이란에 이르기까지 여

러 문화권에서 LG전자의 제품을 판매해 왔다.

그는 현지화전략에 성공하기 위해서는 "제일 먼저 그 나라의 문화를 이해하고 그 나라 국민의 생활 습관을 이해해 사소한 점에서도 고객의 니즈를 파악하는 능력이 중요하다"고 말했다.

김 법인장은 가정방문을 통해 아이디어를 얻는다. 이란 사람들은 대졸 초임 400~500달러 급여를 가지고 저축을 해 2,000달러 양문형 냉장고를 일시불로 사는 경향이 있다. 또 이렇게 어렵게 산 제품을 주변 사람에게 과시하는 것을 즐긴다. 이에 따라 프리미엄 제품을 선호하는 경향이 있다.

이란 시장에서는 LG전자의 프리미엄 제품만이 팔리고 있는 이유다. 김 법인장은 또 이란 사람들이 좋아하는 케밥 등의 요리를 보고 이를 쉽게 조리할 수 있는 메뉴버튼을 광파 오븐레인지에 삽입했다. 이들 가정엔 전체적으로 카펫이 깔리기 때문에 카펫 청소하기 좋은 청소기를 판매한다. 그는 "현지에서 좋아할 만한 제품을 제시할 수 있는 것이 성공의 첫 번째 조건"이라고 설명했다.

이뿐만 아니라 24시간 365일 애프터서비스도 진행한다. 새벽 2시에 전화를 해도 고장 문의를 받는다. 그들이 세심한 배려에 감동을 받기 때문이다. 최근엔 무상수리 기간이 끝나기 한 달 전에 미리 전화해 문제는 없는지 물어보는 서비스도 시작했다. 덕분에 현지고객 충성도가 우리나라 못지않게 높은 편이다.

고객 관찰을 통해 영업 전략을 짜는 것은 그가 10여 년간 축적한 노하우다. 김 법인장은 10년 전 영국에서 근무를 시작할 때 '왜 영국인은 적게 일하고 높은 효율을 낼까'하는 의문을 가졌다고 한다. 그가 내린 결론은 '가장 효율적인 방법부터 찾고 일을 시작하기 때문'이었다.

김 법인장은 "때로 현지에 진출해서 '무데뽀' 정신이라고도 불리는 열정이 중요할 때도 있지만 매뉴얼을 먼저 만들면 가속도가 붙는다"고 강조했다. 관찰을 하고 마케팅 방향을 잡는데 공을 들이는 것도 이 때문이다.

김 법인장은 또 "최근 높아진 한국 기업의 위상을 느끼고 있지만 이럴 때일수록 겸손한 태도가 중요하다"고 말했다. "몇몇 외국 업체가 자신의 나라에서 성공한 업무 스타일을 고수하는 경우가 많은데 이럴 경우 실패하기 십상"이라며 "그 나라를 겸손하게 받아들이고 배우려는 것이 중요하다"고 덧붙였다.

◆갑을 관계도 버렸다 = 중국에서 먹어본 베이징덕 맛을 잊지 못하는 사람이 적지 않다. 한국에서도 전문레스토랑에 찾아가 사먹을 수야 있지만 값도 비싸고 시간을 내기도 어렵다.

그런데 얼마 전부터 롯데마트에서 간편하게 포장된 베이징덕을 먹을 수 있게 됐다. 모양만 베이징덕이 아니라 정통 베이징덕이다. 일반 훈제 오리고기와 달리 정통 베이징덕 요리는 오리 사육에서부터 조리 과정에 손이 많이 간다.

오리를 자유롭게 풀어 놓고 정해진 프로그램에 따라 매일 1~2시간씩 운동을 시킨다. 요리과정에서도 오리 한 마리씩 개별 직화로 기름을 빼야 한다. 중국 요리가 마트로 올 수 있게 된 것은 롯데마트 신선식품부문 조리식품팀 조정욱(35) 과장이 2년간 중국을 설득한 결과다.

한국이 노령사회로 진입하고 맞벌이 부부가 증가하는 등 소비구조의 변화에 발맞춰 롯데마트는 반찬거리를 제공하는 데 그치지 않고 식탁 중심을 차지할 수 있는 주 요리 메뉴 개발에 힘써왔다. 조정욱 과장이 추진한 베이징덕도 그 가운데 하나였다. 베이징덕은 중국 관광코스에 필수로 포함되는 중국을 대표하는 음식일 뿐 아니라 2008 베이징올림픽 때 선수촌 공식 음식으로 지정되며 유명해졌다.

베이징 현지에서 맛본 베이징덕은 국내에서 판매되는 훈제오리와 달리 담백하고 바삭해 한국인 입맛에 맞을 것으로 조 과장은 판단했다. 해외 출장차 들렀던 프랑스 대형 할인 마트 '오샹'에서 훈제오리를 판매하고 있는 걸 보며 베이징덕을 상품화해야겠다는 결심을 굳혔다. 오리고기도 팔 수 있다는 용기를 얻었기 때문이다.

그런데 막상 수입하려 하니 중국 정통식 베이징덕을 포장 생산하는 기업이 없었다. 몇몇 기업에 제안을 해봤지만 "훈제오리를 잘못 이야기하는 거 아니냐"며 손사래를 쳤다. 베이징덕 상품 개발을 제안했을 때 "장난친다"고 받아들였던 곳도 있었다. 요리 과정이 복잡했기 때문이었다.

사 준대도 안 판다고 하면 웃긴다며 관두기 십상이지만 조 과장은 포기하지 않았다. 중국산 농산물을 수입하기 위해 가락시장의 보따리 장사를 따라다니고 계열사인 롯데 삼강의 중국 출장에 동행하며 수입선을 잡기 위해 노력했다. 결국 중국음식 세계화에 기여한다는 측면을 강조하며 중국의 화영그룹을 설득할 수 있었다.

중국 문화를 연구하며 중국기업의 니즈를 읽었기 때문에 가능한 일이었다. 화영그룹은 롯데마트와의 파트너십이 새로운 상품을 개발하는 계기가 될뿐더러 자국 국민에게 좋은 이미지를 심을 수 있는 기회라고 받아들일 수 있다고 생각하고 있다. 결국 화영그룹은 문화 수출에 기여한다는 측면에 동의하며 '노마진' 계약서에 사인했다.

현재 롯데마트 베이징덕은 5월 한 달 2억원의 매출액을 기록했다. 같은 기간 호주 갈비는 1억5000만원의 매출을 올린 것과 비교했을 때 높은 인기다. 조 과장은 "2년 동안 한 상품에 매달렸던 것은 실패를 성공으로 만들 때까지 기다렸던 회사 덕"이라고 말했다.

업계 후발주자로 상품 가치에 기반을 둔 상대적 가격 경쟁을 펼치겠다는 전략을 세운 롯데마트는 몇 번의 시행착오에도 불구하고 이와 같은 신메뉴 개발에 힘을 기울이고 있다.

자료원 : 이코노미스트, 2010. 6. 10.

〈사례 2〉 CJ 중국사업, 철저한 현지화로 성공스토리 써

중국 베이징의 한 유명 음식점. 박근태 CJ 중국법인 대표는 메뉴판을 보지 않고 주문을 한다. '박근태 메뉴'를 달라는 것이다. 홀 안내를 담당한 직원은 당연하다는 듯 웃으며 돌아간다. 박 대표는 여러 중국 식당에서 유명 인사다. 각 지역 유명 음식점마다 '박근태 메뉴'가 있다. 동행하는 이들은 의아해 하지만, 그럴만한 사연이 있다.

박 대표가 2006년 CJ 중국법인 대표로 부임했을 때, CJ 중국법인은 2002년 출시한 쇠고기 다시다 판매를 두고 골머리를 앓고 있었다. 한국에선 최고의 국물재료로 자리잡은 쇠고기다시다가 중국에서는 4년째 제자리걸음을 하고 있었기 때문. 한국 교포 위주로 팔릴 뿐 중국인들은 거들떠보지도 않았다.

무엇이 문제인지를 놓고 씨름을 하던 박 대표는 무릎을 쳤다. 원인은 '중국인들이 요리에 사용하는 육수의 90%가 쇠고기가 아닌 닭고기로 만든다'는 사실을 깨달은 것. CJ중국법인은 즉시 '닭고기다시다' 개발에 나섰고, 베이징 음식재료 도매시장의 주인들을 대상으로 판촉에 나섰다.

다른 한편으론 주요 음식점의 주방장을 초청, 닭고기다시다를 이용해 음식의 맛을 향상시키는 방법을 설명했다. 그 결과 '닭고기다시다'는 단숨에 다시다시장 30%의 점유율을 달성했다.

이 과정에서 박 대표와 음식점 주방장들은 대화가 통했고, 이번엔 식당 고객인 박 대표가 느낀 음식에 대한 의견이 반영된 '박근태 메뉴'가 자연스럽게 등장하게 된 것이다.

어찌 보면 간단해 보이는 '닭고기다시다'의 성공스토리지만, 그 속엔 해외시장을 개척하는데 가장 중요한 해답이 들어있다. '답은 이미 있지만, 그것을 보지 못하는데서 오는 실패'다.

박 대표는 "중국 CJ 성장은 제품의 현지화, 유통의 현지화, 인력의 현지화를 추구한 결과"라고 말했다.

그는 "13억 중국인들이 CJ제품을 접하고 즐길 수 있도록 중국에 '제2의 CJ'를 건설하는 시작"이라고 덧붙였다.

◇중국 소비자를 잡아라. '중국 1위는 세계 1위'

CJ제일제당은 지난 1995년 청도식품 법인 설립을 시작으로 중국시장에 진출했다. 다시다, 두부 등의 가공식품에서부터 최근 쌀 가공식품에 이르기까지 다양한 생산기지와 마케팅 조직을 가지고 시장을 공략하고 있다.

특히 두부사업의 성과가 주목받고 있다. CJ제일제당은 2007년 3월 중국 베이징권 최대 식품기업인 얼상그룹과 합작해 '얼상CJ'를 설립하면서 두부사업에 진출했다.

얼상의 두부 브랜드인 '바이위(白玉)' 두부에 CJ로고를 새기고 본격적인 영업 활동을 펼친 2년여 만에 베이징 두부시장에서 점유율 70%를 기록했다. 연간 1억 8,000만모의 두부를 소비하는 베이징 시장에서 70%라는 압도적인 시장점유율을 기록한 것이다.

하얼빈(哈爾濱)에서는 세계 최초로 쌀 미강(쌀겨)에서 식품용 단백질을 추출해 대량 생산하는 쌀 단백질 공장이 완공돼 이달부터 본격 생산되고 있다. 생산규모도 연간 1,200톤 규모다.

쌀 단백질은 세계 최초로 쌀 미강에서 단백질을 추출하는 데 성공한 CJ의 기술력과 베이다황그룹의 안정적인 곡물 자산이 만난 고부가가치 사업모델이란 평가다. 중국 내수시장뿐 아니라 전 세계의 식품용 단백질 시장을 대체할 수 있는 아이템이라는 점에서 주목을 받고 있다.

CJ는 사료와 바이오 분야에서도 시장 공략에 한창이다. 사료는 중국내 9개 공장을 보유하고 있으며 바이오 사업은 랴오청 공장에서 각각 세계시장 1·3위인 핵산과 라이신을 생산하고 있다.

◇제품, 인력, 유통 등 3대 현지화 전략 주효

CJ그룹은 현재 베이징, 상하이 등 19개 지역 거점에 26개 법인과 22개 사무소를 운영 중이다. 주재인력 70여 명을 포함한 5,500명의 직원이 땀을 흘리고 있다. 중국 진출 15년 만에 이룩한 성과는 철저한 현지화 전략에서 나왔다.

CJ그룹 현지화 전략의 3대 원칙은 '제품의 현지화', '인력의 현지화', '유통의 현지화'다. 닭고기 다시다는 제품 현지화의 대표사례로 손꼽힌다.

유통의 현지화도 제품 현지화 못지않게 중요하다. 유통 장악은 중국 내 비즈니스 성공의 열쇠다. 중국은 전국 규모의 유통기업이 시장을 장악하는 한국과 달리 지역별로 매우 폐쇄적인 유통망을 갖고 있다.

CJ제일제당은 중국 시장의 특수성을 뚫고 상품을 팔기 위해 도매시장과 식당 유통경로를 개척하는 등 '발로 뛰는' 영업을 펼쳤다.

특히 제품 출시 초기 빨간색 유니폼을 입고 직접 새벽 도매시장을 뛴 영업맨들의 적극성은 CJ브랜드 인지도를 높이는데 가장 큰 역할을 했다는 평가다.

인력의 현지화에도 노력을 기울이고 있다. 외국에서 기업이 성공하는데 관건은 인력관리다. 특히 중국은 높은 이직률과 낮은 소속감 등으로 인해 중국에서 사업을 하는 기업들이 가장 어려움을 토로하고 있다.

CJ는 현지 직원들의 한국어 교육, 영어교육 지원, 매월 우수직원 시상, 생일파티 등을 진행함과 동시에 CJ가치관 교육 등을 통해 이직률을 낮추고 애사심을 높이고 있다. 특히 마케팅, 영업 등 매니저급 주요 포지션에 현지인력을 채용하고 권한을 이양해 인력의 현지화를 실천하고 있다.

박근태 대표는 "글로벌기업으로 성장해나갈 CJ에 있어 중국은 최고의 시장이

자 글로벌라이제이션의 전진기지"라며 "중국인 입맛을 사로잡을 신제품 라인을 확충하고 R&D 투자를 강화해 중장기적으로 2013년까지 중국내에서 2조 원의 매출을 올릴 계획"이라고 밝혔다.

자료원 : 이데일리, 2010. 4. 20.

3. 국제인적판매의 특수형태

국제마케팅관리자는 소비자와의 직접 접촉에 의한 국제인적판매전략이 일부시장에서는 활용될 수 없다는 점에 유의할 필요가 있다. 미국과 라틴아메리카의 경우 판매원에 의한 가정방문식 판매전략을 사용할 수 없는 경우가 있다. 또한 아시아인들은 낯선 사람을 경계하기 때문에 판매원에 의한 인적판매는 그다지 효과가 없으며, 프랑스에서는 판매원에 의한 가정방문식 판매를 법률로 규제하기도 한다. 이러한 경우 국제인적판매의 대안으로 소비자와의 간접접촉방법인 텔레마케팅(telemarketing)이 이용된다. 인적판매는 소비자와 항상 대면하여 대화하는 것만을 요구하지는 않는다. 예컨대 인적판매는 전화를 통해서도 활용될 수 있는 것이다. 전화를 통한 판매는 상당기간 존재하여 왔음에도 불구하고, 직접마케팅 기법의 성장으로 그동안 등한시되어 왔다. 해외시장에서의 텔레마케팅 기법은 미국이 가장 발달되어 있다. 텔레마케팅 기법의 문제점으로는 전화 이용능력의 한계이며, 세계 각국의 프라이버시에 관한 법률은 또 다른 장애물이다.

따라서 국제촉진의 수단으로서 국제인적판매전략을 사용할 때는 판매원에 의한 인적판매이든 전화에 의한 텔레마케팅이든 각국의 사회 · 문화와 법률 등을 잘 이해하여야 한다(원종근 · 현인규 · 지남웅, 1995, p. 424).

4. 국제인적판매의 과정

판매원의 판매과정은 크게 준비단계, 설득단계, 사후관리단계의 3단계로 구성된다. 준비단계는 관련자료의 분석을 통해 가능고객을 탐색하고 이들에 대한 접근방법을 찾아내는 것이다. 설득단계에서는 먼저 표적잠재고객에게 접근을 시도하고 제품을 소개한다. 판매원은 소개된 제품에 대한 고객반응으로부터 고객의 저항 및 불만 사항을 파악하고 이들에 대한 조정에 들어가고 구매권유를 통해 구매계약 또는 구매를 완료한다. 사후관리단계는 반복구매가 이루어지도록 고객을 지속적으로 관리하는 단계이다.

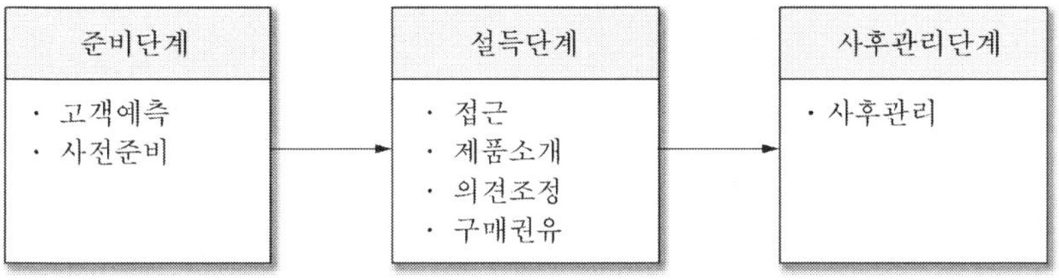

[그림 8-1] 국제인적판매과정

여기에서는 국제인적판매과정을 7단계로 보다 세분화하여 각 단계에 대해 자세히 설명하기로 한다(Engel et al., 1991, pp. 581-585).

1) 고객예측

국제인적판매과정은 잠재고객을 탐색하는 단계로부터 시작한다. 잠재고객은 관련업체의 명부, 마케팅 정보시스템 내의 자료, 판매기록, 소개명부, 전화부 등의 자료원을 통해 찾을 수 있다.

잠재고객의 목록이 완성되면, 이들의 시장잠재력을 평가해야 한다. 판매원은 잠재고객의 경제적 능력, 구매의도, 그리고 구매결정 권한을 가지고 있는지 등을 평가해야 한다. 마지막으로 판매원은 고객평가결과에 따라 얻어진 유망고객 가능성에 관한 정보를 활용함으로써 효과적인 판매가 이루어질 수 있다.

2) 사전준비

사전준비단계는 판매원이 잠재고객에게 효율적으로 제품을 소개하는데 필요한 자료를 추가적으로 수집하고 정리하는 단계이다. 판매원은 잠재고객의 개성이나 욕구, 그리고 현재 사용하는 상표 등에 관한 정보를 수집해야 한다. 유능한 판매원들은 이러한 사전준비단계에 많은 시간과 노력을 할애하는데, 이는 잠재고객 개개인애 대한 충분한 자료를 확보한 판매원들이 보다 효과적으로 그들의 욕구에 맞는 제품을 소화하고 정확한 의사소통을 할 수 있기 때문이다. 잠재고객에 대한 구체적 정보는 판매사원, 이전구매기록, 신용평가, 신문, 고객에 대한 직접관찰 등의 다양한 방법으로 획득될 수 있다(안광호 · 하영원 · 박흥수, 2002, p.

400).

3) 접근

접근은 자사제품에 대한 소개를 위해 잠재고객을 만나 주의와 흥미를 이끌어내는 과정이다. 성공적인 접근은 그 시점에서의 구매성사는 물론 미래의 고객관계에도 결정인 영향을 미치기 때문에 판매원은 고객에게 접근할 때 매우 신중하여야 한다. 예컨대, 접근의 초기부터 즉각적인 구매의 유도를 시도하기보다는 인간적인 신뢰관계의 형성을 도모하는 것이 장기적으로는 더 효과적일 수 있다.

4) 제품소개

제품소개단계는 제품이나 서비스의 특성과 장점을 포함한 각종 정보를 잠재고객에게 전달하는 과정이다. 제품을 소개하는 동안, 판매원은 잠재고객으로 하여금 제품에 대한 강한 호기심과 매력을 느낄 수 있도록 함으로써 이들의 구매욕구를 자극하여야 한다.

5) 의견조정

의견조정단계는 제품소개단계의 마무리 부분이라고 볼 수 있다. 제품을 소개하고 구매를 설득하는 과정에서 소비자들은 구매에 부정적인 영향을 미칠 수 있는 다양한 반응을 보일 수 있다. 의견조정의 단계에서 판매원은 고객의 질문에 대한 성실한 답변과 자사제품의 차별적 이점에 대한 설명을 통해 자사제품에 대한 부정적 태도형성과 구매거부의 발생가능성을 방지해야 한다.

6) 구매권유

구매권유는 앞의 단계들이 어느 정도 성공적으로 이루어졌다고 판단될 때 구매의도를 잠재고객에게 물어보는 단계이다. 구매권유는 적시에 적절한 방법에 의해서 이루어져야 한다. 예를 들어 주저하는 고객에 대한 성급한 구매는 의사결정에 부정적인 영향을 미칠 수 있으며, 구매권유가 너무 늦게 이루어지면 기회를 상실할 수 있다.

7) 사후관리

인적판매과정의 끝은 판매계약의 성사가 아니라 고객에 대한 철저한 사후관리이다. 즉 판매원은 제품의 전달, 설치에서부터 대금지불과 제품사용 전 교육 및 제품사용 중 발생할 수 있는 문제점의 해결 등 고객에 대한 철저한 사후관리를 해야 한다. 이러한 철저한 사후관리는 고객의 불만을 최소화하고 고객만족을 극대화하여 제품의 반복구매는 물론 다른 잠재고객들에 대한 호의적인 구전을 유발한다(권익현 · 임병훈 · 안광호, 2001, p. 553).

제 3 절 국제홍보

1. 국제홍보의 개념

국제홍보(international publicity)란 비용을 지불하지 않고 기업이나 제품, 아이디어에 관한 정보를 상업적으로 중요한 뉴스 또는 논설을 통해서 전달하는 활동이다(Czinkota and Ronkainen, 1990, p. 328).

국제홍보가 국제광고와 다른 점은 국제광고가 유료형태이자 스폰서(sponsor)를 명시하는데 반해, 국제홍보는 무료형태가 원칙이고 스폰서를 명시하지 않는 것이 다르다 또한 국제홍보는 국제광고와는 달리 기사의 내용이나 게재의 여부는 일체 편집자의 자유선택권에 달려 있으며, 기사의 표현방식도 소비자 또는 대중의 이성에 소구해서 국제광고의 경우처럼 구매를 자극하게 되는 감정요인을 내포하지는 않는다. 그러한 의미에서 국제홍보는 흔히 국제 PR(international public relations)과도 혼동되기 쉬운데, 그 목적면에서는 서로 비슷하지만 국제홍보가 국제광고의 경우처럼 대량매체를 이용함에 반해 PR은 되도록 그러한 매체를 이용하지 않는다는 점이 다르다.

그런데 국제촉진수단으로서의 국제홍보라면 보통은 유료성이라는 특징 이외에는 제품이나 서비스 및 아이디어를 대상으로 하고 있고, 비인적 매체를 통해서 전달하는 등 국제광고의 개념과 공통적인 특성을 지니고 있기 때문에 넓은 의미로는 국제광고활동에 포함되고 있다. 더구나 국제홍보는 권위있는 언론기관에 의해 뉴스로써 채택되는 예가 적고, 더욱 거대기업 이외에는 별로 국제홍보를 이용하는 예가 드물다는 사실이 그러한 이유가 되기도 한다.

2. 국제홍보의 수단

국내홍보와 마찬가지로 국제홍보의 경우에도 기업 또는 제품에 대한 홍보의 수단으로는 대표적으로 다음과 같은 것들이 있다.

1) 간행물

해외시장의 소비자들에게 자기 기업 및 제품을 홍보 위하여 간행물을 발간한다. 이러한 간행물로는 연간기업보고서, 브로셔, 사보, 잡지, 시청각 자료 등이 있다.

2) 특별행사

자사의 신제품이나 기업활동에 대한 고객들의 관심을 이끌어내기 위하여 특별행사를 준비하기도 한다. 이러한 특별행사에는 기자회견, 세미나, 전시회, 시연회, 컨테스트, 기념회 등이 있다.

3) 뉴스거리

해외시장의 신문이나 TV에 기업이나 제품에 대한 흥미로운 뉴스거리를 제공함으로써 홍보를 하기도 한다. 뉴스거리를 개발하기 위해서는 이야기거리를 기사화할 수 있는 집필능력 및 매체확보능력 등이 필요하다.

4) 연설

기업의 최고경영자가 대중매체나 협회 등에서 연설을 하게 되는데, 이를 통해 기업이미지를 제고시킬 수 있다. 예를 들어 아이아코카(Lee Iaccoca)는 대중 앞에서 카리스마적인 연설을 통해 크라이슬러 자동차의 매출증대와 크라이슬러사의 주식매입확대에 큰 영향을 미쳤다(김철 · 박주욱, 1998, p. 476).

주요용어

1. 국제판매촉진(international sales promotion)
2. 구매선행 및 지연효과(lead and lag effect)
3. 리베이트(rebate)
4. 판매점 콘테스트(dealer contest)
5. 판매점 지원(dealer helps)
6. 정보교환(house organ)
7. 견본(sample)
8. 경품(premium)
9. 쿠폰(coupon)
10. 구매시점전시(point-of-purchase display)
11. 보너스 팩(bonus pack)
12. 무료시용(free trial)
13. 국제인적판매(international personal selling)
14. 쌍방적 커뮤니케이션(two-way communication)
15. 일방적 커뮤니케이션(one-way communication)
16. 국제홍보(international publicity)

연 습 문 제

1. 국제판매촉진이란 무엇인가? 그리고 그 중요성에 대하여 설명하시오.

2. 국제판매촉진의 장 · 단점에 대하여 설명하시오.

3. 국제판매촉진의 유형을 판매점과 소비자 판매촉진으로 나누어 구체적으로 설명하시오.

4. 판매점 판매촉진에 대하여 설명하시오.

5. 소비자 판매촉진에 대하여 설명하시오.

6. 국제인적판매의 중요성에 대하여 설명하시오.

7. 국제판매인력의 유형에 대하여 설명하시오.

8. 국제인적판매의 과정에 대하여 설명하시오.

9. 국제홍보란 무엇이며, 국제홍보의 수단에 대하여 설명하시오.

참고문헌

1. 김동기 · 한선민, 『국제마케팅론』, 박영사, 1997.
2. 김성환, 『촉진관리론』, 두남, 2001.
3. 김철 · 박주욱, 『국제마케팅론』, 신영사, 1998.
4. 권익현 · 임병훈 · 안광호, 『마케팅』, 경문사, 2001.
5. 박기안, 『국제마케팅』, 법경사, 1994.
6. 반병길 · 이인세, 『글로벌마케팅』, 박영사, 2008.
7. 안광호 · 김동훈 · 유창조, 『촉진관리』, 학현사, 2008.
8. 안광호 · 하영원 · 박흥수, 『마케팅원론』, 학현사, 2002.
9. 안운석 · 장형섭, 『마케팅의 이해』, 두남, 2003.
10. 원종근 · 현인규 · 지남웅, 『국제마케팅론』, 법문사, 1995.
11. 이장로, 『국제마케팅』, 무역경영사, 2003.
12. 최병룡, 『신마케팅론』, 박영사, 1990.
13. 함봉진, 『현대마케팅론』, 일신사, 1991.
14. Albaum, G. et al., *International Marketing and Export Management*, Reading, Mass. : Addison - Wesley Publishing Company, 1990.
15. Belch, G. E. and Belch, M. A., "*Introduction to Advertising and Promotion : An Integrated Marketing Communications Perspective*," 2nd., Burr Ridge, Ill. : Richard D. Irwin, Inc., 1993.
16. Cateora, P. R. et al., *International Marketing*, 14th ed., McGraw-Hill Irwin, 2009.
17. Czinkota, M. R. and Ronkainen, I. A., *International Marketing*, 2nd ed., Hinsdale, Ill. : The Dryden Press, 1990.
18. Dahringer, L. D. and Muhlbacher, H., *International Marketing*, Addison- Wesley Publishing Company, Inc., 1991.
19. Engel, J. F. et al., *Promotional Strategy*, 7th ed., Richard D. Irwin, Inc., 1991.
20. Govoni, N. et al., *Promotional Management*, Englewood Cliffs, N. J. ; Prentice-Hall International Inc., 1986.
21. Jain, S. C., *International Marketing Management*, 3rd ed., Boston : PWS-KENT Publishing Company, 1990.
22. Keegan, W. J. and Green, M. C., *Global Marketing*, 5th ed., Pearson Prentice Hall, 2008.
23. Majaro, S., *International Marketing*, 2nd ed., London : George Allen and Unwin, 1982.
24. Terpstra, V., *International Marketing*, 2nd ed., Hinsdale, Ill. : Dryden Press, 1978.

찾아보기